近代以来 1911—1949
中国农村变迁史论

总主编 宋洪远　　　本卷主编 曹幸穗 孙金荣

清华大学出版社
北京

内 容 简 介

本书是《近代以来中国农村变迁史论》的第二卷，揭示了民国时期的乡村制度、农业经济、农业教育、农业科技、乡村文化以及农业赋税、农民生活等诸多方面的演绎变化，探讨了这些社会要素对于乡村社会变迁所产生的深刻作用。本卷专门研究了民国时期中国共产党在苏区和抗日根据地的土地改革和乡村改造对新中国社会主义新农村建设产生的重要影响；同时设有专章揭露日本帝国主义对我国台湾农村的殖民统治以及对我国东北地区、关内大片沦陷区农村的掠夺和破坏。民国时期中国农村变迁的原因和动力，是本书论述的重点。

本书封面贴有清华大学出版社防伪标签，无标签者不得销售。
版权所有，侵权必究。侵权举报电话：010-62782989 13701121933

图书在版编目（CIP）数据

近代以来中国农村变迁史论.1911—1949/宋洪远总主编；曹幸穗，孙金荣本卷主编. —北京：清华大学出版社，2019

ISBN 978-7-302-51379-7

Ⅰ.①近… Ⅱ.①宋… ②曹… ③孙… Ⅲ.①农村-社会变迁-研究-中国-1911-1949　Ⅳ.①C912.82

中国版本图书馆CIP数据核字(2019)第019059号

责任编辑：周　菁
封面设计：贺维彤
责任校对：王荣静
责任印制：李红英

出版发行：清华大学出版社
　　　网　　址：http://www.tup.com.cn, http://www.wqbook.com
　　　地　　址：北京清华大学学研大厦A座　　邮　编：100084
　　　社 总 机：010-62770175　　　　　　　　邮　购：010-62786544
　　　投稿与读者服务：010-62776969, c-service@tup.tsinghua.edu.cn
　　　质量反馈：010-62772015, zhiliang@tup.tsinghua.edu.cn
印 装 者：三河市金元印装有限公司
经　　销：全国新华书店
开　　本：185mm×260mm　　印　张：25.5　　字　数：452千字
版　　次：2019年6月第1版　　　　　　　　　印　次：2019年6月第1次印刷
定　　价：160.00元

产品编号：081090-01

《近代以来中国农村变迁史论》编辑委员会

主　任：陈锡文　韩　俊

总主编：宋洪远

委　员（按姓氏拼音排序）：

曹幸穗　陈　洁　崔晓黎　段应碧　冯开文　郭书田
何秀荣　何宇鹏　黄道霞　刘　奇　孟庆国　孙金荣
王景新　王思明　王亚华　魏　唯　武　力　尹成杰
张红宇　张晓山　郑有贵

本卷编写工作组

主　编：曹幸穗　孙金荣

成　员：周　敏　罗亚海　赵　慧　王明杰　聂玉霞　王　婵
高国金　陈英华　丁建川　刘　铭　崔玉敏

总　序

从1911年辛亥革命结束封建君主专制制度，到目前全面建设小康社会进而阔步走向现代化，中国已经走过了一百多年的发展历程。百年来，伴随着共和国的发展，中华大地发生了沧桑巨变，中国农村几经变迁，走过了极不平凡的历程。回顾百年来中国经济社会发展变迁的历史和农村发展变迁的历史，可以欣喜地看到：经过新中国六十多年和十二个"五年计划"的建设，中国综合国力稳步提升，已成为全球经济发展最快最好最有活力的第二大经济体；中国农村面貌已经发生翻天覆地的变化，我们在农业领域为世界创造了辉煌和奇迹；农业发展为国家工业化、城市化和现代化发展奠定了坚实基础，农村早已告别贫穷落后的面貌，农村小康社会正在变为现实。

1. 项目课题设立的背景

目前，中国社会正处于新的起点，正走上伟大复兴之路，农村正与城市一起向着全面小康的方向发展。在此之际，梳理农村发展变迁的历史，特别是对"三农"政策和农村制度发展演进等进行系统的研究，从中汲取历史智慧，以史为鉴，对中国全面建成小康社会无疑具有重要的参考借鉴价值。

农村经济社会变迁始终是中国历史变迁的主体内容。农村经济社会发展状况在很大程度上决定了中国社会转型的状态和发展的整体质量。从已有研究来看，对百年中国农村发展和制度变迁史进行系统研究目前在学术界还是一项空白。

面向未来，悠久的农业历史、源远流长的农业和农村传统文化、与时俱进的农村制度变迁、历经波折积累下来的政策经验等，还将在国家现代化进程中继续发挥作用，这是一批老前辈、老领导和农经学者的共识，也是本项研究得以开启的重要原因。

2. 课题内容和承担单位

2012年初，在段应碧主任的倡议下，在陈锡文和韩俊两位院领导的亲自谋划下，清华大学中国农村研究院设立重大研究项目"近代以来中国农村经济社会变迁史研究"。该项目以农业农村部农村经济研究中心为牵头单位，由宋洪远主任担任主持人，项目集合了南京农业大学、中国农业大学、浙江师范大学、山东农业大学、中国社会科学院当代中国研究所、中国农业博物馆等国内多家研究机构和农业技术史、农业经济史、农村社会学、当代农业农村问题等领域的专家学者，组建了四个子课题组，形成跨学科的研究团队。

2012年6月，"近代以来中国农村经济社会变迁史研究"项目正式启动。在宋洪远主任的组织协调和统筹安排下，项目组承担起课题申报、内容确定、组织方式确立、沟通协调联络、组织拟定编写大纲和编写体例、文献资料收集、开展研究和书稿撰写等大量烦琐的工作。根据研究工作的需要，课题主要分为两大内容：一是系统收集和梳理可资利用的有关晚清、民国、新中国三十年以及改革开放后的农村变迁历史的文献目录库。二是在总的研究框架下分时段设置四个子课题，分别由不同的单位牵头承担。

项目子课题一：晚清时期中国农村经济社会变迁史研究。由南京农业大学中华文明研究院王思明教授牵头，开展晚清和民国数据库建设以及晚清农村变迁史的研究。

项目子课题二：民国时期中国农村经济社会变迁史研究。由全国农业博物馆研究员曹幸穗牵头，开展民国时期农村变迁史的研究。

项目子课题三：新中国三十年中国农村经济社会变迁史研究。由浙江师范大学农村研究中心原主任王景新教授和车裕斌教授、中国农业大学农业经济史学科冯开文教授共同牵头，开展新中国三十年农村变迁史的研究。

项目子课题四：改革开放以来中国农村经济社会变迁史研究。由中国社会科学院当代中国研究所郑有贵研究员、农业农村部农村经济研究中心陈洁研究员共同牵头，开展改革开放以来中国农村变迁史的研究。

到2013年6月，中国农村变迁史资料库初步建成，其中晚清数据文献库近14万字、民国数据文献库近14万字、中华人民共和国成立到改革开放前数据文献库10余万字、农村改革开放以后数据文献库近5万字，基本涵盖海内外学者对于中国农村变迁史研究的绝大部分文献资料。到2015年底，四个时段的课题研究工作基本结束，向委托方提交课题报告成果。

近代以来中国农村变迁史的研究时间跨度大，对晚清至民国（1840—1911）、民国至中华人民共和国成立（1911—1949）、新中国三十年（1949—1978）、农村改革开放以来（1978—2012）四个时段进行了长时间的研究，全景式展现了传统农业在近代化、现代化过程中的演进更迭、发展变化，展现了近代以来中国农村变迁的漫长画卷，描绘了百年农村发展和制度变迁的历史。项目课题研究涉及单位7家，参与研究工作50余人，具体执笔撰写的老中青三代学者48人，在充分沟通协调的基础上，内外联动，分工合作，完成了百年中国农村变迁史这一大型研究项目。

3. 课题成果和各卷内容

在做好一系列研究准备工作的基础上，课题组于2013年正式启动本书各卷的编撰工作。经过四年的努力，在合作单位的通力协作下，全书编撰工作进展顺利，取得了卓有成效的工作成果。2016年以来，在清华大学中国农村研究院和各位领导的建议下，课题组继续对各卷进行修订完善，并积极申报国家出版基金项目。经过国家出版基金评审专家评审并报国家出版基金管理委员会批准，2018年2月，本书最终获得2018年度国家出版基金的正式资助，并拟于2019年出版。

《近代以来中国农村变迁史论》重点围绕"农村变迁"主线，书写和刻画了近代以来中国农村经济社会变迁史，记述与经济社会相关的农村生活变化及其特点，全面反映一百多年中国社会转型中的"三农"演变过程及全景全貌。研究成果由反映四个时段相关情况的四卷组成。研究以时间为顺序，以农村发展、制度演进为主线，从人地关系、人口布局、土地布局、资源环境、土地制度、农业结构、农村商品经济、城镇化和工业化、农村财政与金融、"三农"政策等多方位全视角展开。研究揭示了近代以来封建主义、资本主义、工业化、城市化、市场化、国际化浪潮等对中国农业、农村和农民的影响，反映了近代以来中国在农业基本经营制度、农业科技与教育、农村基础设施建设、农业经济与农村发展等方面的演进情况，梳理了中国农村制度变迁的历史和现实情况，阐释了近代以来中国农业衰落、农村凋敝的深层次原因，分析了新中国三十年农业农村变迁的经验与教训，总结了中华人民共和国成立以来特别是改革开放以来农业农村发展的成就和"三农"政策的成功经验，展现了制度变迁对农业和农村经济社会发展的巨大作用，加深了对当前农村制度现状的深刻认识和全面理解，对未来中国农村制度变迁提供了有益启示并指明了方向。

下面主要介绍本书各卷的框架结构。

第一卷：《近代以来中国农村变迁史论（1840—1911）》。该卷概述了传统农业的历史地位及面临的挑战，指出人地关系是中国农业的基本命题，人地矛盾加剧对农业生产的挑战刺激了近现代农业发展。晚清是中国社会由传统迈向现代的起点，自晚清以来，中国的社会性质、社会结构、经济结构、价值观、社会生活均在发生巨变。晚清农村社会变迁实际上就是中国近代化进程中的农村变迁，这一视角的选择非常重要，它描绘了中国百年前农村变迁的图景，也可作为研究同时代东亚最重要的国家之一——中国的近现代化历程的重要参考文献。

第二卷：《近代以来中国农村变迁史论（1911—1949）》。该卷主要揭示民国时期农村变迁的原因和动力，揭示这一时期的乡村制度、经济基础、科技进步、文化演替、教育兴起等因素对于乡村社会变迁所产生的深刻作用，以及对后来的新中国产生的重要影响。

第三卷：《近代以来中国农村变迁史论（1949—1978）》。该卷首先分析了中华人民共和国成立后农村发展的起始条件、中国国情、国际背景，在此基础上解释了为什么新中国三十年选择了重工业化的发展战略和推行农业集体化、城乡二元户籍制度、"统购统销"、社队企业发展等农村政策制度。1949—1978年的农村变迁历程，基本可以划分为土地改革、农业合作化、人民公社化三个阶段。土地改革是以工业化为核心的制度体系建立的预备阶段，农业合作化是这一制度体系的初步构成阶段，此后的人民公社是这一制度固化乃至僵化的阶段。

第四卷：《近代以来中国农村变迁史论（1978—2012）》。该卷通过对制度层面的农村基本经营制度、农村土地管理制度、农产品市场制度、农业支持保护制度、农村财税金融制度、乡村治理机制、农村领导管理体制、农业法制以及发展层面的现代农业建设、新农村建设、农村工业化和城镇化、农村扶贫开发、农民的全面发展、农业对外开放等中国农村改革和发展变迁重大成果的展示，呈现了1978—2012年中国农村改革和发展变迁轨迹，系统反映了中国农村在三十四年时间里的巨大变化。该卷还把农村改革和发展变迁纳入国家工业化进程进行考察，对农村为什么率先进行改革、农村改革改了什么和农村改革成功的原因以及农村发展变迁影响因素和经验进行了分析。

4. 主要发现和基本观点

（1）晚清农村社会变迁是多种因素交织互动的结果，晚清农村社会变迁反映了中国近代化进程。

晚清时期是近代中国社会动荡、瓦解与新生的历史时期，也是中国传统社会发生转型的关键时期。晚清是由传统迈向现代的起点，其社会性质、社会结构、经济结构、价值观、社会生活均在发生巨变，呈现出向近代社会转型的特点。晚清卷（1840—1911）作者提出，晚清农村社会变迁受到来自政治、经济、思想等多方面的综合性因素影响。在政治统治方面，封建的中央集权制度逐渐瓦解；在经济活动方面，封建社会的自然经济统治地位已经动摇；在思想禁锢方面，儒家思想的统治地位已遭遇多方挑战。在旧体制解体过程中，晚清政府的社会整合能力削弱，加剧了社会失序。

晚清农村社会出现了近代化趋向，以机器工业为代表的资本主义经济成分已经出现；在西方商品化大潮冲击下，传统自然经济逐渐瓦解，单一小农经济不再一统天下；近代工商业开始在经济结构中占据一席之地，社会中出现了买办阶级、新型工商业者和近代产业工人。沿海沿江、通商口岸和交通枢纽地区的商品经济获得较大发展，社会近代化程度和速度存在从沿海到腹地递减的态势。

晚清人地矛盾加剧，通过平面扩展、开发边疆和边缘土地，扩大了土地面积，通过引进西方近代农业科技，开展精耕细作、提高农田水利水平等，提高了土地利用率，促进了传统农业向近代农业的转化。但晚清乡村社会矛盾和冲突不绝，社会动荡，造成农村破败，生产、投资和消费受到抑制，农村呈现"普遍贫困化"。

晚清农村社会新旧风俗杂陈。随着西方民主思想、政治理论引入，新式学堂兴起，科举制度废除，外来宗教开始渗入，新型知识分子群体应运而生，新知识、新思想突破了传统社会思想和文化价值观的藩篱。近代城市经济兴起和近代工商业、交通运输发展，城乡商品和要素流动加速，对农村传统思想观念产生影响。但农村仍沿袭传统习俗和生活方式，孔孟之道、儒家学说是占据主体的价值观。

（2）民国农村变迁史很短，乡村社会边缘化、乡村阶层结构劣质化，乡村社会危机重重。

民国卷（1911—1949）作者认为，民国历史虽短，但它站在历史的转折点上，结束了两千多年"帝皇家天下"的封建统治，开启了共和立国的时代，使中国以"落后国家"的身份进入"世界版图"，在中华历史上是第一次。辛亥革命胜利，中华民国成立，标志着绵延两千多年的封建专制统治结束，开启了中华民族的历史新篇章。但民国时期并没有脱去旧时代的烙印，民国的三十八年间政权更迭频繁，民国政府历经南京临时政府、北洋军阀政府以及南京国民政府三个阶段，各政权虽然采取了不同于清王朝的治理模式，但受自身的局限，终究不能引领中国走向富强，乡村社会变革也以失败告终。

民国时期的中国社会处于半殖民地半封建时代，从以手工劳动为基础的小生产到社会化大生产，从以一家一户为单位的农业与家庭手工业紧密结合的自然经济到商品市场经济，从传统的家庭的血缘为主的宗法关系到由"法治"所保障的自由、独立的人际关系，从迷信到科学，从专制到民主，从封闭到开放，从地域性联系到世界性联系，民国开启的是一个由旧制向新制转型的过渡时代。

辛亥革命后，传统社会政治结构发生变化，乡村社会出现了多重权力中心，社会秩序的稳定结构受到了影响。与此同时，乡村阶层结构的变化整体上呈现出乡村劣质化演变的特点。在国家推行现代化的进程中，乡村社会被隔离在外，农民利益被置于一边，造成乡村社会不断破败、边缘化，乡村社会危机重重，农民境遇悲惨。民国农民在封建势力统治下，处于保守、停滞的极端落后的状态，同辛亥革命以前并无根本不同。民国时期，政府主导开展了地方自治和农村建设，一些有识之士也进行了乡村建设的尝试，但这些均在战乱中无法延续。

（3）中华人民共和国成立前中国共产党的农村政策日益向着重视农民、发动农民的方向演化。

建党初期，中国共产党就开始关注农民问题，但早期中国共产党更重视工人运动，对于农村和农民在中国革命中的地位尚未认识。随着斗争的演进，农民阶级在中国革命中的地位凸显。共产党肯定了农民阶级的伟大革命潜力及其工人阶级可靠同盟军的阶级地位，认识到"国民革命不得农民参与，也很难成功"。

第一次国共合作时期，国民党改组完成，成为工人、农民、小资产阶级和民族资产阶级四个阶级的革命联盟。中共四大决议指出，要保障农民政治上经济上的利益。此后明确了在土地问题上的主张："没收大地主军阀官僚庙宇的田地交给农民"，认为不实现耕地农有，农民就不能成为革命的拥护者。这是共产党第一次树立起自己关于解决农民问题的旗帜，呼吁保护农民的政治经济权利，并提出了土地问题是农民问题的根本。由于斗争形势变化和认识差别，在不同时期党内对于土地问题的主张认识都不同。1947年《中国土地法大纲》极大地推动了解放区的土改运动。土地改革的胜利，标志着农村土地所有制和阶级关系发生了根本的变化，农村封建剥削制度已在解放区消失。这极大地鼓舞了农民的生产热情，他们迫切要求组织互助合作以发展生产。中华人民共和国成立后推行的一系列农村土地改革和合作化运动是中华人民共和国成立前解放区革命实践的延续，对中华人民共和国成立初期国家农业生产的恢复发展，对在全国农村推行社会主义改造，开展土地改革和农村合作化，均提供了宝贵的历史借鉴。

（4）新中国三十年的历史功绩不可磨灭。

新中国三十年卷（1949—1978）通过分析中华人民共和国成立后农村发展的起始条件、中国国情、国际背景等，解释了当时选择重工业化的发展战略和推行农业集体化、城乡二元户籍制度、"统购统销"、社队企业发展等农村政策制度的社会根源。中华人民共和国成立伊始，中国经济起点低、经济剩余少、资金资源短缺，分散的个体农业经济和手工业经济在国民经济中居于主体地位，内忧外患促使新中国把工业化作为当务之急。农村土地改革后，中国农村经济全面恢复，主要农产品产量达到甚至超过中华人民共和国成立前的最高水平，农业剩余增加。在从外部获得资源不可能的情况下，农业剩余成为国家工业化积累最重要的来源。在重工业为主体的国家工业化战略主导下，通过统购统销、农业税费、价格剪刀差和城乡二元户籍制度，农业为国家工业化和城市建设提供了重要的制度依托。在这一阶段，农村经济社会发展对国民经济和社会发展起到全面支撑的作用：农业发展为国民经济发展提供了稳定的物质和资金供给；农民通过为国家工程建设提供义务工支援工业和基础设施建设；农民通过农村临时吸纳城市人口和"农民事业农民办"为国家经济社会发展作出隐性贡献。

新中国三十年的农村发展变迁虽有起伏波动，但成就辉煌。在农村发展变迁的过程中，中国共产党积累了宝贵的经验与历史教训，包括农业基础地位认识的形成、农业生产关系与生产力发展之间关系的认识、尊重农民的选择和创造等。

（5）改革开放以来的制度变迁对中国农村发展变迁起到根本性的推动作用，使农村现代化水平大幅度提高。

农村改革开放以来卷（1978—2012）对中共十一届三中全会至十八大的三十四年间的中国农村发展变迁进行研究。这一时期农村发展变迁最为显著的特征是：农民、农业和农村现代化水平显著提升，实现了由长期受温饱困扰到小康水平的重大历史性跨越，并朝着全面建成小康社会的目标迈进。1978—1984年，以实行家庭承包经营为主的农村改革率先成功突破，使农村发展变迁在新的生产经营体制下展开；1985—2002年，以取消农产品统派购制度而率先运用市场机制为主的改革，使农村发展变迁在资源配置由计划为主向市场为主的转变中展开；2002—2012年，实行以统筹城乡经济社会发展、促进城乡一体化发展、工业反哺农业为新取向的政策并深化的改革使农村发展变迁按照建设社会主义新农村的要求全面展开。

农村实现巨大发展变迁的首要原因在于改革解放和发展了农村社会生产力，激发和释放了微观经济主体的活力，使之成为推动农村巨大发展变迁的生力军。制度创新植根于农村、来自于农民。在经济发展进入工业化中期阶段之后,中国共产党提出了统筹城乡经济社会发展的方略,做出了"两个趋向"的重大论断,做出了中国已进入工业支持农业、城市支持农村阶段的重大判断,从而促进了从"农业是国民经济的基础"到"重中之重"、从城乡兼顾到统筹城乡、从工业的发展要依靠农业提供积累到"两个趋向"的思想和论断的演进,在实践中推进农业养育工业向工业反哺农业、城乡分割到城乡一体化发展的政策转变。这是中国农村实现巨大发展变迁的另一重要原因。这些宝贵的理论与思想财富将在中国实现"两个一百年"奋斗目标的过程中继续发挥指导和引领作用。

本书着眼于晚清大变局以来的中国农村变迁。无论是对充实当下国内的农村变迁史研究和农村政策理论研究,还是对更好更深入地开展农村现实研究,都具有非常重要的意义。

本书是集体智慧的结晶。本书编辑委员会审定了编写大纲,提出了一些建设性的意见。在编写和修改过程中,各位领导和专家提出了许多宝贵的修改意见。清华大学出版社周菁编辑、沈葆华老师在国家出版基金申报、书稿审校等方面给予了专业性的建议和指导。在此一并表示衷心的感谢!

农村制度变迁问题涉及经济学、社会学、政治学、史学、科技和乡土文化等学科,不同专业背景的人员在写作风格、叙述习惯等方面也有很大不同。我们努力在全书编写过程中统一体例,进行统筹安排,但仍有挂一漏万的情况。由于编写者水平所限,本书编写中存在不尽如人意之处,恳请读者批评指正。

宋洪远

2018 年 9 月 20 日

本卷编写说明

本卷是清华大学中国农村研究院重大项目"近代以来中国农村变迁史论"子课题二的研究成果。该子课题由山东农业大学和中国农业博物馆承担,由曹幸穗(中国农业博物馆研究员)和孙金荣(山东农业大学文法学院副院长、教授)共同担任主编,山东农业大学的11位中青年教师组成课题组。

课题的研究思路和编写大纲由曹幸穗研究员提出,经课题组多次讨论后提交项目主持人并经全书编辑委员会审定。编写大纲敲定后,山东农业大学组织课题组开展资料收集和文稿编写工作。到2013年6月,课题组系统收集和整理了民国时期关于中国农村社会变迁的历史资料,形成近14万字的"民国数据文献库",涵盖了海内外学者研究民国时期中国农村变迁史的绝大部分文献资料。

民国时期是指1911年辛亥革命全面爆发至1949年中华人民共和国成立的这段时间。民国时期的中国农村变迁,是在北洋政府、国民政府和边区革命政府的不同时空里展开的。本卷主要研究民国时期农村变迁的原因和动力,揭示了这一时期的乡村制度、经济基础、科技进步、文化演替、教育兴起等因素对于乡村社会变迁所产生的深刻作用以及对后来的新中国产生的重要影响。

本卷书稿由山东农业大学组织编写。引论由曹幸穗执笔,周敏(山东农业大学文法学院讲师)负责第一章,罗亚海(山东农业大学文法学院讲师)负责第二章,赵慧(山东农业大学文法学院讲师)负责第三章,王明杰(山东农业大学文法学院讲师)负责第四章,聂玉霞(山东农业大学文法学院讲师)负责第五章,王婵(山东农业大学文法学院讲师)负责第六章,高国金(山东农业大学文法学院讲师)负责第七章,陈英华(山东农业大学文法学院讲师)负责第八章,丁建川(山东农业大学文法学院副教授)负责第九章,刘铭(山东农业大学文法学院副教授)负责第十章,崔玉敏(山东农业大学马克思主义学院讲师)负责第十一章,余论由曹幸穗执笔。初稿完成后,由曹幸穗进行统稿和引论、余论部分文稿的改写。

由于编者水平所限,卷中文稿错讹缺漏在所难免,恳请读者批评指正。

目　录

引论 /1
　　第一节　封建帝制的终结 /3
　　第二节　走在岔道上的民国时代 /6
　　第三节　中华人民共和国成立前中国共产党的农村政策 /10

第一章　民国变局中的乡村社会 /17
　　第一节　没有农民参与的制度革命 /19
　　第二节　卷入世界漩涡的传统乡村 /24
　　第三节　来自外部的"乡村自治" /30

第二章　民国时期的土地改革 /41
　　第一节　土地占有与土地经营 /43
　　第二节　土地制度的改革与失败 /48
　　第三节　租佃制度的特点及其变迁 /54
　　第四节　田赋制度改革 /59

第三章　民国财政赋税与变革 /71
　　第一节　民国时期的赋税征收 /73
　　第二节　国民政府的田赋征实 /83

第三节　国民政府的田赋整理 /93

第四章　都市兴起与城乡关系 /101
　　第一节　二元经济结构下的农民 /103
　　第二节　农产品商品化的"双刃剑" /116
　　第三节　城居地主与乡村财富的转移 /122
　　第四节　工人阶级中的农民工 /127

第五章　乡村危机与乡村建设运动 /135
　　第一节　帝国主义列强转嫁经济危机对乡村的冲击 /137
　　第二节　民国时期关于农村破产的大辩论 /149
　　第三节　民国时期的乡村建设实验 /155

第六章　时代要素推动的乡村变化 /167
　　第一节　华侨与沿海侨乡的形成 /169
　　第二节　乡村精英的精神示范 /178
　　第三节　铁路交通沿线的乡村 /181
　　第四节　农业公司带动的乡村变化 /189

第七章　农业科技进入乡村 /199
　　第一节　民国时期的农业科技进步 /201
　　第二节　现代农业要素的应用 /208
　　第三节　深入乡村的农业推广者 /212
　　第四节　民国时期的农业遗产 /221

第八章　乡村教育卫生事业的肇启 /227
　　第一节　文盲和疾病充斥乡村 /229
　　第二节　乡村新式学校的举办 /237
　　第三节　瘟疫流行与乡村自救 /249
　　第四节　乡村医疗体系的设计：三级医院制 /253

第九章　资源约束下的乡村经济 /261

　　第一节　人口与耕地 /263

　　第二节　移民与垦荒 /269

　　第三节　农民的生活状况 /288

第十章　抗日根据地和解放区的农村建设 /299

　　第一节　农民运动讲习所的创建 /301

　　第二节　根据地的土地革命 /304

　　第三节　抗日根据地的农村农民政策 /313

　　第四节　陕甘宁边区的乡村建设 /320

第十一章　日伪统治区的农村 /333

　　第一节　日本占据时期的台湾农村 /335

　　第二节　日伪统治下的东北农村 /349

　　第三节　日本占领时期的华北农村 /361

余论　民国乡村的变迁与贫穷 /369

　　第一节　乡村制度和组织的变革 /371

　　第二节　民国乡村的近代化要素 /376

　　第三节　民国乡村的灾祸与贫穷 /380

参考文献 /385

第一节　封建帝制的终结
第二节　走在岔道上的民国时代
第三节　中华人民共和国成立前中国共产党的农村政策

引　论

在中华五千年文明史中，民国时期的历史只有38年，只是历史长河的一瞬间。然而这个一瞬间，却处在重要的历史转折点上。它结束了两千多年"帝皇家天下"的封建统治，开启了共和立国的时代。

第一节　封建帝制的终结

一、辛亥革命前的近代世界

1911年爆发辛亥革命，1912年1月1日成立中华民国，1949年国民党政府溃败迁台。民国承接了晚清内外交困的局面。民国的乡村变迁，就是在这个贫穷残破的基础上开始的。因此，论述民国乡村的变迁，需要回溯近代中国落后于世界的原因。

19世纪70年代是资本主义生产力和生产关系发展史上一个重大变革的时期。以蒸汽机为动力的第一次技术革命，使西方国家的经济发展进入了历史的快车道。20世纪初紧接着开启了以机电为动力的第二次技术革命。恩格斯指出："蒸汽机教我们把热能变成机械运动，而电的利用将为我们开辟一条道路，使一切形式的能——热、机械运动、电、磁、光——互相转化，并在工业中加以利用。"[①] 列宁则称电力工业是"最能代表最新的技术成就和十九世纪末、二十世纪初的资本主义的一个工业部门"。[②] 这次技术革命催生了一批机电企业的兴起，促进了经济产业的重大结构变化，工业生产得到巨大增长，交通运输与通信事业迅速扩展。在这些科技成就的基础上，主要资本

---

① 《马克思恩格斯全集》（第35卷），445～446页，北京，人民出版社，1971。
② 《列宁选集》（第2卷），788页，北京，人民出版社，1960。

主义国家在19世纪至20世纪初期,先后实现或基本实现了工业化。资本主义体系下的世界,政治经济发展的不平衡空前加剧。世界经济从19世纪中叶的英国单极格局演变成20世纪初期的多极格局,帝国主义列强内部的利益矛盾极度尖锐化,导致了20世纪初资本主义世界为争夺经济地盘而爆发的瓜分殖民地战争。19世纪末20世纪初,全世界殖民地的总面积达到7 490万平方公里,占世界陆地面积的一半以上。[1]

鸦片战争是西方列强以武力获得在华利益的开端。中国由此沦为半殖民地半封建国家。1894年的甲午战争失败,清政府被迫签订不平等条约,列强更加疯狂地瓜分中国。到辛亥革命前的1911年,中国共割地9次,赔款12次,其中有5次还是既割地又赔款的双重屈辱。

二、辛亥革命前夕的中国

中国的大门是鸦片战争的枪炮打开的。1842年,清政府被迫同英国侵略者签订了中国近代史上第一个不平等条约——《南京条约》。1901年立宪派康有为、梁启超推动立宪运动,推行清末新政。新政内容包括推行君主立宪、建立清朝新军、废除科举、整顿财政等一系列改革。

经过晚清时期的立宪派的宣示施压,清政府最终接受立宪改制,1908年7月颁布《各省咨议局章程及议员选举章程》,规定各省应在一年之内成立咨议局。同年颁布《钦定宪法大纲》,确立君主立宪制政体,成立代议会。1911年5月8日,清政府成立由庆亲王奕劻组建的"责任内阁"。立宪派是晚清政府与社会之间的支柱,是联系国家权力和下层民众的桥梁。立宪派渴望安定,促使他们努力寻找能够维护社会安定的力量。[2]

另一方面,清末的革命派一直鼓动推翻朝廷,建立中华共和国。革命党的主要成员来源于一批新型知识分子,一批在19世纪末20世纪初出现的青年学者、留学生和新式学堂的在校学生。这个群体学历水平高,易于接受外来的先进思想和理念,因而革命性较强。在当时严峻的国内国际大环境洗礼下,他们迅速壮大起来。为了国家前途,救亡图存,他们勇于献身,敢于斗争,毅然走上了历史的前台,肩负起领导辛亥革命

---

[1] 郭吴新:《20世纪初期的世界经济格局》,载《经济评论》,1997(3),2~5页。
[2] 孙训华:《论辛亥革命前后立宪派的心路历程(1906—1913)》,河南大学硕士学位论文,2006。

的历史重任。这个庞大的群体在革命进程中发挥了引导、指挥和协调的作用。①

晚清时期,中国社会还出现了一批政治团体。其中有一些后来发展成影响和改变历史进程的政党。例如,1894年,孙中山在夏威夷檀香山建立兴中会,1904年黄兴在长沙成立华兴会,1904年蔡元培在上海成立光复会,此外还有三合会、洪门等反清会党组织。1905年,孙中山在日本联合兴中会、华兴会、光复会,成立中国同盟会,提出"驱除鞑虏、恢复中华、创立民国、平均地权"的纲领,成为晚清革命派的中坚力量和指挥中枢。同盟会在华南地区先后起事反清十余次,逐步将势力渗透到华中、华南的清朝新军中。

立宪派、革命派和成分复杂的会党,分别代表资产阶级的不同政治阶层。他们在具体利益上有不同的观点和主张,但是本质上他们都是资产阶级的政治代表,在根本利益上是一致的。他们有许多共同点:反对封建专制,主张资产阶级民主、自由、共和。这些社会团体形成的合力,汇聚成了中国封建社会的掘墓人。

三、辛亥革命

辛亥革命是一个转折点。革命党人秘密策划的武昌起义,因消息泄露,起义的组织、旗帜、文告、弹药、印信等密件均被湖广总督瑞澂截获,多名革命志士遇害,情势万分危急。武昌笼罩在一片白色恐怖中。时任武昌革命军大队长的熊秉坤决定,发动湖北新军工程营的革命同志,于1911年10月10日择机起事。10月11日黎明,起义军聚集在湖北咨议局大楼会议厅,商讨组建军政府和推举都督人选。当晚,宣布成立中华民国军政府鄂军都督府(即湖北军政府),公布军政府檄文和《安民布告》,宣布废除宣统年号,改国号为"中华民国"。军政府发布《布告全国电》《通告各省文》等文告。

1912年1月29日,袁世凯以拥兵自重的威压之势,殿前逼宫。清政府迫于压力,临时召开御前会议,会上决定退位。2月3日,溥仪的母后隆裕太后授权袁世凯与南京临时政府商定皇帝退位的优待条件。2月12日,隆裕太后发布《逊位诏书》,宣布宣统皇帝退位,中国两千多年的帝制终结。

---

① 陈辉:《论辛亥革命中会党的性质和作用》,载《华中师院学报(哲学社科版)》,1981(4),27~40页。

第二节 走在岔道上的民国时代

帝制终结,共和立国。可是在民国存续的38年中,中国并没有出现过大一统的共和天下。中华民国是一个迷茫的时代,一个不知所向、无所皈依的时代。

一、民国建立留下的难题

武昌起义时,孙中山正在美国科罗拉多州丹佛市,四处奔走为革命筹款。武昌起义前,孙中山收到黄兴从香港发来的密电,因旅途匆匆,密电未能及时译出。直到10天后,孙中山在美国的报纸上才看到了武昌起义胜利的消息,立即决定回国。1912年1月1日,孙中山在南京宣誓就任临时大总统,宣告中华民国临时政府成立。

在孙中山组阁的中华民国临时政府中,革命派占多数,同时吸收立宪派和旧官僚入阁。在9名国务部长中,同盟会3名,立宪派2名,旧官僚2名,自由派2名。孙中山在临时大总统任内推行了一系列的社会和政治改革,制定了《中华民国临时约法》,规定"中华民国之主权,属于国民全体",公民有人身、选举、参政、居住、言论、出版、集会、通信和宗教信仰的自由和权利,并发布了一系列有关政令。在外交上,表明"得与世界各邦敦平等之睦谊",加入"公法所认国家团体之内"。

南京临时政府成立后,袁世凯感到出任大总统无望,便撤销和议代表,迫使革命派妥协,同时勾结帝国主义列强拒不承认南京临时政府。在内外交困中,孙中山被迫退让。1月22日,孙中山发表声明,只要清帝退位和袁世凯赞成共和,即向临时参议院推荐袁世凯为临时大总统。2月12日,溥仪逊位。2月13日,袁世凯电告南京临时政府:"大清皇帝,既明诏辞位,业经世凯署名,则宣布之日,为帝政之终局,即民国之始基,从此努力进行,务令达到圆满地位,永不使君主政体再行于中国。"同日,孙中山向临时参议院辞职。2月15日,临时参议院选举袁世凯为临时大总统。

这场千古一变的辛亥革命,由革命党、立宪派和北洋集团共同迫使清王朝垮台,完成了形式上的共和制度的建立。但是,这三股力量并无共同的政治目标,甚至没有共同的利益基础。立宪派主张维持社会原有政局的平稳,不要发生大的社会动乱。①革命派却牺牲了自己的政治信仰,向北洋军阀集团妥协让步。毛泽东说:"辛亥革命以后,资产阶级的政党走向堕落,正如孙中山先生说的'革命功成,革命党消'。"②

轰轰烈烈的革命运动演变成了政治利益的交易。这是革命党人在辛亥革命中犯下的最大失误,也是后来时局变乱的隐患根源。此外,革命需要建立广泛的统一战线。但是,由于资产阶级革命党人受到自身阶级的局限,一度忽视了人民群众的力量,尤其是忽略了对农民的发动和领导,忽视了农村社会的变革,忽视了农民的利益诉求。在以农民为主体的旧中国,一场没有动员农民参与的革命,不能算是真正的社会革命。这正是辛亥革命最终失败的根源所在。

二、洪宪复辟与"二次革命"

民国政府自1912年迁都北京后,只是在形式上建立了民主共和的中央政府。当时中央政府对全国行使权力的范围很有限,江南地区的富庶省份与中央政府处于若即若离的"失控"状态。这些地区是国民党人实际管辖的领地。这种状况,使袁世凯对刚刚建立的共和制度产生了动摇。此外,袁世凯对民国初期的政党制度也心存不满。这些都促使袁世凯最终走向集权和专制之路。

1913年3月,中华民国第一届国会选举结束。在宋教仁的主持下,国民党取得重大胜利。国民党在参众两院870议席中占有392席,可以凭借其绝对优势影响或操纵参众两院。这种状况对袁世凯的统治地位形成了极大威胁。于是,袁世凯指使赵秉钧暗中收买杀手,于1913年3月20日晚刺杀宋教仁。身受重伤的宋教仁于3月22日不治身亡。"宋案"发生后,国民党人迅速掌握了内阁总理赵秉钧收买上海流氓洪述祖暗杀宋教仁的证据。案情公布,全国舆论哗然。

此时,在国民党内,特别是国民党元老派,一致的共识是必须推翻袁世凯。于是孙中山决定武力讨袁,发动"二次革命"。1913年7月15日,黄兴赶到南京,江苏宣布独立。随后,安徽、广东、福建、湖南和四川等地也相继宣布独立。

但是,"二次革命"仓促上阵,缺乏严密的战略策划和统一指挥,各地孤军作战。

---

① 孙训华:《论辛亥革命前后立宪派的心路历程(1906—1913)》,24页,河南大学硕士学位论文,2006。
② 中华人民共和国国史学会编:《毛泽东读社会主义政治经济学批注和谈话》(上卷),89页,未出版。1998。

袁世凯以优势的兵力,很快把讨袁军打败。原来宣布独立的各省,在战争失利的情况下,先后撤销独立。"二次革命"不到两个月的时间就失败了。领导这次革命的孙中山被迫流亡日本。

镇压"二次革命"之后,袁世凯认为复辟帝制的条件已经成熟,遂于1915年10月至11月,指定各省选出拥袁的所谓"国民代表"1 993人,进行国体投票,结果全部拥护君主制。于是袁世凯下令,1916年改为"洪宪"元年,定于元旦登基。

袁世凯复辟称帝的倒行逆施,激起了全国人民的公愤。12月25日,云南首先宣布独立,贵州、广西响应,共同组成"护国军",发起讨袁战争。北洋军阀内部也发生了分化,袁世凯手下的两员大将段祺瑞和冯国璋,对帝制都抱消极态度,冯国璋甚至暗中和护国军联络。在这种形势下,袁世凯不得不在1916年2月25日下令缓办帝制,3月22日宣布取消帝制,废除"洪宪"年号。

三、国共合作的北伐战争

1916年6月6日,袁世凯死后,黎元洪继任大总统,各省军阀趁机割据,中国进入一个混乱无序的时期。此时,孙中山领导的革命党人,继续从事民主革命活动,为中国的民族独立、民主共和、富强统一而奋斗。1917年俄国十月革命成功,孙中山深受启发,明确了反帝和反封的民主革命任务。1919年,孙中山将中华革命党改组为中国国民党,恢复了被袁世凯取缔的国民党建制。在共产国际和苏联代表的帮助下,中国国民党和当时崛起于政治舞台的中国共产党实现合作。

1924年1月,中国国民党在广州举行第一次全国代表大会,实行联苏、联共、扶助农工的政策。这次会议之后,在广州改组大元帅府为国民政府,依托黄埔军校学员组建了国民革命军。正当孙中山在广州着手筹建广州国民政府之时,1924年秋,冯玉祥在北京发动政变,推翻了"贿选"的大总统曹锟,并联合奉系军阀张作霖,推举皖系军阀段祺瑞进京出任"临时执政"大总统。1924年11月,孙中山在广州突发疾病,旋即北上天津治疗。1925年3月12日在北京逝世。

在中国共产党的努力下,国共两党形成了统一战线。1926年2月,中共中央在北京举行特别会议,明确指出党在目前的主要任务是推动广东革命势力向北发展。为了实现国家统一,结束军阀割据的局面,1926年7月9日,广州国民政府领导的国民革命军十万人正式出师北伐。

随着北伐战争的节节胜利，1926年10月，北伐军占领武昌，成立武汉国民政府。国民革命重心由珠江流域转移到长江流域。1927年4月12日，蒋介石突然在上海发动"四一二"反革命政变，大批逮捕并屠杀中国共产党员和国民党左派。4月18日，蒋介石在南京另立南京国民政府，与武汉国民政府对峙。7月15日，武汉国民政府领袖汪精卫召开"分共"会议，公布《统一本党政策案》，正式与中国共产党决裂。

1928年6月4日，张作霖当夜撤离北京，退到山海关外。张作霖的专列到达沈阳附近的皇姑屯（京奉铁路和"南满"铁路交叉的三洞旱桥），被日本关东军埋下的炸药炸毁。张作霖身负重伤，稍后死亡。6月8日，国民革命军开进北京。1928年12月29日张学良在东北通电东北易帜，宣布效忠南京中央政府，北伐战争结束。

北伐战争是在中国共产党提出的"反对帝国主义，反对军阀"的口号下进行的。在北伐进军的过程中，中国共产党人在军队、政治工作以及发动工农群众方面作出了巨大贡献。在战争的第一阶段，国共两党的广大将士紧密合作，写下了许多并肩战斗、浴血沙场的辉煌篇章。

四、国民党承担不起建国重任

北伐结束，乱世甫定。国民党定都南京。但是国民党承担不起建国兴邦、造福万民的历史重任。

一是国民党内部的矛盾。国民党自组党之日，就是一个组织成分复杂、内部派系林立的政党。其内部各派系之间、中央军阀与地方实力派之间的矛盾，盘根错节，积重难返，有时甚至严重到剑拔弩张的地步。正如毛泽东所说："国民党新军阀蒋桂冯阎四派，在北京天津没有打下以前，有一个对张作霖的临时的团结。北京天津打下以后，这个团结立即解散，变为四派内部激烈斗争的局面。"[①] 国民党内部存在大量派系之争，如蒋系、冯系、桂系、阎系、东北系等，同时派系内部还有人脉矛盾。

二是国共两党的矛盾。早在1929年，蒋介石就提到治理国家无非"攘外安内"。这时安内的对象是反蒋的冯、阎、桂等新军阀。经过中原大战，能与蒋介石对抗的军阀已基本解决。中国共产党趁军阀混战之机，悄然发展壮大，到1931年，已拥有大小十多处根据地和三十多万红军，成为国民党统治的最大威胁。蒋介石安内的对象转为对付中国共产党和国民党内部的反对派。直到"西安事变"发生后，通过谈判，蒋

---

① 《毛泽东选集》（第二卷），365页，北京，人民出版社，1991。

介石被迫答应联共抗日，国共矛盾开始趋向缓和。

三是民族矛盾。1928年日本制造了"济南惨案"和"皇姑屯事件"，中日民族矛盾开始激化。1931年9月18日，日本帝国主义发动了"九一八"事变。1935年"华北事变"后，中日民族矛盾成为中国社会的主要矛盾，国共两党的阶级矛盾降到次要地位。"西安事变"后，蒋介石被迫答应放弃武力解决中共问题，下令停止进攻工农红军和苏区；中国共产党宣布"五项要求四项保证"，公开承诺放弃武装推翻国民党及南京国民政府。

抗战爆发以后，国共再次合作，共赴国难。抗战胜利后，敌伪机构和要员遗留了大量各类地产物资，国民党军政各界都忙着捞财占地，整个国民党军政系统已经病入膏肓，无可救药。1949年，蒋介石仓皇迁台，短暂的民国时代结束。

第三节　中华人民共和国成立前中国共产党的农村政策

我国近代史上，从洋务运动、戊戌变法到辛亥革命、北洋政府、国民政府，很少有人关注中国乡村的状况和亿万农民的疾苦。在占据统治地位政府的国策设计中，很少看到真正为农村变革推行的改良举措。近代农村变革的历史重任，最终落在了1921年诞生的中国共产党肩上。

一、建党初期关于农村农民的认识

中国共产党建党初期就开始关注农民问题，肯定了农民阶级的伟大革命潜力，确定了农民是工人阶级可靠同盟军的阶级地位。同时，中国共产党人也在农民运动的早期实践中获得了宝贵的经验。这一切都为农民运动的蓬勃发展奠定了理论和实践基础。

党的早期领导人，如李大钊、陈独秀等，都曾在一些著述或讲话中论及农民对于中国革命的作用。毛泽东等人还创办了湖南自修大学，着重进行革命舆论准备，积蓄革命力量，唤醒农民的革命意识，动员农民参加革命。中共中央很早就认识到农民在中国革命中的地位和作用。1922年7月召开的中国共产党第二次全国代表大会，对此作出了明确的决定。中共二大的《政治宣言》提到，"中国三万万的农民，乃是革命运动中的最大要素"，是中国工业无产阶级最可靠的同盟军。"大量的贫苦农民能和工人握手革命，那时可以保证中国革命的成功"。当年11月，中国共产党发布的《对于目前实际问题之计划》，重申了中共二大对农民问题的认识："无产阶级在东方诸经济落后国的运动，若不得贫农群众的协助，很难成就革命的工作。"

1923年6月，中国共产党第三次全国代表大会在广州召开。毛泽东在中共三大会议的发言中说："湖南工人数量很少，国民党员和共产党员更少，可是漫山遍野都是农民，因而任何革命，农民问题都是最重要的。"[①] 在这次全会上，毛泽东受大会委托起草了建党以来第一个《农民问题决议案》，提出了"结合小农佃户及雇工以反抗宰制中国的帝国主义者，打倒军阀及贪官污吏，反抗地痞劣绅，以保护农民之利益而促进国民革命运动之必要"的革命主张[②]。

二、第一次国共合作的农民运动

1924年1月中国国民党第一次全国代表大会的召开，标志国民党改组的完成和国共合作的正式建立。改组后的国民党由一个资产阶级性质的政党变成工人、农民、小资产阶级和民族资产阶级四个阶级的革命联盟。第一次国共合作建立以后，革命得到全面迅速的发展，开创了中国革命的新局面。

1925年1月，中国共产党四大的决议中指出："我们的党在国民党改组之后，既然和国民党一起工作，我们对于农民，便要替国民党的政策负责，我们应当反对国民党领袖们在南方对于农民的错误政策：（一）他们只想利用农民，并不实际保障农民的政治上经济上的利益，便要农民拥护国民党，这种政策是决不能得到农民的赞助；（二）国民党在军事区域里要农民赞助自己，他们组织农民协会，要求农民为民族解放运动而牺牲，可是他们并不强逼大地主对农民让步，而且不去保障农民的政治权力，甚至于军人或土豪鱼肉农民危害他们生活的时候，国民党领袖们都不能帮助农民。"11月，党中央通过了《中国现实的政局与共产党的职任议决案》，第一次明确宣布对土地问题的主张，"没收大地主军阀官僚庙宇的田地交给农民"，并指出"假使土地不没收交

---

① 张国焘：《我的回忆》（第1册），294页，北京，东方出版社，1998。
② 《中共中央文件选集》（第1册），151页，北京，中共中央党校出版社，1982。

给农民,假使几万万中国农民因而不能参加革命,政府必定不能巩固政权,镇压军阀的反革命"。"我们现在所提出的过渡时期的农民要求,如减租、整顿水利、减税、废除陋规","可以使农民革命化,可以组织农民起来,然而如果农民不得着他们最主要的要求——耕地农有,他们还是不能成为革命的拥护者"。共产党第一次在全国人民面前,树立自己关于解决农民问题的旗帜,呼吁保护农民的政治经济权利,并提出了土地问题是农民问题的根本问题。

国共合作期间,在中国共产党的倡导下,中国国民党于1924年7月至1926年9月,在广州举办了一至六届农民运动讲习所(简称"农讲所")。农讲所由毛泽东等共产党人主持,为全国培养了797名农民运动干部。从农讲所毕业的学生,分配到广东及全国各地,成为农民运动的骨干力量,推动各地农民运动的发展。①

1926年北伐出师时,中共召开四届三中全会,在各方面对农民运动作出了种种限制,没有继续强调北京扩大会议提出的没收大地主土地的主张。1926年11月,随着北伐的胜利进军,农民运动高涨,党内在关于开展土地革命问题上产生了分歧。毛泽东、瞿秋白、林伯渠等坚决主张开展土地革命,解决农民的土地问题。1927年1月毛泽东实地考察了湘潭、湘乡、衡山、醴陵、长沙五县,写出了《湖南农民运动考察报告》。在报告中毛泽东指出,农民的土地问题,已经不是宣传的问题,而是要立即实行的问题。毛泽东不但全面阐述了解决土地问题的意义,而且确定了没收土地的对象。他认为,若只没收大地主的土地,不能满足农民的要求与需要,主张"凡自己不能耕种而出租于他人的田地,皆行没收"。

三、苏区和抗日根据地的土地改革

1927年,在北伐途中,蒋介石发动"四一二"反革命政变,大量逮捕和杀害共产党人。在革命形势突然转入低潮的特殊时期,中国共产党第五次全国代表大会于1927年4月27日至5月9日在武汉召开。五大发表的《土地问题议决案》中,提出了"将耕地无条件的转给耕田的农民"②的土地革命原则。汪精卫于1927年7月15日发动"七一五"反共政变。中共中央紧急召开"八七"会议,确定了新形势下"实行土地革命和武装起义的革命方针"。根据这一方针,毛泽东到湖南领导了秋收起义,1928

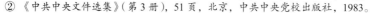

① 陈永阶:《中国共产党与中国现代农民运动》,载《中山大学学报(社科版)》,1991(3),75~79页。
② 《中共中央文件选集》(第3册),51页,北京,中共中央党校出版社,1983。

年4月与朱德、陈毅率领的南昌起义部队在井冈山汇合，创建井冈山革命根据地。随着斗争的发展，到1930年年初，中国工农红军已在十余省300多个县建立了大小15块革命根据地。根据地人民在中国共产党领导下，开展了以土地革命为中心的社会经济的伟大变革，农村社会的经济关系发生了革命性变化。

1928年6月18日至7月11日，中国共产党在苏联莫斯科召开了第六次全国代表大会。中共六大专门成立了农民土地问题委员会，通过了《政治决议案》《土地问题决议案》和《农民运动决议案》，提出中国农民必须推翻地主阶级，推翻帝国主义，然后才能得到解放的政治主张。六大通过的决议对土地革命的路线和政策作了决定：

第一，改正了"没收一切土地"的错误政策，明确规定"没收地主阶级的土地，耕地归农"；同时规定"祠堂、庙宇、教堂的地产及其他的公产官荒或无主的荒地沙田，都归农民代表会议（苏维埃）处理分配给农民使用"。

第二，明确指出"无产阶级在乡村中的基本力量是贫农，中农是巩固的同盟者，故意加紧反对富农的斗争是不对的"。

第三，"应赞助平分土地的口号同时应加以批评""使农民完全了解，在现在资本主义制度之下，决没有真正平等之可能，只有在无产阶级革命胜利之后，才能够走上真正社会主义的建设"；在中农占多数的地方尤不能强施"平分土地"。

第四，苏维埃政权巩固，革命完全胜利之后，党应引导农民"消灭土地私有权，把一切土地变为社会的共有财产"，走社会主义道路。[①]

1937年"七七事变"后，中国共产党领导的武装挺进敌后，建立抗日根据地。到抗战胜利前夕，先后建立了陕甘宁边区、晋察冀、晋绥、晋冀鲁豫、山东、华中抗日根据地和琼崖游击区等19个大的抗日根据地。中国共产党根据变化了的形势，在根据地内实行了新的土地政策，开展了减租减息和互助合作运动，促进了农业生产发展。

1937年8月25日，中共中央在洛川会议制定的《抗日救国十大纲领》中首次明确提出，以减租减息作为抗战时期解决农民问题的基本政策。据此规定，创建伊始的晋冀鲁豫根据地制定和颁布了适合本地区特点的施政纲领和减租减息条例，提出了"二五减租"和"分半减息"的口号。[②]

---

① 《中共中央文件选集》（第4册），170～208页，北京，中共中央党校出版社，1983。
② 中国人民大学中共党史系中共党史教研室：《中共党史专题讲义》（三），247页，北京，中国人民大学出版社，1985。

1942年1月28，中共中央发布《关于抗日根据地土地政策的决定》，提出了明确的减租方针和具体政策要求，由此推动了群众性减租减息运动的开展。

1939年4月，边区政府发布了《晋察冀边区奖励合作社暂行条例》，规定对"在各村庄中最先成立，起到模范作用、经营业务有相当成绩者"进行奖励，并详细说明了奖励办法，其中之一就是"得请政府四厘贷款，得免捐税百分之五十"。①

边区政府在1941年制定的《农业生产互助小组暂行组织条例》中，提出了生产互助小组"以个体的私有经营为原则，但各组员对生产工具和劳动力等事，应尽量调剂互助"。以行政村为一个小组，最少由5户组成，向外贷款时，须先自筹资本，然后再向银行借款。自筹资本额，须按生产基础多少规定比例。②

1945年4月23日至6月11日，中国共产党在延安杨家岭召开第七次全国代表大会。毛泽东在会议上所作的《论联合政府》政治报告提出了建立民主联合政府、打败日本侵略者、建设新中国的基本要求，提出了党的政治路线是"放手发动群众，壮大人民力量，在我党的领导下，打败日本侵略者，解放全国人民，建立一个新民主主义的中国"。

七大以后，随着抗日战争的胜利，山西、河北、山东、华中解放区的一些农民群众直接从地主手中夺取土地，实现了"耕者有其田"。在这种形势下，为动员广大农民群众积极参加解放战争，中共中央及时做出决定，把减租减息政策改变为没收地主土地分配给农民，实现"耕者有其田"的政策。1946年5月4日，中共中央发出《关于反奸清算和土地问题的指示》，肯定了农民夺取地主土地的做法，进一步提出全面实现"耕者有其田"的政策，进一步推动了土地改革运动的开展。各解放区大力发动群众，积极进行土地改革，打击封建势力。到1947年年初，各解放区都有约三分之二地方解决了土地问题。③

1947年9月，党中央召开了土地会议，会议制定了《中国土地法大纲》，宣布"废除封建性及半封建性剥削的土地制度，实行耕者有其田的土地制度""废除一切地主的土地所有权""废除一切乡村中在土地制度改革以前的债务"。土地改革的胜利，标志农村土地所有制和阶级关系发生了根本的变化，农村封建剥削制度已在解放区消失。

---

① 魏宏运：《抗日战争时期晋察冀边区财政经济史资料选编·工商合作编》，754页，天津，南开大学出版社，1984。
② 陕甘宁边区财政经济史编写组：《陕西省档案馆抗日战争时期陕甘宁边区财政经济史料摘编》（二编），425页，西安，陕西人民出版社，1981。
③ 《毛泽东选集》（第四卷），1159页，北京，人民出版社，1966。

这极大地鼓舞了农民的生产热情,他们迫切要求组织互助合作以发展生产。

1949年全国解放以后,我国推行的一系列农村土地改革和合作化运动,就是在新中国成立前解放区进行的革命实践的延续,既继承了解放区的土地改革经验,又纠正了当时的一些错误做法。这对于新中国成立初期国家农业生产的恢复发展,对于在全国农村推行社会主义改造,开展土地改革和农村合作化,提供了宝贵的历史借鉴。

第一节　没有农民参与的制度革命
第二节　卷入世界漩涡的传统乡村
第三节　来自外部的"乡村自治"

第一章　民国变局中的乡村社会

清代末期，中华民族陷入前所未有的危机之中。1911年辛亥革命胜利，1912年中华民国南京临时政府成立，标志绵延两千多年的封建专制统治结束，开启了中华民族的历史新纪元。

第一节 没有农民参与的制度革命

一、清末民初的乡村政治势力

1840年第一次鸦片战争以后，清政府被迫签订丧权辱国的《南京条约》，割让香港岛，赔款2 100万银元，开放上海、宁波、广州、泉州、厦门五处通商口岸，协定关税等，中国开始走向半殖民地半封建社会，清王朝原有的封建统治危机演变为国家民族生死存亡的整体性危机。1856年第二次鸦片战争，使得国家的主权进一步被分割。诚如罗荣渠所言："更大的悲剧在于，处在康乾盛世的荣光庇荫下的那些继起的统治者对这样严峻的西方挑战毫无认识。从第一次鸦片战争到第二次鸦片战争，清政府都把对付内忧摆在高于任何外患的头等重要地位，力图把西方引起的冲突当作地方性问题消极应付，大事化小，小事化了。"[1]

一些欲扶危厦于倾倒的朝廷官员、地方士绅以及接受过西方教育的仁人志士发起了"洋务运动"，开启了影响深远的社会变革，拉开了中国现代化的序幕。

1898年光绪皇帝颁布诏书"明定国是"，决心推行维新变法。维新运动高举"救

---

[1] 罗荣渠：《现代化新论——世界与中国的现代化进程》（增订本），260页，北京，商务印书馆，2004。

亡图存"的旗帜，抵制外来侵略，变革清王朝的政治机构，澄清吏治，学习西方资本主义国家实行政治改革。康有为、梁启超的变法主张自上而下，实行君主立宪制，把君主立宪解释为"君民合治"。君是指封建统治势力的代表，民是指资产阶级，所要建立的国家是地主阶级和资产阶级联合专政的国家，以地主阶级为主体。

孙中山领导的中国同盟会，成为资产阶级革命派统一指挥的组织。同盟会提出"驱除鞑虏、恢复中华、创立民国、平均地权"的纲领，主张民族、民生和民权的"三民主义"，主张用暴力推翻清朝统治。然而，由于同盟会缺乏群众基础、内部涣散和力量薄弱，最终没有实现其革命目标。

1911年武昌起义胜利，同时带动其他省份的起义，结束了绵延两千多年的封建专制统治，标志民族国家的建立。但是封建帝制的终结，并没有引起农村的阶级结构以及乡村政权发生变动，作为乡村主体的农民并没有参与这场重大的社会变革。辛亥革命是一场没有农民参与的制度革命。

李喜所的研究指出，在这个时期乡村社会有三种势力最引人注目，有资本主义倾向的开明士绅、农村群众以及资产阶级革命党人都在农村占有地位。在清代末期的农村，开明士绅作为一股新的政治力量开始登上历史舞台。他们集聚于县城或者交通便利的城镇，这些地方往往是农村经济、政治和思想文化变迁的风向标。地主士绅作为中国传统社会的统治阶级，在政治上掌握一定的权力，在经济上把持土地，是旧制度的既得利益者。地主士绅的思想处于新旧交替的十字路口，一方面在旧的格局下谋求新的发展，另一方面又在新的变化中保持旧的状态。他们虽然在人数上并不占有优势，但是在农村政治舞台上拥有话语权，并且有旗帜鲜明的政治诉求。[①]

对于辛亥革命，乡村士绅秉持"求稳于封建，取利于革命"的政治倾向，采取中立自保、明哲保身的立场，在社会动荡变革中左右逢源、俯仰不倒。他们对于清王朝灭亡有本能的预估，但又不愿意失去既有的地位和既得的利益。故此，一方面，他们积极响应革命，借助革命的口号扩大自己的权益，另一方面，又热衷于拉帮结派，纠集封建势力稳定乡村秩序，图存自保。突如其来的武昌起义，瞬间打乱了农村原有的封建秩序，进而影响士绅们的经济来源。浇灭这股革命烈火，成为了士绅在武昌起义之后的第一诉求。而这一诉求与保皇封建势力不谋而合。因此，各地乡村冒出了许多商团武装和地主团练，形成中国大地上一股不可小视的势力。士绅们摇身一变，成为

---

① 李喜所：《武昌起义后的农村变动》，载《历史研究》，1982（2），59~78页。

地主武装的指挥者,成为武昌起义之后乡村阶级斗争的头面人物。

武昌起义破坏了农村旧有秩序,使民主共和观念得到某种程度的传播。与此同时,乡村中的农民群众开始逐渐觉醒和崛起,发展成为第二种乡村社会势力。虽然在这一阶段,农村的反抗斗争没有摆脱传统农民起义的模式,但得益于革命思想的传播,"共和""民军""政党"等新鲜词汇开始出现在农民起义队伍,并被巧妙地运用到农民反抗斗争之中。受经济条件、自然环境和农民自身的局限,这一时期的农民起义大都发生于一时一地。这其中有反对封建官吏的,也有反对新生政权征捐催税的;有反对地方恶势力的,也有反对外来宗教的;有协助革命党人的,也有被地主势力利用的。由此可见,民国时期的农民斗争呈现明显的局限性、分散性和泛组织性,只能以一时一地的社会矛盾为对象,不可能成为震撼国家政体的革命运动。

资产阶级革命派在农村的势力,存在许多先天不足。农村不是他们开展斗争的主要舞台。革命派在农村投入力量薄弱。在广大的乡村社会,他们受人力所限难以搭建严密的政治组织,面对农村复杂的斗争形势,缺乏必要的经验。

面对这种不利局面,革命党人不得不寻求乡村中的士绅阶级作为政治上的同盟者。士绅在农村掌握政治、经济、治保的力量,很自然地成为革命党人寻求的同盟对象。例如,当时同盟会派遣其成员、留日学生吴恩洪回到四川忠县(今属重庆市)发动农民起义。起义成功之后,其掌握的乡村武装力量便与当地士绅结成同盟。这种现象说明,革命党人在乡村势单力薄,缺乏统治基础,只能走上与乡村士绅结盟的道路,有的甚至因此沦为欺压农民的新权贵。在清末民初的乡村社会,革命党人虽然在农村掌握了一定的政治力量,但是由于缺乏政治斗争经验,内部派系林立,组织纪律涣散,最终仍被乡村旧势力所击败。由此可见,在农民起义后的农村舞台上,资产阶级革命党人只是羸弱的新贵,其自身的统治都难以维持,更遑论为农村变革和农民福祉革故鼎新了。

二、辛亥革命后的乡村会党势力

辛亥革命时期出现的会党,[①]因其便于组织、分布广泛,而且易于革命党人联络发

---

① 会党是清末打着反清复明旗号的民间秘密团体的总称。会党具有反清反帝的性质。在此以前,天地会、哥老会等通称"会",自兴中会与天地会首领联络后,始称"会党"。兴中会发动广州起义和惠州起义,主要依靠力量就是会党。

动,成为下层群众中最为活跃的一支政治力量,更成为农民起义的主力。孙中山说:"内地之人,其闻革命排满之言而不以为怪者,只有会党中人耳。"① 会党群众在资产阶级革命派眼中,不仅是被解放的对象,更是可以被利用的社会力量。武昌起义后,由于大环境的改变,会党活动开始公开化,很多农民投身会党活动。他们或者反抗封建官僚,打击外国宗教,或者协助革命党人夺权。但由于其历史局限性,组织内部山头林立,互相倾轧。陕西、四川、贵州、湖南等地成为会党滋生的沃土,形成了强大的会党势力。在晚清的革故鼎新时期,会党在革命运动中的积极作用是不可否认的。武昌起义后,会党逐渐掌握权力,以会党为中心的农民反抗斗争席卷全国。

虽然会党在晚清各地革命过程中发挥了重要作用,但是会党的政治地位、经济状况和生活习惯决定了他们不可能掌权。会党所固有的猜忌、提防、宗教、迷信、封建、保守、排斥、破坏、皇权等意识,是他们最终被时代边缘化的历史根源。另外,晚清的革命派固有的弱点和阶级局限又不能很好地改造、团结、利用会党,使二者最终分裂。② 尤其是到了20世纪20年代,传统的农民革命已经过去,会党虽然对政治产生了异乎寻常的兴趣,但是他们的存在却深深地影响革命的深入发展。

例如,在湖南,会党成员"进出都督府,车水马龙,熙熙攘攘,吃大锅饭,要求安置,都督忙于迎接,几无暇治事"。他们以为起义成功,就万事大吉了,根本没有想到如何巩固革命成果和建设问题。衡阳以南各属会党更是风起云涌,得意洋洋,认为"今天是我们洪家天下了"。如此庸俗地看待革命,足见以农民为主体的会党的政治目光之短浅。因此,各地的流氓、痞棍就趁机假冒会党之名,破坏秩序,横行乡里,为人诟病。③ 在贵州省会贵阳,哥老会甚至"明目张胆占领民房衙属,以立公口,在城外各地,各公口之间争夺地盘,械斗时有发生"。④

对会党来说,社会安定反而不利于越货盗利,因此他们总是不断制造事端,给民众的生产生活带来了不少的麻烦,失去了民心。与此同时,在革命发展的过程中,会党成员之间的地位发生了变化,内部门户林立,派系横流,相互攻讦,你争我夺,不惜大打出手,为害乡里,更为平民所反对。恩格斯说:"农村居民由于分散于广大地区,由于极难达到大多数意见的一致,所以他们永远不能胜利地从事独立的运动,他们需

---

① 《孙中山选集》(上卷),172页,北京,人民出版社,1956。
② 萧云岭:《论会党与辛亥革命的失败》,载《江西师范大学学报》,2002(3),27~31页。
③ 中国人民政协文史资料研究委员会编:《文史资料选辑》(第34辑),134页,北京,文史资料出版社,1963。
④ 冯祖治,顾大全:《贵州辛亥革命》,134~135页,贵阳,贵州人民出版社,1981。

要更集中、更开化、更活动的城市居民的引导和推动。"辛亥革命中的会党恰好缺少这样的引导者,因而无法克服其破坏性的一面。

民国新政建立,在革命中立下汗马功劳的会党却遭到来自资产阶级革命党人和封建地主士绅的双重打击。随着清政府的灭亡,资产阶级革命党人开始反感于会党起事,进而连带与乡村农民群众产生严重矛盾。湖北军政府对各县的群众起义或派兵镇压,或诱捕改编,湖南军政府将宜章农民起义军镇压。对农民起事镇压最激烈的是地主士绅。他们手中掌握团练武装,不少地方的团练武装可以镇压当地小股农民起事,也可以剿杀数千人的大股农民军。

革命派深感"会党发动易,成功难;既成而嚣悍难制,不成则徒滋骚扰,但又无力改变这种状况,只好采取镇压会党的手段"。[①] 此后,会党首领遭到压制,大量会党群众被遣散。他们得不到革命派的妥善安置,更谈不上改变自己的经济、政治地位,以至"生活发生困难,迫得有变为土匪的占了大多数"。和会党联系密切的农民,则由于农村大环境没有什么变化,他们未能通过革命逃脱受剥削、被压迫的命运,大多数仍不得不"分立义堂,强割早稻"[②],以维持生计。

三、清末民初社会变革中的农民阶级

作为革命主体的农民阶级,是一股最不可忽视的力量。然而广大的农民群众并没有被广泛发动起来。

首先,辛亥革命后,南方一些省份的农民参加了一些规模较大的起义,但是大多数农民并不知道起义为何物、革命为何物。他们把革命目标简单地理解成推翻清朝皇帝,还有的理解成反清复明。他们单纯地认为,革命成功了,就不用交租纳粮了。武昌起义后,有个地方甚至组织了数千人的农民大会,冲进当地的地主家里,抓住地主要求免去粮租。一些旧式地方官员看到形势不对,就效仿革命党人的做法,揭竿树帜,宣布起义,摇身一变就堂而皇之成为革命功臣。

其次,资产阶级革命党人不愿意发动农民。众所周知,革命党人的来源成分非常复杂。他们显然不可能代表中国社会的任何阶级或阶层。尽管革命党人在革命前有大量的宣言,宣称要驱除鞑虏,但是到了后来,他们根本没有实现既定革命目标。他

---

① 杨玉如:《辛亥革命先著记》,11页,北京,科学出版社,1958。
② 萧云岭:《论会党与辛亥革命的失败》,载《江西师范大学学报》,2002(3),27~31页。

们与立宪派的区别，仅仅是后者极力要保留皇帝，而革命党人极力要废掉皇帝的称号。资产阶级革命党人是社会上层人士居多，他们从心底惧怕农民参加革命后会有彻底的革命爆发。他们还惧怕农民力量的介入会对现有的社会结构产生巨大的破坏，这样的结局会影响他们的地位，威胁他们刚刚建立的统治。

孙中山直言表述说，中国的革命不需要民众尤其是农民的参与。而且，武昌起义爆发后，革命烈火迅速席卷大江南北，各省的地主和乡绅阶层看到形势不利，纷纷宣布独立，建立自己领导的军政府。这些拥土自立的旧官僚，本来应该是被革命的对象，摇身一变却成为了革命的功臣。这些人当然不会允许农民参加革命。南京临时政府虽然成立仅过百日，但却深深地影响了全国，各县的新政基本上都是以南京临时政府所颁布的法令、体制为蓝本。然而在武昌起义掀起的革命风暴过去之后，广大农民依然在封建势力统治下，处于保守、停滞、贫困的落后状态，与辛亥革命以前并无根本变化。

总之，辛亥革命后，构成传统社会政治结构基础的皇权、族权和绅权发生了变化，乡村社会出现了多重权力中心，社会秩序的稳定结构受到了影响。这样，在民国初期，"政治上层，虽由君主而移为民主；政治下层，实由官治而沦为半官治式之绅治。其于地方政权之组织与区划，仍依清代旧贯，殊鲜更张，因此所谓地方事业，不操之于官，即操之于绅；等而下之，又操之于棍痞。生杀欺夺，民之所能自存者几希，民之所能自主者几希，民之所能以自致其治者亦几希矣"。① 因此，中华民国的建立，真正是一场没有农民参与的制度革命。

第二节　卷入世界漩涡的传统乡村

民国时期，卷入世界漩涡的传统乡村，在帝国主义、封建主义、官僚资本主义三座大山的重压下，整个农业经济处于崩溃破产的边缘。

---

① 闻钧天：《中国保甲制度》，365页，北京，商务印书馆，1935。

一、革命党人缺乏反帝的勇气

1911年辛亥革命的成功,资产阶级革命党人的成功掌权,给国民带来了废除不平等条约、改变中国丧权辱国局面的一线希望。然而,在当时中国社会的国力条件下,资产阶级革命党人自身力量十分薄弱,不仅不可能对帝国主义列强展开正面斗争,甚至不得不尽量避免与列强产生冲突。因此,在这样的情势下,不可能废除与帝国主义签订的不平等条约。湖北军政府在外交照会中宣布:"所有清国前此与各国缔造之条约,皆继续有效。"① 中华民国南京临时政府也坚持同样的方针。孙中山在1912年1月5日发表《临时大总统宣告各友邦书》中宣布:"凡革命以前所有满政府与各国缔结之条约,民国均认为有效,至条约期满为止。"② 可见,当时的新生政权,都避免与列强发生冲突,以期列强承认其合法性。时任外交总长的伍廷芳说:"惟现值军书旁午,不宜多起交涉,重大事件虽断不可退让,其余自应暂仍旧贯,留待后图,此亦不得不然之势也。"③ 革命党人所寄望的是留待后图。

然而,南京临时政府的克制并未换来列强对新政府的支持。袁世凯窃取辛亥革命成果后,也是为了获得承认,不敢忤逆列强,更加不愿意提出修改和废除不平等条约问题。以日俄帝国主义为首的列强,提出了只有得到外国在华权利的确实保证,才承认袁世凯政府。1913年10月6日袁世凯当选中华民国大总统,就完全按照日本方面的意见,与日本公使议定。在10月10日的就职演说中,他迫不及待地做了如下声明:"所有前清政府及中华民国临时政府与各外国政府所订条约、协约、公约必应恪守……各外国人民在中国按国际契约及国内法律并各项成案、成例已享之权利并特权、豁免各事,亦切实承认。"④ 在袁世凯执政期间,北京政府在外交上毫无建树,不仅没有收回任何权利,废除任何条约,反而又签订了一系列不平等条约。

---

① 《中华国民军政府致汉口各国领事(1911年10月12日)》,中国史学会编《辛亥革命》(第5册),152页,上海,上海人民出版社,1957。
② 《中国近代史资料丛刊》编委会、中国史学会编:《辛亥革命》(第8册),22页,上海,上海人民出版社、上海书店出版社,1957。
③ 中国第二历史档案馆:《中华民国史档案资料汇编》(第2辑),9~10页,南京,江苏古籍出版社,1991。
④ 《大总统誓词》,《政府公报》第516号,1913年10月11日。

二、帝国主义列强对中国乡村的经济掠夺

对于卷入世界漩涡的中国传统乡村，影响最为深重的是列强的经济侵略。帝国主义在不平等条约的庇护下，迫使中国向世界开放，向中国大量输出资本和倾销商品。农村和农业是遭受沉重打击的地区和行业，迅速沦为帝国主义的经济附庸和剥夺宰割的对象。帝国主义利用发展上的巨大优势，在我国以不等价掠夺大量农产原料，同时大量廉价倾销本国剩余农产品。中国彻底变成列强的廉价原材料生产基地和剩余农产品的倾销市场。我国近代乡村的农业经济日益陷入衰落崩溃的深渊。

在1929年世界经济危机爆发以前，资本主义国家向我国倾销的农产品数量相对较少。此时我国出现的农业危机，主要表现为落后的生产力制约的生产不足，是供给不足的短缺危机。进入20世纪20年代末期，随着资本主义世界经济危机的爆发，资本主义国家为了转移国内的经济危机，迅速加大对我国进行剩余农产品倾销。在资本主义国家通过倾销剩余农产品转嫁经济危机的过程中，我国乡村出现了外来的农产品过剩与内在的生产力不足并存的局面，出现了封建性质的短缺危机与资本主义性质的市场危机交织的局面。

资本主义国家的经济入侵最为直接的危害，首先是中国丧失了在国际农产品和手工产品市场上的定价权，完全听凭资本主义国家左右，给广大农民造成了巨大的损失。早在19世纪70年代，中国就已经开始丧失进出口价格的定价权。到民国时期，资本主义国家对我国农产品的价格操纵愈发严重。当时的一份研究报告指出："以两湖茶叶先后比较：民国四年，尚出货八十万箱，每百斤价高五六十两不等，近数年来，递减至二十万箱；价格愈低，出货愈减，至今年仅十四万箱；现今出售者，不及六万箱。其原因固由中俄发生国际交涉，俄庄停办，而英庄来此大施杀价，由四十两至十五六两不等，犹不能悉数销完。"[①] 这就是民国时期我国农产品在世界市场上境遇的真实写照。

蚕丝是我国近代出口最多的货物，受价格操纵和出口限制的影响尤为严重。史料记载，1929年出口为189 980担，1933年为77 160担，1934年为54 632担。这其中的原因，除了日本生丝和人造丝等相关产品的竞争和冲击之外，最为主要的

---

① 中国农林水利地政等21团体编：《中国农村复兴计划书》，中华农学会编印，1948。

还是"生丝出口权,向为洋行家买办阶级所操纵",而"生丝之销售,我国厂家从不问津。于是海外生丝市面,消息隔绝,而任彼侪之捉弄,致有高价时低价出售之弊"。①

除了肆意的价格操纵之外,资本主义国家还通过强盗手段控制中国农产品价格。1936年的一份乡村调查材料记载:"江苏南通一带棉区,帝国主义者趁着农村经济破产的机会,伸其经济的巨手,将未成熟的棉花,用'期买'的形式先期购买,其所估计的价格,更不及十分之三四。这种高利的榨取,若按利率计算,实不在百分之五百以下。这样,不但贫农、佃农无以为生,即素称'小康'的富农,也日趋败落而濒于破产。"②

在操控农产品价格的同时,资本主义国家还通过各种各样的手段进行经济掠夺。鲁东地区种植烟叶,每年所产烟叶的百分之七八十都由英商颐中烟草公司垄断,每年交易额近千万元。在议价谈判中,乡村的个体种植户显然处于弱势地位,而颐中公司占据强大的资本优势,形成了"只有颐中公司定价的自由,而没有农民讨价的自由"的局面。此外,还有一些几乎是强取豪掠的非经济行为,对弱势的农民进行公然侵害。调查报告记载:"农民对于过磅也是没有干预的余地。在除去水分泥土的藉口之下,每堆烟叶都要减去一定的磅数。""每堆烟草,农民至少要白送给颐中烟草公司六磅之多。"无怪乎当时有这样的记载:"像今年(1936年)表面上共收了五千七百万磅;实际上至少还有三百四十二万磅的磅余。"③

特别是1931—1932年资本主义世界经济危机加重,国际市场的境况江河日下,对中国市场的倾销更加肆无忌惮,中国的农村经济更加举步维艰。主要表现在三个方面。

(一)农副产品市场萎缩

作为传统农业大国,随着中国向世界市场敞开,国内的农产品逐步走向世界,到民国时期,我国的农产品对于世界市场的依赖度逐渐升高。根据史料记载,1910年农产品占中国出口总值的39.1%,此后持续快速增长,到1930年达到45.1%,几乎占中国出口的半壁江山。1936年,仍占44.1%。④ 在中国的出口农产品之中,蚕丝、茶叶、桐油、烟草等特色经济作物占有较大比重,促使农民加大了对经济作物的种植。1914

---

① 刘佐汉:《中国生丝业衰落原因之检讨》,载《东方杂志》,1935,32(15),24页。
② 千家驹:《中国农村经济论文集》,618页,北京,商务印书馆,1936。
③ 张伽陀:《鲁东种烟区三个月的观感》,载《东方杂志》,1929(6),108页。
④ 严重平:《中国近代经济史统计资料选辑》,72页,北京,科学出版社,1955。

年全国经济作物占播种总面积的 11.57%，1924—1929 年上升为 16.75%，1936 年达到 19.72%。① 由此可见，中国农村经济对世界市场的依赖已经达到相当高的程度。然而，资本主义经济危机大爆发后，世界市场对我国农产品的需求急剧萎缩，农产品出口受到严重制约，农民遭受沉重打击。例如，浙江余姚地区盛产草帽，在经济危机以前大量销往欧美各国。但是 1931 年之后，一方面因为全球经济危机背景下市场不景气；另一方面洋商操纵帽价，导致草帽价格大跌，余姚地区农民的收入也因此大减。① 同样的情况也发生在烟草种植上。1932—1933 年，世界烟草价格大幅下跌，甚至发生了"中国种烟区域的农民上吊的不知凡几"的悲惨状况。②

（二）外国农产品倾销加剧

由于一系列不平等条约的签订，中国丧失关税自主权。没有关税的保护，使中国成为资本主义国家大量倾销产品的市场。世界经济危机爆发后，世界各国都高筑关税壁垒，保护本国市场，对外倾销产品。中国因为没有关税自主权，进口税率极低，因此成为资本主义国家倾销本国剩余农产品的主要市场。以洋麦为例，1912 年以前每年进口不过数万担，1931 年以前也只在三四百万担上下，然而，1932 年激增至 1 000 万担以上，1933 年更高达 2 200 余万担。稻米的大量进口造成的后果更为严重。1933 年日本稻米过剩 1 920 余万担，日本政府"为欲提高米价，救济农村，防止农民暴动起见，决取海外倾销政策"，中国成为日本稻米倾销的主要市场。日本政府对大米出口进行补贴，使米价较中国本地米每担减低 0.5 元，运送 150 万担在长江及华北各地降价倾销。③ 稻米是中国的主要粮食品种，历来种植比重很大。进口的稻米大量低价倾销，有时市场的稻米价格甚至低于我国稻农的种植成本，由此造成大批稻米种植农户破产。根据记载，1932 年我国稻谷大丰收，长江流域的稻谷价格是每担 3 元上下；1934 年再次丰收，价格则跌至 2 元上下。当时的农业经济专家写道："谷贱伤农自古已然，丰岁成灾于今为惨。我国米谷价值之所以如此惨跌不已，皆由于无市场为之销售。外国市场固无我国米谷销行之余地，乃本国市场亦被外米所侵夺，实太可惜。"④ 南方的稻米主产区广东省，在洋米大肆倾销下遭受的损失更惨重。史料记述："广东不仅输出之路已绝，即本地市场，以受洋米侵占，至积谷有腐朽之虑……夫漳浦一偏僻小邑，

---

① 许道夫：《中国近代农业生产及贸易统计资料》，338 页，上海，上海人民出版社，1983。
② 茅可人：《余姚农村的续命汤——草帽业》，载《东方杂志》，1928，32（12），44 页。
③ 朱斯煌主编：《民国经济史》，360 页，银行学会，1943。
④ 谢劲健：《九一八后日本对华之经济侵略》，载《中国经济》，1934，2（5），28 页。
⑤ 江苏省政府经济委员会：《江苏经济问题》，507、508 页，1934。

已受害如此，其他产米之区，其受同一之影响，不卜可知。""每石米所售之价，较之往年跌落一元至两元不等，约跌百分之十五至二十五左右。不但跌价已也，其销场因受洋米挽夺，亦日见滞蹙。"① 尤其严重的是，日本帝国主义在军事侵略庇护下，对关内茶叶征收30%的入口税，从而使日本本国生产的茶叶在价格上占有优势，以帮助日本茶在我国东北倾销。"九一八"事变后，大量日货倾销到华北地区，其中有大量布匹的倾销，严重损害了华北乡村手工纺织业，出现了"钜鹿县百余家布商，现在只剩十余家"②的局面。除了华北地区，日商纺织厂的机制棉纱与机制布，在山东侵夺了潍布的市场。"潍县，现在正由一个手织业的工业中心，向一个转运布匹的商业中心的路上走。二十四年（1935）上半年，已现出手织业的衰落征兆。"③陕甘地区"各种布匹之市况，则日货'双龙珠'细布，为日人在青岛所制，价廉倾销，畅行于市，大有垄断市场，挤倒他牌之势"④。

（三）华侨汇款大幅减少

在资本主义经济危机爆发以前，大量农民受中国农村地少人多、生产力低下的影响，迁居国外寻找出路，纷纷出国务工经商。农民出国谋生，常将节余钱款汇回国内，补贴家用。对于当时的农村经济来说，这些华侨汇款有巨大的补益。经济危机席卷全世界以后，华侨集中地的南洋各国也受到了影响，不但国内农民出洋谋生的道路受阻，而且在南洋各国的华侨也身陷经济危机之中。

例如，广西容县是著名的侨乡，1929年前华侨汇款大约是每年300万元，1929年以后则锐减至10余万元。除此之外，大量华侨因失业而纷纷归国，而回国之后无以为生，只能沦为失业农民，更加加重了家庭的负担。导致的直接后果是，"依靠汇款补助家用的千万农家，更陷入朝不保暮的困境。失业和贫困的结果是，地价（每亩）从二百五十元跌到一百五十元；工资从（每工）二角五分跌到一角五分；利息（本银十元）从二十斤谷涨到五十斤谷。今年春天吃稀粥和甘薯芋头过活的农户十居六七，有些用蕨捣汁滤粉充饥；富贵之地已经变成饥饿之乡了。预料此后农民所有细小土地，将更快地集中到少数地主的手中；同时高利贷者的气焰也会日渐高涨"⑤。又如，广东汕头在1930年以前华侨汇款每年约有5 000万元，1930年之后，"归侨既众，生利者

---

① 马乘风：《最近中国农村经济诸实相之暴露》，载《中国经济》，1933，1（1），28页。
② 陈提撕：《冀南农村之现毒药》，载《中国农村》，1935，1（11），69页。
③ 严晦明：《山东潍县的乡村棉织业》，载天津《益世报》，1937-02-27。
④ 万钟庆：《发展交通与民族工业》，载《民间》半月刊，1935，2（1），15页。
⑤ 农英：《容县玉林两县农村调查日记》，载《东方杂志》，1928，32（18），42页。

变为分利之人;兼以暹罗、安南、新加坡等处限制华工入境,抽收华人进口税,每人出洋非预筹二三百元旅费莫办。所以潮、梅少壮青年,在生活上、经济上,毫无出路"。福建也是著名侨乡。"自1930年,南洋经济衰落后,莆田外出谋生的侨民,一批一批的失业归国。不独华侨的汇款来源枯竭,社会上反添了很多失业游民。"

总之,民国时期,卷入世界经济漩涡的中国乡村,陷入严重的农业经济危机之中,出现了生产不足与生产过剩并存的局面。生产不足的危机是由我国近代半殖民地半封建的社会性质所决定的,是农业经济中存在封建经济形态的必然结果;而生产过剩的危机则是我国被迫卷入国际资本主义经济体系的产物,是由于资本主义国家开拓市场,向我国倾销过剩农产品所导致的。内部的生产不足和外来的生产过剩,导致近代中国农业举步维艰。民国时期产生的生产过剩危机,实质上是资本主义国家农业危机转嫁的结果。

第三节 来自外部的"乡村自治"

自清末以来,乡村自治被认为是解决农村难题的有效方式。乡村自治与中国固有的传统文化和社会结构是密不可分的。历史上,以宗族为基础、以乡绅为纽带的乡村保甲制度,构成维系中国乡村自治的基石。

一、孙中山的地方自治思想

民国成立以后,将来自外部的乡村自治组织体系,嵌入中国乡村的固有格局中。国家推行具有西方资本主义政治色彩的"地方自治",加速了中国社会旧秩序的崩溃和旧结构的分化。这种变化不仅反映皇权政治的改变,同样也显示乡村政治的变化。皇权被"民权"取代,封建宗法的保甲制度在新制度下被否定。辛亥革命的一个重要后果,就是乡村的被统治者对新政权的认同和服从程度下降。孙中山在总结欧美、日本等国建立资产阶级政治制度得失成败的基础上,博采西方启蒙思想家们的理论学说,

---

① 朱博能:《福建莆田的农村金融》,载《东方杂志》,1928,32(8),86页。

结合中国政治统治的经验，提出了自己的民权主义思想，推行地方自治。孙中山的地方自治思想重点在于协调中央与地方的统治策略，是国民政府的地方自治纲领，也是民国时期乡村建设运动的思想基础。

三民主义是孙中山思想理论体系的核心内容。其中民权主义是孙中山关于中国革命和建设的基本主张。孙中山认为，要建立真正的"主权在民"的国家，必须奠定真正的民权和民治的基础。这个基础就是由人民掌握治理国家的权力，参与国家管理。在中国传统社会，人民没有行使自己政治主张的权力，也没有参与国家治理的经验。因此孙中山认为，需要寻找训练人民参与政治活动的途径，使人民学会治理国家和社会。这条途径就是实行地方自治。这是建设民主国家的基础。地方自治从根本上打破了旧的专制制度，变官治为民治。孙中山说："政治主权在于人民，或直接以行使之，或间接以行使之；其间接行使之时，为人民之代表者，或受人民之委任者，只尽其能，不窃其权，予夺之自由，仍在人民。"① 1920年孙中山在《地方自治开始实行法》中首次系统阐述了地方自治思想。其后出版的《建国大纲》，更进一步提出了完整的地方自治方案。

孙中山主张："地方自治之范围，当以一县为充分之区域，如不足一县，则联合数乡村，而附有纵横二三十里之田野者为一试办区域。"② 自治应以县为单位，目的也在于民权与民生同时推行。"无分县自治，则人民无所凭藉，所谓全民政治，必无由实现，无全民政治，则虽有五权分立、国民大会，亦终未由举主权在民之实也。以是之故，吾夙定革命方略，以为建设之事，当始于一县，县与县联，以成一国，如此，则建设之基础，在于人民，非官僚所得而窃，非军阀所得而夺。"③ 地方自治不仅是政治组织，也是一个经济组织。地方自治实现的次序为"清户口，立机关，定地价，修铁路，垦荒地，设学校"。"此后之要事，为地方自治团体所应办者，则'农业合作''工业合作''交易合作''银行合作''保险合作'等事。"④ 可以看出孙中山的地方自治思想，强调了县自治作为基础，蕴含了民权、民生、民主三大主义，体现民主政治的思想理念。

然而，在民国时期的社会实践中，孙中山提出的自治思想并未获得实施，没有解决中国的乡村危机。有学者指出："要从政体的形式民主途径来解决国体的实质民主

---

① 胡汉民：《总理全集》（第一集），1026页，上海，上海民智书局，1930。
② 《孙中山全集》（第1卷），297页，北京，中华书局，1981。
③ 胡汉民：《总理全集》（第一集），1026页，上海，上海民智书局，1930。
④ 孙彦编：《孙文选集》（中册），376页，广州，广东人民出版社，2006。

的问题,需要先行解决人民如何掌握权力这一实质性的问题。"① 孙中山地方自治思想来源于西方的民主政治制度,在地方自治的制度设计中,忽略了发动和组织群众内容。这种自上而下的来自乡村外部的地方自治制度,没有表达乡村民众的利益诉求,没有赋于乡村民众表达的渠道,致使出现官动而民不动的结果。

二、北洋军阀时期的乡村自治

河北省定县的翟城村被认为是中国第一个实行村自治的范例。这个著名的村庄从清末开始,实行村自治30多年,直到日本帝国主义全面入侵中国才被迫中止。开始时,村里制定了一系列管理制度,建立了一系列自治机构和组织,②但是,由于封建土地制度没有改变,传统的乡村政治格局也没有改变,只是将过去以乡绅为主导的旧式自治,转变为以国家政权为支撑的"官员统制"。在这个过程中,农民失去了话语权,致使乡村自治成为脱离农村实际的文本式制度,最终沦为乡村权贵的专制制度。

北洋军阀统治时期,国家的统治权威受到了前所未有的挑战。社会各个领域都出现了深刻的危机。对于乡村社会,这种危机最为突出的就是与皇权联系的保甲体制受到了冲击,逐渐失去了存在和发挥作用的基础。孙中山表示,在兵事完结之后,把全国1 600多县划开,将地方上的情形让本地人民自己去治理。袁世凯为了巩固自己的统治地位,也不得不于1914年12月颁布了《地方自治试行条例》。③ 但是,地方自治的制度设计主要体现了军阀利益最大化原则,地方自治实际上只是一个政治幌子,地方一切政治组织必须服务于军阀政权的统治。杨光斌在《制度变迁与国家治理——中国政治发展的研究》一书中指出:"信奉'丛林规则'的军阀政治对于中国社会的总体性摧残是显然的。"④

1918年8月,北洋政府颁布《户口编查规则》,规定县级以下编置区,区内住户编牌保。随着各地筹办"地方自治"活动的开展,北洋政府又于1919年9月颁布《地方自治条例》,1921年7月颁布《乡自治制》等规则,将县以下组织一律变为市、乡;并规定,市乡均为具有法人性质的自治团体,其自治权主要为办理本地方的教育、卫生、交通、水利、农业、商务、慈善等事务,并且按照近代西方政治制度模式设计了由选

---

① 高力克:《历史与价值的张力》,90页,贵阳,贵州人民出版社,1992。
② 牛铭实:《中国历代乡规民约》,62、63页,北京,中国社会出版社,2014。
③ 于建嵘:《岳村政治:转型期中国乡村政治结构的变迁》,135页,北京,商务印书馆,2001。
④ 杨光斌:《制度变迁与国家治理——中国政治发展的研究》,237页,北京,人民出版社,2006。

举产生的议决机关、执行机关和监督机关。这些法令和法规，尽管在具体规定上有所不同，但都从文本制度上否定了宗法性质的保甲体制的合法性。①

在实践中，各地军阀根据当地情况，进行了各种各样的实验。其中被认为最成功的当属阎锡山在山西推行的"村本政治"改革。村本政治以改变原有的图甲、保甲和都甲的旧式村制为目标。阎锡山生于山西农村，早年目睹清政府的腐败无能给农村带来的种种痛苦和灾难。留学日本后的所见所闻，促使他对中国传统政治结构及乡村治理有所思考。阎锡山作为日本正规士官学校的毕业生，对军国主义理论具有浓厚兴趣。他的乡村自治主张也多仿效日本，力图仿效日本军国主义的治国方式，政治上崇尚武力治国，行政上强调警察治安，经济上追求重农安邦。阎锡山认为，这个自成体系的三位一体的统治方案，能够使山西迅速实现富强。他说："家国省县皆人类之团体，家以情系，政性较微，国省县区，范围甚广，独村为人类第一具有政治性之天然团体，以之为施政之本，既无过泛之病，又不虑其无由措施。"

1917年阎锡山任督军兼山西省长，着手开始推行以村为施政基本单位的村治，对村进行整顿。阎锡山自述道："民国六年，锡山兼管民政。讨论施治之方，以为村者，人民聚集之所也。为政不达诸村，则政乃粉饰；自治不本于村，则治无根蒂。舍村而言政治，终非彻底之论也。"他还提出了"把政治放在民间"的思路，核心是将基层政权下降到村一级，实行"以村为本"的政治构建。从历史发展来看，山西村治经过了官办村政、村民自办村政两个阶段。

官办村政阶段也就是"整顿村治"时期（1917—1922）。在这一阶段，山西省署颁布了一系列关于村政改革的规章，1917年9月颁布《县属村制通行简章》，确定了遴选村行政人员、实行村财务公开以及编村为乡村行政单位三个方面共同构成的新型乡村制度，同时推行"六政三事"。"六政"为水利、植树、蚕桑、禁烟、天足、剪发；"三事"为种棉、造林、畜牧。通过仿效日本，在村一级设立行政"干部"，设置村长、添加村副；村下设闾，闾有闾长；闾下设邻，邻有邻长。村干部一律由政府发给补贴，在农村代行警察职能，以行政和警察手段保障"六政三事"的施行。1920年3月，太原知县欧阳英将古唐村作为自治模范村，聘请留学日本早稻田大学的林素园等人拟定《古唐自治模范村事务所暂行章程》作为自治规范。"古唐村事务所之合议制度，事无巨细，必出于公开讨论，既终切实进行，一洗观望推诿之风，故每提一议，乐赞者如抨，

---

① 于建嵘：《岳村政治：转型期中国乡村政治结构的变迁》，135、136页，北京，商务印书馆，2001。

斯乡渐至小民、妇孺,皆知自治之精神"①,自治效果显著。在办完模范村之后,阎锡山提出全省村自治方案,参考日本町村制度拟定《村自治条例》共12条,详细规定了自治的相关事宜。②

然而,这种舶来品不适宜中国。阎锡山的村政改革在最初几年虽然花了不少工夫,但效果并不显著。后来,阎锡山吸取村政改革的前期教训,自1920年6月起邀请全国各地的名流学者,围绕"乡村自治"这一中心议题,陆续在山西省政府的进山会馆开了一年有余的"学术讲座会"(即"进山会议")。"进山会议"之后,阎锡山推出"村本政治"改革方案。阎锡山说:"村是政治效用的表现处,政治文化的胚胎地,政治收获的储藏室,政治机能的培植所。综合来说,村是政治事项的实行处,也就是政治福利的享受者,舍村而言政理是玄虚,舍村而言政事是画饼。因村为群生的最小单位,村以上是村的集合体,村以下不够一个健全的群生机构,所以我主张政治放在乡村,以村镇市为施政的基本单位,名为'村本政治'。"③

1922年改进村制,开始"村民自办村政时代"(1922—1928)。山西村治运动前一时期的主要工作在于建立编村、划定村界、整理村行政规范、推行"六政三事",为分期推进村自治工作提供必要条件准备,使得山西新村制初具规模。到本阶段,执行的主体由政府转向村民,村民参与村治建设,各项村治措施相继完成。阎锡山制定了一系列的措施,将"村治"推进下去。

在村民自办村政过程中,山西村治的各项制度设施渐趋完备。按照三权分立的模式,编村之内设立村民会议、村公所、息讼会、村监察委员会,还有专门负责安全的保卫团。阎锡山提出:"使村制组织完全,俨成有机活体,凡村中所能了之事,即获自了之权。"④阎锡山的村本自治,包括以下几方面:

(1)组织村民会议。阎锡山指出:"村民者,村之主人也。一村之权,应归之一村之民。一村之民,应参与一村之政。代议乃后起之制,施之于村落则不宜。人心有公道之存,何患其程度之不足。况社会改造,非人民全体觉悟,何从起点,村会则觉悟之路也。旧日村制,虽有村闾邻长五十五万余人,究属少数,欲使全民练习参政能力,非实行村民会议不可。"⑤作为全村的民意机关,村民会议的职权包括选举村长副及村

---

① 吴庚鑫:《山西自治行政实察记》,17页,上海,广益书局,1928。
② 史庆春:《地方自治背景下民国乡村自治研究》,黑龙江大学硕士学位论文,2009。
③ 阎锡山:《村本政治》,1页,民国山西刊本,1922。
④ 山西省政府村政处:《山西村政汇编》(卷1),1页,太原,山西省政府村政处,1928。
⑤ 山西省政府村政处:《山西村政汇编》(卷1),2页,太原,山西省政府村政处,1928。

监察员、息讼会公断员；议决县区政府交办的各种事项，议定和修改村禁约及村规。村长副、村监察委员会以及20人以上村民提交的事项也往往由村民会议议决。村民会议的运作机制是，一家出一人，或按成年男子全数到会，所议事项的决策权由村民会议还是由村长村副决定，均听各村先自定办法。村公所是执行村务的行政机关，一般由7人组成，包括村长村副及闾长。根据有关规定，村公所在村务决策时，实行合议制，即"必须以合议制多数决以执行"；但在执行村务时则采用分权制，由闾邻长互选数人，分司村款、保卫团、积谷、学务等各项事务。①

（2）成立息讼会。息讼会，是平息诉讼的专门性调节机构，目的在于调解村民之间的讼争，调解百姓纷争，稳定地方秩序。息讼会由村民会议推举的公断员5~7人组成，互推会长一人。处理事件时，取决于多数公断员的意见。如果正反票数相等，则由会长决定。两村人民发生争执时，由两村的公断员组成临时公断会，共同处理。息讼会只是一个调节机关，作出的决定没有法律强制力。凡是遇到争执事件时，必须双方请求调处，才由息讼会公断。不愿公断或不服公断的，可以起诉。

（3）建立村监察委员会。1925年前后，在山西一些地方成立了监察委员会。这是村民行使监察权的机关。阎锡山说："由村民组织村民会议，实行选举、罢免、创置、复决各种应有之民权，创决全村规约，以订村民共由之轨道；选举各项职员。分管全村之行政，以谋村民之福利。选举村监察委员，组织监察委员会，以监察其活动出轨，并有罢免权为最后之监督。如此直接间接监察，横的竖的调剂，自然利兴弊除，根本修明。然后推之县区省国，任何政治，无不顺利。"②为了能正确公正地行使监察权，由村民会议选出5~7个"公正廉明之监察员"，采用"多数会议之制"，处理会内事务。监察员的职责是"专司清理村公款，有无浮滥，纠察执行村务人员能否尽职"。为了使监察员充分了解并正确行使其职权，山西各县的村监察员在每年改选后的1个月内，由各县分区（或段）进行训练。

（4）设立保卫团。村中设立保卫团的目的，主要在于稽查贩卖烟土、窝藏罪人、抵御外来盗匪，以维护地方治安。按照当时的规定，村中18岁以上35岁以下的壮年男子都被当作团丁，轮流巡逻放哨，"稽查联防"。保卫团由下至上分为牌、甲、村团、区团、总团五级组织，经常进行训练。训练的内容有精神和技术两个层面：精神上的

---

① 邢振基：《山西村政纲要》（总论），6页，山西村政处旬刊社，1929。
② 山西省政府村政处：《山西村政汇编》（卷8），91、92页，太原，山西省政府村政处，1921。

训练是使团丁都知道,"团结好人,保卫地方,为应尽之责任";① 技术上的训练主要是"拳术与八法枪手掷弹诸技"的操练,旨在使团丁有自卫的技能。

整理村范与村禁约互相配合,"以村范开其先,以禁约善其后"②,即官民协力消除村中坏人。整理村范的方法主要采取劝导说教的方式,分宣传、调查、处置三个步骤进行:①办理村政人员到达一个村时,先集合村民及村间邻长,宣传和讲解整理村范的意义和好处;②宣传之后,就要挨家挨户调查,将村中的各种嫌疑人(时称"坏人")均逐一查明,然后登记造册;③对这几类坏人检举完毕后,把他们召集到村公所分别给予处置。处分以悔过自新为主,情节较为严重的,也只处取保监视。对失学儿童因学校不便而失学的,由县督饬村长副添设学校;无故失学者,勒令入学;因贫困失学的,命其农闲时入学,或免收学费。

在整理村范基础上增加了村禁约的规定。村禁约由村民会议讨论通过,是"保障好人,制裁坏人"的自治方法,阎锡山称之为"村法","乃全村共守之信条"。他亲自拟定了一个村禁约格式,包括十三项内容:不准贩卖金丹鸦片;不准吸食金丹鸦片;不准聚赌窝妇;不准打架斗殴;不准游手好闲;不准忤逆不孝;不准儿童无故失学;不准偷盗田禾;不准毁坏树木;不准挑唆词讼;不准缠足;不准放牧牛羊踏毁田禾;不准侵占别人财产。③

经过十几年的村治实践,1928年阎锡山正式向国民党中央政治会议提议,将山西村制推广到全国。由于村治制度的推行,使山西获得了"模范省"的称号。阎锡山的村政改革,从1920年到1927年,的确部分实现了他的初衷。在这个内陆穷省,迅速地从农村聚敛了巨大财富,用于开发工业建设。1928年南京国民政府颁布的《县组织法》中,关于乡村自治的规定,大多借鉴了山西村制的内容。阎锡山的村制改革,实现了从清末着力推行的国家政权下移的主张,也实现了国家政权对个体农民的超常榨取,将农村分散的人力、财力、物力集中于统治阶级手中。

阎锡山的村政建设,建构了仿照日本模式的乡村下层结构。这个结构期望在一个落后的农业社区,通过军事化推行行政现代化,强化对乡村的控制,由国家政权攫取每个农户的财力资源,无疑是一条捷径。可是,一个整体军事化的社会很难建立。实际上,阎锡山不可能让全体民众都按统一步调行事,也不可能让村干部都像军人和警察一样规范化行事。阎锡山统治后期,竟不惜仿照法西斯主义的做法,在社会上层大

---

① 邢振基:《山西村政纲要》(各论),19、20页,山西村政处旬刊社,1929。
② 邢振基:《山西村政纲要》(各论),7页,山西村政处旬刊社,1929。
③ 郭葆琳:《山西地方制度调查书》,43、44页,山东公立农业专门学校农业调查会,1925。

搞"同志会"和"铁军",以非常手段强化他的个人统治。在农村则实行"兵农合一"和"土地村公有"制度。"土地村公有"是将土地使用权收归村所有。"兵农合一"即是将所有的青壮年男丁,以村为单位,每三人编成一组,一人出来当兵,其他两人为国民兵。每个国民兵可以领一份份地,但需要供养当兵人的家眷。村中的其他人不领份地,附在国民兵的份地上做"助耕"。村里的赋税都固定在份地上,所有农民也固定在份地上,不允许随意外出,也不允许另谋生计。不难看出,阎锡山此时在农村的村治制度,变成了军事农奴制,行政警察式,经营多年的村治改革,也就走到了穷途末路。

三、国民党统治时期的乡村自治

1928年4月,国民党定都南京,开始了南京国民政府时期。伴随城乡差别扩大,由国民党主导的国家现代化建设,再一次加重了乡村的破产。针对这样的社会现实,国民党采取了一些相应的整治策略,尝试通过农村减租减息法案改善农民生活。但是施行的效果甚微。

真正让国民党政府关注农村现状的是中国共产党在农村的红色割据。1927年毛泽东带领秋收起义的部队进驻井冈山,成立苏维埃政府,并在苏区开展了农村土地改革,推行一系列的发展农业生产举措。在短短的两三年间,中国共产党领导的苏区农村,生产发展,面貌日新。这种情况,从另一面促使国民党政府不得不正视农村问题。于是,南京国民政府一方面组织研究解决农村破产、乡村重建的问题,另一方面着手加强农村控制,相继出台了多项乡村改造方案,推行"乡村自治"和"地方自治"。①

南京国民政府自命是孙中山"地方自治"思想继承者,打着三民主义的旗号,以翟城村村治、山西村治为蓝本,通过法律形式将乡村自治确定为国家政治制度,希望通过乡村自治制度的推行,实现国家对乡村社会的有效治理。

1928年9月,国民政府颁布《县组织法》,开始启动地方自治进程。其中规定了县政府的国家行政地位以及村里的自治地位,规定了县以下地方为自治区域,设置区、村(里)、闾、邻四个层级的自治组织。1929年6月,南京国民政府修订《县组织法》,将村、里改称为乡镇,并颁布《乡镇自治实行法》《区自治实行法》。同年,国民党第三次全国代表大会通过6年内完成地方自治的决议,由此"乡村自治"制度在全国全

---

① 此部分内容参见张鸣:《乡村社会权力和文化结构的变迁》,95~103页,西安,陕西人民出版社,2013。

面铺开。国民党的"乡村自治"是行政意义上的乡村政治清理,其中包括清理和健全乡村行政系统,重新划分县以下的行政区,建立各级机构,清查户口,完善地方武装。国民党政府"乡村自治"或者乡村改造的第二项内容,是土地整理、田赋整顿和租佃改良三位一体的乡村改良计划。

按照1929年6月国民政府修订的《县组织法》,各县按户口及地方情形分为若干区,每区由20~50个乡镇组成;凡百户以上的村庄地方为乡,百户以上的街市地方为镇;乡镇居民以二十五户为闾,五户为邻。每区置区公所,设区长一人,管理区自治事务;每乡(镇)设乡(镇)长一人,管理该乡(镇)自治事务;闾设闾长一人,邻设邻长一人,分掌闾邻自治事务。① 同年9月,国民政府公布《乡镇自治施行法》,对乡镇自治区域的划定、自治机构的产生、自治人员的选举和罢免等作了具体规定,同时也明确了乡镇自治机关需要办理的自治事项,涉及内容共计21项事业,包括户口调查及人事登记,土地调查,道路、桥梁、公园及一切公共土木工程的建设修理,教育及其他文化事项,保卫,国民体育,卫生疗养,水利,森林培植及保护,农工商业改良及保护事项,粮食储备及调节,垦牧渔猎保护及取缔,合作社组织及指导,风俗改良,育幼养老济贫救灾等设备事项,公营业事项,自治公约拟定,财政收支及公款公产管理,预算决算编造,县政府及区公所委办事项等等。②

国民政府颁布的一系列乡村自治制度,在推行过程中并未达到预期的效果。1932年,国民政府内政部在南京召开第二次全国内政会议,讨论的重点放在县政与地方自治改革问题上。会议决定在各省设立县政实验区,同时设立县政建设研究院,开始进行县政改革实验运动,试图从中寻找乡村自治的新路径。会后,山东、江苏、广东、河北、浙江、河南、云南、贵州等省陆续设立了县政实验区,从不同的角度对县级政府组织及乡村自治制度进行了改革探索与新的构造。内政部和行政院于1934年3月先后公布了《各省县市地方自治改进办法大纲》和《改进地方自治原则》。内政部接着又公布《改进地方自治原则要点之解释》。文件对国民政府的乡村自治制度做出了重大调整:首先强调自治要分期进行,将地方自治的进行分成三个时期,即扶植自治时期、自治开始时期以及自治完成时期,每个时期的乡村自治制度有所不同;其次,重新厘定自治层级,规定县政府指挥监督以乡镇为乡村自治的同一级自治团体;第三,

---

① 周联合:《法律与体制性腐败——以南京国民政府的〈县组织法〉为例》,载《社会科学战线》,2010(7),184~189页。
② 徐秀丽:《中国近代乡村自治法规选编》,97页,北京,中华书局,2004。

对乡镇长进行民选的做法缓期执行。①

国民政府在重新整理乡村自治制度的同时，也将目光投向传统的保甲制度，从而改变了乡村制度的走向。1931年，国民党陆海空军总司令部行营党政委员会公布《剿匪区内保甲条例》，江西第一个以乡村保甲制取代乡村自治。1932年鄂豫皖三省"剿匪"总司令部公布《"剿匪"区内各县编查保甲户口条例》②，总司令蒋介石指出："保甲之制，本属民众自卫之良规，清查户口尤为遏灭乱萌之急务。比年以来，中央暨各省政府亦选颁布条例规程，限期举办，而各省之能依照法规切实进行者，可谓寥寥无几。故虽颁行数载，法令仍等具文，舆言及此，良可慨痛。推其原因，固由地方阳奉阴违，推行不力，敷衍因循所致，但究其实际，则法令本身包含太广，步骤凌乱，手续纷繁，远于事实，致不易推行尽利者颇多。"

蒋介石逆时代潮流推行保甲制，其主要意图在于：①将自治与自卫分开，先谋自卫之完成，再作自治之推进；②将团与练划分为二，保甲制度只属于团的方面，对于编练民兵，则另定办法；③将编组保甲与调查户口合为一体；④明确区长的地位立于县与保甲之间，一方面辅助县长执行公务，一方面就近监督指挥保甲长执行职务。③

1928年以后，虽然乡村保甲制度与自治制度同时受到国民政府的重视，但是二者的性质是完全不同的。前者是一种乡村自卫制度，后者则是体现了直接民权原则的现代民主制度。20世纪30年代以后，由于国内形势变化，国民政府更倾向于采用保甲制度以加强统治，通过新县制将其融入乡镇自治制度体系之中。这实际上是宣告了乡村自治制度的废除。

国民政府乡村治理模式由推进自治到实行保甲的变化过程，其实质是国家行政权力逐渐向乡村深入。它体现了国民政府乡村治理理念的变化，即从追求现代自治制度逐渐倾向于退回传统乡村管理方式。由于民国政府是从保护封建地主阶级利益出发推行乡村自治，不可能从根本上解决乡村社会的阶级矛盾。县以下的乡镇向来只有组织的形式没有组织的实质，乡镇政权被土豪劣绅、黑恶势力操纵。④国民政府成立以后，没有真正在广大农村建立民主自治机制，由国民党主导的乡村自治构想注定走向失败。

---

① 胡次藏：《民国县政制史》，81~86页，上海，大东书局，1948。
② 闻均天：《中国保甲制度》，429页，上海，商务印书馆，1935。
③ 闻均天：《鄂豫皖三省剿匪总司令部施行保甲训令全文》，见《中国保甲制度》，547~549页。上海，直学轩，1933。
④ 孙中均：《戡乱建国应巩固基层政权》，载《地方自治》，1948，2（4）。

第一节　土地占有与土地经营
第二节　土地制度的改革与失败
第三节　租佃制度的特点及其变迁
第四节　田赋制度改革

第二章　民国时期的土地改革

肇始于清末的土地制度改革，在民国时期经历了复杂的变更。民国政府的土地改革总体上是向着私有制的方向越走越远，土地的私有化和集中度也越来越高。它偏离了孙中山"耕者有其田"的理念。民国时期的土地制度改革没有改变几千年封建社会形成的土地私有制。

第一节 土地占有与土地经营

一、民国时期的土地占有

民国时期的土地占有，包括地主的土地占有制、资本主义的土地占有制，殖民主义的土地占有制和自耕农的土地占有制。有学者指出："国民党政府的土地制度仍然是军阀割据时期形成的地主、富农、小农和国家所有的多元复合所有制。"[①] 民国政府推行了一系列土地改革举措，如"二五"减息、"三七五"减租、辅助自耕农、兵农合一等。1930年民国政府制定和修改了土地管理基本法《土地法》，但是所有的改革都没有体现孙中山的"平均地权"的精神。

民国时期的土地改革，没有摆脱封建土地制度的惯性，因此没有发生根本性变化。土地私有化程度进一步加剧。动荡的社会给军阀、官僚和豪绅富商兼并土地提供了机会。外国政府、传教士、外国商人和国外的一些垄断性企业也成为民国时期的土地所有者，农业资本家随着土地私有化的进程产生。"到抗日战争前，新式富农占有

---

① 高海燕：《20世纪中国土地制度百年变迁的历史考察》，载《浙江大学学报（社会科学版）》，2007（5），124~133页。

土地已达耕地总面积的18%，成为土地所有制多元复合结构的重要组成部分。如果考虑中国的多民族特性，那么各少数民族独特的封建领主制度、奴隶制度，甚至原始公社制度同样也是土地所有制多元复合结构的重要组成部分。"[1] 总体上看，民国土地占有含括了地主土地所有制、富农土地所有制、农民小土地所有制、国家土地所有制（或称公有土地所有制）、殖民主义所有制、少数民族领主所有制6个类型。当时的土地统计报告表明："政府机关及其官僚资本，他们所占土地约为60%；私有制主体包括民族资本家、外国资本家、军阀官僚、地主及城市个体劳动者，他们所占土地约为40%。"[2]

民国时期的土地高度集中，10%的富农占有耕地的65%，70%的贫雇农只占有耕地的18%。[3] 土地占有的过度集中在少数人手里，使民国的土地经营呈现多种模式并存的情况。土地经营模式主要包括：小农经营、地主富农经营、新型垦殖企业经营等。小农经营是中国封建土地经营模式的延续，以中农和贫雇农为主要经营主体，以家庭为经营单位，劳动者素质较低，生产效率较低。地主富农经营以雇佣劳动为主，与小农经营相比，土地规模较大，资金较充足，农具装备也较先进，表现较高的生产力水平，是一种带有资本主义农业经营特点的经营模式。新式农牧垦殖企业出现在20世纪初，最早的是1901年张謇创办的通海垦牧公司。[4] 新型垦殖企业主要由乡村的士绅、官僚和军阀创办，一般以公司经营为主要模式，采用公司股东分红制，具有明显的资本主义经济成分。

民国时期的土地占有主体和占有方式都很复杂。自耕农和佃农主要是以家庭式的小农方式经营其土地，自耕农的土地收获物的一部分和地主地租的一部分成为政府征收的赋税，一部分作为自己的生活生产资料。由于自耕农土地占有量小，并且由于技术、资金等限制，自耕农的土地占有不能有效地发挥土地的价值，再加上沉重的赋税负担，自耕农的土地随时会被大地主、大资本家占有和侵吞。自耕农通常不能有效维护作为土地占有人的权益。他们的土地在民国时期是流动性最大的部分，民间"千年地，八百主"的说法，指的就是自耕农土地频繁转卖出售。少数民族土司的土地经营大都采取农奴制。

---

① 高海燕：《20世纪中国土地制度百年变迁的历史考察》，载《浙江大学学报（社会科学版）》，2007（5），124~133页。
② 岳琛：《中国土地制度史》，256页，北京，中国国际广播出版社，1990。
③ 参见薛暮桥：《中国农村经济常识》，26页，上海，新知书店，1937。
④ 金德群：《民国时期土地经营问题》，载《首都师范大学学报（社会科学版）》，1994（3），37~43页。

农村土地占有极为不均,地主占有大量的土地,农民土地很少甚至没有土地。土地买卖现象非常普遍,土地集中度越来越高,地租率不断上涨,加上田赋沉重,农民贫困化加剧,严重阻碍了农业生产的进一步发展。面对农村经济出现的这种状况,国民政府曾采取了一定的治理措施,但并没有从根本上改变土地制度存在的诸多弊端。民国时期农村土地占有极不合理,经营方式极端落后,分配方式极不公平,严重阻碍了当时工农业生产的进一步发展。

二、民国时期的土地经营

民国时期的土地改革不但没有实现"耕者有其田"的目标,而且逆向倒退,出现了土地占有越来越集中的情况。特权阶层、官僚势力和军阀集团以及涉外势力均成为中国的大土地占有者。占有方式的改变带来了经营方式的变化。外来因素的渗入、新特权力量的出现和现代经营模式的引领,使民国土地经营呈现新的经营方式和传统经营方式并存的特点。

(一)小农经营

小农经营模式是传统土地经营的延续,是这个时期土地经营的主要模式之一。小农经营规模小,劳动生产率低下,在民国时期所占的土地比例较低。小农经营一般是以家庭或者说"农户"为单位,经营主体以中农和贫雇农为主。农户经营的最大问题是缺乏资金和先进工具,不能形成规模效益。购置农具和牲畜的财力薄弱,甚至出现无役畜的农户。当年的农业调查报告表明:"1923年浙江嘉善顺恳村无耕畜的、两家以上共有一头耕畜的、一家独有一头以上耕畜的农户分别占总农户的19%,15%,66%,到1933年则分别为38%,8%,54%。"①"民国时期农业劳动者主要是贫苦农民,长期遭受封建主义和帝国主义的掠夺与盘剥,过着牛马不如的生活,体质差,疾病多,寿命短(平均35岁),90%以上是文盲半文盲,科学文化知识几乎为零,农业生产沿用一套古老的耕作方法,没有能力和机会接触新的科学技术,种子退化,水土流失,靠天种田,遇旱祈雨,遇虫求神,农业生产力低,单位面积产量长期徘徊不前甚至下降。"②

小农经营的另一个问题是劳动生产率低下。较小的农田规模、较低的生产效率、

---

① 陈翰笙等:《解放前的中国农村(二)》,92页,北京,中国展望出版社,1987。
② 金德群:《民国时期土地经营问题》,载《首都师范大学学报(社会科学版)》,1994(3),37~43页。

动乱的社会环境和天灾人祸频仍，都是造成小农经营效率低下的重要原因。此外，小农经营还要面对名目繁多的苛捐杂税，佃农则需要负担超过土地收获一半以上的租金。因此，小农经营是最低端的土地经营模式，几乎没有扩大再生产的发展空间，甚至连维持基本生存都很困难。据民国时期的农村调查资料，1921—1925 年，我国北方农民农产物自用和出售之比例是 57% 和 43%，南方则为 37% 和 63%。另一组相关数据是，北方农民生活资料自给和购买的比例是 73% 和 27%，南方则是 58% 和 42%。到了抗日战争时期，西南后方的小农租佃经营的比重继续上升。四川广安临河乡 17 个村，自耕农由 1936 年的 238 户下降到 1944 年的 75 户，佃农半佃农由 547 户上升为 900 多户，因人口增长和农户分家析产使农村的总户数增加了，但是户均土地经营面积变得更狭小，加上苛租重税，出现了"经年不见米粒"极端贫困现象。①

（二）地主富农自营

地主富农经营是指地主和富农雇佣农业工人进行农业生产的方式。这种经营模式较之小农经营而言，田产规模较大，资金较充足，生产工具和生产资料也较先进。更重要的是地主富农经营的前提是经营的土地是自己所有的，不像农场经营那样需要支付高额的土地租金，税赋负担也较轻。此外，由于是自营土地，地主富农比较重视生产技术和农种改良，重视耕地的培肥涵养和水利基础设施投入。这种经营，摆脱了传统的自给自足的生存型农业模式，强调商业化种植，追求利润最大化，以盈利为第一要素。在这一点上观察，民国时期的地主富农经营已经具有资本主义农业经营的某些特点。

地主经营和富农经营也有不同的特点。地主自己经营田场，称为"经营地主"。地主和富农的区别是，经营地主本人不参加劳动，土地往往由"大伙计"或管家代管。从全国来说，为数甚少，唯山东、河北有一定数量。②如山东淄川县栗家庄树荆堂毕家，从 1894 年起，共有耕地 900 亩，除外村的 300 亩出租外，本村的 600 亩则雇工经营，并备有各类生产和运输工具，有充足的资金、畜力、肥料，亩产高出当地的 1 倍左右，其产品大多运到集市上出售，还拥有 72 架织机雇工上百人的丝织手工工场。③富农经营就不具有这种间接性，富农本身在很多情况下直接参与或部分参与

---

① 该部分数据和比较参见金德群：《民国时期土地经营问题》，载《首都师范大学学报（社会科学版）》，1994（3），37~43 页。
② 参见金德群：《民国时期土地经营问题》，载《首都师范大学学报（社会科学版）》，1994（3），37~43 页。
③ 陈翰笙等：《解放前的中国农村（二）》，776~778 页，北京，中国展望出版社，1987。

自家农场的管理，甚至也参与农场的劳动。因此，富农土地经营属于传统的家庭经营与雇工劳动的资本主义经营之间的过渡类型。也就是说，富农经营并没有走上时代前台，没有实现充分的发展。"在全国范围内富农经济并不发达，到20世纪30年代更明显地走向衰退。"[①] 有的地区富农将经营田场出租，收取租金，从土地经营者变为收租地主。造成这种倒退的原因，主要由于当时土地改革失败导致高地租和高利息所致。富农经营者因高地租的存在而宁愿收取地租，放弃自主经营的模式。同时，民国时期的放债利息高，更多的富农地主将用于购买农业工具和农业生产资料的资金用于放债获取利息，也导致了富农经营模式的败落。据20世纪40年代末期全国12个省区的调查资料，富农占总农户的比例只有4%左右，占有的耕地面积为耕地总数的13%左右。[②]

（三）公司制农业经营模式

公司制经营模式在民国土地经营中代表了生产组织的最高形式。1912年全国18省注册的农牧垦殖公司有171家，资本总额635万多元。[③] 公司制的土地经营主体并不是新兴商人和企业家，而是官僚、军阀和当地的士绅，尤以官僚资本经营为多。这种情况体现官僚和军阀占有较多农业经营资源的特点。在经营的形式上，有股份公司也有合资公司。农业公司的经营一般都规模较大，设备技术先进，品种优良，有的公司甚至直接从国外引进优良作物和禽畜品种。有的农场开始使用大型农用设备，如拖拉机和打谷机等，代表了民国土地经营的最高生产力水平。

正当民国时期的农业公司萌芽成长的关键时刻，20世纪30年代初资本主义经济危机出现，帝国主义大肆对我国转嫁经济危机，使我国的公司制农业经营遭受重大冲击。处于半殖民地半封建社会的中国，无力应对经济危机对农业经营造成的破坏，国民政府不采取应对策略，反而加重对农业公司的盘剥。此外，频繁的天灾和战祸更让公司制农业经营雪上加霜。需要指出的是，民国时期创建的农业公司，有的只是名义上挂着公司的招牌，实际上成了股东的收租栈，有着浓厚的封建性和退变性。

---

① 金德群：《民国时期土地经营问题》，载《首都师范大学学报（社会科学版）》，1994（3），37~43页。
② 薛暮桥：《旧中国的农村经济》，135页，北京，农业出版社，1980。
③ 金德群：《民国时期土地经营问题》，载《首都师范大学学报（社会科学版）》，1994（3），37~43页。

第二节 土地制度的改革与失败

一、大革命时期的土地改革

(一)"耕者有其田"的土地改革

在孙中山"联俄、联共、扶助农工"三大政策指引下,国民党进行大改组,开始探索"耕者有其田"的乡村土地改革。国民党一大宣言重申"平均地权"的主张,其后在国民党中央成立了农民部和农民运动委员会。1924年6月公布《农民协会章程》,成立农民运动讲习所。这一时期的一系列改革,旨在实现"耕者有其田"的目标。孙中山1924年8月在广州农民运动讲习所第一届学员毕业典礼上说:"民生主义真是要达到目的,农民问题真是全面解决,是要耕者有其田,那才算是我们对农民问题的最终结果。"① 随着孙中山及国民党对农民问题认识的提升,把实现"耕者有其田"的目标上升到政治和法律的层面,民国政府开始着手开展土地制度改革的政策设计和推行。

(二)"二五减租"政策

最先的土地改革是从"二五减租"政策开始的。这是民国政府真正意义的土地改革,是国民党对农民问题严重性认识的结果。1924年11月,孙中山在北上就医前夕,签署了减租命令,首次提出了"二五减租",是实现"耕者有其田"政治目标所采取的法律化手段。在当时广东地区的农民纷纷起来迫切要求减轻田租的情况下,孙中山做出"二五减租"的决定,是完全合乎他的"顺天应人"的思想逻辑的。②

1926年国民党在广东召开了农民协会执委扩大会议,通过了《广东农民目前最低限度之总要求》的决议案,具体要求就是"减原租最少的百分之二十五"。同年10月,国民党中央和各省市代表召开联席会议,通过了《关于本党最近政纲决议案》。决议案明确规定,减轻佃农田租25%,统一土地税则,废除苛例。然而,"二五减租"却没有达到预期的效果。"二五减租"令未能下达,因"有种种关系省府里的人,把他

---

① 《孙中山全集》(第9卷),400页,北京,中华书局,1955。
② 朱子爽:《中国国民党土地政策》,北京,国民图书出版社,1943。

放在箱子里锁起来"。"二五减租"没有改变当时的剥削制度,也没有改变土地利益的分配机制。这项改革,在 10 年内战时期,以彻底失败告终。

二、10 年内战时期的土地改革

国民党政府在 10 年内战时期对于乡村的土地问题关注甚多,单是这期间制定和颁布的地政法规及各省市地政单行章则就不下 240 余种[①]。但这些法规有的体现孙中山"耕者有其田"的主张,有的与"耕者有其田"背道而驰,继续维护封建土地制度和生产关系。从"二五减租"运动到田赋整理运动,再到"田还原主"政策的实行,基本上都违背了民国土地改革的初衷,只为维护大地主、大资产阶级利益鸣锣开道。

(一)"二五减租"的破产

"二五减租"政策颁布后,曾在一些南方省份得到了部分实施。自 1926 年国民党中央及各省市联席会议决定通过后,湖南、湖北、江苏、浙江等先后颁行"减租实施办法",但是很多政策没有得到有效实施,"个别省甚至只字都没有提起"。[②] 1927 年 11 月 4 日,国民党浙江省临时党部和省政府联席会议通过了《浙江省本年佃农缴租实施条例》,计 4 条 14 则。该条例规定了"佃农依最高租顿减百分之二十五缴租"。1928 年 7 月 26 日,浙江省党部和省政府联席会议又公布了《十七年度佃农缴租章程》和《佃业理事局暂行章程》。这两个"章程"对减租运动的开展具有重要意义。但是,该政策遭到了地主豪绅的强烈抵制和反抗,最终还是没有取得应有的实效。甚至浙江省党政部门迫于来自地主豪绅反对压力,联席会议在 1929 年 8 月通过的《浙江省佃农二五减租暂行办法》(15 条)、《浙江省二五减租暂行办法施行细则》(26 条)及《佃业争议处理暂行办法》(57 条)等政策法规的宗旨和意向开始发生异化,其政策实质变得更有利于地主而不是佃农。"二五减租"运动在浙江开始走向失败。1932 年 7 月,浙江省《修正浙江省佃农二五减租暂行办法》进一步强化了地主的利益,与减租减息政策的精神完全背道而驰。这标志着"二五减租"政策不仅是在浙江省,而且在全国,已经彻底失败。

(二)田还原主政策

民国时期的"田还原主"政策是维护土地私有制的做法,从性质上看是国民政府

---

① 朱子爽:《中国国民党土地政策》,北京,国民图书出版社,1943。
② 朱子爽:《中国国民党土地政策》,北京,国民图书出版社,1943。

的一次土地确权运动。该政策出台的背景是，内战时期，国民党将从共产党领导的农村根据地"收回"的土地，还给原来的土地所有者，即被共产党没收土地的地主。国民党在1932年6月通过《剿匪区内各省农村土地处理条例》，规定了田还原主政策。田还原主政策以恢复土地革命前农村封建土地制度和土地权属原状为主要目的，和耕者有其田的目标相去甚远，完全背离了孙中山的土地政策。该政策将民国时期的土地改革向着维护大地主、大资产阶级的利益的方向推进，背离了民国土地改革的目的。

（三）内战时期的田赋整理政策

1928年10月，南京国民政府财政部颁布《限制田赋令》，规定田赋附加税不得超过正税，对正附税的比例也作出了限制。1933年7月，民国政府财政部、内政部、实业部联合制定《田赋附加整理办法》11条，颁行全国。1934年5月，全国财政会议又制定了三项措施，减轻附加与废除苛杂，确立县预算为轴心的地方财政整理，举办土地陈报等。这三项规定"使地与主联系起来，田赋不易隐匿、规避、转嫁"。田赋整理的相关措施在民国时期也没有发挥应有作用，在重重阻力下，实施效果甚微。

三、抗战时期的土地改革

（一）战时土地政策

为了应对抗日战争的需要，国民党于1938年3月召开临时全国代表大会，通过了《战时土地政策案》，列出了"战时土地政策大纲"。1941年12月，国民党大会通过《土地政策战时实施纲要》，开始推行关注民生的土地政策。战时土地政策有两个特别的关注点：一是为了应付战时需要，不得不实行农田改革而增加农产；二是实行战时土地政策以减缓乡村社会矛盾，以动员民众投身抗战。因此，国民党战时土地政策的出发点，除了推行民生主义，还有动员抗战、增加抗战物资供给的目的。

（二）田赋征实改革

田赋实征改革是民国政府为了应对抗战时期的粮食短缺而采取的一项对策性措施。其实质内容是，将过去的田赋征银改为田赋征粮。这个政策中的"征实"，本意是征收实物。实物的主体是粮食，个别地方则可能是棉花、食油或其他军需物品。该制度的实施，经历了从地方到中央的过程。田赋征实的政策最初没有得到国民党中央的认可。一些省份自行实施，取得较好成效，而且民众能够接受后，这才被国民政府采纳。田赋实征制度最先源于山西省。1937年，山西省主席阎锡山下令实行"田赋改征办法"，规定田赋由每征银1两改征小麦1石（市秤155斤）。这个改革办法得到了当地农民认可，取得了一定的效果。随后，福建、浙江、陕西等省相继效仿。民国政府的《本年度秋收后军粮民食统筹办法（1940）》和《田赋改征实物办法暂行通则（1941）》，都规定田赋实征。1941年4月，国民党五届八中全会通过《各省田赋暂归中央接管以便统筹而资整理》，最终确定"田赋改征实物"的基本原则。为了配合田赋征实制度的实施，1941年6月，国民政府财政会议通过了改征实物的三项基本原则：①自1941年下半年起，各省田赋战时一律征收实物；②田赋征收实物以1941年田赋正附税总额每元折征稻谷二市斗（产麦区得征等价小麦，产杂粮区得征等价杂粮）为标准；③各省征收实物，采用经征经收制度，经征经收事项，分别由经征机关和粮食机关负责。之后，国民政府实施的配套政策主要有：①1941年7月23日，财政部公布了《战时各省田赋征收实物暂行通则》（16条）；②1942年7月，行政院又通过了《战时田赋征实通则》（25条）。在田赋征实的基础上，又演变出了"田赋征购（1938年）""田赋征借（1943年）"等几项战时土地新政策。田赋征实这一举措对抗战极为有利，得以顺利推行。这一政策源于抗日救国的召唤，激发了后方广大农民的爱国热忱，故而以极大的牺牲精神积极支持田赋征实政策的实施。

（三）农地自耕政策

1936年，国民党中央通过《土地法修改原则》，提出了扶持自耕农的主张。但是自耕农扶持政策后来没有进入实施阶段。1941年9月，国民政府公布《中国农民银行兼办土地金融业务条例》（9条），其中列有"协助政府办理扶持自耕农放款业务"的条款。1941年12月22日，国民党中央在《战时土地政策纲要》第8条中规定："农地以归农民自耕为原则"，由此正式确定了农地自耕的政策。在这种情况下，国民政府财政部通过了《中国农民银行土地金融处扶持自耕农放款规则》（19条）、《中国农民银行土地金融处土地改良放款规则》（17条）、《中国农民银行土地金融处土地重划放款规则》（17条）、《中国农民银行土地金融处照价收买土地放款规划》（15条）、《中国农民银行土地金融处土地征收放款规则》（17条）。1942年3月16日，国民政府还颁发了《中国农民银行土地债券法》（17条）。1942年6月，国民政府成立地政署，其中心工作就是"扶持自耕农"，兼理其他土地管理工作。同年9月，地政署草拟了《非常时期自耕农实施办法草案》（35条），旨在落实1941年《战时土地政策纲要》第8条的规定。同年11月，地政署又制定了《试办扶持自耕农实施区方案》。该方案先后指令 11 个省在 80 多处试行扶持自耕农实验区，比较重要的实验区有重庆的北碚、甘肃的湟惠渠灌溉区和福建的龙岩。此后一段时间，扶持自耕农在全国普遍推行。与田赋征实政策一样，农地自耕政策也是有利于抗战救国的政策，但政策的施行效果仍然收效甚微。这是由于国民党缺乏制度上对自耕农的保护。一个明摆着的社会景象是，当时的自耕农破产消亡的数字远远大于被扶持的自耕农数。该政策推行的是"农地自耕"，而实质是"农地弃耕"，没有实现政策设计的初衷。

四、民国土地改革失败的原因

民国政府设计的许多土地制度改革的法规举措，都没有从根本上触及土地问题的本质。民国政府推动的自上而下的强制性土地制度改革，缺乏民意基础，缺乏纠正时弊的政策指向，加之在统治集团内部存在意识形态、官僚集团、利益集团的冲突分歧，最终必然以失败告终。

（一）政府内部的集团利益之争

民国政府推行的土地制度改革，作为国家意志的表达，却没有摆脱集团利益的束缚。代表不同统治集团利益的国民政府，很难协调迎合体制内不同利益主体的诉求，其涉及利益改革的政策必定为统治集团所操纵。由于统治集团也有自身的利益，并且是以追求利益最大化为目标，当国家利益和统治集团利益不一致时，集团利益就会侵占国家利益。国民党统治集团高层在地权问题上过于贪顾短期政绩和私人利益，忽视长远及社会利益。

民国政府制订土地改革方案时，官僚集团内部达成的共识是，土地制度的改革对国家发展是有好处的。但是，代表统治集团利益的民国政府很难将土地制度改革上升到国家利益的高度施行。土地制度的改革不仅触及集团利益的底线，耕者有其田、减租减负运动还会直接损害统治集团内的地主阶级的利益。当时的统治者关注的是立法的数量和立法的速度，对于立法的实效却很少关心。很多的立法都将实施的压力推给了地方政府，各个利益集团都在追求自身经济效益的最大化，自身政治利益的最大化。这种功利至上的心态，严重地制约土地法的制定和削弱法规的实施效果。

（二）政权层级的利益争夺

民国政府的利益群体在中央机构和地方政府层面上也存在冲突。虽然这些属于政府内部的利益冲突，但同样具有不可协调性。作为统治者官僚机构，代表各种各样代理人的利益。这些官僚机构的职责本应是执行国家的决策,但实际上他们也是"经济人",有自身的利益。作为行动者的个体官僚,也要追求自身的利益。这些官僚机构没有被统治者控制住,官僚自利行为也没有彻底消除。中国历来是一个农业国家,各级政府官员,大多是农村出身。土地改革"牵涉到本身利害关系",因此"他们是'推''拖'了之"。一个不容置疑的事实是,国民党、政府、军队的许多大员,本身既是大官僚、大买办、大军阀,同时又是大地主。土地改革要削弱这些官僚大员的利益,阻力之大,就在意料之中。

将国家权力深入乡村,使乡村基层行政化、官僚化,一向是南京国民政府进行现代民族国家建设的施政方向。国家权力只能通过地方乡绅阶层实现。于是,经过遴选和培训的、具有国民党意识形态背景的新式乡绅就成为乡村与国家之间的"桥梁"。然而,许多所谓经过选拔培训的基层区乡干部的表现不尽如人意。新乡绅阶层派系斗争激烈。在推行国民政府土地整理、田赋整顿和租佃改良等政策时,决定地方干部实施行为的唯一准则,取决于是否损害其自身利益,否则这些政策就无法得到落地实施。这种情况,当时学者就有所述评:"就过去几年情形而论,一切减轻封建剥削的改良政策,比较容易得到中央和若干省政府的同情,但很难得到县政府尤其是区乡长的拥护。中央政府所决定的改良主义政策,它们传到省政府时打了一个折扣,传到县政府时再打一个折扣,落到区乡长的手里的时候,便已所剩无几,使得南京国民政府颁布的土地政策遭到了地方各省不同程度的抵制,而且愈到基层,政策执行者愈封建化,阻力也就愈大,导致土地政策扭曲走样或流于形式。"①

(三)利益集团的冲突

南京政府推行的各项土地改革措施,从根本上来说并未真正触及旧的土地占有关系。即便如此,这些改革也因触动了地方土豪劣绅的利益而遭到抵制。1927年6月17日,浙江省政府通过了减轻佃农租额25%的决议。同年11月,又公布了《本年佃农交租实施条例》。1928年7月,省党政联席会议通过了《佃农交租章程》及《佃业理事局暂行章程》。但各地的大地主总是多方设法阻挠,他们以"纠纷迭起""有弊无利"为由,恣意抑制"二五减租"政策的施行,使"二五减租"在浙江宣告失败。

在国民党成立初期,以孙中山为代表的国民党高层,首先预见到土地制度变迁的潜在利益,认识到资本主义发展对土地的需求以及农民对土地的要求,提出了"平均

---

① 郑向东:《国民党南京政府土地制度改革失败之分析——基于新制度经济学制度变迁理论的视角》,载《党史文苑》,2012(4),17~21页。

地权""耕者有其田"的土地制度改革方案。然而,当国民党取得政权着手进行土地制度改革时,从最高领导层到地方各级官僚都在追求自身效用的最大化,都是从自身利益出发并基于自身收益推动制度变迁。南京国民政府在推动土地制度改革过程中,由于遇到重重阻力,因而不愿下决心推行改革。而地方各级官僚则与地方绅商有密切关系,因土地制度改革"牵涉到自身利益",因此都对改革进行不同程度的抵制,结果是土地政策被扭曲成使地方官僚本身受惠,而广大农民"耕者有其田"利益诉求则被罔顾。土地占有仍然维持原有的多寡悬殊的非均衡状态。

第三节 租佃制度的特点及其变迁

租佃制度在民国时期比较发达,主要是因为"占人口不到10%的地主和富农占有70%~80%的土地,而占农村人口90%的雇农、贫农和其他劳动人民却仅占有20%~30%的土地"。[①] 在民国土地占有情形下,佃农的比重较大,但是租佃土地的面积较小,租佃期短,租佃形式多样,租佃的租金也较重,有的地区租佃的租金高达土地收获量的七八成。[②]

民国政府时期,制度变更和人们观念更化都不同于传统封建社会,社会乃至个人经历了社会的深刻变化。当时的土地改革受利益集团左右,致使在土地改革中出现了某种程度的复古倾向,土地租佃的方式成为主要途径。

一、民国时期的租佃方式

(一)华北地区的传统租佃制

由于民国时期土地政策混乱,租佃制度在不同的地区有不同的传统习俗和规制。河南各地不同程度存在实物地租、货币地租、劳役地租形式,但是总体上以"定额谷

[①] 见宋磊、董捷:《浅谈中国农村土地制度变迁》,载《南方农村》,2005(1),12~16页。
[②] 张合林:《中国城乡统一土地市场理论与制度创新研究》,149页,北京,经济科学出版社,2008。

租"和"分租"为主，货币地租较少，劳役地租则只在个别地区以附加租形式存在。[①]据国民政府实业部《中国经济年鉴续编》记载，河南分成租占31%、谷租占44%、钱租占22%。[②] 从河南各种地租形态的省内分布看，豫北、豫西地区的分成租所占比例较高，分别为60%、90%，豫南、豫中地区的谷租比例为75%和70%。[③]

河南地主阶级占有的土地，绝大多数是租佃给农民耕种。通行的租佃形式主要有两大类：定额地租和分成地租。其中，定额地租有实物定额租制、货币定额租制、预租制、押租制和转租制。这种租赁制是地主提供土地，不论丰收与否，农民都要按照约定数额缴纳地租。实物租佃制也称"裸种"或者"裸租"，佃户只能向地主交纳实物产品，通常是粮食或棉花。在社会动乱、通货膨胀剧烈的时期，地主比较倾向收取实物地租，以规避货币贬值的风险。在租约中，定额货币地租和定额实物租制的实质是一样的，区别只是将双方议定的地租实物租额转换成货币交纳。预租制是指佃农和地主议定地租额后，先行支付半年或者一年的租额的租佃制度；转租制也称"二地主"制，此类地租在官地和私人土地上都有，在官地上一般是承租人向主管方面缴纳地租后，然后分租给农民，收取加倍租额。私人土地的转租是农民向土地所有人签约承租后，再将承租地转租给其他人耕种的租佃制。押租制是指佃农在租种土地的时候先向地主交纳一定数额的现金，当农民因故欠租时，以押金冲抵租金的一种租佃制度。分成制是地主和佃农之间在租约中划定农田收获物的分成比例的租佃形式，有对半分成、七三分成甚至是八二分成等不同分成比例，在耕地资源紧缺的地区，分成租的租额都较重，佃农需要向地主交纳一半以上的收获物作为地租。可见民国时期佃农负担之重。

河南的租佃制度在地租形态上相对稳定，"近代河南地租形态由实物地租向货币地租转变比较缓慢"[④]。1934年货币地租占16%，而同期全国主要省份货币地租占21%。租赁以双方直租为主，以短期租赁为主。70%的土地租赁签有书面契约，其余是口头契约。租佃的土地类型中，"旱地占88.8%，水田占8.4%，园圃占2.8%"[⑤]。民国时期，河南的农地租佃演变中，有一个突出的特点，就是呈现租额开始由高向低变

---

① 贾贵浩：《论1912—1937年河南租佃制度的特点》，载《河南大学学报（社会科学版）》，2006（2），49～53页。
② 转引自贾贵浩：《论1912—1937年河南租佃制度的特点》，载《河南大学学报（社会科学版）》，2006（2），49～53页。
③ 冯和法：《中国农村经济资料》，582页，上海，黎明书局，1935。
④ 贾贵浩：《论1912-1937年河南租佃制度的特点》，载《河南大学学报（社会科学版）》，2006（2），49～53页。
⑤ 河南统计学会统计局：《民国时期河南省统计资料》，141页，1935。

化的趋势。这种情况与当时农村经济的衰落破产有直接关系。佃农的生活极端贫困,已经交不出更多田租。

(二)绥西北的合作租佃制

1940年,绥远省政府开始进行土地整理,开展了土地合作经营运动,即合作租佃制。在当时,这种土地租赁制被看成是具有民生意义的新政。合作租佃制实现了土地和劳动力的有效结合,排除了土地经营中的包租转租环节,减少了租赁活动中的中间环节,从而减轻了佃农的负担。这对农民和当时的抗日战争都具有积极的意义。

米仓县是开展合作租佃制的范例。他们在县政府成立合作业务代营处,负责管理全县的合作租佃制事业。代营处在征得相关各方同意后,代表佃农与蒙旗签订租地合同。以合作方式取缔包租转租,减轻佃户负担,保障佃农增加生产,增加收入,取消中间剥削,建立地权人(蒙民)与耕农(社员)的直接关系。[①]绥西北的合作租佃制模式在民国时期具有导向意义。它不仅为绥西北的经济奠定了基础,也意味着传统的土地收益分配制度的改变,避免了包租转租的环节,使政府和佃农的收益都有增加,有效地改善了佃农的收入。

合作租佃制开始后,合作代营处将土地分配给各户耕种,租额比原先降低了[②]。合作代营处的收租比率依据《绥远省合作经营之包租土地收取地租及生产改进费用简则》办理。社员交纳的地租额及改进费用最高不得超过耕地收入的10%。合作代营处收取的租额及改进费,实际只按正产物的7.5%收取。1942年及1943年,每顷平均收租不及3石,与过去每顷小麦10石或糜子15石相比,减轻了2/3~4/5。[③]同时,合作租佃制改变过去的收租方式,租粮在秋后收取。在收租之前,不收押金,也不收预租。当遇到自然灾害时,经过核准还可以免租。当时的绥远政府租佃合作制度文件中,明确规定了撤佃权受到严格限制,有效保障了佃农的权利。合作代营处经营后,对佃户耕地的撤收都按法令规定执行。当时规定,地主撤地的条件是:①社员如有重大过失,经合作社开除社籍,其所领耕地,同时撤回;②社员所领耕地不得转租或出让,否则除撤收其转租或出让的全部土地外,并按情节轻重,撤收其自种地的一部或全部,以示惩处;③社员如有品行不良,耕作不力,致使土地荒芜或产量减少的,可将其耕地之部分或全部撤收。可见,社员承租的耕地以转租及荒芜为撤地的主要条件。如不违

---

① 丁平:《抗战时期绥西租佃合作经营述略》,载《内蒙古社会科学》,2010(4),71~76页。
② 李树茂:《米仓县合作业务代营处二年来之工作概况》,载《绥远合作通讯》,1944,1~4页。
③ 丁平:《抗战时期绥西租佃合作经营述略》,载《内蒙古社会科学》,2010(4),71~76页。

背以上列规定,其佃权则得到保障。①

(三)南方的永佃制

民国时期的永佃制,主要在皖南、福建、江苏、浙江等地盛行。与永佃制相关的租佃形式很复杂,诸如一田两主问题,永佃权是否是财产权问题,永佃权是否割裂了地主的土地所有权问题,等等②。近年来,学术界不少学者把永佃制看作是部分的产权,认为是改变土地封建所有制的一种途径。

中国历史上的永佃制是一项正式的农地制度安排或习惯法。它给予佃农永久的并能自由支配的农地使用权,从而消除了佃农对佃期不确定的后顾之忧。通常永佃的耕地租额相对较轻,这也使永佃农的负担相对较轻。这些都有利于农村生产的稳定和发展,有利于佃农爱护耕地,努力培肥涵养耕地,增加耕地的投入,安排长期性的生产内容,比如种植果树、开挖鱼塘,等等。可见,永佃制能够增强农村经济活力,合理配置农业生产资源。这也是在商品经济发达地区流行永佃制的重要原因。③ 在20世纪二三十年代,永佃制被看成是通向"耕者有其田"的重要途径。

(四)东北大土地所有制的租佃关系

民国初年,东北地区的特殊社会环境背景造成了地权的迅速集中。特别是在地广人稀的新开垦农区,土地集中度更高,土地所有者持有的土地数量更大。由于土地兼并剧烈,失地农民越来越多。吉林省的双城、榆树、扶余三县,1909—1918年地价上升52%;五常县1904—1916年地价上升51%;方正县1912—1916年地价上升150%;宾县1906—1916年地价上升218%;黑龙江省的巴彦、海伦、呼兰等县的地价,也上升50%以上。④ 大军阀、大官僚成为最大的地主,拥有土地数量惊人。在土地兼并过程中,通过权力和暴力掠夺是主要手段。商人和高利贷主逐渐蜕变成地主,成为商人地主。另外,还有一些经营农业发家的地主也成为东北地区土地的占有者。这三大类的地主阶层,垄断了大量土地,造成了民国时期东北特有的大土地占有的租佃制度。

由于大土地所有制的发展,越来越多的农民沦为佃农。据记载,奉天省佃农最多,占农户总数57%~59%。吉林省占农户总数51%,龙江省占农户总数43%。⑤ 在东北的

---
① 丁平:《抗战时期绥西租佃合作经营述略》,载《内蒙古社会科学》,2010(4),71~76页。
② 陈秋坤:《明清以来土地所有权的研究》,见《六十年来的中国近代史研究》编委会编:《六十年来的中国近代史研究》(上册),301页,"中央研究院"近代史研究所(台北),1990。
③ 慈鸿飞:《民国江南永佃制新探》,载《中国经济史研究》,2006(3),56~65页。
④ 冯和法编:《中国农村经济资料》,1101~1102页,北京,黎明书局,1933。
⑤ 冯和法编:《中国农村经济资料》,994页,北京,黎明书局,1933。

大土地所有制下，东北的佃农也可以租赁较大数量的土地。土地租赁时一般都签有书面租赁合同。当地多以实物地租为主。租额有定额租和分成租。在东北地区，也有的地方存在押租的情况。1918年，北洋政府司法部对全国各地"民商事"习惯进行抽样调查，出版了《民商事习惯调查录》。该书对东北三省押租情况的记载为："巴彦县属，凡租种土地者，先交押租钱若干吊，每年应交之租若有缺欠，即由押租内扣补。租期届满时，将所余押租钱悉数退还。"[①] 东北地区的租佃制特点，主要体现在大土地所有制背景下的大租佃。但在地租形式的演变中，没有出现有别于其他地区的新特点和新发展，仍然是以实物租为特色的封建式地租的延续。

二、民国时期的租佃制度的特点及变迁

民国时期的租佃制度没有跟上中国社会变革的步伐。在以大地主、大资产阶级为代表的国民政府的体制下，农民的权益不可能得到保护。

（一）民国的租佃制度沿袭旧式传统

民国政府在本质上是地主和资产阶级的代表者，这意味着维护权贵集团的利益是首要施政目标。传统的租佃制模式和运行方式在民国时期没有多少改变，佃农仍然承担沉重的纳租负担。一些民生改革也只是特殊时期和特殊场合的个案式的改变，因此土地政策的反复和短暂成为社会的常态。即便在立法程序和法律文本附上了冠冕堂皇的条款，政策具体实施时却完全不是条款规定的情形，在实际施行中总是大打折扣。由于农民没有表达权利诉求的路径和条件，加上佃农在维护自身利益时缺乏经验和行动组织，没有改变传统土地占有模式的力量，所以民国时期的租佃制度仍然是以维护地主利益为目标，佃农的利益往往受到漠视和侵害。

（二）民国租佃制度缺乏产权意识

在民国租佃制的代表模式中，绥西北的租佃合作制和南方各省的永佃制已经具有某些财产权制度的因素。土地的占有权是财产权，土地的使用权同样是财产权。既然土地使用权作为一种财产权，就要体现财产权所应具有的权利，这种权利同样应当受到法律的保护。民国时期虽然出现私人财产权的意识萌芽，但是民国的土地政策却没有按照财产权的规律进行制度设计和运行，没有从国家和个人权利保护的二维角度进

---

① 乌廷玉：《民国初年东北大土地所有制的发展和租佃关系》，载《北方文物》，1990（4），83~89页。

行土地制度的设计。自上而下的民国租佃制度是以维护统治秩序甚至是针对某个特定的政治事件而进行立法和政策设计，并未顾及土地所有权上的财产权保护，特别是佃农的土地使用权的保护。在社会实践中，处于弱势地位的佃农的土地权益往往受到侵害。

（三）民国租佃制对财产权意识的影响

民国的租佃制度虽然没有改变传统租佃制所固有的方式和运行的模式，但是在民国租佃制改革中，由于农业商品化的发展，在作物种植结构等方面的变化会间接影响农村的租佃制度的变革。虽然这些变革没有足够的能量改变整个民国租佃制，但是在培育民众的财产权意识和维护自身权利意识方面仍具有重要的引领和启迪作用。这种变化也为中国共产党领导苏区和抗日根据地的土地改革提供了参照蓝本，甚至为新中国成立后的土地改革提供了思想背景。

农民权益的保护意识在中国获得越来越深厚的土壤。财产权意识的成长带来两个方面的作用：从自上而下的角度观察，租佃制的发展让当权者产生保护民生和顺应民意的意识，并会在政策制定和制度设计时做出有利于民生权益的导向。从自下而上的角度观察，民众权利意识的成长，有利于培养民众维护自身权利的意识。自我保护权利意识的反馈，会引起对社会制度的修正。这种制度修正的话语权日渐高涨，会促使立法者按照财产权的规律进行立法和实施。

第四节　田赋制度改革

一、民国时期的田赋

国民政府颁布的土地政策是一种逃避现实、维护旧秩序的政策，田赋制度的改革也是如此。表面上看，轰轰烈烈，措施不断，其中也确有一些是有利于民生的举措和政策。如有研究指出："抗战期间，国民党从维护农场生产力发展的立场上提出的战时土地政策，对于战时土地问题的改革具有深远意义。"田赋整理措施是抗战前南京国民政府推行的农村土地政策的一项重要内容，也是20世纪30年代南京政权复兴农村的对策之一。田赋收入无论对中央和地方都具有重要意义。

(一) 田赋附加和田赋预征

民国时期，军阀混战不息，征敛无度，繁杂苛重的田赋成为困扰和阻碍农村发展的最突出的问题。全国多数省份的田赋附加税达673种。其中，四川、广东、山西、河南、湖南、安徽等省的附加税种均在20种以上，浙江、江西、湖北三省则超过了60种，江苏更达147种。田赋附加税不仅种类繁杂，而且税率苛重。在浙江，以各县平均计算，附加税超过正赋1~2倍。在河南，附加税超过6倍甚至7倍以上。在江苏，江北各县多数超过十五六倍以至二十五六倍。在湖南、河南、山东等省，附加税几倍于正税都是正常状态。在湖北，甚至有超过80余倍的。

此外，20世纪20年代后期至30年代初期，河北、山东、山西、陕西、河南、湖南、安徽、福建等省，还有田赋预征的情形。预征年限多在1~7年不等。在军阀割据的四川，田赋预征更达到了难以想象的地步，1932年，第21军已将田赋预征到1957、1958年，第29军预征至1960年，第28军预征至1972年。也就是说，民国时期的农村田赋，有的预征年限超过了40年。

（二）田赋征收的整顿

在法律上，向政府交纳田赋是田地所有人的义务和责任。但是，民国时期，占有田地者多数都是统治阶级与权贵，他们总是想方设法将田赋转嫁给租种土地的佃农，于是就出现了"赋归无田之家，租入有地之主"的反常现象。在租佃关系发达的省份，佃户除了要承受沉重的地租负担，常常还要替地主认缴田赋的一部分乃至全部。在甘肃，田赋附税的60%由地主转摊给了佃农。在高额田赋的重压下，小农经营者的生产与生计日趋萎缩。田赋附加的泛滥，对于社会稳定，民心向背，影响甚大。为安定农村，防患未然，南京政府当局决定对紊乱不堪、弊窦丛生的田赋乱象进行整顿。1927年6月，在南京召开的中央财政会议上，明令田赋划归地方征纳支用。次年夏天召开的第一次全国财政会议，再次对此作了正式确认和颁布施行。1928年10月，财政部颁布的《限制田赋令》明确规定，田赋正税附捐的总额不得超过现时地价百分之一，附捐不得超过正税；已超过者不得再增并须设法核减，申令各县县长严格把握这些标准。1930年南京国民政府公布的《土地法》规定："土地税全部为地方税。"1933年3月11日，财政部会同内政部、实业部通过的《整理田赋附加办法》仍然坚持两项基本原则：附税不得超过正税；正附合并不得超过地价百分之一。同年7月，财政部通令各省整理田赋附加，抄录办法十一条，要求各地一律限于1933年度内整理完成。①

---

① 金德群：《民国时期农村土地问题》，151页，北京，红旗出版社，1994。

(三)国民政府颁行田赋整理细则

1934年5月,南京当局召集中央各部委代表、各省市政府代表、财政厅局长及有关专家一百三十余人,举行第二次全国财政会议,具体商讨整理田赋的对策。会议通过以下三方面内容:一是减轻田赋附加、改革田赋征收和废除苛捐杂税;二是确立县预算整顿地方财政;三是举办土地陈报。

会议议决田赋整理细则六项:①各县办理土地陈报后,如所报地价可资为按价征税依据的,即按报价划分为若干等级,每等酌定平均价格,以1%为征税标准,附税名目一律取消,税款省县四六分成;②在地方未行清丈前,各县田赋不能按报价征收的,即参照报价及收益,将原有科则删繁就简,改并为新等则征收,但附税不得超过原有正税,正附并计不得超过地价1%;③现有田赋附加不论已否超过正税,自1934年度起不得以任何急需任何名目再有增加;④严禁各县区乡镇临时摊派亩捐;⑤附加带征期满,或原标已不复存在的,应即予废除,不得变更用途继续征收;⑥田赋附加现已超过正税的,应限期核减,并以土地陈报所增赋额尽先拨充减轻附加之用。

关于改革田赋征收,会议议决:田赋经征机关与收款机关应各分立,串票须注明正附税银元数及其总额,并须预发通知单,禁止活串、携串游征及预征;革除一切陋规,田赋折合国币,应酌情设法划一。

田赋附加是地方政府的主要财源。以确立县预算为主体的地方财政整理,也是第二次全国财政会议的重要议题。会前,行政院曾在1934年年初根据国民党四届四中全会通过的《减轻田赋附加以救济农村解除民困案》,订定《减轻田赋附加办法大纲》,通令各省确立并严定县地方财政预算,对田赋附加的征收严加限制并酌情裁减。这次会议讨论决定了《确定县地方编制预算之原则》六点:①县市政府编审地方预算时,务使法团及公民有参加意见的机会,以示财政公开;②预算的监督须在行政机关外另设机关,以防流弊;③凡属地方公有之收支,不管来源与用途如何,均应编入预算,以显示全部财政状况;④预算科目务求显明统一,编审程序力求简便;⑤预算须在年度开始前一个月公布,以便作实施上的准备;⑥预算公布后须严格执行并限制追加,以杜苛征滥用。会议通过的议案还要求省县税捐取消正附税之分,明确省县各自的税捐范围,大宗税捐不能完全归省或归县的,可按成数分配,省县税捐划分后,彼此不得附加,以期各自整理。①

---

① 徐畅:《民国时期农业税率辨析》,载《古今农业》,2013(3),81~89页。

（四）民国政府土地陈报的尝试

1934年5月，第二次全国财政会议公布的《整理田赋方案》第三项措置是举办土地陈报。这次会议通过了《办理土地陈报纲要》35条，由行政院公布，通饬各地实行。该纲要规定，各省办理土地陈报，由财政厅会同省地政机关负责，县、区、乡、镇各设土地陈报办事处，具体办理境内公有及私有一切田地山荡等土地的陈报工作；土地陈报分册书编查、业户陈报、乡镇长陈报、县审核复查或抽查、县府公告各乡的地号亩份及业主、编造征册发给土地管业执照和更订征税科则七步程序，期限为一年。该纲要订明土地陈报概不收陈报费和执照费，对有地无粮或田多粮少的业主，不咎既往，而依限陈报者准予第一年的田赋减征10%~20%，以示奖励。纲要还规定，"陈报后田地增多，新增之收入悉数拨抵减轻附加之用，再有余均拨充地方事业经费"，以鼓励地方政府办理陈报的积极性。此外，纲要作了相应的惩罚性具文。

1941年，为了解决日益紧张的粮食与财政危机，国民政府对田赋制度进行了重大调整，实行田赋征实制度，即将田赋收归中央并改征实物。因征实不能满足对粮食的大量需求，所以同时又实行征购。后因财政压力，又将征购改为征借。征购、征借是和征实相关的制度，故也成为田赋征实制度的一项补充内容。这是抗战时期国民政府在国统区实施的一项重要的财政经济制度，也是当时取得实效的财政经济措施之一，对支援抗战作出了一定贡献。南京国民政府制定的田赋整理方案和土地改革方案，由于正赋收入严重短缺，地方财政只好继续在田赋附加上追加税源。因此，之前规定的取消或削减田赋附税也就成为一纸空文。繁重的田赋附加仍然压在广大农民的身上，侵蚀他们的生产，萎缩他们的生计。第二次全国财政会议后，正附并计的田赋征收的绝对额虽有所减少，但乡村的地价也在剧烈地下跌。从此项政策的施行效果看，国民政府的农村田赋制度改革没有逃出失败的命运。

二、田赋改革的利益博弈

民国田赋制度改革的最大障碍在于改革相关各方的利益博弈。当时的实际情况是，拥有话语权的政策制定者同时也是最大的土地占有者。土地改革和田赋改革的出发点是降低田赋附加，这等同于要土地所有者向农民让利，减少田赋收入。这显然不是政策制定者心甘情愿的事情。因此田赋改革同时也是各利益主体博弈的过程。无论是民生改善措施，还是维护统治的纲领，都没有摆脱利益集团掣肘，无法触动利益集团的根基。可以说，民国政府的田赋改革，从一开始就是困难重重，举步维艰。

（一）中央与地方对田赋征实的博弈

国民政府实施田赋征实的目的主要有两个：一是解决粮食供应问题。在执行田赋征实之时，国民政府总是力求数量能达土地所有者所能承受的最大限度，追求粮食征收数量的增加，粮食愈多愈好，既解决军队粮食供应，又能适当兼顾民食。二是解决财政危机。征购粮食的价格在各地财政能接受的范围内，粮价愈低愈好。有了这两条，政府不仅可以顺利解决粮食供应问题，还可缓解财政的压力。政府掌握的粮食愈多，粮食问题愈容易解决；粮食问题一旦得到解决，粮价自会平稳，进而带动整个物价保持稳定。这不仅有利于社会的稳定，也有利于抗战大业的推进。

但是，对于各省县政府而言，田赋征实和征购征借的结果是减少了地方的赋税收入，粮价低下也直接减少了农民的收入。显然，田赋征实的相关各方利益得失是不同的。地方政府的态度和中央政府的预期正好相反。地方政府希望征额愈少愈好，征率越低越好，征购的价格则以接近市价为宜。这样他们才更容易完成上级下达的任务。因此，每年在征额的核定过程中，由于中央与地方双方所处的利益立场之不同，时常发生分歧。国民政府以征收粮食的成绩作为主要业绩考核和奖惩标准，更加剧了中央与各省县在核定粮食征额方面的矛盾。征收成绩按完成任务的百分比计算，以核定的征额为基数。很显然，核定的数额愈高，征收任务愈难完成。因此，每年征额征率的核定，各省总是摆出自己的各种困难，以使中央核减在本地征收的额度。但是，站在中央政府的立场，倘若每省都核减征额，势必造成粮食供需的短缺，造成粮食市场的恐慌，最终会导致社会的动乱，危及抗战大业的根基。因此，国民政府只能在特殊省份或发生重大灾歉的省份适当核减征额。为保障中央所得总额不致减少，必然是加大粮食丰收以及中央控制力较强省份的征额。

在实际征额核定时，国民政府很难做到公平一致。在中央与各省的博弈中，双方都力求各自利益最大化。在利益博弈中，不可能出现双赢的结果，处于优势地位的中央意见最终会占据上风。征额核定较少的省份，较容易完成政府下达的任务，其征收考核成绩会更好；征额任务重而条件又不好的省份完成任务较为艰巨，通常的考核结果都不佳。因此，在田赋征实制度上，难免出现不公平。

总体来看，国民政府对控制力较强、地位较重要的省份，态度比较强硬；而对控制力较弱、经济地位不重要的省份，则往往采取宽容的态度。例如，国民政府对西北各省和四川省，征额征率一经核定很少变化，对其请求减少的要求大都拒绝。国民政府迁往重庆，西南与西北地位上升，成为国民政府抗战的基地。此时地处西北的陕西，本是土地贫瘠、经济落后的内地穷省，但因其既与战区河南、山西、绥远等省毗连，又是通往西南四川、西北甘肃、新疆、宁夏等省乃至苏联的交通要道，因此政府对陕西的田赋征额征率都较重。再如四川，抗战时期，随着刘湘率兵出川作战，四川基本被中央政府控制。随着四川地位的上升，尤其是国民政府对其控制力的加强，国民政府对四川的要求也越来越高，无论是兵役和田赋，都较他省为重。

相比陕西和四川，国民政府对云南的态度就宽松许多。云南远处西南边陲，以往在全国政治舞台上，地位并不重要。抗战爆发后，在田赋征实上，国民政府对云南采取了轻徭薄赋的政策。国民政府之所以对云南宽慈以治，一是因为云南与中央处于若即若离的状态，另一原因即是抗战爆发后云南自身重要性上升。国民政府需要在云南建立一个战时经济基地，地处边陲的区位条件，远离中日交战的战场，可免遭受日军进攻，又具有丰富的天然资源，可以成为战时工业经济的重要地区，且与战时陪都所在地四川接壤，同时又有中越铁路通达河内，是战时物资进出口的重要通道。正是由于云南的重要地位，使国民政府在处理与云南关系时，采取了谨慎的态度，相对减轻了云南的田赋征实和征购征借的负担。

除了中央与省份的博弈，在一省内的不同县份之间，亦不同程度存在矛盾与冲突。在各县征额的分配中，各县也是希望本县的征额愈少愈好。而对各省而言，要完成国民政府分配的总额，就要按照全省总的征实征购或征借数额较为平均地分摊于各县，如此才能保证完成任务。如某一县征额分配过少，在国民政府不再减少征额的情况下，必会导致其他县份征额的增加；若某一县征额增加过多，又势必导致该县无法完成征额。所以在分配征额过程中，各省事实上也面临和中央一样的困境，只不过由于对各县实情较为熟悉，实行的阻力相对中央较小一些而已。

（二）中央各部属机关之间的博弈

在田赋征实中不仅中央与地方之间存在一定的矛盾，中央各部之间也是矛盾重重。主管田赋征实主要涉及田赋与粮政两个部门，在中央的机构分别是财政部与粮食部。财粮两部之间，有时也因立场不同而矛盾重重。不仅省级和县级田赋粮政机关之间存在上述矛盾，在中央的财政部与粮食部也有矛盾。主要表现在两个方面。

（1）征棉还是征粮的分歧。1943年之后，粮食的征收、存储、运输、配拨的大权归粮食部。粮食部关心更多的是如何获取足够配拨军公民用的粮食。而财政部下设的花纱布管制局主要负责全国棉花的征实收购以及棉花棉布的统筹工作。财政部关心的是怎样能得到较多的棉花。1943年国民政府决定田赋征棉之后,由于在同一地方征棉与征粮只能征收一种,而财政部与粮食部均想多征各自需要的实物,以便工作的顺利推行,双方为此时有争论。尤其在1945年度,核定征棉与征粮的过程中,双方出现分歧。财政部原定在湖南、湖北、河南、陕西、四川五省实施征棉。粮食部则认为,湖南、湖北1944年征棉成绩较差,征棉不如征粮;河南因地处战区,军粮需要紧急,不能征棉;四川征粮数额巨大,亦不宜征棉。建议只在陕西一省征棉,其余各省一律停止征收棉花。只在陕西一省征棉,事实上很难完成财政部的征棉数额。最终达成协议是,按照1944年度的征棉数额,河南、湖北停止征棉,只在陕西、湖南、四川三省征棉。

（2）粮食库券返还的分歧。按照粮食库券条例规定,粮食库券由财政部与粮食部发行,农民可以持到期粮食库券抵缴当年应征田赋。本来在粮食库券返还问题上,双方并无多大分歧与矛盾。其矛盾主要来自抗战胜利后国民政府对收购粮食库券的决定。1947年和1948年两年,由于粮食供应问题依然严重,国民政府决定对两年到期的粮食库券由国家予以收购。在收购1947年到期粮食库券时,是按照1947年各省11月平均粮价收购,各省11月平均粮价由粮食部根据各地实际情形予以核定。对粮食部来说,核定的价格应有利于粮食库券的返还工作,更为重要的是应有利于当年征实征借的开展。而对财政部而言,收购粮食库券必须支付大量货币,在财政紧张之际,自然支付货币愈少愈好。因此,为了减少国库支出,财政部提出四项要求:①田赋迟纳期间的粮食库券返还时应该扣除利息;②偿还粮食库券应以实际配发库券数额为准,未发部分应暂缓偿还;③抵缴粮食库券应尽量利用余粮抵偿;④粮食库券折价偿还时应较粮食市价略低,并认为粮食部核定的粮价标准过高。如果真按照财政部的要求办理,不仅粮食库券的返还难以完成,而且该年度征实征借更是无法顺利推行。在双方争执不下的情况下,行政院最终决议,按照粮食部的意见执行。对此时的国民政府来说,财政压力固然不小,但军粮的需要更为急迫,因此行政院最后倾向于粮食部建议。①

此外,在粮食交接过程中,粮政机关与军粮机关也是矛盾重重。粮政机关收粮大多用量器,而军粮机关配拨军粮用衡器,士兵给养也以每人每天多少市两粮食为据。由于用量器与用衡器之间的差异,同一批粮食,用量器可能足够甚或超出规定数额,而用衡器可能导致数额不足。因此,粮政机关希望用量器交接,军粮机关则坚决要求按照衡器接收。在1942年粮食部召开的全国粮政会议上,双方经过协商,粮食

---

① 周建树:《民国粮食史研究述评》,载《山西农业大学学报(社会科学版)》,2013(9),865~870页。

交接用衡器，但须抽出一部分粮食过斗，并在领单上注明折合市石数，以作矫正。这一做法无疑倾向于军粮机关，事实上很难让各省粮政机关接受。此后双方在军粮交接过程中因衡器量器的差异，仍是矛盾不断。同时，粮政机关所收粮食大多为稻谷，而交接军粮机关时，必须将稻谷碾成大米始能交接，双方为米质优劣问题也是矛盾重重。

（三）田赋征实中政府与粮户的博弈

在粮户缴纳粮食的过程中，中央政府总是力求在粮户可能承受的范围内，缴纳的粮食愈多愈好，最好能完全解决军粮与公粮供应，最低限度也要满足军粮的需要。各省县及其各征收机构希望粮户缴纳越早越好，粮食的质量也是越优越好，这样不仅有利于征收任务的完成，获得中央的物质与精神奖励，且利于后面的交接。特别是后期粮政舞弊日益增多之时，征收人员对粮户粮食的质量要求更高，有时甚至可称之为挑剔。

对粮户而言，虽大多数抱有爱国热情，愿意在抗战时期多贡献粮食，以支持前方将士为国杀敌，但亦希望国家在可能的范围之内，适当减少征额，以减轻他们的负担，使他们得以维持最低生活。在征额不容减少的情况下，农民最大的希望是国家验收粮食时对其质量要求不要太高。同时因粮户本身情况的差异，其所采取的态度也是迥然不同。对一般粮户来说，在中华民族面临生死存亡之际，大多数人宁愿自己饿着也要积极完成应当完纳的征实任务。田赋征实开始后，各地普遍发生粮民踊跃缴纳粮食，验收人员来不及验收的现象。历年征收成绩的优异，特别是大多数年度的超额完成，正是广大粮农积极配合与贡献的结果。

这一时期，也存在一批作为特殊群体的粮户，由于他们具有特殊的政治、经济背景而拥有各种特权，除了部分人士尚能按时缴纳田赋之外，大多数特权粮户都以拖欠田赋为荣。据统计，抗战期间，除了少数粮户因土地陈报错误或其他特殊原因无法完纳征实征购或征借额之外，其余拖欠粮额的均为大户。如前所述，在田赋征实中，各个利益集团都在追求利益最大化，唯有处于社会最下层的农民，爱国无私，同时也是最为可悲的一个群体，在田赋征实中完全处于被动的地位。[①]

总的来看，国民政府实施田赋征实，是为了保障军公民粮供应、平定粮价以及物价以奠定抗战的经济基础，而各地方政府基于爱国大义也愿意尽量达到中央的要求，

---

① 孙美莉，傅元朔：《评抗日战争时期国民党政府的田赋征实》，载《农业经济问题》，1986（3），48~50页。

但由于各地情况的差异，亦渴望天平尽可能向他们倾斜一些，由此双方必然存在一个利益协调和平衡的问题。位居中央主管田赋粮政的财政部与粮食部及其所属机构，由于各自分工的不同，关系亦是错综复杂。二者均想通过征实缓解国家战时面临的困境，但是通达目的的道路却有所不同。双方都是为了完成各自的任务，产生种种分歧也是可以理解的。至于政府与粮户之间，国家想多要粮食，无疑会使农民的负担加重，而大多数粮户虽认为缴纳田赋天经地义，但在抗战时期生活艰难，亦希望国家能适当减轻自己的负担，这亦无可指责。由此可见，在田赋征实制度实施过程中，国民政府、各省各县政府、粮食部、财政部、军粮机关以及各个粮户，他们之间存在矛盾与冲突属于一种正常现象。难能可贵的是，在中华民族的特殊时期，他们在追求各自利益最大化的同时，又纷纷做出一定程度的让步，最终达成一种均衡（即各方之间虽有一定的矛盾，但基于抗战需要都基本上贯彻了征实制度），这种均衡是推动田赋征实实施成功的动力，也是中国抗战取得胜利的条件之一。

三、民国田赋制度改革的失败

抗战前10年，中国农村中田赋附加泛滥成灾，与此同时，田多赋少、田少赋多甚至有田无赋、有赋无田的税负畸形现象普遍存在。两者构成了严重的田赋问题，不仅阻碍了农村经济的发展，而且触发了许多农村问题。应该说，南京国民政府的当政者在一定程度上看到了这个问题的严重性，也确实悉心筹谋了一个整理方策，试图通过严定赋额、紧缩地方财政及举办土地陈报等减轻田赋附加，改变税负严重畸形状况，从而达到其安定并"复兴"农村、防止"匪患"蔓延亦即缓和阶级矛盾，巩固乡村统治的目的。但是，20世纪30年代中期南京国民政府制定的田赋整理方策，一开始就陷入以下二重悖论之中，是注定要失败的。

（一）田赋附加的泛滥，让民国时期的土地田赋改革回天无力

国民党在南京建立政权后，为了确立并强化在乡村的统治，举办了名目繁多的"新政"事业，于是，附税便随着"新政"的频仍而一天天加多。1928年田赋划归地方后，地方政府一切开支都依赖于田赋。尤其是县一级的财政，其来源从没有明文规定，缺乏制度上的保障，大都是在省税或国税上附加一笔。厘金裁撤后，田赋附加便取代厘金附加成为县财政的命根子。各省地大抵一县的公安保卫、保甲、清乡、自治、户籍、仓储、教育、筑路、村制，甚至办党、修衙门等"新政"事业经费，都在田赋上附加，

向农民索取，造成田赋附加泛滥成灾。而且，据统计，附税收入一般有半数用于各省地的政务开支，高的省份达80%～90%。这样多一项"新政"，农民即多一重负担，而那些借"新政"形式以标榜的官吏和倚赖"新政"以剥削民众的豪强即多一次受益。若要减轻附加，必然会危及"新政"事业，危及国民党在乡村的统治。因此，南京国民政府在减轻附加、整理田赋问题上，只好避重就轻、隔靴搔痒。

（二）田赋正税越改越重

田赋制度征税从1932年开始呈现越来越重的趋势，伴随正税的加重，正税附加也"水涨船高"，田赋征收越来越重。田赋征实后，民国政府在《战时各省田赋征收实物暂行通则》中明文规定，征实后"原有田赋正附各税应即合并征收""其他一切以土地为对象所摊筹之款项，悉予豁免。"《四川省民国三十年征购粮食实施计划方案草案》也重申此原则。但具体执行过程中，这些规定犹如一纸空文。田赋的首要特征"厥为附加税之繁杂，亦即田赋病农之症疾所在"。抗战时期，田赋附加也如抗战前一样名目繁多，有增无减。据统计，四川省1939年附加税是正税的4.97倍，1940年为5.11倍。仅以巴县为例，田赋附加共计八类，多达34种，包括正附加6种，保甲附加5种，团务附加4种，教育附加4种，财务附加5种，建设附加3种，杂款附加4种，手续费3种。费用也为全国之冠，名目五花八门，包括县政府经费、囚粮补助费、县府俸公补助费、县府出差费、监狱建筑费、"清共委员会费"、联保办公费，各种摊派层出不穷（乱摊派）。1943年《加强管制物价方案紧要措施案》等法案中重申"除征收、征借粮食"外，"其他地方私立名目摊派粮食者均应禁止"。

同年，粮食部向国民党五届十一中全会报告工作情况时承认："地方政务繁兴，遇事筹款仍多以土地为对象，中央所颁法令于有意无意之间，明定或暗示许其摊派者亦甚多。"各地方财政本着"准予自筹"的原则，当中央征额数字由省下达各县以后，县长、田管处长通过所谓地方民意机构即县参议会，暗中增派粮食配额，将原来各种摊派变成了合法的税收，加在农民身上，其数量之巨，扰民程度之深，远远超过了国家赋税。据四川省华阳等18县调查，1942年的地方摊派除名称和内容相同者外，总共有240种。其中各县共有之摊派为航空会员费、壮丁安家费、申送壮丁费、献机费、教师米津、警丁伙食费、积谷、乡公所培养费，等等。另外，各地的酬军费用也是向农民摊派的。如四川南川西胜乡，历年大酬军，所有军需物品，除由县照各乡平均额按亩摊征外，又有驻军主管机关及各部队直接向乡公所和保甲长索借或征借，"超过额外十倍以上"，"现已借无可借，征无可征"。

(三)来自基层的抵制是田赋改革失败的重要原因

民国政府时期,中国农村豪绅地主阶级的政治势力非但没有削弱,反因国民革命事业的挫败而得到巩固与加强。如果说,国民党政权的中央层多少还带有一些近代气息,其乡村政治层则几乎为顽固的封建势力所盘踞。20世纪二三十年代,国民党军政官吏、商业高利贷者插足土地投机,成为新式的地主阶层。他们和旧式豪绅地主一起,控制乡村政治。底层实力阶层对基层政权的掌控具有天然的优势,也更顽固,抵制意志似乎也更"坚强",这成为田赋改革推进的重要阻力之一。[①]

战争对国民经济产生巨大的影响之一就是使国民经济军事化,以强大的物资供应保证军队的供应,赢得战争的胜利。抗战时期四川田赋在中央财政收入锐减、粮价飞涨的情况下被纳入战时经济体系,其目的在于最大限度地集中财力、物力保障战争的进行,对于缓解中央财政危机、缓和通货膨胀和物价上涨速度、保证军粮民食、稳定抗战政局起了重要作用,而且有利于国民政府加强对四川省的控制,增强政令的统一。在南方,乡村政治的封建色彩同样浓烈。正是由于这种新旧合一的豪绅地主势力操纵乡村政治,因而,南京国民政府颁定的政策,纵使具有某些进步性,在执行上却是大打折扣,来自基层的抵制成了田赋制度改革的重要阻力。由这些人担负整理田赋的工作,无异于与虎谋皮,是断无实效的,导致整理田赋的必然失败。

---

① 参见金德群:《民国时期农村土地问题》,157~169页,北京,红旗出版社,1994。

第一节　民国时期的赋税征收
第二节　国民政府的田赋征实
第三节　国民政府的田赋整理

第三章　民国财政赋税与变革

民国时期，废除了封建赋税制度思想，以孙中山民主主义思想为主导的财政税收政策对南京国民政府财税制度的建立起到重要的指导作用。但是，民国时期受到帝国主义、封建主义、官僚资本主义的压迫和限制，民族资本主义难以发展。国家税源面窄量小，田赋在国家财政中占有很大比重，导致农民的赋税负担沉重。

第一节 民国时期的赋税征收

民国时期中国乡村突出的社会问题是赋税沉重。它不但增加了农民的经济负担，也进一步导致农村社会的凋敝破产。民国政府的税收政策的制度性缺陷，造成不同行业之间税赋负担不平衡。比如，当时的工商企业，尤其是规模较大的官僚工商企业承担的税赋不重，因为当时还没有实行工商企业的所得税、利润税等税种，工商企业的经营利润多但所缴纳的税额并不多。国民政府对发展商业的要求非常迫切，商品流通中的厘金不利于商业的发展，因此，南京国民政府于1931年1月废除了厘金这个税目。这虽然有利于商业的发展，但在当时整个社会财力困乏的情况下，这个政策间接地将财政收入的重担转嫁到农业及农民身上，造成农民赋税负担加重。废除厘金后，政府为缓解税收减少的财政困境，只能通过增加农业的税赋来解决问题。民国时期的厘金刚一废除，田赋附加和摊派就扶摇直上，程度惊人。史料记载："自裁厘以后，厘金秕政固告结束，而田赋附加苛捐杂税即与时俱进，其窒碍国民经济之发展，实不在厘金之下也"。[①] 就连时任南京政府财政部长的孔祥熙也认识到："裁厘之后，各地方当局增

---

① 张启耀：《一个区域社会的田赋负担问题成因分析》，载《西北农林科技大学学报（社会科学版）》，2012（3），118页。

加附捐，以致农民负担愈重，不但凶岁不免于死亡，即丰收之年亦因捐重不克安身。"①

政权的频繁更迭与时局的急剧动荡，使民国政府的财政开支逐年增加，入不敷出成为中央政府和地方政府面临的严重问题。民国时期是典型的"军阀政治"。政局动荡，军阀混战，国无宁日。军阀战争为害之烈，成为国家政治与社会经济的沉疴痼疾。军阀战争从多个方面造成社会经济的严重破坏：一是战争爆发摧毁了正常的社会秩序，包括农业生产在内的经济活动被迫中止或减缓，减少了国家的财富增长；二是军阀之间的所有战争都需要从广大农村征抽青壮年农民充当士兵，直接减少了农村劳动力；三是军阀统治者的巨额军费支出，最终都落到农民头上。

军费负担是政府的头号财政问题。战争的频繁发生，使得各级政府的军费开支巨大，导致政府的巨额财政赤字。民国政府指令，收入不足支出的部分，悉由各地各单位自行解决。因此，各级政府就对农民进行了掠夺式的征税和摊派。农民除了应纳田赋正税之外，还有名目繁多的田赋附加税、摊派及其他苛捐杂税等。

一、田赋正税

民国时期的田赋正税，基本沿袭清朝旧制，包括地丁、漕粮、租课及杂项收入（串票）等，一般均合称"正税"。② 1928年南京国民政府财政会议决定，将田赋收入划归地方，同时规定田赋正税不得超过地价的1%。但实际上，各省的田赋大都超过这个比率。20世纪30年代，各省田赋正税平均都在地价的2%以上，最低也为1.13%。青海省的田赋甚至达到了地价的7.2%。同时，各省田赋正税的上升势头明显，在短短5年内平均增加了40%~50%。③ 按全国平均来看，如果以1931年田赋税额为100%，则1912年水田为59%，1934年达到108%；山坡旱地增加幅度更高，同期分别为61%和111%。④ 另据国民政府官方编制的《农情报告》统计资料，全国22省的田赋地价的平均率都高出政府规定的1~2倍。1912年水田是1.69%，平原旱地是1.80%，山坡旱地是1.99%；1931年水田是2.08%，平原旱地是2.33%，山坡旱地是2.48%；1934年水

---

① 张启耀：《一个区域社会的田赋负担问题成因分析》，载《西北农林科技大学学报（社会科学版）》，2012（3），118页。
② 朱汉国、王印焕：《民国时期华北乡村的捐税负担及其社会影响》，载《河北大学学报（哲学社会科学版）》，2002（4），6页。
③ 韩文昆、王元琪：《二三十年代中国农民田赋负担及农家生活贫困化分析》，载《陕西经贸学院学报》，2000（8），64页。
④ 郑庆平等：《中国近代农业经济史概论》，210页，北京，中国人民大学出版社，1987。

田是3.05%，平原旱地是3.26，山坡旱地是3.46；1935年达到最高点，水田是3.09%，平原旱地是3.49%，山坡旱地是3.74%。① 同样的情形在各省农村不胜枚举。以1931年为基数，1932—1936年，水田、平原旱地、山坡旱地三项平均正附税总额增长，湖北为6.27%，湖南为12.4%，贵州为12.87%，四川为22.97%，陕西为6.47%，安徽为10.2%，江西为9.47%。这些来自不同地区材料都有力地说明了这样一个事实，即各省田赋税额普遍呈增长之势。② 其中尤以四川为最重。1925年，四川田赋正税是710万元，到1934年，仅刘湘的21军"防区"田赋预算就已达到2 860万元。③ "总计全川各防区，年收田赋约在7 000万元以上。"④ 亦即10年之间，四川的田赋正税负担，扩大了10倍。

二、田赋附加税

所谓田赋附加税，是指除田赋正税外，再按地方附带征收的其他费用。⑤ 也就是说，田赋附加不是一个固定税种。1933年修正颁行的《限制田赋附加办法》第二条，将田赋附加界定为以亩数或赋额及串票等为征收标准的一切捐税。⑥ 根据这一界定，田赋附加是与田赋税源相同的一切省、县捐税的总称。

1912年民国肇始，政府规定所有的附加税一律折入正税之中。但1915年，财政部以濮阳河工紧要为由，呈准中央在直隶、山东先行征收田赋附加，以应工款之需。翌年复因预算不敷，当即电令各省一律仿照直鲁两省办法，起征田赋附加税。⑦ 田赋附加税因此成为地方政府增加财政收入的主要手段。

1935年，江苏、安徽、河南、山东、湖北、陕西、广东、广西八省各县岁入预算数之分配中，田赋附加在县岁入之百分比，最多者为山东，几占80%~90%，最少者为广西，亦占33.83%，其他各省在39%~77%。⑧ 由此可见，田赋附加对于地方财政的重要性，也从另一个方面说明农民负担之重。

---

① 章有义：《中国近代农业史资料》，11、12页，北京，生活·读书·新知三联书店，1957。
② 潘桂仙：《对1927-1937年农民田赋负担的思考》，载《黑龙江史志》，2010（5），36页。
③ 吕平登：《四川农村经济》，460页，北京，商务印书馆，1936。
④ 贾德怀：《四川财政之演变》见《香港财政论海》，第二卷第六期，转引自匡珊吉：《四川军阀统治下的田赋附加和预征》，载《四川大学学报（哲学社会科学版）》，1981（1），82页。
⑤ 韩文昆、王元琪：《二三十年代中国农民田赋负担及农家生活贫困化分析》，载《陕西经贸学院学报》，2000（8），64页。
⑥ 潘桂仙：《对1927—1937年农民田赋负担的思考》，载《黑龙江史志》，2010（5），36页。
⑦ 中央大学经济资料室：《田赋附加税调查》，38页，北京，商务印书馆，1935。
⑧ 朱博能：《县财政问题》，31页，上海，正中书局，1946。

按照当时颁布的田赋征收制度规定，田赋附加税须经各地方政府事先做好预算，每年随正税一起征收。南京国民政府财政部1928年颁布《限制征收田赋附加税八条》规定，田赋附加税总额不得超过正税，但实际施行并未遵律照办。由于附加税过多、过滥，因而在总量上常常大幅超过正税。这主要表现在田赋中的各种附加繁杂，而且份额、种类任意增加。1928年国民政府将田赋划归地方财政，一年之间，田赋附加的税种增加了6项，税负总额增加了3倍。新增的附加税包括普教亩捐、农民银行亩捐、筑路亩捐、扩充公安亩捐、县预算不敷亩捐等。据统计，国民政府时期各省田赋附加税名目多达数百种。江苏省田赋附加105种，为全国之最；其次为江西，90余种；浙江全省附加税名目有70余种。这还是以省而论，若就各县论之，据国民政府立法院统计处调查，田赋种类最多之县份，如江苏之江浦就有26种之多。①

这些名目繁多的税种和附加，并非税律的原初规定。税目不断增多，而且层层加码，有增无减，是在20世纪20年代和30年代内战期间，才出现节节上升的失控状态的。由于田赋附加只是一总名词，其中包含之税目，一向没有明确规定，由此给地方当局开了个大缺口，各省各地，割据为政，擅自添加，任意增溢。当时的调查资料表明："各县亦莫不巧立名目，随意勒征。各县田赋附加之定名，大都以用途为主。"②最后出现的严重情形是，地方上巧立名目，假借筹办某个公益事项，即可在田赋附加税中增加某个捐摊税种，伺机搜刮钱财。这种征纳无度局面的发生，时人已有述评："推其原因，首为征收方便，随正带征，不必另起炉灶。次为易于估计，因为田赋有应征、额征等数字之存在，一定的税率，即可决定征税数额。而最重要者则为我国以农立国，除土地外，实无其他主要财产，足资为课税的目的物。因此，各省大部分地区的附加税都超过了正税。如江苏省有超过26倍以上者，湖南各县田赋附加，超过正税30倍者有之，20倍者有之，10倍者则比比皆是。"③湖北省有的地区甚至达到了骇人听闻的86倍。④同时，在繁重的附加税中名目复出、同一经费征至数次以上者，更是屡见不鲜。对于这一点，我们从国民政府行政院农村复兴委员会对河南的调查情况即可看出问题的严重性。据统计，30年代前半期，河南各县附加税未超过正税1倍者仅有19县，只占总数的17.12%；超过1～2倍的有56县，占总数的50.45%；超过2～3倍的有20县，占总数的18.2%；超过4倍以上者有6县，占总数的9.01%，而其中最高者，附

---

① 朱博能：《县财政问题》，49页，上海，正中书局，1946。
② 朱博能：《县财政问题》，48页，上海，正中书局，1946。
③ 章有义：《中国近代农业史资料》，第三辑，32、33页，北京，生活·读书·新知三联书店，1957。
④ 关吉玉：《田赋会要》，300、301页，上海，正中书局，1944。

税超过正税 10 倍。^①

由于连年的战争，军费急剧膨胀。以四川为例，其历年军费开支的情况是：1912 年为 61 万元，1920 年为 103 万元，1926 年为 800 万元，1934 年为 900 万元。^②也就是说，从 1912—1934 年，二十多年间，四川的军费开支扩大了约 15 倍。因此，为了满足日益增长的军费开支，各地军阀向人民攫取的钱财飞速增长。这种增长首先反映在财政收入的大幅增加上。据统计，1916—1934 年，19 年间，四川的财政收入增加了 10 倍以上。在大幅增长的财政收入中，田赋附加税是其最重要的来源。这里仅以江津每石粮食征收的田赋附加税情况为例：1927 年为 3 元，1928 年为 6 元，1929 年为 9 元，1930 年为 12 元，1931 年为 22 元，1932 年为 36 元，1933 年的上半年度即达到 30.60 元。^③

由此可见，1932 年的田赋附加已经比 1927 年增加了 10 倍。1933 年仅上半年度征收的田赋附加税就达到每担粮食附加税负 30.6 元，若以全年计算，当会超过 20 倍。田赋附加的增长速度之快，达到惊人程度。

三、税外摊派

民国时期规定，田赋附加税随正税一起征收。因此其他时间的临时开支，一般取之于摊派。摊派与田赋附加税性质相仿，都是田赋正税之外的额外负担，且名目更繁更多。但是二者的征收办法和款项用途有所不同。田赋附加税随田赋正税一起征收，而摊派则是形式多样，并且摊派的征收时间和数额都是不固定的，随意性更大，征收额度更多。在经济凋敝而又支出无度的环境下，地方政府通过摊派攫取财富是最简单易行的办法。田赋附加虽已极为沉重，摊派更有过之而无不及。因为附加税虽重，尚有一定限度，摊派则予取予求，漫无节制。

兵差是民国时期最典型亦最沉重的税外摊派。兵差即所谓的军事摊派，原来只限于有兵事经过始行派摊，但在民国时已发展为筹措军需的一种简捷办法。^④就当时全国

---

① 潘桂仙：《对 1927—1937 年农民田赋负担的思考》，载《黑龙江史志》，2010（5），36 页。
② 匡珊吉：《四川军阀统治下的田赋附加和预征》，载《四川大学学报（哲学社会科学版）》，1981（1），79 页。
③ 匡珊吉：《四川军阀统治下的田赋附加和预征》，载《四川大学学报（哲学社会科学版）》，1981（1），80 页。
④ 李凤琴：《20 世纪二三十年代中国北方十省农民离村问题研究——以华北地区山东、山西、河南、河北为重点》，载《中国历史地理论丛》，2004（2），117 页。

28省而言,"兵差"的现象或多或少都发生过。以1929年和1930年两年来看,全国各省1 941县中,征派过兵差的就有851县。① 尤其在当时国无宁日、战乱频繁的情况下,军事需求巨大,兵差就成了农民的一项沉重负担。如在山东,1928年下半年,"各县的兵差最少者11 445元,最多的是107 878.86元";1929年上半年,各县"最少的是24 773.16元,最多的是219 832.94元"。1928年7月—1929年6月,山东的兵差总额"平均竟占到地丁正税的百分之二七四以上"。② 在河南南阳,"临时摊派,以兵差为主。它无定额地向农民按亩数摊款,而且不只是款,有时还要车、要牲口。这种事情一年里要发生好几次。农民们出的款可以比税捐大上好几倍。兵差很多的年份,一亩地可以派到一元至两元。人民因兵差而终于卖地破产的不计其数"。③ 在河北清苑县,自1929年6月至1930年7月,各村兵差总额达8.9万元。该县全年额定的正税共4万元,兵差相当于正税的2.3倍。这还只是就县政府的正派而言,清苑各村农民实际上付出的兵差捐派,远比统计数字为大。④ 另外,"镇平于1928年岳维峻的部队驻县境时,全县兵差局的支应有80万元,其他民间所派车辆牲口等还无数。1929年石友三军队驻河南辉县一年中农民负担的兵差在百万元以上,滑县在四百万元以上。地主豪绅在摊派的过程中自然还要在小百姓身上揩些油水,这笔账更算不清了"。⑤ 山西农民的兵差负担在全国是首屈一指的,中国近代经济学家陈翰笙曾统计说:"1929年河北省发生军事行动的时候,其数(指军事征发数额)增至432%,可以为例。当1930年4月—10月河南省的东部及中部发生战争的时候,其百分数为4 016%,质言之,即军事征发约当田赋40倍之多。1927年11月—1928年5月,山西北部及长城以北等地,有15县的军事征发,约当田赋的225倍。"⑥ 因此在当时广大的农村,到处可以看到力田之骡马,户户充公,田车当作兵车用等现象。

兵差之外,还有更多的名目繁多的各种临时摊派。如1932年一年中,河北固安民众深受摊派之苦,据调查,"固安乡民,自春迄今,担负各种摊派,达十七次之多。名目繁杂,不胜记忆,如春季区团款、春季警款、一次自治款、二次自治款、剿匪支应款、补充枪支款、游击队经费、县总团款、秋季区团款、秋季警款、奖恤金、子弹费、

---

① 周之章:《中国农村中的兵差》,60页,上海,太平洋书店,1933。
② 叶振鹏:《中国农民负担史》,第2卷,364页,北京,中国财政经济出版社,1994。
③ 章有义:《中国近代农业史资料》,第三辑,69页,北京,生活·读书·新知三联书店,1957。
④ 叶振鹏:《中国农民负担史》,第2卷,364页,北京,中国财政经济出版社,1994。
⑤ 张锡昌:《河南农村经济调查》,见薛暮桥、冯和法编《中国农村论文选》(上),460、461页,北京,人民出版社,1983。
⑥ 陈翰笙:《现在中国的土地问题》,见中国社会科学院科研局:《陈翰笙集》,48页,北京,中国社会科学出版社,2002。

犒军费、乡师款、教育款、区经费、乡团款等，总额约十七万二千余元，按全县可耕地亩分配，平均每顷约洋三十四元七角有余。际此农村艰窘粮价惨落之时，贷款无门，乡民迫于无奈，多出变产一途"①。中央大学经济学系在河南调查时发现，"河南农民负担之繁重，尚不在田赋附加税，而在临时摊派。因田赋附加税，虽名目繁多，征额苛重，然究尚有定制。惟临时摊派，供应频繁，农民之倾家荡产，弃地出走者，不可胜计。此临时摊派，盖为黄河流域及西北各省兵差繁重之普遍现象"②。

摊派之乱还在于各级官吏都可以进行摊派。如1932年11月的调查："河南省各县区长、联保主任、壮丁队每年均有各种名目的摊派。由区长征收的摊派款有九个名目，即经费、招待费、公费、伙食不敷费、夫役费、灯油费、制服费、财政保管处经费、开会费，全省共计三千八百万元；由联保主任征收的有七项，即经费、支应费、夫役费、不敷费、灯油费、制服费、杂费，全省共计三千万元；由壮丁队征收的有六项，即经费、军装费、子弹费、公费、队丁费、不敷费，全省共计四千万元。"三项合计1.08亿元，而当时全省正税总额才1 000万元。因此，财政部税捐整理委员会报告河南省的摊派情况："豫省民众对负担最感痛苦者，当不仅田赋附加及苛捐杂税；临时摊派之无限度一项，实为苛征。其中有由省令摊派者，有由县长呈准摊派者。有由县长擅行摊派者，并有由区长呈准摊派及区长私自摊派者，而每一摊派复层层加重，层层剥削！省方若需款五千，人民所摊者至少在一万元以上。"③

四、苛捐杂税

除了附加及摊派之外，农民日常生活中还经常遇到借故征收的其他苛捐杂税。虽不像田赋附加税及摊派那样沉重，但也同样滋扰百姓。以河北定县为例："农民日常所用物品，如柜、箱子、桌子、椅子、板片、斧、锯、菜刀、干草、柴炭、砟子、煤之类，亦莫不须纳捐税。捐税繁多之时，几致无物不税。"这一点从1930年通县的日常琐事也可见一斑。"有一张姓客人，手提布鞋一双，路经北关浮桥税局，被巡役瞥见，当令其发纳税银。伊云此鞋系我个人应用之物，并非贩卖者。该主任云，本局不管你自用不自用，手提着就应纳税。张某情不获已，立将手提之鞋穿用。该主任又于张某手提

---

① 《何名目之多》，《(天津)大公报》，1933-01-06。
② 中央大学经济资料室：《田赋附加税调查》，317页，北京，商务印书馆，1935。
③ 莫乔：《减轻田赋和废除苛杂》，见中国经济情报社编：《中国经济论文集》(第二集)，257页，上海，生活书店，1935。

包内,搜出信封、信纸各一百张,令其交纳税银四分,张某以随身携带些许信纸,专备自用,并非卖品,坚不承认。同车客人不愿因此延误途程,力劝张某如数交清了事。"①

各县苛捐杂税之多,已数不胜数,仅1934年后半年河北所废除之苛杂便有181种,择其要者如下:当税规费、契纸价附加、瓜菜公益捐、差徭、小当铺捐、监证人公益捐、天棚规费、裁缺典史规费、巡集布告规费、粮石捐、监甲公益捐、粮租串票捐、灶课附加、羊捐、牲畜票附税、牲畜头捐、活猪捐、棉花公益捐、过割捐、猪肉捐、羊户捐、熟肉捐、戏捐、头发牙捐、烧锅规费、牛肉规费、猪肠捐、牲畜过路公益捐、递状捐、肥猪捐、捆猪捐、社书捐、泥水工捐、社书过割费、倒毙骡马驴肉案捐、城乡烟叶秤捐、码头捐、面粉捐、苇子捐、苇叶捐、烟叶捐、跳板捐、驮捐、祭典捐……②

民国期间的各种税赋和苛捐杂税到底有多少,无法尽列。但从下面这几个数据可见一斑。1934年7月,第二次全国财政会议决定废除各项苛捐杂税,浙江"所废除苛杂多至四百五十七种""江苏在废除苛杂一百三十种后,至少还有二百多种"。③更重要的是,"旧苛杂虽然渐次废除,而新增税捐也并不少。例如北平开征筵席捐和房捐;福州征收房屋捐,店屋捐;邕宁开征商铺捐;江苏开征奢侈、消耗、娱乐、筵席等捐,并增耕牛过境税,每头牛自一元二角加至二元四角;湖北征收堤工捐;浙江征收交通附捐,并增屠税附捐;广州增收地税,汕头加征花捐"。④由此可见,民国时期的苛捐杂税有如过江之鲫,数不胜数。

五、赋税征收的贪腐舞弊

民国时期曾有人详细梳理过中国田赋制度的积弊:在地籍方面,旧籍失据,亩法不齐;在税制方面,税目繁重,科则不均;在征收方面,制度失当,人事侵匿;等等。⑤

隐匿应税田亩。田地亩数是征收赋税的凭证,因此申报地亩数就成为赋税舞弊的重要环节。田赋征收的对象是土地,因此须有地籍册为依据。但近代以来战乱频繁,

---

① 《各县·通县·税局里的怪状》,天津《益世报》,1930-10-07。
② 朱汉国、王印焕:《民国时期华北乡村的捐税负担及其社会影响》,载《河北大学学报(哲学社会科学版)》,2002(4):8页。
③ 莫乔:《减轻田赋和废除苛杂》,见中国经济情报社编:《中国经济论文集》,第二集,255页,上海,生活书店,1935。
④ 莫乔:《减轻田赋和废除苛杂》,见中国经济情报社编:《中国经济论文集》,第二集,256页,上海,生活书店,1935。
⑤ 范师任:《整理中国田赋办法之纲要:田赋问题研究》(上册),1~6页,上海,汗血书店,1936。

粮册大半散失，政府没有征收底册，田赋的征收就只能依赖官吏的呈报。而由于呈报地亩数的权力操于村长及少数士绅之手，因此呈报数和实际数的差额就取决于农户与呈报者的关系远近了。关系近的农户或是有权有势的乡绅、地主，呈报数少于实有数，有时甚至差距巨大，而且通常占地越多的农户，呈报的地亩数越少；而关系远的或是穷苦的农户，被呈报的地亩数甚至比实有数还要高，这就意味着越没有权势的穷苦农户，承担的赋税越多，从而导致了赋税负担的严重不均。当时的赋税复杂异常，有田无粮者，有粮无田者，有田多于粮者，有粮多于田者。豪吏贿赂胥吏，假造粮册，短报税田的亩数，转嫁田赋。公然枉法，遍行天下。

有调查资料记载，1932年河北某村调查了100户有产农民向县政府陈报的土地亩数，其中有田地20亩以上者24户，他们实有土地共948.16亩，但只向县政府陈报503.14亩，隐匿将近一半。而调查所在村的村长，实有土地116亩，只陈报50亩，隐匿超过一半。该村其中有7户大户，他们陈报的田亩竟不及其实有亩数的1/3，有一户实有田亩34.84亩，仅报纳税1.8亩，几近公然逃税。另一方面，该村有田地10亩以下者共42户，实有田地共234.12亩，报县196亩，少报近两成。其中报县亩数超过实有数的17户。差离最大的1户只有土地1.48亩，报县却为6亩，超过自有田地3倍多。如此虚报土地亩数的现象，在民国的乡村非常普遍，非常严重。1940年在河北昌黎县的一次调查，发现全县应税的耕地为190万亩，而实际缴纳田赋的只有31万亩，纳税田亩不及耕地的1/6。①

官员违法征纳。田赋征收时的税吏贪污腐败，也是民国时期的痼疾沉疴。例如，1932—1933年，湖北均县县长胡森匿收地方田赋公款不下20万元。"如此巨款，不特未据分别造送预计算，并均未呈报有案，是根本上属无从查考。"②潜江县1931、1932年柴西、七里、棠利三个垸圩村落遭遇水灾，经省财政厅核准蠲免田赋，但是该县县长李枢在1933年仍"令差役督同保甲，强征三院前二年田赋"，否则"以抗粮不完为由，枷锁到县"。③再如在山西，赋税征收中的贪污现象，更是令人发指。表3-1列举了1932—1935年期间山西省部分县财政局长贪污税款的情况。

税吏浮收中饱。征收吏员在征收田赋时徇私舞弊，浮收中饱，也是民国时期盘剥民众的恶劣行径。农民在交纳赋税时，要经过各级征收人员之手。税吏掌握田赋征收

---

① 张君卓：《1927-1937年华北田赋征收体制与农民负担》，载《中国经济史研究》，2006（3），148页。
② 李铁强：《1927-1937年湖北田赋问题述论》，载《江汉论坛》，2004（1），118页。
③ 朱海巨等：《呈控潜江县县长李枢横征暴敛恳请委员查勘减免以救灾黎由》，1933年9月，转引自李铁强：《1927-1937年湖北田赋问题述论》，载《江汉论坛》，2004（1），118页。

的具体事项，故在征收过程中就有舞弊与侵吞的种种便利和手段。由于征收时没有任何监督措施，纳税对象的广大农民没有话语权和监督权，税吏中饱私囊的行为就会肆意泛滥，畅行无阻。其浮收中饱的手法更是五花八门，不一而足。

表3-1　1932—1935年山西省部分财政局长私吞税款情况

县　名	局长姓名	私吞款额/元	县　名	局长姓名	私吞款额/元
朔县	李达仁	1 300	翼城	赵堃	30 000
代县	白向卿	20 000	和顺	—	1 500
浑源	耿臻荣	8 000	绛县	郑济沣	1 000
沁源	宋廷达	1 000	平鲁	—	3 675
山阴	闫级、丰席	26 700	屯留	杨继善	37 000
定襄	郭永垣	8 000			

资料来源：齐天宇，《一年来山西之财政》，载《监政周刊》，1935（105）。

串票作假。农民完纳钱粮的凭据——串票，成为他们利用的工具。1934年中央大学经济系师生调查发现，乡间农民交纳田赋时，收款人员在所填写的串票上大做文章。本来，我国的田赋征收，先后经历征收"粮""钱""两""元"的沿革，在种种折算之中，农民已被课征了无形的附加。而且，钱粮局职员也利用换算复杂、农民无以查核而故意算错。比如串票尾数过于琐碎，写到"分厘毫"的较为少见，多数延伸到"毫"后的"丝、微、纤、沙尘"等。这些过于微细的尾数不但使乡农十分迷乱，也给经征人员提供了"错算"的藉口。当时报载："虽然那算盘打得烂熟，可他们却有一个非常的本领是很惊人的，就是随带一只'只错进不错出'的错罐头。"乡间会折算的人本来就不多。据一位农民说，他家乡附近七八个村庄中，只有两三个人会算，而且，这些人因害怕得罪经征员吏，也不情愿代人计算。此外，串票本身也有不少缺点，给了胥吏作弊的机会。在搜集的串票中，普遍存在如下缺点：许多串票未编号码；经征员吏不署名盖章；有不填写地亩数者无应纳总额；字迹模糊，不便查算；附加税用木戳盖在串票上；[1]等等。每一项都为征收者提供了舞弊的可能性。"有的地方，县政府不设征收处，由粮书直接向各户征收，更可上下其手，额外浮收。"[2] 所谓浮收即实际征收数超过应征数，超收部分则归入征收官吏私囊。一般征收者浮收的手段包括："洒""戴帽穿靴""卷尾包零""大头小尾""买荒造荒"等。"洒"即将缴入的田赋作为私有，而将其应付之粮，分洒于其他户下；"戴帽"则是胥吏在造串时，在派款数前面预留空位，以便另加数字，这类浮收，所得往往是成倍增加；"穿靴"即征收人员在已拟

---

[1] 中央大学经济资料室：《田赋附加税调查》，41~47页，北京，商务印书馆，1935。
[2] 章有义：《中国近代农业史资料》，第三辑，93页，北京，生活·读书·新知三联书店，1957。

好的派款户名下于派款数后面加零头，如拟定某户派款10元，征收执行人则在10元后面加几角几厘，这种方式所得数目较少；①"卷尾包零"是将纳税人的地亩、钱粮化零为整，额外索取；"大头小尾"则是存根少写而串票多开；"买荒造荒"是在秋勘辨别荒歉时横加索取。②

　　隐匿中饱。中饱现象在田赋征收中更是普遍。民国著名农经学者孙晓村说："中饱情形，当然更其普遍。南京大学调查河北十一县，发现这类情形，县县都有，其中某县欠赋达十三万余元，据一般估计至少二分之一是该县所谓政务警察中饱的，因为那里的这类警察太多，几近千人，而有薪金的还不到一百人，其他人等的生活费可见都是靠中饱的。"另外据《农村复兴委员会会报》第1卷11号记载："河北省邢台县第三区张家屯村，村民与村长因公款起诉一案，结果正款（维持费、区保卫团费）仅一百二十元，而各农户实纳出五百四十元三角六分五厘之多，据账上此浮出之四百二十八元之多，尽用于政警及团丁饭费，及村中不正当的开支。"中饱情形有飞、诡、寄等许多方式。"飞"，即将应征粮户的银额，移于报荒的户下，以便取得业主所照缴者；"诡"，即以熟田报荒，以便侵蚀赋款；"寄"，即匿款并报称未缴。另外还有向人民征收滞纳罚金，或将地亩数或银两数用拨尾法使化零为整，以从中渔利。由于基层官僚具有的权力及田赋征收体制的复杂，使敲诈勒索的情形在华北也非常盛行，如华北有所谓"身钱"者，便是胥吏代农民缴粮的一种勒索；绥远省河套地区的情形是，"河套农民，对暴吏催款，勒索备至，畏之如虎。垦局之放丈绳仗员，水利局之丈青员，所贿尤苛，否则沙梁碱滩，不为之去除，禾稼不佳，少为之折扣……即委员之随从马兵，亦莫不胸满肠肥"。③对于这种现象地方官吏不但不以为弊，反而将此视为正常。

第二节　国民政府的田赋征实

　　中国近代农业赋税的征收形式，呈现由货币化而实物化的倒逆性发展趋势。农业赋税交纳的货币化，是商品经济发展的必然结果。在我国随着农业商品经济的发展，

---

① 张君卓：《1927—1937年华北田赋征收体制与农民负担》，载《中国经济史研究》，2006（3），147页。
② 潘桂仙：《南京国民政府前期农民田赋负担透视》，载《牡丹江大学学报》，2010（8），48页。
③ 薛暮桥、冯和法编：《中国农村论文选》（上），372、373页，北京，人民出版社，1983。

早在宋代实行的两税法中，已规定夏税征钱，秋税征粟米田赋的交纳形式。明清时期进一步加快田赋货币化，有的商品经济发达地区，甚至发展到了以田赋缴银为主的阶段。① 但是，在抗日战争时期，由于日本帝国主义全面入侵，我国的社会经济秩序出现了衰退，农业商品化进程被战争中断，田赋货币化出现了倒逆性发展趋势。

一、抗战时期的财政税收

1928年11月，国民政府公布施行《划分国家收入地方收入标准案》与《划分国家支出标准案》，将盐税、关税、统税、印花税、矿税等主要工商税种列为国家收入，而将田赋、契税、牙税、当税、营业税等税种列为地方收入。通过法律形式确保中央掌握了全国大部分财力，同时也给地方保留了适当的税收份额，既能使地方保有一定的财权以开展相应的社会公益事权，又能调动地方发展经济的积极性和主动性。同时规定，对于出现财政困难的地方政府，中央政府通过转移支付方式予以解决，从而扭转了自清末以来财权分散于地方的不利局势。在中央掌握的税源中，关税、盐税、统税一向是主要税种。1936年，关盐统三税预算总计7.9亿元，占政府岁入之72.8%。② 全面抗战爆发后，我国大片国土沦陷，国民政府征税地区大幅缩小，征税面源大幅紧缩，征税数额大幅减少。三税因沿海沿江商埠、盐场的沦陷和工商业的残破大减。1939年与1936年相比，三税所得分别减少了77%、56%和89%，总额降至2.08亿元。③

由于财政收入减少，军费支出同时大幅增加，国民政府出现了巨额的财政赤字。1939年比1936年的财政收入减少60%，支出却增加了54%。④ 特别是由于军队编制不断扩大，军费开支瞬间激增。1940年军队250万人，1941年增加到450万人，1944年增加到570万人。军费开支占国民政府总支出的比例，1940年高达78%，1941—1944年为51%~61%。⑤ 就军费支出数额而言，1937财政年度为12.5亿元，1939年为17.17亿元，1940年更猛增到26.76亿元。而关、盐二税被日寇掠夺后，以其担保的内外债务仍须偿还，在战争爆发的21个月内，支出的内外债本息达5.3亿元，加上每年2亿元的党、政等经费，造成了国民政府财政支出的危机逐年递增。⑥

---

① 郑庆平：《略论中国近代农业赋税制度的发展特征》，载《中国农史》，1986（3），61页。
② 徐雪寒：《中国经济问题讲话》，48页，上海，新知书店，1938。
③ 粟寄沧：《中国战时经济问题研究》，136页，中新印务股份有限公司出版部，1942。
④ 孙美莉、傅元朔：《评抗日战争时期国民党政府的田赋征实》，载《农业经济问题》，1986（3），50页。
⑤ 粟寄沧：《中国战时经济问题研究》，136页，中新印务股份有限公司出版部，1942。
⑥ 时事问题研究会编：《抗战中的中国经济》，377~397页，1957。

1937—1940 年的财政赤字，累计达到 73 亿元，而 1941 年财政收入只有 17 亿元，支出达 107 亿元，赤字高达 90 亿元。①

伴随财政赤字的增加，粮食严重短缺的问题接踵而来。我国传统小麦产区集中于土地肥沃的华北平原，而抗战一开始，这些地区就逐渐变成了日本帝国主义占领的沦陷区，主粮小麦的供应在国民政府统治区内出现了严重短缺。与此同时，后方各省的驻军人数和内迁人口猛增，使得粮食供需缺口加大，甚至影响军粮的正常供应，危及前线部队的安全。这些原因都使当时的粮食短缺问题日益严重。

国民政府为了弥补巨额财政赤字，滥发货币，造成了恶性通货膨胀，物价大幅上涨，其中尤以粮价上涨更为突出。1940 年 5—12 月，重庆米价增长了 4 倍，小麦和杂粮也随之上涨，加上不法投机商人乘机囤积粮食、前线的军事失利、西南后方滇缅公路阻滞等诸多因素的综合作用，更加剧了粮价的上涨程度。②

为了在短缺情形下政府能够掌控更多的粮食，同时为了压制不法商人在粮食供应上的囤积居奇行为，进而减少经济全局的通货膨胀，国民政府提出的对策就是推行田赋征实的政策。

二、田赋征实的实施

在国统区实行田赋征实，最初是从福建省开始的。1940 年 2 月 20 日至 2 月 25 日，国民政府行政院召开了"全国粮食会议"。会议决定，田赋征实首先在福建省试办，并责成省财政厅长严家淦拟定具体办法。7 月，福建省政府呈报国民党军事委员会核准。11 月，福建省政府通令全省 63 个县试办。当时计划征收稻谷与杂粮 200 万市石，经省政府派出督察团分赴各地视察后，认为征收计划能够实现，于是决定在全省普遍推行。同年 11 月 13 日，国民政府行政院决定："各省田赋均征实物，以调剂军粮民食。"③田赋征实在国民党统治区全面实施。

实行田赋征实办法以后，国民政府为了把粮食集中到中央手里，决定各省的田赋均由中央管制。1941 年 4 月 2 日，国民党五届八中全会通过《各省田赋暂归中央接管以便统筹而资整理案》，提出"为调整国地收支并平衡土地担负起见，亟应仍将各省

---

① 杨培新：《中国通货膨胀论》，40 页，上海，生活书店，1948。
② 孙美莉、傅元朔：《评抗日战争时期国民党政府的田赋征实》，载《农业经济问题》，1986（3），49 页。
③ 宋同福：《田赋征实概论》，1、2 页，南京，国民党中央银行经济研究处出版，1942。

田赋收归中央整顿征收""中央为适应战时需要,得依各地生产交通状况,将田赋之一部或全部征收实物"①。据此精神,1941年6月16日至6月24日,国民政府行政院院长孔祥熙召开了第三次"全国财政会议",通过了《战时各省田赋征收实物暂行办法草案》。在这个办法中规定:"征收实物以稻麦为主,不产稻麦的地方,以其收获之杂粮缴纳之。"蒋介石十分重视,出席了会议并在讲话中强调:"管制粮食与平均地权的土地政策,不仅在平时而且是目前战时财政与经济的中心问题。"② 蒋介石把粮食管制与平均地权列为战时中心任务,说明解决战时粮食问题对国民政府的重要性。

1941年12月15日,在国民党五届五中全会上拟定的《土地政策战时实施纲领草案》第四条,对田赋征实办法又作了进一步规定和补充。草案指出:"国家为调剂军粮民食起见,对于农地地价税得折征实物,在折征实物期间,实物归中央,但得由中央按各县市需要酌于补助。"1941年7月,国民政府为加强对粮食的管理,撤销了原来的粮食管理局,正式成立粮食部,任命徐堪为部长,将各地方粮政机关和储运、粮供等部门归口统管。财政部则拟成包罗前述原则的《战时各省田赋征收实物暂行通则》,提交行政院第525次会议通过,于7月23日正式颁行。至此,国民政府将1928年第一次全国财政会议上划充地方税收的田赋重新收归中央。国民党把田赋征实称作"财政史上划时代之举措"③。

三、田赋征实的办法

田赋征实,是按照当年田赋的正税、附加税合在一起计算,并以1936年的粮价折合成粮食,即每元钱折稻谷2斗,折小麦1.5斗。1941年田赋总额按当时的粮食市价计算,折合稻谷只有100多万市石,若按1936年的粮价计算,征实的稻谷数额高达3 000万市石,即增加20多倍。由此可知,国民政府以1936年的粮价折算粮食征收数量,在1941年实行征实和征购,实质上就是向种植粮食户多收了80%的田赋粮食。据记载,1941年国民政府实际征收的稻麦总数为5 200万市石,相当于后方各省稻麦总产量的6.1%。1942年又以适应战时需要为由,将田赋征实数量加了1倍,即每元钱折稻谷4斗,折小麦2.8斗。因此,国民政府当年征实和征购总数为6 700万

---

① 荣孟源:《中国国民党历次代表大会及中央全会资料》(下册),688~690页,北京,光明日报出版社,1985。
② 郑庆平:《略论中国近代农业赋税制度的发展特征》,载《中国农史》,1986(2),61页。
③ 孙美莉、傅元朔:《评抗日战争时期国民党政府的田赋征实》,载《农业经济问题》,1986(3),48页。

市石，是当年稻麦总产量的7.4%。1943年以后，征实不限于粮食，扩大到棉花、棉纱、面粉、食糖等物资。1944年后方各省农业大丰收，征实和征购达到9 500万市石。从1942年至1945年整个征实物资的总价值与国民政府的财政收入总额大致相等。[①] 直到抗战胜利后，国民政府将田赋征收的权力归还各省政府，各省根据财政状况和粮食市场的供需状况，田赋征实的政策逐步退出了历史舞台。

虽然田赋征实的政策对于缓解国民政府的粮食短缺起到了一定的作用，但是它并不足以解决后方各省的粮食缺口问题。于是，国民政府进一步采取向产粮大户定价征购余粮的办法。具体说，就是按田赋数额的多寡，依比例随赋征购，即把粮食征购随田赋征实一同摊派，实行低价强制征购。1941年9月，民国政府财政部发行"粮食库券"，即征购时按官价付给七成粮食库券，三成现金。七成的粮食库券分五年还清，每年以粮食库券的五分之一抵交当年的田赋征实数额。但1943年，川、滇、康、陕、甘、闽、桂、粤、浙9省，改征购为征借，不再支付现款。到1944年，各省征购一律改为征借，并在川、陕、豫、浙、闽、粤、赣、鄂还试行了"累进征借"[②]，废除粮食库券。在实际操作实施中，各地都将征购与征借与田赋合并进行，征购也就相当于田赋征实的不可分开的部分，强制性的田赋附加的征实行为。1944年5月，国民党五届十二中全会又把粮食征借改为献粮，实质就是在法定田赋之外，农民需要向中央政府无偿缴纳更多的粮食和军需物资。

四、田赋征实对农民的影响

在抗日战争年代，田赋征实是国民政府的权衡对策。不容置疑的是，田赋征实对于稳定大后方的社会秩序，支援抗战大业，都有积极意义。它在一定程度上确保了国民政府在抗战时期的军粮供应，减少了政府的财政赤字，也在一定程度上平稳了市场粮价，保证了后方城市居民的粮食需求。但是，从农民的利益立场看，田赋征实后，虽然军粮得到了保证，但农民无偿向政府缴纳粮食，农民的利益被严重侵占，有的地方甚至出现农民生计困难的情况。为了防止投机商人的囤积居奇，抑制粮价飞涨，国民政府也采取了一些措施平抑粮价，稳定粮价。一方面，政府通过征实确保军糈公粮的供应，使军队和政府雇员退出粮食市场，缓和粮食市场的供需矛盾；另一方面，政

---

① 孙美莉、傅元朔：《评抗日战争时期国民党政府的田赋征实》，载《农业经济问题》，1986（3），49页。
② 李铁强：《抗战时期国民政府田赋征实政策再认识》，载《中国社会科学院研究生院学报》，2004（3），137页。

府又将部分征实所得的粮食，以平价投放市场，实行粮食的"控量制价"。① 粮食部在四川省设有4个民食供应处。1941年度，四川省将征实稻谷提取一部分，划拨给民食处投放市场。其数额为：重庆200万市石，成都100万市石，内江50万市石，绵阳60万市石，共410万市石。1942年度，拨充民食的稻谷共372万市石。此后每年约在360万～450万市石。由于人数众多的军政单位不再向市场购粮，民食供应处的平价粮主要对象是城市中的普通市民，人数不多，所以当时的粮价基本稳定，有的地方甚至略跌，食粮困难的局面一度得到有限缓解。如1941年11月成都市米价高达570元1市石，民食处售以524元1市石，最后该市粮价降至500元左右，民食处再以460元1市石出售达1月之久，米价没有再涨。再如绵阳民食处在同年10月为平抑粮价，动用所储军米约50万市石投放市场，使涨到900元1市石的米价回跌到700元左右。②

但是，由于征实的粮谷在扣除军糈公粮后所余有限，不可能有充足的粮食投放民食市场，所以其平抑粮价的效果是有限的。有资料显示，抗战时期，用于民食的粮食总共为3 700多万市石，尚不及田赋征实总额的14%，显然根本无法满足民食的需要。当时"平价米"的销售也只限于少数大中城市和工矿区，对于广大乡村和小城镇的人民，政府根本无暇顾及。在配拨的民食中，四川省大约占了一半，其他各省仅有少量供应，有的省份甚至完全没有享受平价粮的待遇。例如，1942年度浙江全年配拨民食数量才7万市石。③

需要指出，田赋征实的实施，也暴露许多负面的问题。过量向农民以缴纳田赋的名义实行征实、征购、征借以及后期的无偿捐粮，使得本已负担沉重的农民雪上加霜。田赋征实要进行新的土地呈报，由于前述的土地呈报中的弊端，致使地主士绅往往把负担转嫁给穷苦农民。此外，在征收时，无论征实、征购、征借，无论粮户大小，又一律采用比例税制而非累进税制，这对一般拥有土地较少的农民来说，无疑加重了他们的负担。例如，在四川长寿县，一个收入4 500市石租谷的大地主，只纳田赋150市石，占其收入的3%多一点；而在四川高县，一个收入10市石的小自耕农却要纳田赋1.336石，占其总收入的13%强。④ 即使有少数地区实行累进税制，但在地主的百般阻挠之下，实行时也是大大走样，最终的负担还是一般老百姓占比更重。因此，实行田赋征实和征购征借之后，普通农民常常是辛苦一年所剩无几，负担沉重，甚至中小地主亦感到

---

① 侯德础：《抗战时期四川田赋征实述评》，载《四川师范大学学报》，1988（6），80页。
② 陈真、姚洛：《中国近代工业史资料》（第四辑），92、97页，北京，生活·读书·新知三联书店，1961。
③ 郝银侠：《新视角：国民政府田赋征实制度之再探讨》，载《民国档案》，2011（2），117页。
④ 中国人民大学政治经济学系：《中国近代经济史（下册）》，175页，北京，人民出版社，1978。

负担不轻,只有大地主,负担轻微。①

田赋的征收机构庞杂,征收手续繁冗。国民政府把田赋征实划分为经征、经收两个系统,后来经征、经收合并为统一机构。1941年7月23日行政院公布《战时各省田赋征收实物暂行通则》(十六条)第七条规定:"各省征收实物,采用经征与征收划分制度:凡经征事项,由经征机关负责;经收事项,由粮食机关办理。"②在中央政府方面,由财政部以财税主管的身份管理田赋经征,由原全国粮食管理局改制而成的粮食部管理粮食的征收和储运。与此相适应,省市县既有财政部下属的田赋经征机构,又有粮食部下属的征收储运机构,即省有田赋管理处和粮政局,市县有田赋管理处和粮政科,乡镇一级也有经征与收储两部分人员的配置。另外,直隶粮食部管理粮食储运的还有省一级的储运局及其下属的几个储运处;又有管理存放粮食的各县仓库和一些集中的聚点仓库,都安排了许多工作人员。1943年业务开展,粮额最大,"其时全国工作人员共17万5千余人之多"。③另设高级督导员60人,派选所谓"廉明干练"的高级官员派充督粮委员,分驻各省区督察工作。各机关设有稽征、主务、稽征员、柜书、理书、册书、按书、名串、粮吏、社书、地保等名目众多之职役。至于实际收粮人员,粮食加工单位以及管运粮的车船机构,更不知有多少人员。如此庞大臃肿的官僚体系,既增加了国家的财政开支,加重了人民的税收负担,又增多了征收拨运的官僚文牍手续,增加了人民缴纳粮食的烦琐环节。这与高效便民的公务原则明显不符,同时更为各级粮政人员的贪污腐败创造了条件。此外,这种制度工作效率低下,权力职责不对等。各种机构隶属于不同的系统,政出多门,互不统属,所遵循的规章制度也各不相同,遇好事竞相争夺,遇烦事就会相互推诿、搪塞扯皮。实际征购中,有的工作人员过于繁忙,有的又无事可干,不愿分担工作,久而久之,致使工作人员工作积极性下降,工作效率降低。

此外,这样的制度安排,也给缴粮农民增添了繁冗手续。征收处先发给粮户以通知单,粮户即按地按时赴交纳地点,将通知单交稽征员核算,并加盖核讫字样,然后赴仓库照数缴纳。实物经验收后无误,即由仓库主任于验收联上加盖图章,并填具号牌数返交付款处,同时把号牌发给粮户赴付款处领取库券和现金。付款处在验收联上加盖付讫图章后,仍将原号牌发还粮户,并以验收联单返交稽征员截取收据联,加章

---

① 彭雨新、陈友三、陈思德:《川省田赋征实负担研究》,74~80页,北京,商务印书馆,1943。
② 秦孝仪:《革命文献》,115辑,2页,台北,中央文物供应社,1988。
③ 秦孝仪:《革命文献》,114辑,44页,台北,中央文物供应社,1988。

及盖戳后,粮户即以号牌换取此收据。收据取得后,粮户之手续也就完毕。遇上斗工少,缴粮人多时,农民有时要等上二三天才能办完纳粮手续。①

还有就是给粮政人员贪污舞弊留下了制度漏洞。田赋征实最遭人民痛恨的,还是征粮胥吏的舞弊和贪污。由于缺乏严格的监督措施,田赋征实之后,贪污舞弊现象均比征实之前有过之而无不及。时任粮食部长徐堪说:"在征收田赋的收集、储存、运送、分配的四个过程中,无人不贪。"尤其是仓库管理人员都"存心不良,绝对不是善类"②。在征收中,经征人员故意将粮户通知单上的赋额"误"写(大多是写多,而不是写少),以便收取"包袱"(即粮户为要求更正所送的红包)。经收人员往往故意刁难粮户,挑剔粮户谷物小麦的质量,强行将粮食过风车处理,风出的粮食与谷糠不许粮户带走。验收时又普遍以大斗浮收,常使粮户准备的粮食不足缴纳的数额。部分粮户为了避免征购实物交斗过衡浮收高刮等种种弊端,要求以现金代折征购,征购人员大多将现金暗归私囊,而以浮收的谷物按数过账。粮食储存期间,在未接到上级配拨命令之前,仓储人员往往以劣质掺浑优质或提优质谷物另外囤积,再用劣质应付充数,将优质谷物私贷获利或将优质谷物盗卖。等到上级要求配拨时,另买其他劣质谷物充数,或将谷物发潮掺水掺糠掺壳以充数。粮食出仓时又大多以小斗交接,多收的粮食被经征经收与仓储人员瓜分,美其名曰"吃仓余"。运输时,主管运输的人员轻则克扣或不发民夫工资,重则与包商、运商勾结,包商承碾米谷有回扣,运商承运粮食亦有回扣,并谎报损耗,甚至有运输人员与船户勾结共同作弊,将整船粮食盗卖而谎报损失,而将所卖资金共同瓜分。配拨平价米时,大多以劣充优,将原来质量较好的米卖掉,而买回劣质米冒充,或直接在米中添加沙砾或谷糠,把多余粮食盗卖③。1943年3月,四川省广汉县仓库仓储股股长林约樵在上呈粮食部的电文中,揭露了田赋粮政机关的八项大的舞弊事实,如征购混淆、实物转移、量器差异、衡器概别、标包虚伪、包商狡诈、运商昧骗、同类尴尬等弊端。经办粮政人员舞弊成风,以至当时社会上广泛流传有一民谣:"一任粮政官,腰缠数百万,妻孥任挥霍,小民真血汗。""其他属于粮政工役车船夫等,亦莫不身拥巨金,豪华一切,然而上下受损,不知若干千万。"④

最后,田赋征实与缴纳货币相比,本身就给粮户增加额外负担。田赋征实之后,

---

① 潘红石:《试析抗战时期国民政府田赋征实之弊端》,载《邵阳学院学报(社会科学版)》,2008(2),165、166页。
② 《大公报》,1944年9月7日,1944年9月11日。转引自侯德础:《抗战时期四川田赋征实述评》,载《四川师范大学学报》,1988(6),83页。
③ 郝银侠:《抗战时期国民政府粮政研究——田赋征实弊失分析》,载《历史档案》,2010(2),113页。
④ 郝银侠:《抗战时期国民政府粮政研究——田赋征实弊失分析》,载《历史档案》,2010(2),113、114页。

为了便利粮户缴纳实物，国民政府曾规定征收处的设置，以半径不超过30华里为原则①。可是，为了节省征收费用，实际设立的征收处的数量远远不足。按照最初的设立数量，粮户距离征收处已经是一到两百里路程，并且征收处还不断减少。为了改善不利于粮户缴纳的现状，各地普遍增设临时征收处，而对临时征收处，国民政府又不增加经费，致使各地的改善措施难收显著实效。征收处数量和征收人员的不断核减，使征收费用降下来了，而留给粮户的却是诸多不便。各地普遍出现粮户缴粮难的现象，征收处前经常排起长蛇队，甚有粮户等待一两天尚难完纳田赋缴纳手续的情形。粮食征收具有较强的时间性，一般集中在粮食收获后的两三个月之内。因此，在经费核减之际，各地大多采用旺征期加雇人员，淡征期裁撤雇员的办法。如此征收效率是有所提高，但因受雇人员不固定，所给待遇又低，无形中加剧了粮政舞弊的机会。②

在田赋征实之初，国民政府曾规定，各省田赋改征实物后，除积谷仍照旧征收外，其他一切以土地为对象所摊筹派募之款项，悉予豁免。但事实上，田赋征实之后，各省的各种摊派并未禁绝，其中尤以县级公粮的摊派为甚。国民政府在1942年带头违反田赋征实后不得附加的规定，规定县级公粮以带征本县田赋征实额三成为原则③。由此，各地方摊派层出不穷，愈演愈烈！

五、亘古未闻的田赋预征

民国以来，各届政府为了支付叠增的对外赔款和外债债务，维持国内镇压人民革命和军阀混战的浩大军事耗费，在财政上已日形空虚、拮据。为了解决这一严重的财政问题，唯一可行之法就是加紧向人民进行财政搜刮。在农村实行田赋"预征制"，是国民政府对农民进行掠夺采取的一项极端措施。④

中国历代田赋，原初一般是每年征收一次，后来改为夏秋再次征收，称为两税法。但是无论如何征收，都是遵循当年赋当年征，绝无预征之道。但是，进入民国时期，军阀政府为了内战需要，正常的田赋已经不敷支用，于是就把眼光转向农民，将来年甚至若干年后的田赋先行"借垫"征收，以缓财政短缺之款项。"借垫"之法，即是按田亩之多寡进行摊派，规定以次年粮税作抵；或由豪绅地主"垫款"，允承他们在

---

① 宋同福：《田赋征实概论》，327页，南京，中央银行经济研究处出版，1942。
② 郝银侠：《抗战时期国民政府粮政研究——田赋征实弊失分析》，载《历史档案》，2010（2），114页。
③ 秦孝仪：《革命文献》（第115辑），292页，台北，中央文物供应社，1988。
④ 郑庆平：《略论中国近代农业赋税制度的发展特征》，载《中国农史》，1986（2），63页。

代征田赋时扣还,并给予"九五回扣"。这种"借垫"的款项,开始时犹能在次年偿还,后来就大多借而不还,干脆改称田赋预征。所谓预征,就是军阀政府把以后若干年的田赋提前征取。①

我国实行田赋预征,开始于1918年。起初只出现于地方军阀割据的地区。四川是田赋预征的始作俑者,最早始自1918年3月15日,钟体道在绵阳预征1919年正附税。普遍实行则在1923年,到1935年蒋介石势力控制四川为止,前后共13年。②之后就连中央政府直接号令的各省,也普遍地实行起来。这种征收,一年可以数征,直至十数征。预征的年限逐年有所增加,一般可达数年,严重的可达数十年。如四川梓潼,在1926年已征到1957年;温郫九县在1931年已征到1961年;安县在1925年5月到1934年12月的9年半中,共征了38年,已预征到1983年;成都在30年代初,已预征到1985年;新凡已预征到1991年。而在川陕"防区"内,甚至还有已征到民国100年以上的,即21世纪的田赋也预征了若干年。③以四川之成都为例,从表3-2可以看出田赋预征发展之趋势。表3-2中只计算了正税,要是列上附加税,其预征之重,当更为骇人。④

表3-2 成都10年预征田赋略

期　间	征收年度(年粮)	每两粮征额/元
1924年	1925—1926（2年）	27.60
1925年	1927—1930（4年）	55.20
1926年	1931—1935（5年）	69.00
1927年	1936—1939（4年）	55.20
1928年	1940—1942（3年）	31.40
1929年	1943—1947（5年）	69.00
1930年	1948—1954（7年）	86.60
1931年	1955—1961（7年）	86.60
1932年	1962—1969（8年）	100.40
1933年	1970—1979（10年）	138.00

四川省内各军阀在其防区内推行预征田赋,次数无定限,时间无定期,数额无上

---

① 匡珊吉:《四川军阀统治下的田赋附加和预征》,载《四川大学学报(哲学社会科学版)》,1981(1),81页。
② 匡珊吉:《四川军阀统治下的田赋附加和预征》,载《四川大学学报(哲学社会科学版)》,1981(1),81页。
③ 郑庆平:《略论中国近代农业赋税制度的发展特征》,载《中国农史》,1986(2),63页。
④ 匡珊吉:《四川军阀统治下的田赋附加和预征》,载《四川大学学报(哲学社会科学版)》,1981(1),81、82页。

限，需要就征，多少随意，毫无法纪凭据。以1933年为例。当年四川省内各军阀的实际预征次数是：20军6次，21军4次，24军6次，28军6次，29军5次。[①] 到1934年，各军阀的军费缺口增大，预征的次数也随之增多。这一年的预征情况是：20军在其"防区"内预征9次；21军在其"防区"内的巴县、犍为、青神预征7次；24军预征多达12次；29军在其"防区"内的射洪预征14次，在绵阳则为15次，在西充的预征次数最少，但也有8次。[②]

从以上材料可以看出，四川田赋预征，开始时是每年一至二征，到了1933年、1934年，一年内少则四五次，多则十余次。

军阀割据政府的捐税征收，多有暴力行为，是真实的横征暴敛。如此超强征收，致使四川乡村中一些殷实之家有倾家荡产之虞，贫穷而生计无着者多至十之八九。农民纷纷弃地逃亡，四川的人口也因此急剧下降。1928年，全川共有7 263.5万人，3年后的1931年，全川只有4 799.3万人。3年人口减少近三分之一。[③] 许多乡村出现屋舍空陈，田土荒废的悲凉景况。据1934年四川二十三县调查，荒地面积竟达到1 581.7万亩。[④]

1935年以后，蒋介石的势力控制了四川，打破了四川军阀割据局面。国民政府规定自1935年3月1日起，田赋改为一年一征，但又规定附加三倍临时军费和附加保安费一征。这虽然比之四川军阀一年八九征，甚至十多征有所减轻，但实际上只是取消了预征名目而实行一年五征，预征仍是压在四川人民头上的重担。这种竭泽而渔的"预征制"，在中国乃至世界农业发展史上闻所未闻。

第三节　国民政府的田赋整理

田赋苛重及其征收中的种种弊端严重损害民国的农村经济，使得农民的再生产能力破坏殆尽，大量小农破产。许多地方农村甚至出现了"十室九空"的现象，民不聊生，

---

① 吕平登：《四川农村经济》，476页，北京，商务印书馆，1936。
② 匡珊吉：《四川军阀统治下的田赋附加和预征》，载《四川大学学报（哲学社会科学版）》，1981（1），82页。
③ 吕平登：《四川农村经济》，136页，北京，商务印书馆，1936。
④ 章有义：《中国近代农业史资料》（第三辑），909页，北京，生活·读书·新知三联书店，1957。

土地撂荒，乡村凋敝。这景况引起了当权者的注意和忧虑。蒋介石认为："土地整理是我们国计民生的一个生死关键。"① 孔祥熙说："若不急图整理田赋，则非特影响省库收入，即于人民负担亦无由减轻，而恢复农村之障碍力，更无由剔除矣。"② 这种现象背离了国民党一大宣言的"严定田赋地税之法定额，禁止一切额外征收"，"因此养成民众厌恶田地之危险心理，后患之来，尤为深惧"。③ 为安定农村，扶助民生，巩固统治，防患未然，南京当局决计对紊乱已久、弊窦丛生的田赋进行整顿。

一、田赋整理法案

1927年，南京国民政府建立之后，就开始着手对田赋全面整理。首先，将田赋划归地方政府征收，以调整中央与地方财政的关系；然后，再整理田赋与附加的相关法律条款，立法进行土地陈报，编制地方预算；最后，制定合理的田赋征收数额和模式。

田赋历来是中央政府十分重要的税源。北洋政府时期，由于军阀割据，中央对地方的控制力十分有限，使得地方截留田赋的现象日益严重。北洋政府财政部于1913年11月22日制定《划分国家税地方税法草案》，规定："把主要税种均划归国家税，而地方税则是附加税和杂税杂捐。"④ 但是地方政府多为军阀割据势力，对国家有关的税收法令置若罔闻，公然违法截留相关税款，并未解送中央国库。因此，南京国民政府成立之前，"中央税和地方税的划分仍无实际意义，不管形式上如何区分，实际上根据中央、地方双方的实力而决定。中央政府势力强盛的地方，中央税便送交中央；中央政府势力衰弱的地方，地方军阀便随意截留税收"。⑤

南京国民政府建立后，认识到中央征收田赋的困难性，同时也为了换取地方政府的支持，于1927年中央财政会议上通过了《国地收支标准案》，明确规定田赋划归地方政府，于1928年的第一次全国财政会议上正式确认田赋划归地方的政策。另外，1930年6月国民政府颁布《土地法》，其中第233条规定："土地税金全部为地方税收。"⑥ 其理论依据是孙中山提出的《建国大纲》中的设想："土地之岁收，地价之增益，

---

① 郭德宏：《南京政府时期国民党的土地政策与实践》，载《近代史研究》，1991（5），169~191页。
② 任树椿：《中国田赋之沿革及整理之方案》，载《东方杂志》，31（14），95页。
③ 国民政府财政部：《限制田赋令》，1928年10月12日。
④ 张启耀：《一个区域社会的田赋负担问题成因分析》，载《西北农林科技大学学报（社会科学版）》，2012（3），118页。
⑤ 长野郎文、李占才译：《中国的财政（续）》，载《民国档案》，1994（4），128~140页。
⑥ 东方杂志社：《东方杂志》，27（14），115页。

公地之生产，皆为地方之所有，以经营地方人民之事业。"①

总体来说，国民政府的田赋整理可以分为两个阶段：第一阶段是1927—1932年的田赋整理，主要目标是限制田赋和附加的数额和范围，其效果很不明显；第二阶段是1933—1937年，国民政府制定了相关法律和实施细则，田赋整理初见成效。

鉴于田赋附加的泛滥，国民政府财政部于1928年10月颁布《限制征收田赋附加办法八条》，通令各省遵行。其内容是：①田赋正税附捐总额，不得超过现时地价百分之一，超过此数县份须设法核减，适合地价百分之一为限。②田赋附捐总额不得超过旧有正税数额，超过正税县份须设法核减，至多与正税同数为止。③忙银应改两为元；将旧时每亩应完银数、折合银元数及各种附捐数额，注明易知由单与粮串。④漕米应改石为元，将旧时每亩应完石数、折合银元数及各种附捐数额，注明易知由单与漕串。⑤折合忙漕银元数额均以分为止。⑥各县征收忙漕仍用分期起征法。⑦在实行清丈报价以前，地价百分数暂以各该县现时地价为标准。⑧前项地价，如各该县市乡地价有高下时，以各县市乡平均数为标准。②财政部严令"各县县长对于此标准，倘故意抗顽或更率增加者，即由财政厅会同民政厅，将该县长撤职惩戒"。③应该说，《限制征收田赋附加办法八条》颁布的时候，国民政府是信心满满，踌躇满志，自诩这是训政时期的重要举措，"值此训政开始，自应力加整顿，务期赋由地生，粮随地转，富者无抗匿之弊，贫者无代纳之虞，以收田赋平均之效"。④但是，仔细考析可以看出，八条之中，第一、第二和第七、第八条是关于限定田赋正附税的标准，第三、第四、第五条是规定征收之办法。无论是田赋标准和征收办法，都只是田赋税收方面的技术问题，是治标的办法，并未涉及土地占有和分配的根本问题。离开土地分配谈田赋的征收办法，实际上是舍本逐末、避实向虚的做法。耕者有其田的问题不解决，田赋征收办法定得再详细，也无济于事。此外，即使从操作层面上考察，也可以发现，《限制征收田赋附加办法八条》的规定条款都比较笼统，操作环节的纰漏甚多。因此，《限制征收田赋附加办法八条》颁布施行之后，几乎没有取得预期的实质性效果。以江苏省为例，法案规定田赋附加不得超过正税之1倍，同时又规定正附加税总额不得超过地价的1%，如此一来，江苏的丹阳、宜兴等县，当其田赋附加已经超过正税之1倍，但其正附税总额尚未超过地价1%，这时地方各县即以未超过后项的"地价1%"为由，乘机加征

---

① 《孙中山选集》，602页，北京，人民出版社，1981。
② 吴兆莘：《中国税制史》（下），159、160页，台北，台湾商务印书馆，1982。
③ 庄强华：《近年来限制田赋附加之回顾》，载《地政月刊》，1937，4（2、3）。
④ 陈登元：《中国田赋史》，246页，上海，上海书店，1984。

溢派。另一种情况是，镇江、无锡等县，正附加税的总额合计已经超过地价1%，但是田赋附加并未超过正税之1倍，于是后者各县又藉口附加不超正税1倍，也请求加派。由此看出，《限制征收田赋附加办法八条》的制定，"事实上窒碍难行，各省县始终没有确实遵行，田赋附加不但没有大量核减，反而日趋高翔"。①

二、田赋整理办法

鉴于此种情况，1928年12月，财政部又颁布了《整理田赋办法五条》，规定不得随意增加赋额，增设粮柜以便农户投纳，惩罚贪官污吏等。1929年国民政府再次重申前令，限制田赋附加。但是由于田赋及附加是地方财政的主要来源，所以尽管国民政府三令五申，地方政府仍旧我行我素。尤其是1931年裁撤厘金税收后，地方政府的收入锐减，国民政府不得不作出让步性的补救措施，制定了"办理预算收支分类标准"，正式确认除省正税附加外，允许县政府附加。此策一出，各县田赋附加纷纷冒起，田赋征收呈现失控状态。于是，1933年2月，财政部会同内政、实业、教育等有关部委及中央党部代表，讨论制定了《整理田赋附加办法十一条》，由行政院核准，通令各省遵照执行。"十一条"主要内容有五端：①旧有正税外，凡以亩数（即亩捐）或赋额及串票等为征收标准的一切税捐，均以附加论。②附加总额连同正税一并计算，不得超过地价百分之一；地价未经查报的地方，附加总额暂以不超过正税为限。③超过前项限度的地方，应将原有附加分别裁减；裁减程序是行政费为先，事业费次之。④计算地价，应将全市或全县农田分若干等，按照最近三年买卖地价，分等估计，再乘以田亩数目，合并计之，作为地价总额。⑤各地方的田赋附加，一律限于1933年度内，全部整理完竣，不得延缓或遗漏。"十一条"确定了附加的范围、整理时间、裁减顺序，似较前面的"八条"缜密一些。但实质上仍没有触及田赋问题的根本。因此，虽然其中第七条规定"各地方田赋附加，一律限于1933年度内，全部整理完竣，不得延缓或遗漏"，然而，到"二十二年度（1933）行将终了，田赋附加犹未见各县整理完竣"。② 此外，20世纪30年代开始，南京国民政府及其各省开始进行大规模经济建设，各省对于建设资金的需求极大。资金的来源自然主要是税收，这样加大田赋及附加的征收就成唯一选项了。比较典型的是浙江省政府出台关于《浙江省政府呈送借征本

---

① 庄强华：《近年来限制田赋附加之回顾》，载《地政月刊》，1937，4（2、3）。
② 任树椿：《中国田赋之沿革及整理之方案》，载《东方杂志》，1934，31（14），100页。

生田赋一年做铁路、电力、水利等项建设费用办法》,强行以借贷的方式征收田赋附加。① 因此,这段时期内田赋整理的效果微乎其微。

三、田赋整理的实施

1929年发生世界经济危机,于1931年年底危及中国。1931年长江大水灾,经济危机与自然灾害叠加,危害更为深重,这些促使中国农村破产更加疾速。农民负担的田赋正附税较过去苛重,更将农村经济推向深渊。当时朝野有识之士,莫不一致疾呼,救助农民,复兴农村。于是农村复兴问题被推向了匡国济世、纾解民困的议事前沿。在1931年12月国民党第四届中央执行委员会第一次全体会议上,中央执行委员傅汝霖等人联名提出《整理田赋减轻农民负担案》,要求采取坚决措施整理田赋。② 尤其是1933年孔祥熙就任国民政府财政部部长后,对整理田赋十分重视。其在就职仪式表示:"本人就职后,决心整理田赋,冀减轻农民负担,恢复其生产能力。"③ 于是,1934年1月,国民党召开中央委员会四届四中全会,孔祥熙提出减轻田赋与附加以及进行土地陈报等两项提案。行政院根据孔祥熙的提案制定了《减轻田赋附加办法大纲》,并饬令各县编制预算。1934年行政院与财政部对全国的田赋与附加的征收情况进行了大规模的调查,令各省市政府切实调查各自境内一切税捐的名目、税率与用途,并要求在调查基础上参照该省市度支情况,拟具减轻田赋附加、废除苛捐杂税的具体计划,上报财政部,作为通盘计划时的参考。在此基础之上,有了第二次全国财政会议的召开。此次会议,标志全国性规模的田赋与附加整理计划正式施行。

1934年5月21日至5月27日,国民政府召集中央各部委代表、各省市政府代表、财政厅局长及有关专家一百三十余人,举行第二次全国财政会议,讨论整理地方财政、减轻田赋附加和废除苛捐杂税等问题。

关于整理田赋,会议形成了比较系统的整理方案,由四部分组成:①土地陈报;②编制地方预算;③改革田赋征收制度;④减轻田赋附加取缔摊派。

关于土地陈报,会议通过了土地陈报纲要三十五条,要点有五:①举办土地陈报一律不收手续费;②陈报手续表册力求简便,陈报后即行改定科则,平均负担;③各

---

① 刘椿:《三十年代南京国民政府的田赋整理》,载《中国农史》,2000(2),83页。
② 任树椿:《中国田赋之沿革及整理之方案》,载《东方杂志》,1934,31(14),95页。
③ 任树椿:《中国田赋之沿革及整理之方案》,载《东方杂志》,1934,31(14),95页。

县编造正式征册应有划一规定；④陈报后应即改进推收制度；⑤陈报后应即改良征收制度。

编制地方预算有两个内容：一为确定县地方预算编制原则，二为规定省县收支划分标准原则。县地方预算编制原则有六项：①县市政府编审地方预算时，务使法团及公民有参加意见的机会，以示财政公开，在行政机关以外另设预算监督机关，以防流弊；②凡属地方公有收支，不问来源与用途，均须编入预算，以显示全部财政状况；③预算科目务求显明统一，使人民易于知晓；④预算编审程序务求简便，多用集会查勘机会，少用文书承转；⑤公布预算务须年度开始前一个月，以便为实施做准备；⑥执行预算及追加预算须有严格限制，以杜苛征滥用。省县收支划分标准有五项原则：①县市的收支将所属区乡镇合为一体，不再划分，以使财政归于统一；②关于税收的划分依税捐的数量和种类分别归属，不以正税附税为区分，大宗税捐不能完全归省或县市者，即按成数分配；③关于支出的划分，依机关及事业设施目的所属为依归；④省县税收划分后，彼此不得附加，以期各自整理；⑤省县市支出划分后，遇有必要须互相协助，以期平均发展。

改革田赋征收制度有七项原则：①征收机关与收款机关应分立；②串票应注明正附税银元数及其总额，并须预发通知单；③禁止活串；④不得携串游征；⑤不得预征；⑥革除一切陋规；⑦田赋折合国币，应酌量情形设法划一。

减轻田赋附加取缔摊派有六项原则：①各县办理土地陈报以后，如所报地价可作为按价征税依据，即按报价划为若干等级，每等酌定平均价格，以百分之一为征税原则，附税名目一律取消；所收税款，以省四县六为原则分配，也可酌量各县情形增减。②土地未实行清丈以前，不能按照陈报地价征收田赋县份，即参照报价及收益，将原有科则删繁就简改并为新等则征收，但附加不得超过原有正税总额，在原科则轻微或极重地区，均以正附税总和不超过地价百分之一为原则。③现有田赋附加无论已否超过正税，自1934年度起，不得以任何急需、任何名目再有增加。④各乡区镇的临时亩捐摊派，应严加禁止。⑤附加带征期满，或原标的已不存在，应即废除，不得再变更用途继续征收。⑥田赋附加超过正税者，应限期递减，以土地陈报所增赋额，尽先抵补减轻附加之用。①

---

① 于永：《30年代中期国民政府整理田赋的举措述评》，载《内蒙古师大学报（哲学社会科学版）》，1999（12），72、73页。

四、田赋整理的施行效果

第二次全国财政会议后,田赋整理收到了一定的效果。到抗战爆发前,全国减轻田赋附加 300 余种,款额达 3 800 万元;废除苛捐杂税 7 200 多种,款额达 6 700 万元。① 截至 1936 年年底,共有 10 省 200 余县开办了土地陈报。江苏共有 19 个县土地陈报完毕,溢地计约 370 万亩。② 江苏的萧县、江都和安徽当涂土地陈报完成后,人民负担较之原有税额,与科则最重的 1934 年相比,分别减轻 12.1%、52.6% 和 36.4%。③ 此外河南的陕县和福建的闽侯土地陈报也有相当成绩。各县田赋收入也有一定程度的增加,如江苏 1933 年田赋预算 1 000 万,1937 年则实收 1 400 万。河南、山东田赋由 1927 年的 547 万和 792 万,到 1935 年分别增加到 800 万和 1 579 万。④

国民政府的田赋整理虽然取得了一定的效果,但是由于当时的种种因素没有能够继续实行,除了 1937 年全面抗战爆发使之中断之外,国内固有的矛盾也是重要因素。首先是国民政府只是名义上统一,全国很多省份仍然处于半独立状态,中央政府的权威时常受到挑战,地方当局一再违反第二次财政会议制定的法令。关于田赋附加财会曾议决 1934 年后不得以任何名目再有增加,但"各省未能切实奉行,亦为昭著之事实"。⑤ 1935 年江苏奉贤补收农民银行基金亩捐,省府以"此次系前缓征之款"为由,同意县府"照案继续征收"。⑥ 扬中县农民以田赋附加仍为正税三倍,派代表赴省请求减轻,但财政厅居然批复"各县苛杂,业经分期废除,该县仍有呈请减轻田赋之举,殊不能体谅省厅意旨,所请应毋庸议"。⑦ 由此可见,从县到省乃至中央都违反了二次财会决议。

此外,以陈立夫为首的全国土地调查委员会在 1934 年 8 月到次年 12 月对全国 19 省的调查表明,田赋附加不得超过正税之规定未能实现。湖南附加超过正税 3 倍,河南、甘肃和广西超过一倍半,江苏浙江等 6 省超过一倍。各省田赋收入虽有增加,但疲收

---

① 财政部财政年鉴编纂处:《财政年鉴》(续编),151 页,1945。
② 庄强华:《一年来各省田赋之兴革》,载《地政月刊》,1937,4(4)。
③ 秦孝仪:《革命文献》(第 73 辑),436 页,台北,中国国民党中央委员会党史委员会,1977。
④ 从翰香:《近代冀鲁豫乡村》,486 页,北京,中国社会科学出版社,1995。
⑤ 庄强华:《近年来限制田赋附加之回顾》,载《地政月刊》,1937,4(2、3)。
⑥ 庄强华:《近年来限制田赋附加之回顾》,载《地政月刊》,1937,4(2、3)。
⑦ 章有义:《中国近代农业史资料》(第三辑),5 页,北京,生活·读书·新知三联书店,1957。

现象仍然十分严重，综计 19 省平均计算，实收仅为额征的 79.83%。① 尽管全国已有相当县份举行了土地陈报，但只有极个别县份获得成功。江苏虽约有 1/3 县份完成土地陈报，但"诚可赞许者，仅萧县与当涂，而江苏近且认为陈报成效欠佳，议决停办矣"。② 其他如征收制度之改良非一日之功，所拟计划大多限于纸上谈兵。如因缺乏有效监督，市县财政预算流于形式，对抑制田赋附加没起到多大作用。所以从土地陈报、编制地方预算、改革田赋征收制度、减轻田赋附加等诸方面看，田赋整理并未达到南京政府的预期目的。

总之，民国时期农民赋税负担之重、农村经济之萧条衰败、农民生活之极端贫困，使得"处在这个经济体系之中的贫农，确实犹如一个处于水深没颈的人，即使一阵轻风细浪，也有可能把他淹没"。③ 这就是民国时期农民生活的真实写照。

---

① 陈立夫：《举办全国土地调查及其所得结果》，载《地政月刊》，1937，4（7），转引自牛淑萍：《1927 至 1937 年南京国民政府田赋整理述评》，载《民国档案》，1999（3），100 页。
② 庄强华：《近年来限制田赋附加之回顾》，载《地政月刊》，1937，4（2、3）。
③ 韩文昆、王元琪：《二三十年代中国农民田赋负担及农家生活贫困化分析》，载《陕西经贸学院学报》，2008（8），67 页。

第一节　二元经济结构下的农民
第二节　农产品商品化的"双刃剑"
第三节　城居地主与乡村财富的转移
第四节　工人阶级中的农民工

第四章　都市兴起与城乡关系

在中国近代史上，新工业和新都市的勃兴，没有一个地方不是以农村劳动力被牺牲为代价①。半殖民地半封建的国家体制、积贫积弱的民族资本主义、自给自足的自然经济，以及与之并存的几乎垄断了中国的原料市场、商品市场和资本市场的帝国主义，这些因素汇集到一起，决定了近代中国在屈辱中求索发展的艰难历程。

第一节　二元经济结构下的农民

民国时期，农民占全国人口的九成，中国是一个落后的农业国家。伴随帝国主义列强的入侵，工业资本与金融资本向城镇聚集，新兴工业与新兴城镇开始兴起，随之而来的是农村劳动力向城镇集中，农业产品作为初级原料供应城镇市场。但资本作为强有力的工具被帝国主义和大资本家垄断，农业产品和工业产品价格剪刀差一天天扩大，结果造成农村与城镇的差距进一步加大。整个农村地区在萧条中挣扎，两千多年来自给自足的传统农村被迫在危机中寻找方向和出路。

一、半殖民地半封建的社会经济特征

鸦片战争后，中国被迫开放。西方列强通过控制通商口岸、剥夺关税、倾销商品以及输出资本等形式掌控了中国的经济与财政命脉。此外，西方列强还通过对华不平等条约获得开矿办厂、修建铁路等权力，并且通过掠夺性的政治贷款进一步瓦解中国的财政、金融体系，控制中国的工矿、交通、农业等行业。据统计，1912年，外国纸

---

① 陈翰笙、薛暮桥、冯和法：《解放前的中国农村》（第二辑），8页，北京，中国展望出版社，1987。

币在华流通达 4 390 余万元，仅英国汇丰银行在华发行的纸币即达 2 480 万元，而中国自己发行的纸币才 106 万元，还不到汇丰银行的 1/23。1913 年，列强在华开办银行共 21 个，分行 101 个，完全控制了中国的金融市场。1895—1913 年，外国在华开办的厂矿共 130 多家。到 1914 年，各国在华投资总额达 22.5 亿美元。帝国主义控制中国铁路运输业的 93.1%（1911 年）、机器采煤业的 91.1%（1912 年）、生铁生产的 100%（1900 年）、棉纺市场的 76.1%（1908 年）、航运业的 84.4%（1907 年）。中国的外债到 1911 年超过 12 亿两白银。① 正如毛泽东所说："帝国主义列强经过借款给中国政府，并在中国开设银行，垄断了中国的金融和财政。因此，它们就不但在商品竞争上压倒了中国的民族资本主义，而且在金融上、财政上扼住了中国的咽喉。"②

就农村而言，西方资本主义控制中国经济后，便想方设法清除中国农村旧有的生产关系，建立适应资本主义的生产方式。然而，这种做法却碰到了难以逾越的传统体制壁垒。这个壁垒就是存在两千多年的封建地主土地所有制及自给自足的小农经济。

近代以来，列强各国通过先进的工业生产技术，生产"质优价廉"的商品，又通过很低的关税，迅速占领了中国广大市场。相比而言，技术落后、生产周期长、价格高的中国传统手工业品很难与之竞争。在这种状况下，中国自然经济逐渐瓦解。虽然自然经济在国内外市场的竞争挤压下开始解体，但是资本主义经济在中国还十分微弱，中国依然是一个落后的农业国家。特别是在广大农村地区，封建土地所有制依然是最主要的生产关系，占全国近九成的农民依然过着自给自足的小农生活，仍有很多国人生活在食不果腹、衣不蔽体的水深火热之中。

鸦片战争后，随着洋务运动的开展，一部分官员、大地主、商人开始投资新式工业，成为中国的资本家。特别是第一次世界大战期间，民族资本主义得到了进一步发展，对推动国家的现代化发挥了很大的作用，成为近代中国变革的领导力量。但由于民族资本主义的"先天发育不足"与"后天营养不良"，中国的民族工商业没有在国家经济中起到中流砥柱的作用。中国的民族资本规模小，无法与外国资本抗衡。民国以来，战争频繁，政治动荡，妨碍了国内统一市场的形成。连年的战争使中国不仅分散了政府与民众推进现代化的努力，而且造成社会破坏惨重、庞大的军费开支以及巨额的对

---

① 张士杰：《近代农村合作经济理论与实践研究》，南京农业大学学位论文，2008。
② 毛泽东：《毛泽东选集》（第二卷），629 页，北京，人民出版社，1991。

外赔偿,① 由此把中国推向了半殖民地半封建社会的深渊。

经历过清末的动荡与北洋政府的混战,国家满目疮痍,积贫积弱,丧失了发展资本主义的时机和空间。加之政府的苛捐杂税、勒令摊派、战争赔款,以及不平等条约中"给予外国商人凌驾于中国竞争者之上的特权",② 民族资本主义举步维艰。因此,中国的近代工业在整个国民经济中的比重仅为10%,资本主义经济始终没有成为中国社会经济的主要形式。

二、农村危机的多重叠加

客观地说,中国农村危机不是从民国时期开始的。鸦片战争后,国门洞开,西方列强入侵中国,国家的经济命脉被西方资本控制,从此中国社会危机四伏,农村衰败日渐突出。当时许多学者对农村危机有所考察,对了解民国时期我国农村状况有所助益。

吴觉农1926年在《中国的农民问题》一文中把我国农村危机归结为七类③:

(1)土地分配不均。我国边境,虽然旷地很多,但是内地农民,却有土地不足的恐慌,越近都会,交通越便的所在,这种现象也愈加显著。之所以酿成这种的缘故,自不难想象而得:①农民多富于保守性,不愿远徙他处;②坟墓及荒地甚多,或为迷信所阻,或无资本经营;③一部分的平地农,尚不能注意到无量数的陵阜高山上去;④交通水利的不便;⑤人口生产的过剩。这几大原因中,我们认为第五项最有关系。

(2)农民粮食恐慌。三五年以前的米价,每石不过四五元,民国十一年已到了十多元了;然农家的经济原则,本来是"米粮越贵,农家的收益越多",因为米粮都在农家手里,米价越高,则农人收入自然越多;可是我国的农家,实际上适得其反——米价越高,则农民越恐慌。究其原因,农民辛苦所得四分之三或三分之二,都需供给那无事坐食的地主阶级。

(3)农民生活穷困。我国大多数农民,既苦于土地的不足,复迫于粮食的缺乏,所以各地的生活状况,都和流离失所的灾民一样!家长则负疾从事,子女则面皮黄瘦,

---

① 罗荣渠、牛大勇:《中国现代化历程》,380～381页,北京,北京大学出版社,1992。
② 费正清、赖肖尔著,陈仲丹译:《中国:传统与变革》,336页,南京,江苏人民出版社,1992。
③ 吴觉农:《中国的农民问题》,见《解放前的中国农村》(第二辑),26～28页,北京,中国展望出版社,1987。

缺乏滋养,这是现在农村普遍的一种现象。

（4）农家收入低减。我国农家本来缺乏科学常识,各种农产,都没有改善的希望。近年来,又因茶丝及其他输出品的递减,及价格的低落,无形之中,减少了不少收入,于是购买肥料、经营土地的财用,也非常匮乏了。

（5）灾荒频发。根据农商部第五次统计,合计农田及园圃为 1 472 193 844 亩,但因森林的滥伐,水利的失修,病虫害防治法的没有研究预防,以致每年损失不下九万万元,间接减少国家的收入,直接就是断丧农家的元气。表 4-1 为民国三年（1914）各省调查灾荒统计。

表 4-1 民国三年（1914）全国灾荒统计

类 别	所害农田及园圃/亩	类 别	所害农田及园圃/亩
风雨	7 403 706	虫害	9 420 544
被水	41 622 576	病害	2 405 799
被旱	588 780 805	其他	1 093 338
被雹	2 750 690	合计	653 477 458

（6）受工商业的影响。近几年来,都会工业的发展和商人转运的敏捷,使农民多放弃从前自织而衣的布帛,向城市去购买,直接停止家庭的手工业,间接被都会工业及商人榨取无量的金钱。

（7）受资本家的压迫。我国农民社会一向有句古话:"二月卖新丝,三月粜新谷。"因为一般农民都苦于资本的匮乏,而种子肥料、人工、农具等又随时需费,常需要急用的时候,自然不能不抵押自己所有的田地,或预卖他们还未收获,甚至还未着手饲养或栽植的物品了!而穷凶极恶的资本家,利用这种破绽,放年债以盘剥三四分钱的重利者,到处皆是!所以心计稍细的自作农,有不到三五年,已把许多自己所有的良田肥山,入于资本家的掌中,而普通佃户,偶因年岁不良,或家中稍遇他种事故就走投无路了!这种情形,是南方农民普遍的现象。至于北方,则因缺乏资本,虽有劳力土地,而无从着手耕种的,又随处皆是。

我国自古就是一个农业国,农业对国家的重要性不言而喻。"我国数千年来以农立国,农村之健全与否,农业之兴隆与否,不仅为农民生死问题,亦为国家民族存亡问题。"① 费孝通曾说:"中国农村的基本问题,简单地说,就是农民的收入降到了不足

---

① 章元善、许仕廉:《乡村建设试验》（第一集）,1页,上海,中华书局,1934。

以维持最低限度生活水平所需的程度。"[1] 农村、农民、农业问题关乎民生，维系国运。研究民国时期农村经济状况，是分析二元经济结构下的农村问题的基础，对于全面认识民国以来的农村变迁史有重要意义。本节将从农村的土地关系、农业经营方式、农业技术改进、农民生活状况等方面探究不同时期、不同地域的民国农村经济状况。

孙中山在《建国方略》中主张"平均地权、节制资本"的经济政策，然而"平均地权"仅仅作为了口号，在动荡的民国时期并未真正实现。民国时期土地制度承袭清制。孙中山领导资产阶级民主主义革命即"辛亥革命"，推翻清皇朝，但没有改变土地制度。封建地主土地所有制，公常土地所有制，[2] 自耕农和佃农、雇农并存，但以封建地主土地所有制为主。根据《义乌市土地志》记载，1950—1951年土地改革时，各阶层占总户数百分比和占有土地（主要是稻田）百分比是：地主户占2.1%，土地占12.2%；地主兼工商业户占0.31%，土地占0.51%；富农户占1.65%，土地占4.75%；小土地出租者户占1.56%，土地占2.16%；中农户占34.71%，土地占23.21%；贫农户占55.25%，土地占9.91%；雇农户占2.67%，土地占0.15%；其他户占1.75%，土地占0.26%；公常占土地总数的46.76%。大大小小的公常占有将近半数的土地，是该县土地制度一个显著特点，而民国时期又逐年增多。[3] 这仅仅是地方性的土地状况，就全国而言，土地大多数被地主和富农控制。据国民政府行政院农村复兴委员会在陕、豫、苏、浙、桂、粤六省的调查结果推算："3.5%的地主占有45.8%的耕地，6.4%的富农占有18%的耕地，19.6%的中农占有17.8%的耕地，而70.5%的贫雇农仅占有18.4%的耕地。"[4] 这两份统计说明，民国时期土地制度比较复杂，"产权"归属不清晰，这也成为国民政府历次土地改革失败的主要原因之一。

民国时期农村土地兼并已经相当严重，但大量兼并土地的多系军阀、官僚、豪强、劣绅，他们很少能转变为农业的经营者。他们往往采取数百年来的一贯的做法：采用租佃制度。大量土地集中在少数人手中，但土地的使用却极度分散，科学、规模的农业发展滞后，小农经济得以继续。民国时期最具典型的土地制度就是租佃制度，其土地关系的主要特征为[5]：

---

[1] 费孝通：《江村经济——中国农民的生活》，200页，南京，江苏人民出版社，1986。
[2] 公常土地是民国时期农村的公共土地制度，包括祠田、祀田、学田、桥会田、水龙会田等。公常田与官田、私田构成农村三大土地占有方式。
[3] 朱海、盛秀泉：《义乌市土地志》，9页，浙江省义乌市地方志办公室编，2007。
[4] 薛暮桥：《中国农村经济常识》，25页，上海，新知书店，1937。
[5] 薛暮桥：《中国土地问题和土地政策研究》，见《解放前的中国农村》（第二辑），326～327页，北京，中国展望出版社，1987。

（1）地主阶级几乎占有了全国土地的半数，而且他们所占有的大多是较肥沃的土地。根据我们过去所得许多调查统计材料估计，地主所占有的土地，大约占全部土地的40%～50%。在华南较肥沃的水田区域，地主大约占有全部土地的50%～70%，而在华北较贫瘠的旱地区域，地主仅占全部土地的20%～40%。任何地方，地主所占有的常是较肥沃的土地。如按产量来计，地主占有的土地可说已达到半数甚至半数以上。

据陈翰笙对1925年吉林、黑龙江70万家土地分配情况进行了调查，见表4-2。

表4-2 1925年吉林、黑龙江70万家土地分配

类别	农家百分比/%	土地百分比/%
地主及富农	14.3	52.0
中农	42.8	39.0
贫农	42.9	9.0
总计	100.0	100.0

匈牙利人马季亚尔（L. Magyar）对广东土地分配情况曾有过估计。虽然后人对其数据真实性有质疑，但却大致能反映当时广东农村的土地关系，见表4-3[①]。

表4-3 1933年广东省土地分配表

类别	农家数额/家	农家百分比/%	占有地/亩	土地百分比/%	每家平均地/亩
地主	110 000	2	22 360 000	52	203.3
富农	220 000	4	5 460 000	13	24.8
中农	1 090 000	20	6 550 000	16	6.0
贫农及雇农	4 040 000	74	8 080 000	19	2.0
总计	5 460 000	100	42 450 000	100	7.77

（2）地主把大部分的土地分割开来租给贫苦农民耕种。但是，在世界其他国家，地主占有多量土地，并不必然伴随封建的佃农租耕的生产方式。像德国的大地主，虽然同样占有很多土地，但他们大部分土地并不出租，而是购买机器、化学肥料，雇用大批农业工人，自己经营，这是资本主义的经营方式。英国大地主占有的土地更多，他们同样出租土地，但不是分割租给贫苦农民，而是整批租给农业资本家耕种。这些农业资本家同样购买机器、化学肥料，雇用大批农业工人，进行大规模资本主义生产。

（3）地主出租土地后，向农民征收苛重的地租。就全国范围而论，地主所收地租约占农民全部农产额的半数；在南部最富庶的区域，地租往往占全部农产额的60%～70%。很多农民交租后，剩下来的已经不够维持一家最低生活水平，这显然不

---

① 陈翰笙：《现代中国的土地问题》，见《解放前的中国农村》（第二辑），80～85页，北京，中国展望出版社，1987。

是资本主义的地租（剩余价值除平均利润后的余额，亦即超额利润），而是封建性的地租（等于全部剩余价值）。

在大多数地区，农民除交纳地租以外，还有许多额外负担，如被迫替地主做工（从生产劳动到家庭服役），或给地主送礼（年鸡年肉以及时鲜瓜果等）。这一切封建制度的残余，都充分证明民国时期中国的土地关系，不是资本主义的土地所有制度占优势，而是封建的土地所有制度占优势。

中国农业的特点是小农经营。① 关于小农经营方式的形成，不同学者从不同角度做了相关探讨，有学者认为广大农村地区小农经营方式的形成归根于土地私有制度下的多子继承遗产制度。一块一定面积的土地因为土地所有者丧失劳动能力或离世，土地所有权分属所有子女，以至于土地面积越分越小，长此以往，土地经营愈发分散。这种认知源于不加任何外力影响的自给自足的自然经济模式。然而，民国时期，国家内忧外患，封建经济濒临破产，这种论断显然有其先天不足的缺陷。形成中国农业小农经营方式的根本原因不在于土地的遗产制度。外国资本对中国传统农村经济的入侵导致农产品价格低廉，然而农业所需物价却飞涨，再加之封建官僚统治造成繁重的苛捐杂税，以及在广大农村地区存在已久的高利贷剥削，这些因素随时都可能让农民失去土地，最终落入高利贷者手中。随着农村剥削加重、土地集中，耕地面积越来越分散，小农经营随即普遍开来。随着失地农民的增多，小农日渐转换为佃农。在土地总面积不变的境况下，佃农的土地必定日趋缩小，这样小农经营成了我国广大农村地区的普遍现象。

从卜凯（J.L.Buck）对我国盐山与芜湖的调查资料可以看出，当时小农经营模式存在以下几个弊端：

（1）在小农经营模式中，小农体力消耗强度比大农大，小农劳动效率比大农低。根据卜凯在芜湖的调查报告："大农场男工之效率，等于小农场男工效率之二倍。于十亩或十亩以下之农场中，每人仅做五亩。而于三十一亩或三十一亩以上之农场中，则每人做十亩。"在盐山，"大农场中之工人等数，较小农场者约高三倍。大农场中每人耕作之地亩，较小农场约高两倍有零。……大农场每人之人工单位，亦较小农场高两倍……大农场中人工之效率，殆二倍于小农场中"。见表4-4。

---

① 冯和法：《中国的农业经营》，见《解放前的中国农村》（第二辑），548页，北京，中国展望出版社，1987。

表 4-4　小农经营模式劳力效率比较

		10 亩以下	11~20 亩	21~30 亩	31 亩以上
芜湖	每人工作量	53.1	77.5	88.9	110.0
	男工工作量	5.3	7.3	8.1	10.0
盐山	每人土地量	13.6	17.9	23.6	29.2
	每户工作量	49.8	93.3	146.6	287.5

（2）小农经营排斥农具的合理利用，土地越小，农具费用越大，使用效率越低。芜湖的调研发现："较大之农场，每物亩之投资，必小于小农场。"在芜湖"农具备之用于大农场者，其效率约等于小农场者之二倍。于十亩及十亩以下之农场，用价值二十元之农具设备，可做四亩，而于三十一亩及三十一亩以上之农场，则用同一价值之备，可做七点一亩。"芜湖各农场农具的费用及效率，如表 4-5 所示。

表 4-5　芜湖各农场农具的费用及效率

	10 亩以下	11~20 亩	21~30 亩	31 亩以上
价值 20 元农具设备在各组中所能耕种亩数 / 亩	4.00	5.20	3.30	7.10
每一亩所摊得之农具设备价值 / 元	4.59	3.85	3.16	2.81

（3）小农经营模式对于工资的耗费，也较大农经营模式要多。如表 4-6 所示，在芜湖 10 亩以下的农场，平均工资需要 14.4 元，31 亩以上的农场工资支出仅为前者的 1/2。盐山也存在同样的现象。

表 4-6　不同面积农场工资　　　　　　　　　单位：元

	10 亩以下	11~20 亩	21~30 亩	31 亩以上
芜湖	14.4	10.31	8.86	7.35
盐山	2.22	1.70	1.40	1.17

（4）小农经营模式下农民工资报酬减少，其土地越小，农民劳动收入越低。在盐山，"平均场主之工价，大农场较小农场约高两倍半。且在大农场组中，其场主得到五十元以上之场主工价者，较小农场组中约多六倍"。盐山农场面积之大小与场主工价及每人工作报酬之关系，如表 4-7 所示。

表 4-7　盐山农场面积与农民报酬关系

	10 亩以下	11~20 亩	21~30 亩	31 亩以上
农户收入 50 元以上所占比例 /%	9.10	27.10	41.20	50.00
平均农户所得工作报酬 / 元	23.07	38.03	38.72	58.54
平均农民所得工作报酬 / 元	33.73	40.43	40.27	47.90

民国时期，资本主义生产方式虽在中国广大农村并未普及，但小农经营模式却出现事实上的"被驱逐"。西方帝国主义列强与本国封建势力的高压，商业资本与高利贷资本的榨取，小农经营已举步维艰。

三、农民的流动与困境

中国近代农村经济的主要特征是发展"非均衡化"与"不平衡"。"如果把鸦片战争前的中国农村经济当作一个旧平衡，这种平衡已被宏观社会经济条件的巨变所打破。然而中国农村经济在经历了'非均衡化'的过程后，并没有达到一个'新的平衡'。一直到1949年中华人民共和国建立前，中国农村经济始终处于一种'不平衡'的状态中。"[1] 近代中国农村经济受到国内资本主义、国外帝国主义以及封建高利贷制度的破坏，农民的收入与农民的生活质量不断降低。有学者指出，直到20世纪中叶，中国的农业依然是"糊口"农业。一份当时湖北地区农民生活状况的调查报告说："应城县之清水湖村'全无耕畜的农家，在1923年仅为8%，1928年增至25%，到现在（1933年），大半农户缺乏耕畜。"另外，"银价日高，铜币贬值，更促使农产品价格下跌和生活费用上涨。1924年随县谷每石10.66元，米每斗2元，麦每石18.6元，到1936年，谷每石跌至5.8元，米每斗1.2元，麦每担5.8元。而同期，日用品价格暴涨，盐每斤由1.3角涨至2.06角，煤油每斤由1.6角涨至2角。农民生活条件日益恶化，收支不敷，负债累累"。[2] 一份关于广西12个县780户农村家庭的研究表明，农户的食品消费支出占家庭总消费支出的68.8%，属于恩格尔系数所指的绝对贫困型。另一份广西农民生活的官方报告也说："民国二十三年广西民政厅视察员有一段报告，该报告说：'龙胜、中渡、镇边、向都等县的农民，每日所食多为杂粮（如包粟、红薯、荞麦等），仅为充饥，而且衣裳褴褛，不足御寒，居室矮陋，仅避风雨，生活贫困，达至极点'。"[3] 通过以上例证可以看出，中国农民生活困苦是不争的事实。

从国家宏观统计层面看，民国时期农村经济在某些阶段呈现增长趋势，农村经济"增长论"顺理成章。史学界把1927—1937年称为民国时期的"黄金十年"，这一阶段农村经济得到了一定的发展。据相关统计显示，1926—1936年我国的国民经济增长

---

① 张丽：《关于中国近代农村经济的探讨》，载《中国农史》，1999（2），3～10页。
② 陈钧：《近代湖北农村危机评述》，载《湖北大学学报（社会科学版）》，1988（2），14～19页。
③ 陈咸鹏：《广西土地问题》，载《广西建设研究》，1934，2（5）。

率达 8.4%，为旧中国最高。① 同时，农村经济也得到了相应的发展。1911—1936 年中国农业增加值增长率为 24.6%，年均增长 0.9%（见表 4-8），在 100 多年的统计中，属于增长较快的时期。国家粮食总产量 1936 年也达到了阶段峰值的 277 400 万市担（见表 4-9）。

表 4-8　1911—1949 年中国农业增长率

年　份	1911—1936	1937—1946	1947—1949
增长率 /%	24.6	−19.3	−16.6
年均增长率 /%	0.9	−2.1	−5.9

表 4-9　1840—1936 年中国粮食总产量与人均占有量

年　份	粮食总产量 / 万担	人口 / 万	人均占有量 / 市斤
1840	216 800	40 000	542
1894	235 700	43 500	542
1933	272 962	49 000	557
1936	277 400	50 000	555

资料来源：莫日达：《1840—1949 年中国的农业增加值》，载《财经问题研究》，2000（1）。

从表 4-9 可以看出，1936 年以前的民国时期，全国人口与粮食产量是同步增长的。1937 年，日本对华侵略全面开始，中国经济发展举步维艰，农村经济也深受破坏。国外商品的输入，打破了传统的农业经济，生活生产物资物价上涨幅度远超农产品增长幅度，农民生活入不敷出。军阀混战及水旱灾害，使农民困苦失业沦为流民，农村中"中上之户，饭皆粗粝；中下之户，则皆揉糠和菜为食。丰年粮尚不足，一遇凶年，恐慌之至，则树叶、草根亦以充饥"。② 封建土地所有制造成的土地分配不均以及封建剥削制度的压迫，使得广大农民生活更加困苦。

民国以来，一方面，外国资本主义对中国的资源掠夺和市场开拓不断加强，相应的城市工业化也得以初步发展，加之以小农经济为基础的家庭手工业的瓦解，农村中自给自足的自然经济解体；另一方面，军阀混战、自然灾害、土匪横行、政府无能，这些因素加剧了农村的灾难。成千上万的农民不得不离开家乡，成为流民垦荒边疆，流往海外，涌向城市。农民背井离乡就是农村劳动力的流失，据考察，1925—1927 年经过大连的移民性别结构中，80% 以上是男子，20～40 岁的占 75%。③ 可见农村劳动

---

① 孙健：《中国经济通史》，1074 页，北京，中国人民大学出版社，1999。
② 《望都县志》（二），596 页，台北，台湾成文出版社，1968。
③ 何廉：《东北三省之内地移民研究》，载《经济统计季刊》，1932（1）。

力流失已成为一个严重的社会问题。

劳动力的流动是经济社会得以发展的必要前提，没有一定数量的劳动力流动，社会经济生产难以维系。历史上因为各种因素，人口流动屡见不鲜，这其中的主体往往是农民。但像民国时期农民非主动意愿的离乡现象并不多见。中国近代的农民流动，从清末到中华人民共和国建立前，表现为一种逐渐加强的趋势，其中，虽有某些年份有所减缓，但总体趋势是数量越来越多，范围越来越广。

民国时期，农村流动人口的数量与规模到底有多大，现在已无法做出准确计算，但可以通过相关人口数据的变化做简单的估算。对20世纪30年代中国农民离村率的统计如表4-10所示。

表4-10 1931—1933年中国农村离村率统计

省　份	全家离村之农户		有青年男女离村之农户	
	家数/家	占总农户比/%	家数/家	占总农户比/%
察哈尔	18 924	8.2	17 038	7.4
绥　远	18 198	9.8	20 802	11.2
宁　夏	999	2.7	892	2.3
青　海	2 983	6.4	4 027	8.6
甘　肃	41 875	10.5	41 181	10.3
陕　西	61 825	7.2	65 761	7.6
山　西	20 852	1.4	50 927	3.5
河　北	117 559	3.0	331 264	8.5
山　东	196 317	3.8	410 385	7.9
江　苏	189 118	4.3	489 327	11.2
安　徽	144 649	7.0	219 424	10.6
河　南	172 801	3.9	267 059	6.1
湖　北	220 977	10.2	264 254	12.2
四　川	154 837	6.0	295 890	11.4
云　南	17 251	3.2	40 770	7.6
贵　州	52 141	12.2	71 126	16.6
湖　南	147 511	8.0	252 521	10.8
江　西	95 853	6.7	141 848	10.0
浙　江	73 444	2.7	150 886	5.5
福　建	77 267	7.5	80 215	7.8
广　东	83 830	3.4	261 252	10.5
广　西	11 535	1.4	48 563	5.8
总　计	1 920 746	4.8	3 525 412	8.9

数据来源：《农情报告》，1936，4（7），173页。

从表4-10可见，1931—1933年全国22个省份1 001县全家离村的农户共计1 920 746家，占报告总数的4.8%；有青年男女离村的农户数为3 525 412家，占报告总数的8.9%。根据以上统计，若全国家庭平均人口数为5人，有9 603 730人全家离村，若每户离村中青年男女数为1人，有3 525 349人青年男女离村，两者相加人数远超1 000万。统计中未提及东北、西藏、新疆等地，但此数据足以说明，民国时期农民离村人数规模相当庞大。

农民离乡后的去向很多，归结起来大致可以分为以下四种：流徙于农村之间；流入城镇；流徙于城乡之间；流往外洋。① 其中以后三类为多，具有典型的民国时期的人口流动特征。

民国时期，流徙于农村之间的农民主要迁移方向以东北地区为主。1912—1923年，东北移民总数约为360万；1924—1930年，移民规模快速增长，总计达500万。② 从1927年开始，华北地区流向东北的人数，猛增至每年100多万人，持续3年之久。③ "流亡东北百名难民中，85人志在农业，为工者占10%。在奉省之难民，据省署调查，谓十分之六被人雇佣垦地，十分之三自领官地垦荒，其余十分之一为工人。"④

流民迁移与民国政府的移民垦荒政策有很大的关系。民国时期政府推出一系列招垦及鼓励移民的法规条例，例如国民政府的《国有荒地承垦条例》《边荒承垦条例》，东北地区的《黑龙江清丈兼招垦章程》《吉林全省放荒规则》《绥远清理地亩章程》《辽宁移民垦荒大纲》《奉天试办山荒章程》等。西北地区设立甘边宁海垦务总局，分垦地为十区，协调西北地区垦荒事宜。时任建设委员会委员长张人杰制订《西北建设计划》，划定新疆、青海、川边地区为移民殖区。这些招垦措施对于移民运动无疑会起到有力的推动作用。此外，民国时期自然灾害与战乱导致难民潮形成，土地兼并致使大量农民失去土地，人口增多导致土地不能满足生存需求等，这些都成为农村人口流动的原因。

民国时期，新兴的城镇也吸纳了大量背井离乡的农民。以上海为例，1852年上海人口仅有54万，到1949年人口已达540万。而近代上海的出生率极低。据统计，1936年上海公共租界的出生率为20‰左右，而同时期全国的出生率约为30‰，可见，上海人口的快速增长源于外来人口的大量涌入。学者邓云特指出："南京之人口在民国初年仅有27万弱，今（1936年）则增至100万人；北平人口在民国初仅约80万，

---

① 李凤琴：《20世纪二三十年代中国北方十省农民离村问题研究——以华北地区山东、山西、河南、河北为重点》，载《中国历史地理论丛》，2004（2），111~114页。
② 石方：《中国人口迁移史稿》，410、411页，哈尔滨，黑龙江人民出版社，1990。
③ 《东北年鉴》，1720页，沈阳，东北文化社，1931。
④ 章有义：《中国近代农业史资料》（第二辑），263页，北京，生活·读书·新知三联书店，1957。

今已增至160万；天津人口在民国初亦仅约75万，今则增至110万；广州人口在民国初仅80万左右，今亦增至100余万。我国都市人口，死亡率常超过生殖率，此巨量之增加，其主要原因，显非由于自然之增殖，而系由于农村逃荒人口之移集。"①另据统计，1930年，仅各资本主义国家对中国的直接投资，便已比1914年增长了近45.8%，由2 255亿美元增至3 287亿美元，平均每年增长64.5亿美元，而1930—1936年，每年以133亿美元的速度增长，6年共增798亿美元，比1930年增长了24.3%。官僚资本也得到膨胀，四大家族在四川的工厂原在抗战前的1936年只有583家、工人1.87万人，而到1946年仅成、渝两地，工厂便达数千家，工人15.4万人。②这些众多的工厂，加上民族工业厂矿，无疑吸纳了大量农民。

自然灾害是促成农民大量成为流民的又一重要因素。相比经济发展与政策引导引起的人口流动，自然灾害导致的人口流动无论是规模还是持续时间都可称最。民国38年的历史可以说是一部灾荒史，灾荒频发、受灾地区广、波及人口多是这一时期灾荒的典型特征。据邓云特先生的统计，自民国元年至民国二十六年这一段历史时期中，较大的自然灾害就有77次之多，即水灾24次，旱灾14次，地震10次，蝗灾9次，风灾6次，疫灾6次，雹灾4次，歉饥2次，霜雪之灾2次。而且各种灾害大都是同时并发。③从受灾面积看，1912—1948年，除新疆、内蒙古及西藏外，全国总共有16 698个县级行政区发生至少一种灾害，平均每年有451县发生自然灾害，全国每年约有四分之一的国土笼罩在各种自然灾害的阴霾之下。1928年全国受灾地区高达1 029个县，1929年为1 051个县，全国约二分之一国土受灾。④范围之广、损失之重，历代罕见。从受灾人口看，民国时期12次洪水形成的灾民就达1.3亿多。1915年珠江大水受灾人口600万，1917—1918年海河大水受灾人口635万，1921年淮河大水受灾人口766万，1930年辽河洪水受灾人口240万，1931年江淮大水受灾人口5 311万，1932年松花江洪水受灾人口70万，1933年黄河洪水受灾人口364万，1935年长江、黄河洪水受灾人口2 192万，1938—1947年黄河花园口决口受灾人口1 250万，1939年海河大水受灾人口886万，1947年珠江洪水受灾人口726万，1949年珠江洪水受灾人口370万。⑤流亡或逃亡成为这些受灾人口的唯一选择，或流向城市，或流向边疆，或流往海外。大批灾民因此家破人亡、无家可归，最终走上背井离乡的谋生之路。

---

① 邓云特：《中国救荒史》，132、133页，上海，上海书店，1984。
② 彭泽益：《中国近代手工业史资料》，340页，北京，中华书局，1957。
③ 邓云特：《中国救荒史》，40页，上海，上海书店，1984。
④ 夏明方：《民国时期自然灾害与乡村社会》34、35页，北京，中华书局，2000。
⑤ 夏明方：《民国时期自然灾害与乡村社会》，53页，北京，中华书局，2000。

第二节 农产品商品化的"双刃剑"

晚清以来,中国自然经济结构分解的重要表现是农产品商品化的发展。这是城乡手工业遭到破坏和外国资本主义掠夺农产品原料的结果。由于棉纺织手工业与农业的分离和其他手工业的破坏动摇了传统的自然经济的基础,迫使广大农民到市场上购买生产和生活必需品,也参与了某些商品作物的种植和经营,从而扩大了农副产品的商品市场。另外,外国商人在中国市场上出售机制工业品之后,加强了对中国农产品原料的掠夺,用以满足其本国工业的需要。19世纪后期,我国农产品输出的出口总值比重由2.6%上升到15.6%。出口的增长刺激了农产品商品化的发展。农产品商品化的过程,伴随帝国主义掠夺中国农产品原料的加强而发展。①

一、民国时期农产品商品化发展

民国时期的农产品商品化,是晚清的半殖民地畸形商品化的延续和发展。这种商品化无时不受资本主义世界市场的严重影响。② 随着商品化程度的提高,农民收入中现金比重增大,生产资料商品化越发展,农民对市场的依赖度也就越高。农家日用生活资料和生产资料(如肥料、农具等)越来越依赖市场的供给。在农户现金支出中,生产性开支逐渐增多。在商品经济比较发达、专业化程度较高的地区,生产性现金支出尤为显著。在江、浙一带蚕区,蚕农普遍改良蚕种,种桑户与养蚕已有某种程度的分离,不少蚕具也是从市场购买。因此,育蚕的生产性开支在收入中所占份额很大,致使蚕桑经营成为农户很冒市场风险的副业。据1934年中国合众蚕桑改良会葛敬中的估计,江、浙蚕农每担鲜茧的生产费用达20~36元。③

生产材料与销售的市场化充分体现了农产品商品化趋势。民国以后,农民因为交

---

① 龚书铎主编:《中国通史·近代前编(1840—1919)》,上册,2版,469页,上海,上海人民出版社,2013。
② 曹幸穗等:《民国时期的农业》,197页,南京,江苏文史资料编辑部编印,1993。
③ 曹幸穗等:《民国时期的农业》,230页,南京,江苏文史资料编辑部编印,1993。

租完税不得不出卖农产品,青黄不接时又必须买回部分粮食,这些都促进了农产品的商品化。1922—1923年,农产品中有一半是收获后立即出售的。[①] 农业生产专业化和区域化的发展,大大促进了农产品商品化的进程,使传统的自然经济进一步瓦解。北洋政府时期的农业调查报告指出,我国大部分地区的主要农产品都已或多或少地进入商品流通领域,而且农产品商品率已有很大提高。原金陵大学农经系于1921—1925年对安徽、河北、河南、山西、浙江、福建、江苏七省2 866个农户的调查表明,农产物的平均商品率达52.6%。总的趋势是,华东地区农产品商品化程度高于华北地区。在农产品商品化程度较低的情况下,农产品交换的地域范围主要是在近距离的产地市场进行的。随着农产品商品化和近代交通运输业的发展,农产品运销的地域范围也就必然增大。

农产品商品化的发展导致农业生产专门区域的形成。一部分地区以经济作物为主,另一部分地区以粮食作物为主。例如棉花、蚕桑、茶叶、大豆、烟草、水稻、小麦等农业生产专门区域分布在经济发展和交通比较发达的一些省份和地区,这是农产品商品化程度提高的表现。经济作物的种植是为了适应资本主义国际市场的需要,主要分布于自然条件优越并且交通方便的地方——能以最低的运输成本将农产原料运到中心都市或出口海外,于是,自然而然地形成了相对集中的经济作物专业化区域。而这样的专业化区域一旦形成,区内的粮食就不容易做到自给,要从区域外调入。因此又刺激了粮食作物的商品化生产。如此相伴引发、交互促进,到20世纪初期,几乎所有农产品都进入商品市场,改变了我国传统农业经济的固有结构。[②]

一般经济作物种植面积扩大,则商品率提高。例如,据15省100个县的调查,棉田的比重从1904—1910年的11%上升到1914—1919年的14%,同时棉花商品率也相应提高。光绪二十年(1894)棉花出口和国内纱厂购买的棉花有70万担,1923年增为600余万担。其中日、英、美的一些纱厂约占300余万担。烟草也是如此,由于英美烟草公司和日本在湖南、山东等地推广美种烟草,进行收购,烟草的种植也得到发展,并形成一些烟产区。

蚕桑的种植面积在1920年前后达于最盛。到20世纪初,蚕桑业均有迅速发展。1902年的海关报告说,"整个南京栽培着桑树""至少三分之一的人直接或间接以丝业为生"。1926年又有记载,近十数年间,南京城内外桑地扩展,养蚕者约增加了1倍。

---

① 沈元瀚:《简明中国近代农业经济史》,106页,成都,西南财经大学出版社,1987。
② 曹幸穗等:《民国时期的农业》,212页,南京,江苏文史资料编辑部编印,1993。

镇江在民国前"桑树既少，育蚕亦欠讲求"，民国初年始渐种桑。至民国十年后，农民对养蚕表现了"很强烈的兴趣"，农村已大量植桑。武进、无锡一带，"桑树那样多，也都是民国以来种起来的"。广东在1923年桑田面积达到150万亩，江苏无锡1921年桑田占全县土地的30%以上。四川治县从宣统元年（1909）至1919年，桑田面积从2.5万亩扩大到5.5万亩。生丝出口由于受国际市场影响，在20世纪30年代以后开始下降，但出口绝对量仍在增加。宣统二年（1910）为14万担，1919年为16.5万担。[1]

20世纪20年代中叶，中国农产品商品化率接近50%。中国中东部地区的商品化程度高于北部，1921—1925年中东部地区商品化程度平均为62.8%，其中以浙江镇海农产品的商品化率最高，达83.8%，江苏江宁达到73.7%，而北方的地区则较低，为30%~50%。不同农产品、不同产地的商品化程度不尽相同。如东北大豆及制品，1924—1930年平均出口量所占比重为79.27%，而其他作物出口的比重相对较低，玉米为16.49%，谷子为10.81%，而高粱及小麦制品分别只有2.34%和2.46%。据卜凯等对安徽、河北、河南、山西、浙江、福建、江苏7省17处农产品的商品化程度调查，不同农产品的商品化程度差异较大，油菜籽的商品化率高达99.1%，芝麻为78.6%，蔬菜为73.7%。[2]

工业化的发展促进了农业产品结构向商品化方向的发展。20世纪20年代末，农作物种植结构出现经济作物排挤粮食作物的特征，特别是酒料作物、棉花等经济作物种植面积大量增加，而高粱、小麦等作物种植面积所占比重下降。值得注意的是，由于化工染料的引进，蓝靛的种植明显下降。近代以后，华北植棉面积进一步扩大和增产，产品的商品率也在不断提高。据统计，河北的威县、南宫、吴桥等县，年产棉花的60%销售到天津市场，加上本地市场销售部分，棉花商品率在80%左右。冀中、冀东地区各县棉花的外销率都在80%以上。[3]

农垦公司大多是合股创办，资本较雄厚，在经济实力和生产规模上大大超过小农经营，有利于促进技术的提高和商品化的发展。特别是经营植棉、垦殖、蚕桑、树艺、茶叶、畜牧、渔业、粮食、肥料的公司和农场，从其经营的项目内容也可看出主要是从事商品化生产。1922年4月，华洋义赈会设立农利委办会。该会委派经济学者到河北、山东、江苏、浙江、安徽5省进行农村调查，结果一致认为"救灾先须防灾，防灾先须调剂农村金融，裨能恢复元气"，认为实行信用合作社制度是适宜中国农村社会实

---

[1] 龚书铎主编：《中国通史·近代前编（1840—1919）》（上册），上海，上海人民出版社，2013。
[2] 王天伟著：《中国产业发展史纲》，306页，北京，社会科学文献出版社，2012。
[3] 根据河北省实业厅视察处编《河北工商统计》，1931年的数据统计整理。

际状况的。1923年1月,农利委制定《农村信用合作社章程》,开始试办农村信用合作社。同年6月,河北省香河县第一信用合作社宣告成立,这是我国最早成立的农村信用合作社组织。[①] 1923年前在江南农村已经组织的合作社有16所,1923年组织的合作社有4所,正在组织的合作社有3所,成立的合作社社员总数有473人。1924年4月,浙江蚕区由钱惟烈等组建嵊县农工银行,主要经营农家蚕桑放款、茧子抵押放款,并设堆栈,推行动产抵押放款,也兼办储蓄、存款、汇兑、保险及信托业务。1927年国民政府定都南京后,次年便成立了江苏省农民银行。江苏省农民银行的业务经营有明显成效,1933年,农村放款289万余元,1934年增至819万元,1935年为986万元,1936年更增至1554万余元。20世纪30年代,普通商业银行对农村合作事业踊跃投资,成为中国农村合作运动进程中的一个显著特征。新式的农村金融机构发挥了一定的作用,但是很有限。

中国农产品商品化进程同样带有半殖民地性质,这不仅表现在经济作物种植种类的增多和面积的扩大(主要是受外国资本主义需求刺激而发生的),还表现在这些农产品出口数额的大小和价格高低的决定权,都操于列强手中,农产品种植的盛衰和农户的生计,亦受外国资本主义的左右。[②] 同时,中国农产品商品化是在帝国主义垄断资本和买办商业资本支配下的小商品生产。促进中国农产品商品化的主要原因是来自帝国主义对中国原料需要的增长,资本主义世界市场景气如何,对农产品需求的大小,都直接影响中国农业生产的兴衰。这一时期获得较大发展的几种经济作物,都是国际市场上畅销一时的农产品,例如茶叶、棉花、生丝等。同时,由于帝国主义对中国大量倾销剩余农产品,使中国农产品价格猛跌,严重破坏了中国的农村经济。

二、民国时期农产品商品化的利弊

1933年中国农村经济研究会成员冯和法发表《中国农民的农产物贸易》,认为农产品商品化是中国农村资本主义化的结果。他说:"随着资本主义的势力在农村中发展,这种自足自给的程度即日就衰弱。因农民经济情形的日劣、苛捐杂税的增加、高利厚租的驱迫,农民所生产的农产物即不得不把全部或一大部分提供于市场,加入商品的行程。其他方面,国际资本主义国家过剩商品的侵入,及国内资本主义生产

[①] 昝金生:《民国时期江南农村金融研究》,苏州大学博士学位论文,2011。
[②] 戴鞍钢:《发展与落差——近代中国东西部经济发展进程比较研究:1840—1949》,82页,上海,复旦大学出版社,2006。

方法的发生,促使农村家庭手工业的衰落,使农民的日用品不得不取给于市场。于是,农民的农产物贸易问题遂成为决定农民经济生活,甚至国民经济的重要原素之一。"① 1933年,章乃器发表《崩溃中的中国经济社会》,认为农产品商品化与中国农村的破产有密切关系。由于中国经济已卷入世界资本主义市场,大量外国商品倾销,不但使"农村中固有的手工业消灭",而且"使国内农产物跌价,而造成严重的'谷贱伤农'的状态,以工业品的倾销增加农民的支出,再以农产品的倾销减少农民的收入,这是对于农民的'双斧伐树'式的剥削"。②

农产品商品化的趋势加重了农民的经济负担,他们不但要遭受封建地主和历届政府的地租、赋税剥削,而且在出售农产品的过程中还要遭受地主、商人、高利贷者、外国资本家、中国产业资本家的盘剥。农产品商品化后,进入市场的农产品越多,农民受工农产品剪刀差和城乡地区差的剥削就越重。1940年,中国农村经济研究会成员徐雪寒在《论当前工农业产品价格剪刀差》中指出,剪刀差问题的日益严重和农村商品化程度的不断加深有关。"衣服、煤油、火柴、染料、铁器铁钉、盐等,在已经相当商品化的中国农村中,农民是非买不可的东西,中国农民无论如何可以节约,可以节省购用高价的工业生产品,但时到如今,农村经济的自给自足已被破坏,节约只能是数量的减少,已经非用城市工业产品不可了。"徐雪寒指出,"农产品价格和工业品价格剪刀式的差度愈大,对于农业经济会有巨大的影响,因之对于整个国民经济也会有巨大的影响。"这些影响主要表现在:一是农村和城市进行一种严重的不等价交换,必然会造成农业生产力的减退和农村经济的衰退;二是城市与农村交换纽带松懈,使农村减少甚至停止向城市作农工生产品的交换。③

当时的农村属于小农经济,生产规模不大,农产品产量有限,进入市场的农产品不多,因此农民的农产品都是在农村集市或城镇的初级市场上出售的。而在这种初级市场上收购农产品的米行、花行常是地主和高利贷者开设,他们压低收购价格掠夺农民。如1925年时,河南开封地区农民出售花生的价格仅为上海售卖价格的60.9%。1926年,河北束鹿棉农售出棉花的价格也只有天津棉花售价的64.7%。东北大豆按市价计仅有1/3归农民所有。初级市场的商人还利用中国地区经济的不统一、政治上封建割据造成的度量衡不统一,从中榨取农民的农产品价值。如河北正定,花行收购棉花有公秤、行秤两种秤,公秤即1斤准16两,而行秤则无一定的标准,出轻入重,

---

① 叶世昌、施正康:《中国近代市场经济思想》,284页,上海,复旦大学出版社,1998。
② 叶世昌、施正康:《中国近代市场经济思想》,283页,上海,复旦大学出版社,1998。
③ 叶世昌、施正康:《中国近代市场经济思想》,288页,上海,复旦大学出版社,1998。

每100斤常要相差3~5斤之多。种植经济作物需要更多的投资，农民被迫借贷，因而又遭受高利贷的剥削。1927年，有人曾对湖北的棉花交易情况进行调查，农民种植棉花缺乏资金，多要靠借贷经营，而借债利率常为36%，有时高达60%，以6个月为期的贷款还需以不动产作担保。在云南、贵州两省，如农民以现金偿还贷款，利率为30%，若以实物偿还，则利率为40%。昆明地区的利率高达84%，地主常从事高利贷活动。

农产品商品化为农业中资本主义的发展提供了一定的条件。地主阶级有可能进一步提高地租剥削和其他方式剥削的程度，使农民负担更加沉重，农民越来越贫困。他们不仅要受世界资本主义剥削，还要忍受本国资本主义不发展的痛苦。因此，中国农民沦为资本支配下的小商业生产者，但却不是资本主义的商品生产，而是带有浓厚半殖民地性和半封建性的小商品生产，是半殖民地半封建社会农产品商品化的独特现象。[1] 中国民族资本主义经济的发展，尤其是轻工业的发展，主要在19世纪末以后。这些工厂主常在原料产地设庄收购，运用种种手段直接剥削农民。首先是压价收购，如1908年，上海各面粉厂订立了《办麦条规》，规定收购价格，并规定各厂收购时只准压低价格，不准提高价格；因而1914—1920年，上海麦价下降了20%，而同期物价却是上升的。一升一降，农民所受的剥削是显然的；另外，还采用压秤、压级等手段盘剥农民。这说明中国民族资本的积累过程也是资本的原始积累过程。[2]

农产品商品化纳入资本主义世界贸易体系。豆类、花生、芝麻等经济作物种植都不同程度地增长。这一时期粮食作物的商品率有所提高。由于一些地区发展为经济作物的专门化种植区域，致使这些地区粮食不能自给，需要外地运进粮食供应。城市的发展，特别是上海、武汉、广州等百万人口以上的大城市兴起，促进了粮食生产商品化的扩大，中国家庭手工业和独立小手工作坊被破坏，农产品商品化规模不断扩大，共同加速了中国自给自足的自然经济解体。[3] 1929年，资本主义世界爆发了严重的经济危机，各国采取高关税和廉价倾销政策，以摆脱危机的困扰。其结果就是加紧对殖民地半殖民地国家的掠夺和剥削。中国首当其冲地成为帝国主义转嫁经济危机的对象。这场经济危机1930年开始影响我国，对我国的农产品出口贸易造成严重摧残，进一步加深了我国农业经济的衰落和破产。

民国初期，我国农产品商品经济有所发展，呈现很大的不平衡性。不同区域、区

---

[1] 沈元瀚：《简明中国近代农业经济史》，111页，成都，西南财经大学出版社，1987。
[2] 贺润坤：《中国经济简史》，270页，西安，西北大学出版社，1995。
[3] 赵士红、杜本礼、刘晖主编：《中国近代经济简史》，72页，北京，九州出版社，2006。

域内不同作物布局、不同农业生产水平，都呈现很大的差异性和多面性。为了满足资本主义列强对轻工原料的需要，我国农业商品化发展是畸形的、扭曲的，发展程度直接受制于国际市场，极易出现剧烈波动。农产品商品化的发展建立在小农经营的基础之上，带有浓厚的封建性小商品生产性质。很多农村商品经济发展程度较低，农村经济生活在许多方面仍保持半自然经济的状态。①

1946年，许涤新在《中国经济的道路》一文中提出，农产品商品化对中国农民是一种无可奈何的选择。"有剩余农产物的人，固然把它们当作商品，拿去出卖；没有剩余农产物的贫农，为了还债，为了纳税，亦不得不剜肉补疮，把自己所需要的粮食拿去出卖，以应'燃眉之急'"。农民不仅出售谷物，还要从市场购入食物和用物。"至于农产物种类的变迁，亦至显然。有许多地方，棉花、烟草、苎麻等原料植物的种植，已经排斥了自足植物如稻麦等栽培"。中国农民已经这样深度依赖市场，但是他们却"没有力量自行推销其所生产的农产物，更没有力量使之直达消费者的市场，因此，农民便不得不在当地，随时把农产物售出了。在这种情况下，根本谈不到选择市场，争取高价或获得良好的出售机会"。②1937年，中国农村经济研究会的薛暮桥在《封建、半封建和资本主义》一文中指出："至于殖民地或半殖民地国家的被迫把农产输出，去满足宗主国的需要，这种现象，是更不能够当作资本主义发展的指标的"。该文进一步指出，中国农业商品化盛行的地区，都是经济相对发达的地区。但是即使在中国这些"农业生产比较进步，商品经济相当发展，同时帝国主义者的主要目的是推销过剩商品的地方"，帝国主义采取的方式也是"半封建的小农经济"。在这种形势下，"虽然商品生产已在农业中间相当发展，农民层的分化也在一天天地显著起来，但是资本主义经营仍极幼稚，半封建的地主经营尤其是农民经营仍然占着绝大的优势"。

第三节　城居地主与乡村财富的转移

地主按其居住和生活所在地，有乡居地主和城居地主之分。居乡地主虽本人不事耕耘，但因久处乡间，熟习农事，比较热心于公益，对佃户之耕作和生活状况也多有

---

① 张鹏：《民初农业政策及效果分析》，河北经贸大学硕士学位论文，2011。
② 叶世昌、施正康：《中国近代市场经济思想》，290页，上海，复旦大学出版社，1998。

关心。城居地主大都在城市另有职业,难以顾及田场管理,对乡间公益事业和佃农疾苦漠不关心,却世代依赖田租,将当地金钱输往城市。他们通常仅于收租时下乡,也有终年不下乡而委派代理人收租者,甚或假手催甲、虐待佃户。

地主离乡进城主要是受农村经济衰败、社会秩序混乱产生的推力和近代工商业与城市发展产生的拉力的共同作用,从其根源上来讲是近代中国半殖民地半封建社会条件下,城乡之间开放与保守、先进与落后二元对立发展格局的必然产物。离村进城后的大多数地主仍是依靠地租剥削生活的封建地主,有些人可能会兼营商业或从事其他职业以弥补地租的不足,城居地主很多身兼地主、商人、官僚、资本家等身份,表现为一种混合的过渡形态。

一、城居地主的出现

近代以来,商业利润的刺激、新学制的确立、自然灾害的频繁、土匪的猖獗、战乱与军队的榨取等诸多因素合力,致使村居地主向城市流动的现象演化为结构性流动。[①] 晚清时期,大多数地主仍然是依靠地租剥削生活的封建地主,而城居地主,也多数是地主、官僚、商人、资本家多位一体,体现一种过渡形态。[②] 镇压太平天国起义,出现了一批因军功而升迁的官僚地主;近代城市的发展、农民战争的冲击和乡村社会的动荡,使有些地主向城市迁移,成为城居地主。地主阶级继续占有大量的土地,并进入了国家政权。地主阶级的变化主要表现在军人地主增加和部分地主向近代工商业资本家转化。

民国以来,尤其是抗日战争以前,地主离开农村到城市居住无论是数量上还是速度上都超过了从前。地主离村进城带走了大量资金,从而造成农村金融枯竭。"地主在乡,则从佃户收得田租,必大部分仍用之于农村,反之,如地主不在,则地主对于佃租之运用,不可能再行之于农村,使其辗转轮回。因此,农村现金由付租之方式而大批流出,以助成农村金融枯竭之状况。"[③] 这种状况的结果是,乡村中,营农地主没落,商人地主增多;乡居地主减少,城居地主增多。军阀、官僚和商人大都居住城镇或外

---

① 安宝:《"不在地主"与城乡关系以租佃关系为视角的个案分析》,载《东北师大学报(哲学社会科学版)》,2011(1),216、217页。
② 杜应娟主编、卢宁副主编:《近现代中国社会简明教程》,13页,广州,暨南大学出版社,2013。
③ 何梦雷:《苏州、无锡、常熟三县租佃制度之调查》,见萧铮主编:《民国二十年代中国大陆土地问题资料》(第63辑),33 238、33 239页,台北,台湾成文出版社,1977。

地，一些居乡地主也因兼营商业、羡慕城镇的舒适生活或因乡村治安恶化，纷纷迁居城镇，这就导致城居地主和不在地主增加，乡居地主减少。江苏苏州、无锡、常熟三地，原来就以城居地主为主，这一时期比重更高，据1934年调查，这三个城市的城居和不在地主相加占地数量的比重，依次达95％、40％和85％。苏北宝应，城居和不在地主占80％，乡居地主只占一小部分，而且，因农村土匪猖獗，剩下的乡居地主也纷纷迁居城镇。湖南醴陵，城居和不在地主的数量也很大，其占地面积超过乡居地主。四川成都、华阳两县，据1938年对1 285户土地所有者的调查，城居和不在地主占60.3％，乡居地主只占39.7％。在温江，外籍军政地主的田产即占全县土地的1/3。云南昆明、马龙、曲靖、沾化、宣威等地的普遍情况是，农村少有地主，但佃农、半佃农比重很高。因地主多在县城经营工商业，乡居地主很少。北方一些地区的城居或不在地主的比重也很高。河南南阳县一区，有百亩以上的地主664户，除134户住在本区乡下外，其余530户均住城内，城居地主占总数79.8％。有的虽然户口比重不高，但占有的土地数量很大。如洛阳从户数看，居外地主只占14％，但占有土地达56％。①

20世纪三四十年代，日本的满铁调查部在中国华北地区调查了河北省顺义县的沙井村、栾城县的寺北村、昌黎县的侯家营、良乡县的吴店和山东省历城县的冷水沟、恩县的后夏寨6个村庄的社会实况。据资料显示，这几个村落社区的租佃关系主要是由各社区居民与城居地主构建而成。江苏、浙江、四川等省近代商品经济发达，城市发展速度迅猛，而且地主城居有很长的历史，比例自然较高、规模也较大。而在云南、陕西、广西等省份近代经济比较落后，大部分县镇为典型的传统农村，虽然比例较低，但也有地主城居的现象出现，则说明近代以来地主城居的状况和规模都在不断地扩大。②

二、民国时期城居地主的经营活动

城居地主的经营方式同乡居地主一样，也主要是将土地出租。但一般来说，他们对佃户生产的干涉较乡居地主要少些。特别是那些本为城市居民，又不以地租为主要生活来源的地主，大多足不涉田畴、面不识佃户，更很少过问佃户生产，只每年收取

---

① 刘克祥、吴太昌主编，刘兰兮等著：《中国近代经济史（1927—1937）》（第二册），688页，北京，人民出版社，2012。
② 黄敏：《近代江南城居地主问题研究》，23页，南京师范大学硕士学位论文，2005。

额租而已。在这种情况下,主佃关系自然要相对松弛一些。① 城居地主,由于离地遥远,土地管理和收租不便,因此常常让渡土地物权给佃农。在江南,城居地主与佃农之间互不相识,地租也通过租栈等中介交纳。

城居地主并未割断与农村的联系。城居地主的部分收入来源于农村地租。此外,城居地主在城市开办工商业的原始资本也来源于农村。地主进城经商、办企业,其原料与商品的来源,以及商品的销售对象,都离不开农村。城居地主与农村有紧密的联系。城居地主定居于远离其土地的城市或外地,或从事工商业。有的是从原乡村迁往城市,他们仍然是地主,常常将城镇工商业中获得的利润投资于土地;有的则是外乡或城市的资本所有者到乡下购买或租佃农地,也是资本流向土地。② 农村土地对城居地主的吸引力是一直存在的。这种资金的回流也是城市和农村之间资金不断流通和循环的重要组成部分。地主移居城镇,促进了城乡经济交流,推动了农产品商品化的进程。地主们常常是携带资本到都市进行投资。他们将部分土地变卖改营商业,把农村原料运往城市,再把城市工业品运回乡下,牟取厚利。

伴随近代城市经济的发展,一些"乡居地主"也向"城居地主"转化。离乡地主携带从土地上积累的财富进入城市,把土地资本转化为工商业资本。这是因为与工商业利润比较,出租土地获得的地租收益大为逊色。据 1923 年调查,上海地区各县土地占有超过 50 亩者人数不多,而且越靠近上海市区其人数则越少。其原因在于,上海发达的工商业与可观的利润,刺激地主把资金投入工商业。据 1912 年统计,苏州典当铺共 50 家,资本额 174 万元;钱庄共 13 家,资本额 21 万元。其中一部分是由"城市地主",即由乡村迁入城市居住或一直居住城中的拥田数百、数千乃至数万亩的地主兼营的。他们还因此成立了农务总会,先后开展了承领荒地、兴办农业试验场、进行农产品调查、改良种子和为第一次南洋劝业会提供参赛展品等活动。1922 年,浙东农村的土地有 25% ~ 33% 属城市工商地主所有。据 20 世纪 30 年代调查,苏州城居地主已占当地地主总数 95%,常熟为 85%,无锡为 40%。在华北地区,也有不少城市工商地主,如山东章丘县孟氏地主,其所开的"祥"字号商店分布在北京、上海、天津、汉口、青岛、烟台、济南等大城市。③ 城居地主对农业的投资开创了全新的农业经营方式,无论生产规模、集资方式、资金投向、生产管理,在中国都是前所未有的,是值

---

① 史志宏:《清代前期的小农经济》,58 页,北京,中国社会科学出版社,1994。
② 龙登高、李伯重:《地权市场与资源配置》,118 页,福州,福建人民出版社,2012。
③ 戴鞍钢:《大变局下的民生·近代中国再认识》,40 页,上海,上海人民出版社,2012。

得肯定的。

进城之后，城居地主的消费增大，基本上都是来自地租，赋税乃至大部分商业利润也是地租的转化形态。地主阶级消费愈多，社会积累就愈少。虽然封建积累大部分并不转化为投资，但社会积累的减少总是要影响经济发展的。另一方面，地主的消费，总要转化为别人的收入。但是，他们把钱花在城里和花在乡间，是大不相同的。试想如果地主在乡间建一所堂皇宅院，农民多少会得到一些工价；如果建在南京，那就是另外一回事了。地主城居，起了抽取农村资金集中到城市的作用，同时，加大了农产品向城市的单向流转，扩大了城乡间的不等价交换，这对农业生产自然是极其不利的。在我国近代史中，曾发生过农村金融枯竭、农村商品入城、农村对城市负债以至农村破产的情况。这有多方面的原因，而城居地主的大量榨取也是重要原因之一。① 地主城居带走了相当数量的现金，造成农户借贷困难，在20世纪30年代前期加剧了农村金融枯竭。

时人评论："乡村中的富有者群纷纷逃难到大城市来，他们来时不是空着手的，而是满载金银财宝，因之银行中的库存就对应着农村金融的涸竭而激急增长。还有一种现象表现在银行的库存之外的，那就是'据最近上海证券交易所经纪人的多方报告，近来散户买卖大形增加，其中主要原因之一就是从乡村中逃来的富户'从事此业。"② 这种金融外流破坏了乡村教育事业，使农业科技知识无法普及推广，农业改良面临难以逾越的障碍。士绅城居使乡村的文化精英流失殆尽，而乡村的新式学堂又没有普遍建立，严重影响了乡村教育事业的发展，以致农民的文化素质依然普遍较低。③

三、城居地主生活与行为的变化

地主由乡村迁入城镇，不仅仅是居住地点的变化，生活的重心和方式都要发生相应的改变。如果说入城之初还可以凭借原有的积蓄以及地租收入过活，假以时日，地主在城镇中的生活费用和家庭开支明显增加，生存的压力必然迫使他们在城市中寻找新的经济来源。④ 乡居地主生活的奢靡不在城居地主之下。1923年山西太谷县

---

① 许涤新、吴承明：《中国资本主义发展史第一卷——中国资本主义的萌芽》，234页，北京，人民出版社，1985。
② 徐畅：《抗战前长江中下游地区地主城居述析》，载《文史哲》，2002（4），158页。
③ 胡茂胜：《晚清至抗战前士绅与江苏农业近代化研究》，188页，南京农业大学博士学位论文，2011。
④ 黄敏：《近代江南城居地主问题研究》，24页，南京师范大学博士学位论文，2005。

曹家居然在其大院"三多堂"安装了一台美国式发电机,三座楼宅大院全部安上电灯,一个乡间大院装上电灯照明,在当时的太谷还是第一家。① 城居地主的生活成本及社交成本都大大高于乡居地主,但城居的地方精英们拥有更大的权威则是通常的事实。

大量地主入城而居造成了农村精英人才的流失。从19世纪中叶开始,富有的地主就纷纷向城市迁徙,随着城市近代工业、文化教育事业的兴起,地主向城市的流动逐渐加剧。近代社会变迁,造成了城乡社会的极大反差,大多数拥有新知识、新文化的农村精英们更倾向于都市化,不愿再回到他们的故乡。近代以来,江南的城居地主们也曾大力推动农村公益事业的发展,除了救贫、育婴、施药、义仓等传统形式之外,还产生了诸如游民习艺所、禁烟所等公益组织。② 近代江南城居地主的工业资本对农业的投资,除了开办新式农垦企业之外,还建立了许多具有资本主义性质的中小型农场。随着对外贸易、国内商业和近代交通运输事业的发展,城市规模扩大、人口增加,江南地区尤甚。因此,城市人口日常生活需要的肉、禽、蛋、乳和蔬菜、水果等物品单靠家庭传统副业供给是远远不够的,一些眼光敏锐的近代城居地主看到了这点,一批以专供城市市场需要为目的的中小型农场就应运而生了,其经营范围主要是特种经济技术和园艺作物的栽培,以及家禽家畜、蜜蜂和淡水鱼等的饲养。③

第四节　工人阶级中的农民工

兼业是指农户同时从事农业和非农业,以弥补单纯农业收入不足或期望获取更高家庭收入的行为。④ 农民兼业主要从事具有商品经济属性活动,因此只有商品市场或劳动力市场发展到一定阶段才能产生。随着民国时期自然经济的瓦解,资本主义经济的发展,男耕女织、自给自足的传统模式已经难以维系农民生活,农民的兼业化倾向日益增强。

---

① 李永福:《清代山西城市发展与社会变迁》,158页,上海,同心出版社,2011。
② 黄敏:《近代江南城居地主问题研究》,66页,南京师范大学博士学位论文,2005。
③ 黄敏:《近代江南城居地主问题研究》,57页,南京师范大学博士学位论文,2005。
④ 池泽新:《农户行为的影响因素、基本特点与制度启示》,载《农业现代化研究》,2003(24),369页。

一、民国时期农民兼业类型

民国时期，受市场发展需求、外国资本侵略及国内经济发展三大因素的推动，农民兼业得以快速发展。黄宗智在《华北的小农经济与社会变迁》一书中提到："华北的小农经济在20世纪三四十年代中经历的商品化程度，至少相当于过去三个世纪。"1939—1940年苏南地区农户的兼业状况见表4-11。

表4-11　1939—1940年苏南6县12村三类农户构成情况

地 名	人均耕地/亩	全村户数	纯农户		兼业农户		非农户	
		户数/户	户数/户	占比/%	户数/户	占比/%	户数/户	占比/%
常熟虞山镇1村	0.93	55	5	9.1	33	60	17	30.9
太仓直塘镇1村	1.74	52	24	46.1	21	40.4	7	13.5
无锡荣巷3村	0.58	80	3	3.8	72	90	5	6.3
嘉定石岗门2村	1.62	89	9	10.1	73	82	7	7.9
松江华阳桥4村	1.91	63	28	44.4	33	52.4	2	3.2
附南通头宗庙村	0.71	94	6	6.4	75	79.8	13	13.8
合计		433	75	17.3	307	70.9	51	11.8

从表4-11中可以看出，苏南地区纯农户在地区中占的比重较低，兼业农户是农村居民的主体，大约占地区农户60%以上。据考证，兼业农户在经营耕地的同时，还从事例如家庭手工纺织、编织、捕鱼、养蚕等副业，有的农民在农闲时还在邻近的工厂务工。

民国时期农民的兼业类型主要有农村养殖业、家庭手工业、农村商业、劳务等。按人员划分可分为专职与兼职。

（一）养殖业

养殖业自古以来就是农村最常见的兼业类型。民国时期的养殖业无论是规模还是效益都有其时代性。农谚有云："七十二行不如养猪喂羊。"据统计，民国三年、民国四年、民国八年山西省牧羊总数为2 663 000头、2 986 000头、3 911 998头。[①] 养羊已经成为当时山西省绝大多数农民兼业类型，对羊皮、羊毛的深加工更增加了农民的收入。据调查，仅山西支社一村，全村80户人家，农闲时几乎家家都有人收购皮毛。

---
① 《改良羊种之逐年推进计划》，载《山西日报》，1919-10-19。

全县至少有1 000多人从事这个行业。① 据史料统计：民国时期福建龙岩县养鸡户数多达21 199户，占总户数的70.85%，有些乡镇90%以上的户数都饲养了鸡。饲养数量列第二位的是猪，全县有近2万个农户都饲养了猪，约占总户数的62.85%。除了梧新乡、溪口乡和龙兴乡的养猪户比例分别30.25%、37.57%和45.31%外，其余各乡均有半数或半数以上的农户饲养了猪，平均每户1.05头。② 农户一般在逢年过节时宰杀，或食或卖。蚕桑养殖是江南地区特有的养殖产业。1913年，苏州所属的昆山、常熟、吴江、吴县共有桑田355 635亩；无锡所属的宜兴、江阴有桑地361 978亩；常州地区的武进、金坛、溧阳等县共有277 484亩，苏、锡、常三个蚕桑区共有桑地995 097亩，约占苏南桑地总面积的99%。整个苏南地区的养蚕农户达32万余户，养蚕人数达118.5万，占总人口的11.5%，制丝农户7万余户，制丝人数达32万，占总人口的6.0%。③ 在无锡养蚕收入已经成为农民的主要经济来源。当时无锡"农家经常收支，恒以熟稻供一年之食，麦熟供农本所费，蚕收供一年衣住别用"④。农民添补生活必需之用，几乎全靠副业收入。

对绝大多数农民来说，从事家庭养殖业不仅能够规避自然灾害给种植业带来的风险，而且还能够带来家庭收入，改善家庭生活条件。在我国广大农村地区，从事养殖业自始至终都是家庭经济的重要组成部分。另外，民国时期商品经济已经席卷农村地区，那些仅靠种地为生的农户很难负担家庭的生计。因此，以养殖业为代表的农民兼业在农村得以快速发展。

（二）家庭手工业

民国时期，以市场为导向的商品化、专业化的乡村手工业得以长足发展，特别是在城镇周围的农村地区，家庭手工业已经成为农民重要的兼业类型。据统计，民国初年，山东潍县东乡饮马村一个拥有土地5亩、织机1台的自耕农，每年谷物收入197.25元，织布收入100元，合计297.25元，织布收入占总收入的34%。⑤ 由于收入可观，即使在农忙时节，农户也不停止或减少生产。当地布匹需求最旺盛的春、夏、秋三季，农民往往牺牲农业经营织布，农业反而变为副业。又如"江苏海门一带，土布可算是农民

---

① 赵政民：《山西文史资料全编》（四），1195页，太原，山西文史资料编辑部编印，1999。
② 林诗旦、屠剑臣：《龙岩之土地问题》，136页，龙岩县政府编印，1935。
③ 周中建：《近代苏南农业内部产业结构调整与农村劳动力转移（1912—1937）》，载《中国农史》，1998（2），86~94页。
④ 徐振新等编：《无锡大观》（第二辑），6页，南京，凤凰出版社，2012。
⑤ 张静：《民国时期乡村手工业转型的扩散效应——以山东潍县为个案》，载《鲁东大学学报（哲学社会科学版）》，2008（3），19页。

的主要工业产品,每年输出的数量,在从前也有百万元左右,自厂布兴盛后,土布的销路一落千丈"。①可见海门一带在机器化生产前家庭纺织业的兴盛。鞭炮是湖南的特色产业,因制造轻便,妇女、儿童、老年都可以参与,且不需要大量资本。据记载,湖南"鞭炮制造之人工方面,从裁纸至结鞭,其中扯筒搓筒插引等容易之工作,多由作坊分发民家,备价包做……其余腰筒上盘钻引孔轧孔颈结鞭,则由作坊专雇工人为之,并限定一个工每日内须完成一万爆竹之工作,否则不给一日工资"。可见鞭炮产业在当地农村已成为重要的兼业类型。1941年,甘肃省银行对西峰镇手工业进行了调查,有6种类型的手工业,包括毛织业、棉织业、金属制品业、木器制造业、砖瓦陶器制造业和皮革业。其中毛织业108家,从业627人,每家5.8人,产品有9个种类;棉织业88家,从业99人,平均每家1.1人,产品有7个品种;金属制造业18家,从业33人,平均每家1.8人;木器制造业29家,从业65人,平均每家2.2人,主要生产大车和木器家具;砖瓦陶器制造业有11家,从业22人,平均每家2人,产品有4种;皮革业有61家,从业193人,产品有5个品种。②虽然当地手工业规模较小,生产能力较低,且大多是自身需要的生活必需品,但从普及程度看,当地农村的家庭手工业已经比较普遍。

综上所述,可以看出,一方面,农村手工业的发展为农民提供了更多兼业机会和兼业条件;另一方面,利用农闲参加手工业的兼业农民又为农村手工业提供了充足而又廉价的劳动力。以市场为导向的农村家庭手工业利用了民国时期近代化、工业化给农村带来的发展机遇,农民兼业支持了自身家庭经济,同时也促进了农村经济发展。

(三)商业贸易

农户经商在民国时期已经是一种普遍现象,小到小商小贩,大到家族经商。民国时期农村地区商业经营方式主要有两种:一种是坐商,一般在市镇设有规模不等的门面;一种是行商,一般为小商小贩,以赶集市、庙会、摊贩或者在乡村走乡串户为主。据记载,福建龙岩地区把集市称为"墟市","此种墟市的产生,完全是农民出卖其农产品,购回其必需品,互通有无,而在农产丰富,交通便利之良好条件下发展形成。故县内之所谓'墟'即系'商人定日集于一地,而于交易完毕散去'之短期市场别

---

① 冯和法:《中国的农业经营》,见《解放前的中国农村》(第二辑),561页,北京,中国展望出版社,1987。
② 甘肃省银行:《甘肃省各县经济概况》,1944。

称"①。据汤露考证,民国龙岩地区农村墟市呈现两大特点:一是墟市数量多,除县城外共有18处农村定期有墟市;二是专业性集市开始出现,例如雁石、苏邦、梅镇、龙门、溪口等地是专门交易纸张的纸市,曹溪等地以牛猪等大宗牲畜交易为主。1930年,一项对140户上海市郊农民兼业调查显示,兼商贩业者共计19户,占总数的12.49%。南京周边农村情况大抵如此。1925—1926年,对南京周边农村江宁县481户农家的调查表明,有137个家庭长期从事经商活动,占有职业家庭数为31.7%。②除了上海、南京周边的农村外,其他城市周边的农村,农民兼业经商现象也有不同程度的存在。1936年统计,甘肃镇原县城及肖金、屯字、平泉、新城、中原、孟坝、马渠等集镇有商户150余家,另有小商贩、串乡货郎200余户。③据1945年统计,庆阳国统区有商铺2 100多家,从业1.2万多人,其中负有名气的商业字号340多家。④各商号经营的商品多系日常生产、生活用品。此外,在商品经济发展较快的农村地区,家族产业也得到了较快的发展。在山东招远县,富有之家多经营粉坊,雇长工3~4人,出售粉丝商品,以粉浆作肥料,粉渣为猪饲料。猪养大后出售,猪粪亦是肥料。由于肥料充足,经营粉坊的人家粉丝产量可比一般人家高1倍以上,农业、畜牧业和手工业之间形成了一种良性循环。这种经营方式带来的经济效益,显然是租佃制度做不到的。⑤可见,较富有家庭的兼业已经有了"集团化发展"的特征。另据记载,1930年,有南汇地方家族创办的大中砖瓦厂,窑址绵延数里,工人多达2 000余人。1945年,奉贤县具有农村家族商业性质的华申纱厂有职工200余人,各种纺纱新设备齐全,产量巨大。

与家庭养殖业和家庭手工业等农村兼业不同,农村商业的发展不仅是农村经济活跃的表现,而且还预示农村商品经济的发展方向,反映了资本主义市场经济在农村的影响力。民国时期,无论是城镇周边,还是边远乡村,农民兼业商业贸易已经较为普遍。但拥有土地并经营家族产业的农民仅限于经济较为发达的城市周边地区。

民国时期的农民兼业类型,除了上述的三类较为普遍外,还有其他各种兼业类型,例如从事劳务、公职等。这些兼业虽不普遍,却具有典型的民国特色。

福建龙岩地区农民兼业有"农工"与"什工"两种劳务类型。农工是劳力过剩的农家,为地主或一些劳力不敷之农家打工,帮助其耕田、养殖。这种兼业多以短工

---

① 林诗旦、屠剑臣:《龙岩之土地问题》,172页,龙岩县政府编印,1943。
② 郑林庄、柯象峰:《实业部中央农业实验所附近二十三村农民职业调查》,载《中国实业》,1937,1(6)。
③ 镇原县志编纂委员会:《镇原县志》(上册),1987。
④ 庆阳地区志编委会:《庆阳地区志》,兰州,兰州大学出版社,1998。
⑤ 史建云:《近代华北平原自耕农初探》,载《中国经济史研究》,1994(1),98页。

为主,时间十分短暂,农工在这一家帮忙之后,又赶到另一家去帮忙,工资多按日计算。根据《龙岩之土地问题》统计,民国三十年间,一些雇主除供给帮工生活资料外,依其担任工作之轻重,可得4~10元。全县从事此项兼业的农户近2万户。① 什工是指一些有特殊技能的农民,在农闲时充当土木工、竹工、缝工、烧石灰工以及商店和工厂的雇工等。这些什工的待遇各不相同,有的雇主供给食宿,也有的仅仅发给工资。"民国三十年间,县内充当什工的农户约有2 000户,每户全年平均收入约有700元"。② 华北地区的农村劳务与福建类似,主要形式为长工与短工。长工亦称"常工"或"长年",雇佣工期以年计算。短工包括月工与日工两种形式,月工亦称"忙月""包月",多在农忙期间雇佣。因农忙季节不同,又有"上忙""下忙"或"春月""秋月"之分。日工又称"散工""忙工""零工""找工",一般以日计算。③ 民国时期,农民从事公职的兼业类型在一些城市周边地区也开始出现。1930年,一项对140户上海市郊的农民兼业调查中发现,兼教员和公职者共计15户,占总数的9.86%。④ 从事公职事务大都是农村中的知识分子,一般可分为乡村教师、机关职员以及乡镇保甲长等类型。1941年,龙岩地区大约有1 000家农户从事与公务有关的事务。从事公务人员的数量在农村中只占有很小的比重,但社会地位与职业收入往往相对较高。

二、民国时期农民兼业的特点

民国时期,广大农村地区伴随资本主义工商业的发展,自给自足的小农经济逐渐发生变化,并成为近代城市工业化的附属。然而由于处在半殖民地半封建的社会形态中,农村经济形态最终没有彻底改变。但是,通过总结它的兴衰,还是可以看到农村副业的盛极一时,可以看到农民兼业的方兴未艾。从农村经济的发展态势和农民兼业的状况看,民国时期农民兼业有以下几个特点。

(一)农民兼业类型多种多样

从上述内容可以看出,农村兼业类型从产业角度划分大致可分为家庭养殖业、家庭手工业、农村商业贸易、劳务、公职等,几乎包括所有农民可以涉及的生产领域。

---

① 汤露:《民国时期龙岩县农户兼业经济考察》,福建师范大学学位论文,2006。
② 同上。
③ 刘克祥:《二十世纪二三十年代中国农业雇佣劳动数量研究》,载《中国经济史研究》,1988(3),103页。
④ 郑林庄、柯象峰:《实业部中央农业实验所附近二十三村农民职业调查》,载《中国实业》,1937(6)。

具体细分行业可谓包罗万象。养殖业中，西北地区是以养羊、养牛为主，东南地区以养鸭、养鸡为主，江南地区以栽桑养蚕业作为农村的重要副业，沿海农民则以养鱼捕鱼作为种植以外的重要经济来源；农村手工业则主要以当地物产为原料的初级产品加工业为主，例如纺纱业、织布业、刺绣业、编织业、造纸业、酿造业、制皮业、鞭炮业、制陶业、木器加工业、金属制造业等；农村商业贸易大多是以小商小贩为主，从事行业更是五花八门，在此不再赘述。

农民参加公职往往可分为四种类型：农村教师、机关职员、乡镇保甲长以及从军。从兼业的时间长短划分可分为长工和短工。长工指与雇佣方达成协议，长期（往往以年计算）从事某项劳动的农民兼业类型；短工则主要是以农闲时节从事某项劳动的兼业类型。此外，从农民从事行业的性质又可以划分为农业与非农业类型。造成农民兼业类型多样的原因很多，农业部门的技术门槛低是主要原因之一。农民兼业的往往是劳动密集型的产业，对技术要求不高。此外，季节性强、劳动力供应变化快也是农民兼业类型多的原因，这一因素制约了农村的副业不可能取代种植业，中国农村经济也不可能走欧美工业化初期发展模式。

（二）农民兼业的基础仍然是自然经济

随着资本主义商品经济的发展，自然经济日趋瓦解，农村家庭副业日益丧失其独立性和分散性，产品也已经普遍商品化，但在种植、饲养、捕捞、采集等方面，还是保留传统形式的家庭副业。其特点是通过独立的、分散的劳动，生产用于日常消费的生活资料，或利用自然物产创造使用价值。例如农户的养猪养鸡，种植蔬菜瓜豆，栽培果树等。这类副业的市场形式一般为肩挑手提投诸集市，或交售给商业货栈。此外，一些直接为消费者服务的缝纫、弹花、棕绷、竹木制作等农村小手工业，也是手工业同农业在自然经济基础上的结合。河南通许县资料表明，兼业手工业的农民为数不少，占农民总数的20%。广东顺德县兼营手工业的农民不少于20%。外国资本主义入侵以后，中国农民原有的副业被掠夺了，许多农民进城当苦工，把苦工当成正业，将耕作变为副业，把土地交给妻子、儿女、父母耕作，由传统的兼业农民变为近代兼业农民。[①]

民国时期绝大部分农户仍然采取个体家庭经营的方式，只有一小部分是经营规模不等的资本主义农场。兼业农民基本上"离农不离村"，为增加收入而就地受雇于加工制造业部门，是半农半工的劳动者。兼业农民的大量增加，一方面，使广大农民的

---

① 秦兴洪、廖树芳、武岩：《中国农民的变迁》，171页，广州，广东人民出版社，1999。

生活来源越来越依赖于非农业收入；另一方面，又使农村劳动力趋于老年化和女性化，青壮年劳动力大量减少。农民兼业类型主要集中在家庭副业，如家庭手工棉纺织之所以成为农家经济中最主要的副业生产，其重要原因就是它的经济收益高。如前所述，上海、南京等地周边农村农家成员的大量外出兼业，原因也在于此。其次，沿江城市的周边农村，土地占有情况复杂，土地经营极为零碎，特别是近郊农村，每家农户耕作的土地数量更少，无论是自耕农、半自耕农，还是佃农，几乎都不可能仅靠耕种的土地以及单纯的农业生产维持自身生活。

第一节 帝国主义列强转嫁经济危机对乡村的冲击
第二节 民国时期关于农村破产的大辩论
第三节 民国时期的乡村建设实验

第五章 乡村危机与乡村建设运动

民国时期的乡村建设运动，缘起于20世纪20年代末的一场关于中国社会性质和中国农村性质的大论战。论战提出了"半殖民地半封建社会"的判断，引申出中国农村社会贫穷落后的原因，由此进一步提出改造农村落后现状的目标、途径和办法。一批爱国知识分子开始深入农村、深入民众，躬身开展救治农村的建设实践。作为以改造乡村社会为直接目标的社会运动，它的发生又与当时知识界对中国社会的思考有密切的关联。[1]

第一节 帝国主义列强转嫁经济危机对乡村的冲击

一、20世纪初的乡村衰落

20世纪二三十年代，中国乡村社会呈现全面颓废态势。乡村经济破产，基层社会整合失序，乡村文化调节功能弱化，整个乡村陷入社会生态全面危机之中。其波及面之大、影响程度之深、持续时间之长，几致乡村社会陷入恶性循环的旋涡之中。

（一）自然经济开始解体

鸦片战争后，原先自给自足的自然经济秩序被西方国家打破。以英国为首的资本主义国家加紧商品输出，中国手工棉纺织业的衰败，标志着自然经济开始解体。第二次鸦片战争后列强依赖夺取的更多的特权，加紧对中国商品输出，并打入内地市场，自然经济解体的速度进一步加快，逐渐使中国成为世界资本主义的经济附庸。但中国

---

[1] 徐秀丽：《民国时期的乡村建设运动》，载《安徽史学》，2006（4），69~80页。

广大地区依然是以小农经济为主,正如陶直夫在1935年所说:"资本主义入侵并没有改变中国的农业国性质。一世纪以来列强资本的入侵,以及二十多年来国内民族工业相当的发展,都没有变更这个事实。这是因为:第一,列强资本之在中国,其唯一的任务是在奴役中国大众,取得最大利润,而绝不是使中国的人民也沾到所谓近代资本主义产业的恩泽。第二,列强资本与中国民族资本的矛盾,以及列强资本在此矛盾之中占到绝对的优势,使国内民族工业非但不能长足发展,甚至还备受摧毁。"①

正是在这种背景下,国内农产品的竞争、市场及社会的极度不稳定,使得扩大商品经营规模的风险极大,出租土地稳收地租最为可靠。所以,地主虽集中了全国50%的土地,但经营性地主并不多见。富农虽也占有20%左右的土地,大多数也是坐收地租。资本主义商品生产在鸦片战争之后的100年里,除了城市及其周围的小片农村之外,在中国广大农村并没有发展起来。因而,自然经济虽开始解体,但并没有根本改变。根据美国德·希·珀金斯教授的估算,直到20世纪初,中国的农产品贸易总额(包括出口)仅只有将近10亿两银子,约占当时农产品总产值的20%。其中,农村地方出产的农产品向国内和国外市场的运销额,总计只有4亿~5亿两银子,占农产品总值的7%~8%。这种低微的农产品商品率,说明中国农村从总体来看,依然还是一个自然经济的王国。

(二)宗法血缘体系在广大农村依然占主导地位

中国传统宗族组织的形式在农村并未发生改变,许多个体家庭聚族而居或者一个大家族累世同居共产,有严密的组织系统,严格的处理族众关系的管理规范,实行族长族权的统治,同时都以祠堂、家谱和族规为主要特征。另外,宗族血缘关系、宗法观念、宗族意识依然根深蒂固地存在于人们的头脑中,这种自成体系且具有约束力的内生力量已经渗入民族文化之中,短时间内不可能冲破。从20世纪之初到20世纪30年代的三十多年时间,城市人口所占比重仅提高1.5个百分点。而在大西南的内陆偏远地区,城市化进展更慢、起点更低。长江流域及沿海较发达的省份,起点虽较高,但进展也不大。由于都市工业化进展迟滞,当时估计有3 000多万剩余劳力滞留在贫困农村之中。这种情况,一方面说明当时人口流动极少,宗法体系在农村依然存在;另一方面还说明这种超廉价的劳力为超经济剥削提供基础,出租土地收取地租较之投资经营资本主义农场大为有利,从而成为阻碍农业资本主义发展的重要原因之一。这又反过来进一步加固了宗法关系和自然经济。

---

① 夏振坤:《解放前中国农村发展的历史轨迹》,载《社会科学家》,1991(12),70~74页。

（三）封闭隔绝状态在宏观上被打破了，但在微观上仍顽强地固守下来

帝国主义的坚船利炮轰开了中国的国门，从宏观上说中国再也不可能"闭关锁国"了。到20世纪初，"通商口岸"前后共开辟40个之多，但几乎全部属于沿海、沿长江的城市（哈尔滨和瑷珲例外），广大的内陆地区大体上还是处于封闭或半封闭状态。

经济上的地域封闭性，可从对外贸易所占份额窥见一斑。对外贸易所占份额是国家开放程度的重要经济标志之一。在现代经济中，商品性的农产品一般都不是农民为了自己消费而生产的产品。即使如此，除了茶丝之外，出口率都极低。这说明在这些产品中，相当大一部分是被农户自身生活消费或城乡的手工业所消耗。由此可以看出当时地域的封闭性。[1] 另外，1925—1932年8年对外贸易情况是，"除民国十四年外，入超数额，都是逐年递增。到了民国十五年，输出数额，仅约及前年之半数，同时入超数额达五万万五千六百余万两，冲破以前纪录"。"年来输入货物，饮食品几占百分之三十，而输出品中原料一项，大为减少，计民国十五年数额不及民国十四年的半数。以农业国家而有此种现象，农村安得不趋于崩溃之境！"[2]

乡村衰落是伴随国家政治秩序动荡、军阀战乱频繁的时局发生和加剧的。农业生产力水平低下，生产方式落后，农民生活不能温饱，教育、医疗、卫生、文化落后。20世纪二三十年代的中国农村，遭遇了一连串的天灾人祸。匪患遍地，广大农村不断成为内战的战场和土匪侵扰的对象；水旱灾害频发，受灾面积广阔，受灾人口众多。雪上加霜的是，1929年的世界经济危机深度波及中国。由于工商业资本的侵入，极力压低中国的农产品收购价格，使农民收入大幅下滑，农村金融枯竭、农民大量离村和贫困化趋势加重、精英外流以及基层政权痞化、匪患丛生，帝国主义与封建资本勾结，共同压迫中国的农民，使得农村落后破败。全国乡村普遍陷入危机之中。农村"破产"，是朝野上下、社会各界的共识。乡村危机加剧了整个社会的动荡，动摇了社会统治秩序的基础，使农业无法为城市工业提供强大的后盾，延缓了城市现代化的进程。[3]

（四）农业生产发展迟滞，科技落后

近代中国，农村的生产力没有实质性进步，多数农村依然沿袭传统的耕作方法和生产方式。据海关报告记载，即使在中国通商口岸地区，"古老的耕作方法依然占支配地位，复种轮作没什么创新，农民普遍使用的仍是浪费体力的古老农具，农民依旧

---

[1] 夏振坤：《解放前中国农村发展的历史轨迹》，载《社会科学家》，1991（12），70~74页。
[2] 王枕心：《目前中国农村的危机及救济的意见》，载《农村》，1933，1（1），4页。
[3] 王卫红：《20世纪二三十年代华北乡村危机的表现及其影响》，载《历史研究》，2011（3），58~64页。

依靠传统农家肥,改良种子和新品种的引进有名无实","新式农具、化学肥料和新品种的采用等新因素所起作用微不足道"。农作物产量,从总体上讲,部分年份有所增加,但单位亩产量并未提高,相对于鸦片战争前夕,有下降的趋势。若以1821—1830年亩产量指数为100,1831—1850年为92,1871—1890年为80,1891—1911年为78。1931年粮食作物每亩产量平均仅为270.09斤,比清代中叶的367斤下降了26.2%;1947年的亩产量甚至低于汉代264斤的水平。总产量的增加主要靠荒地的开垦及玉米、甘薯等高产作物的种植。农业的衰落还表现在大批无地农户无力租种土地,导致废荒耕地不断增多。耕地荒废面积的增加率若以1914年为100,1930年则已达323。具有资本主义性质的经营式农场,不仅稀少,且在30年代逐渐衰落。总之,近代农业生产在诸种因素阻碍下,仍维持传统落后的生产方式,且有衰落之势。[①]

(五)农民生活贫困化加剧与流民增多

土地是农民生存的根本保障,一旦失去,农民便不可避免地陷入贫困的深渊。近代中国土地兼并不断加剧,各种剥削日益严重,导致无地农户增多。以1905—1924年江苏昆山为例,1905年自耕农(包括地主和富农)占各类农户的比例为26%,1924年下降为8.3%;佃农则由1905年的57.4%,上升为1924年的77.6%。近代农业的稍许所得没为劳动人民所有,而是通过种种剥削流进了地主、商人、官僚、资本家及外国侵略者手中。近代中国农民负债者不断增加。20世纪30年代中央农业实验所对全国22省850县所做的调查表明,借钱户占全体农民户数56%,借粮户占48%。许多农民在难以生存的情形下,背井离乡,出外谋生。

据1933年21省有报告资料的县份统计,离村农户均占该县农户总数的4.8%,高者达12.2%。农民离村者,或到本区别村充当佃农雇工,或奔向边疆垦区,或挤进城市,更有漂洋过海去谋生的。由于近代工业不发达,城市吸收流民的能力较差,"农村中的人口,虽有许多跑到城市上的工厂里来了,但农村中所呈露的破坏之象,不在生产的人口减少,而在不生产的人口加多。这是中国的怪现象……中国的工厂发达,不独不能消纳农村中的剩余人口,反而使正在从事农作的人变成剩余的人。最难解决者,几乎就是农村剩余人口无法安插之一点"。这些进了城而生活无着的农民,或沦为乞丐、娼妓,或加入黑社会扰乱一方。也有不少青壮年男子进入军队充当士兵,更有一些破产农民结伙为盗、占山为匪,成为社会的赘瘤。农村土地荒芜,饿殍遍地,农民流离失所,讨饭要钱;抗捐抗税、抢米暴动此起彼伏,农村经济凋敝,农民苦不堪言。

---

① 罗朝晖:《试论近代中国乡村危机》,载《中共太原市委党校学报》,2003(6),40~42页。

1925年四川、贵州、湖南等省发生大饥荒。"黔省现有六十县地方发生饥荒，千万人民势必成饿殍……而统计本年农民死于饥饿者，已达30万，死于疫疠者也有20万人"。据1927年国民党农民部的统计，全国游民当时约有2 000万人。在20世纪20年代，日本学者田中忠夫曾对江苏、安徽、山东、直隶、浙江等省的农民离村作过估计，他认为在上述省份中，大约有4.6%的农民离村。1920年中国生计调查会的调查显示，全国游民阶层所从事的不正当行业有数百种，主要有土匪、娼妓、乞丐、盗贼等。农民生活急剧恶化，乡村社会日益破产。①

乡村矛盾尖锐，冲突不断。近代乡村民变频繁，有抗捐抗税斗争，有抗租抢米风潮及反洋教运动，其中有的酿为农民大起义。一直处于生存危机的农民，随时都可能揭竿而起，冲击社会秩序。乡村秩序混乱构成整个近代社会动荡的最基本一环。海外学者杨庆曾对民变做过定量分析，据他统计，1836—1845年民变次数为246次，1846—1855年为933次，1856—1865年高达2 332次，1866—1875年为909次，1876年民变次数有所下降，为300多次，至1895—1911年又上升为653次。另据张振昆等辑《清末民变年表》统计，仅1902—1911年，除学潮和爱国革命运动外，各地人民自发的反抗斗争多达1 131次，全国22省无处不有。民国后期中国社会进入失序期，战争连绵不断。广大农村，无论是农民自发的，抑或随后在中国共产党领导下进行的种种反抗反动统治、挽救自身生存的斗争，可以说此起彼伏，速成燎原之势。总的来说，近代百年农村发展迟缓，即有些微小发展也未为普通农民所得，无助于农村社会的发展与农民的进步。落后与破产始终与农村相伴，广大农民一直处于生存与发展的危机之中。②

与农村经济衰败、农民生活贫困相伴而生的，是文盲充斥、科学落后、卫生不良、陋习盛行、公德不修等不良现象。正是在这样的现实背景下，救济农村、改造农村逐渐汇集成一股强大的时代潮流。

二、帝国主义列强转嫁经济危机对乡村的冲击

20世纪二三十年代，西方国家爆发了严重的经济危机。在世界经济危机影响下，中国乡村成了帝国主义商品的倾销地和原料供应地，出口市场萎缩，工农业产品价格剪刀差扩大，农产品大幅跌价，农民购买力下降，农村金融严重枯竭，加

---

① 吴擎华：《试论20世纪二三十年代的乡村危机》，载《经济研究导刊》，2009（11），130～131页。
② 张福记、陆远权：《近代中国乡村危机简论》，载《史学月刊》，1999（1），105～111页。

上自然灾害频繁、人地关系紧张、地租和摊派等苛捐杂税增加等原因，农民收入巨幅减少，而支出不但不能减少，甚至还要增加，农民陷入普遍负债状态，高利贷十分猖獗。①"吾华以农立国，农民占全人口十分之八以上，全国收入，亦以农产为大宗，顾自鸦片战争以来，帝国主义之侵略，有加无已，农村破产，殆为既成事实而呈江河日下之势"。②

（一）列强通过高关税壁垒和货币汇率控制中国市场

帝国主义通过关税、货币、倾销等手段限制我国农产品的输出，增加外国剩余农产品的输入，挤压我国农业出口的市场空间，引起国内农产品价格暴跌，使近代以来慢性的农业危机急剧演变为空前的农业大萧条。

帝国主义各国纷纷提高关税壁垒，保护其国内市场。以1929年年底纽约股票交易所股价暴跌为起点，经济危机迅速从美国蔓延到欧洲和日本，造成生产下降、失业增加及工农从业者的赤贫化。日益加剧的经济危机，不能不使帝国主义者对作为主要销售市场和原料产地的殖民地和依赖国的压迫加剧。为了转嫁危机，资本主义国家随即调整了对外经济政策，提高关税壁垒、限制输入、保护国内市场是他们首先采取的措施。英国于1931年11月，实施了非常进口货的关税法，1932年3月开始对外货增抽10%的从价税，还与其领地、自治殖民地实施互惠关税。法国修改了新税则，可以随时提高某种进口税或附加税。美国也在1932年施行修正的福特奈税则，对所有的外货进口都抽进口税，增加税率。据统计，经济危机发生后的一二年内，"改订关税者达二十四国，税率之高，为历史上所未见。其甚者，竟抽90%；已非保护关税，实可称禁止关税"。各国还将农产品税率抬高，如小麦一项，"西班牙采取输入禁止制度；挪威瑞士均由政府统治；德、法、意、波四国所课税率均超过100%以上；奥国、希腊、捷克、日本四国，亦课至50%；即如南非共和国为课税最低之国，亦课23%"。这些国家还禁止我国某些农产品的输入，如"日本禁止胡瓜、西瓜、南瓜与其他葫芦科植物，以及番茄、菜豆、豇豆等。美国禁止竹之本体、切株及种子，草棉植物、各种白松醋栗、小麦、玉蜀黍、甜荬、芦荬、柑橘、马铃薯、山药、水稻植物、香蕉、甘蔗以及新鲜药品等。德国禁止葡萄、苗木、各种双子叶植物之全株或一部的入口"。③

在关税壁垒面前，许多农产品的销路一落千丈。如中国茶叶本来在世界市场颇

---

① 徐畅：《1929—1933年世界经济大危机对中国农村经济影响散论》，载《江海学刊》，2003（8），138~145页。
② 方显廷：《农村建设与抗战》，载《农村建设》，1938年9月，创刊号，1页。
③ 汪效驷：《1929—1933年世界经济危机对中国农村的影响》，载《安徽师范大学学报》，2004（5），353~358页。

具竞争力,但提高茶叶关税,影响了销路。根据海关统计,"1931年输出茶叶总值51 080 000元,1932年减至39 087 000元;约减四分之一。因此,茶叶价格也在迅速降落。据税则委员会调查,祁门红茶价格,1933年比1932年减少41%,比1931年减少57%"。生丝是我国主要出口商品之一。"由于世界经济恐慌的蔓延和日本丝业的竞争,输出生丝大大减少。根据海关报告,1931年输出生丝总值147 041 000元,1932年为56 419 000元,1933年为57 736 000元。1933年比1932年虽然稍有起色,如同世界经济恐慌爆发的1929年相比较,还不到那年的四分之一"。花生亦然。"山东花生之运往国外者,以法、荷、德、意为最多,英、美、日等国次之。近年因世界经济恐慌及关税增加之影响,外销呆滞,市价跌落"。

汇价倾销对我国贸易及物价产生了极大影响,从而间接侵害了农民的利益。英、美等国贬低汇价以后,"吾国输出贸易,较之上年度,减少46%;进口货物,亦因购买能力降低而减退。一般物价,亦自二十一年起,开始下落"。就减退的幅度而言,出口明显大于进口,"即以二十三年一月至九月而论,入超尚约占洋货进口净值50%,易言之,进口货之半,不能以出口货抵消,而须以现银偿付,于是现银外流;加以美国提高银价,存银更向外出口……银根紧缩,物价跌落,农产品自必更受其影响而低落"。贸易和汇价的变化削弱了农民的购买力,以中日贸易和中日汇价为例,"民国二十年,国币100元,平均约合日金45元。日金1元之物,在吾国市场,至少须售国币2.2元。而在民国二十三年,国币100元,平均约合日金113元。日金1元之物,在吾国市场,仅售国币0.88元,即可收回成本。……农民之购买能力,因此而锐减"。银价高涨也使农民深受其害,因为一国零售物价指数与外汇指数成正比,与银价指数成反比,"当银贱之时,我国农村经济,虽受种种危机,农民犹得苟安旦夕;今后银价日贵,农产品价格日跌,农民生活,至为可虑"。而且"中国四万万庞大人口中,至少三万万农民阶级概以铜货为其主要通货,银价之高涨,不但不能增加其通货价值,反相对减低其购买力。是故四万万人口中,四分之三实受银价高涨之影响,购买力渐次减低"。银价抬高,也使农村有限的现银加快流失,仅1934年,"由农村流到上海的现银约有7 000万之巨",造成农村金融枯竭。"关税不能自主,外国剩余农产品厉行倾销政策,致本国农产物无法销售"为主导之因。① "而实际上,引起中国农村经济崩溃的第一个动力,是帝国主义的经济侵略"。②

---

① 李幼农:《复兴江西农村之我见》,载《中国建设》,1933,8(5),25~26页。
② 丁达:《中国农村经济的崩溃》,27页,上海,上海联合书店,1930。

与关税政策并行的是货币政策的调整，民国二十一年起，英、日二国以及英镑集团各国，开始贬低汇价。民国二十二年，美国断然放弃金本位制，减低货币价值。至民国二十三年春，美国虽又恢复金本位制，不过美元价值已减40%强。英汇也较旧平价，贬低40%有余。日汇则竟贬低65%。这些国家以此在世界市场上实行"汇兑倾销"，以弥补危机带来的损失。1931年中国银元对日金的比价为1∶0.42，1932年上升为1∶1，到1934年更升至1∶4。中国银元对英镑和美元的汇价也大幅提高。英国于1931年放弃金本位后，伦敦银价就开始上涨。美国自罗斯福新政以来，"累次提高银价，收买白银，其所宣布之提高银价之法令，不下二十余种"。特别是1934年美国国会通过的《白银法案》实行白银国有政策，导致世界银价大幅上涨。美国提高银价之后中国白银大量外流，使银根激烈紧缩，商品价格暴跌。① 另外，外部势力插手农村高利贷。日本自明治维新以来，一直都对中国虎视眈眈。他们投入了大量人力、物力与财力搜集、研究、分析中国的政治、经济与社会情报，对近代中国的各种状况了如指掌。高利贷经济也不例外。1910年，日本人调查了中国23个主要城市金融机构的放款利率。结果表明，工商企业贷款平均年利大多超过12%，平均近15%。其中上海较低约为9%，南京、芜湖等地为12%，厦门最高达到25%，拥有高利贷经济传统的温州较高，达到了30%，广州更为惊人，高达36%。"最明显的例子，是东洋拓植株式会社在满洲所做的营业。这一组织在东三省，利用它所有的种种特权，用高利贷放款给贫苦的农民，强迫农民给它做苦工（实际上这与封建时代的徭役无异），使农民不能自由行动，把农民变为它的奴隶。"

（二）帝国主义通过廉价倾销转嫁经济危机

由于大量的廉价农产品进入中国市场，极大地压低了中国的农产品收购价格，农民现金收入大幅减少。世界经济大危机爆发后，各主要资本主义国家为转嫁负担，纷纷向中国倾销农产品，致使中国的农产品进口量猛增。"在最近三十年内……主要的农产米、小麦、面粉，开始大批运进中国"，② 而中国却只能被动地遭受国际市场的冲击，以至于在国外农产品倾销的冲击下，中国"农产价格的跌落，从一九三一年以后，可说从未间断"。③ 1931—1935年中国粮食进口量，为近代以来的最高峰（详见表5-1）。

---

① 丁达：《中国农村经济的崩溃》，27页，上海，上海联合书店，1930。
② 陈翰笙、薛暮桥、冯和法编：《解放前的中国农村》，2辑129页，北京，中国展望出版社，1985。
③ 陈翰笙、薛暮桥、冯和法编：《解放前的中国农村》，2辑201页，北京，中国展望出版社，1985。

表 5-1　1867—1935 年中国粮食进口量　　　　单位：吨/年

年　代	净进口	年　代	净进口
1867—1870	19 375	1901—1905	251 750
1871—1875	21 540	1906—1910	465 010
1876—1880	22 030	1911—1915	251 180
1881—1885	11 530	1916—1920	—
1886—1890	214 340	1921—1925	807 340
1891—1895	346 450	1926—1930	938 830
1896—1900	297 360	1931—1935	2 009 165

通过表 5-1 可以看出，1931—1935 年中国粮食进口量如此巨大，既是农业大危机的反映，同时也是外国向中国倾销农产品的结果。在世界经济大危机中，美、日向中国倾销农产品居西方诸国之首。1931—1933 年，美国通过 900 多万美元的"美麦借款"和 5 000 万美元的"棉麦借款"，向中国大肆倾销农产品，致使"农村受灾窘急，而有甚于水深火热"。上海市政府在给南京政府实业部的呈文中说，若任外国农产品倾销，"则我国不亡于外患，亦将亡于农村经济之破产矣"。

1933 年日本产米过剩，达 1 920 余万石，日本政府为提高米价，救济本国农村，转嫁国内负担，"决计对华削价倾销……价格照（中）国米每担低半元，进口税由日方完纳"，"先运 150 万石，在我国长江一带及华北各埠廉价倾销，其损失则由日本政府填补"，又使"台湾政府"将所剩"蓬莱米"运 50 万石，在广东、福建两省倾销，其损失由台湾农民及台湾政府"均分填补"。同时，其他国家也纷纷向中国倾销农产品。危机发生后，进入中国的洋米、洋麦、面粉、棉花等大量增加，严重地冲击了中国的市场，"计自 1912 年以来到 1932 年止，洋米进口（由 270 万担到 2 130 万担）增加近 7 倍，洋麦进口（2 500 担到 15 000 万担）增加 60 000 倍，洋棉进口（27 万担到 371 万担）增加 13 倍，扶摇直上，至足惊人"。这显然是倾销的结果。

外国农产品的倾销，致使国内农产品价格惨跌。以上海农产品市场价为例：1927 年粳米每担值洋 20.68 元，而至 1934 年 2 月，跌至 8.15 元。1931—1933 年，上海市农产品价格比例为：1933 年的米价为 1931 年的 55%，1932 年的 81%；1933 年的麦价仅为 1931 年的 26%，1932 年的 80%；1933 年的茶价仅为 1931 年的 43%，1932 年的 59%。另据调查，江、浙等地农民每担米的平均生产费用为 13 元，皖、湘、赣等地约为 10 元，而 1932 年江浙等地米价仅为每担 9~10 元，皖、湘、赣等地仅为每担 5~6 元，农民每一担米要亏 4~5 元。

"(安徽)祁红价格品定,漫无标准,唯洋商意旨是从。"在山东产棉区,有"日本洋行,以直接间接之关系,不在济南或他埠设行交易,而在各县乡村产棉区域就地采买。……将应纳国课税捐,概行偷漏,任意定价;甚者以毒品代价,乘机渔利"。在江苏南通一带棉区,外国商人竟将未成熟的棉花,用"期买"的方式先行购买,其价格不及成品棉的十分之三四。茧市和麻市也任由日商操纵。日本丝商在青岛、苏州等地开设茧行和丝厂,广收鲜茧,就地加工。1936年,英美烟公司在河南的购烟比重占56.39%,在安徽达80.07%,这种规模极有利于操纵市价。英美烟公司每年购买原料,"在不至使农民失望的范围内,尽可能地压低(后者)收购价格"。①

再如"湘省为产谷素丰之区,从前运销沪、汉各埠者,年达数百万石。近年岁收,屡占大有,而长江流域也值丰收;更有大宗洋米,运华倾销,致湘米顿失市场。囤储既富,价格低贱,不仅农村经济陷于绝境,市面金融亦大受打击"。长江流域产米各省失去广东、福建的市场,道理也是一样。这样,"有许多田地因为粮价太贱,简直没有人去收获,恐怕收起了反而赔累。……所以一般农民都是拥粮坐叹,叫苦不已"。所谓"丰收成灾"就是这样形成的。于是,洋货所至,土货滞销,也导致田价低落,"有田之家,无不感受痛苦,向之价值百元一亩者,今则贬价三四十元,亦无人承买。究其原因,实由洋米倾销谷价日贱之所致"。其结果足以给脆弱的农业经济以致命打击。帝国主义对中国的掠夺,加剧了农村的困境,使农民陷入痛苦的深渊。如1931年的美麦借款本为救济水灾,但结果适得其反,因为1932年是大灾后的丰年,当时"各种粮价之贱,已达极点,皖赣等省稻价只一元数角,米价只三四元,视耕种成本相去甚远,农民得不偿失,类皆破产,而对于城市商品无力购买,百货委地,工商不振,金融恐慌,社会不宁,此大半由于去岁(1931)洋米、洋麦、洋粉进口太多之故也"。日本对中国的侵略给予中国经济沉重的打击,因为"东北是中国对外贸易唯一的出超区域,东北的陷落使出口总额自1931年的139 600万元,减为1932年的77 700万元"。"失去东三省3000万同胞的购买力,也使农产品的国内市场大大缩小,减弱了自身克服危机的能力。外国资本对农村的剥削,则加重了农民负担,促使其破产。""例如祁红售与洋商,有所谓'吃磅'者,即无论优劣,每百磅至少须贴补两磅又二分之一;多者三四磅不等。祁红总输出年约三万担,此项所吃磅总数,不下千担;最低价值也有十万元。"这10多万元是农民无故承担的额外损失。外商对产棉区高利的榨取,不仅使"贫农、佃农无以为生,即素称'小康'的富农,也日趋败落而濒于破产"。农

---

① 张忠礼主编:《英美烟公司在华企业资料汇编》(第一册),408页,北京,中华书局,1983。

民在万般无奈之下只好求助于高利贷,不仅遭受重利盘剥,而且外部势力经营的高利贷多以土地作为抵押或负担劳役,农民到期付不起本息,就会丧失土地所有权,甚至失去人身自由。①

1932年江西农业尚称丰收,然而由于"洋米倾销",江西米谷在长江下游一带"固无下引之希望,而汉口有湘米灌注,且受洋米、洋麦影响,赣米亦无法插足"。省内各地除南昌、九江可以销纳少数米谷外,均苦于出路穷绝。当时各地谷价,每担约在二元上下,交通不便之处,且在二元以下。值谷价惨跌之秋,农民因偿还耕牛、种子、典质、贩贷、各种积欠,及田赋、捐税交相煎迫之故,虽吃亏不得不贱价出售,"放下禾镰没饭吃,成为农村之普遍现象"。当时每担谷的市场售价远远低于其生产成本,结果农民生产米谷越多则亏损越厉害,以致出现"谷贱伤农""丰收成灾"的现象。1933年10月,江西省政府官员杨永泰在江西等十省市粮食会议上指出,江西"有些地方闹饥荒,人民吃树皮草根,有些地方丰收,谷米无处销售"。出现了典型的生产不足与生产过剩相结合的危机。由于农产品价格下跌,农民再怎么苦心经营也是枉然,许多农民干脆不栽稻子,不种作物,纷纷将田地弃耕。据统计,1928—1937年,江西历年弃耕的荒地占耕地面积总数的23.1%~59.27%,其中一部分弃耕荒地就是这种原因造成的。②

可见外国的经济侵略,甚至造成国内农业"丰收成灾"的严重后果。1932年江西、湖南等地稻米丰收,但在洋米倾销打击下,致使谷贱伤农,丰收成灾。正如当地俗谚所谓:"荒有荒灾,丰有丰灾。"已处于崩溃边缘的农业,又受到外国经济危机冲击,陷入恶性循环,农业危机由此进一步加剧。③

(三)不平等的贸易价格剪刀差加剧中国农村危机

吴承明经过数据分析指出,进出口价格的剪刀差在19世纪后期已经出现,从20世纪初起,进口价格猛升,到1920年上升了75%以上。出口价格也跟着增长,但增长较慢,到1920年只上升了35%。这样,20年间剪刀差扩大了32%。这以后几年,出口价格上升较快,剪刀差有所缩小。但好景不长,1926年后即出现进口价格上升超过出口价格的趋势。1929年资本主义世界爆发经济危机,这一趋势加深。1931年

---

① 汪效驷:《1929—1933年世界经济危机对中国农村的影响》,载《安徽师范大学学报》,2004(5),353~358页。
② 郭静、宋青红:《20世纪30年代江西乡村社会危机管理研究》,载《韩山师范学院学报》,2007(4),56~62页。
③ 向玉成:《三十年代农业大危机原因探析兼论近代中国农业生产力水平的下降》,载《中国农史》,1999(4),106~112页。

以后进出口价格都下跌,但出口价下跌幅度远大于进口价。到1936年,进口价格仍比1926年提高了41.7%,而出口价格则被压低了3.9%。这期间,剪刀差最大时扩大到84.2%。就是说,以前用1吨出口品能换来的进口货,现在要用近2吨来换取了。中国进口多为工业品,出口大宗为农产品、手工业品和矿产等。进出口价格剪刀差,首先破坏了中国国内市场价格的主动权,随即造成国内市场上工农业产品的差价。"工业品价格的上涨,一般说来,总是比农产品涨得快……因此形成了二者之间的剪刀差"。近代以来伴随现代化进程的推进,乡村整体上"在物价高涨的现状下,依旧是都市经济的牺牲者"。特别是1925年以后,即出现农产品跌价现象,到20世纪30年代,受资本主义世界经济危机的冲击,国内农产品的跌价又远较工业品的跌价为速且甚,农民受到空前打击,农村经济一片狼藉。1939—1940年重庆的"农产品涨一倍,工业品却要涨二倍至三倍。同样的情形亦发现于成都"。商人"运用充裕的资金,丰富的商业技术,以及对市场消息灵通等有利条件,大量吸收农产品囤积居奇,待价而沽"。[①]"自1932年至1933年,不景气虽已进抵第四年,然农业仍处于困难之顶端,未尝稍有起色。世界上之农民问题已集中于根本上之价格问题""主要农产物之价格于1932年中,均作连续之降落。"[②]"故农产物价格问题之重心,实为工业生产品价格变动与农产物价格变动之间有不均衡之存在一事……农民之所以陷于空前悲境,其故在此。"设若"工业亦与农业上之情形相同,工场之制品一如食料品及各种原料,亦同时降低价格,则农民之购买力及经济地位,容或不致落至现在之程度"。[③]

对外贸易的不平衡被国内市场交换所复制,国际资本和城市经济掌握了商品定价权,农村经济在市场中处于劣势,市场对资源的配置功能出现明显倾斜。例如湖南省处于中部地区,在进出口贸易中,长期入超。湖南自1899年岳阳开埠,1904年长沙开埠,海关记录的对外省贸易一直是增长的。但是,几乎年年都是入超,且有扩大之势。[④]

(四)西方列强对中国的掠夺

经济危机发生后,西方列强对中国的争夺更为激烈。因为当时的世界市场"只剩了亚洲方面的中国、印度、苏联三处。印度为英国所绝不愿抛弃的市场,苏联的贸易则受国家权力的统制,所以今日列强所欲争夺的唯一市场,唯有中国而已"。欧美各国频繁组织、派遣商业贸易调查团来华,以控制中国市场,发展对华贸易。在对

---

① 陈翰笙、薛暮桥、冯和法编:《解放前的中国农村》(2辑),256页,北京,中国展望出版社,1985。
② 日本农林省米谷局编,曹沈思等译:《世界各国之粮食政策》,31页,北京,商务印书馆,1937。
③ 日本农林省米谷局编,曹沈思等译:《世界各国之粮食政策》,32页,北京,商务印书馆,1937。
④ 尹红群:《20世纪前期的农村危机(1900—1937)》,载《华南农业大学学报》,2014(2),148~156页。

华争夺战中,美国先后与国民政府订立两项借款合同。1931年的美麦借款规定:"向美国粮市平价委员会购买美麦粉45万吨,此项麦价,嗣经结算,共美金9 212 826.56元,作为借款。"美麦连本带息,高出当时国产麦市价的30%以上。两年后,美国财政善后银公司向国民政府再次贷款5 000万美元,以购买美国的棉花和小麦,美国获得还贷付息的优厚条件。日本更是充当了侵华的急先锋。1931年9月18日,日本发动"九一八"事变,经过3个多月的战乱,东北全部沦陷。此次战乱使得东北农业经济遭受极大摧残。据不完全统计,损失达1 785 065万元之巨。"各地粮食之被劫掠殆尽,牲口亦几乎绝迹,各地农民之损失实不可胜计。"大批难民逃入关内,以及国内农产品市场的缩小,进一步加剧了国统区农业的压力。1932年日本发动"一·二八"事变。据上海市战区复兴委员会统计,吴淞、殷行、江湾、彭蒲、引翔、真如六处农村损失,计房屋被破坏13 898间,值洋399 770元,农具损失值洋143 472元,家畜损失值洋61 900元,共计4 196 142元。以上仅为部分直接损失,而日军入侵造成的间接损失,更难以计数。经过事变,日本不仅武装占领东北三省,控制华北,而且鼓吹所谓的"日中经济提携",掠夺中国的资源,提出"工业日本,农业中国"的口号,企图变中国为其原料供应地,后来更是悍然发动了全面侵华战争。正是凭借不平等的国际经济关系和强权的保护,外国资本加强了在中国农村的活动。①

总之,帝国主义各国采取种种措施向我国农村转嫁危机,是促使我国近代农业危机在20世纪30年代急剧恶化的重要原因。这一影响是资本主义经济危机严重波及殖民地半殖民地农业国的一个典型,也是我国近代农业生产力水平低下导致的农民规避风险能力脆弱和政府反危机政策不当造成的恶果。

第二节　民国时期关于农村破产的大辩论

20世纪20年代末、30年代初的世界性经济危机的打击,使中国广大农村处于破产边缘。于是引发了关于中国农村社会性质的大辩论,引申出关于中国农村社会的贫

---

① 王先明:《试论城乡背离化进程中的乡村危机——关于20世纪30年代中国乡村危机问题的辨析》,载《近代史研究》,2013(3),44~59页。

穷落后的原因及其改造目标、途径的讨论。①

一、关于中国革命性质的论断

1928年7月，中国共产党第六次全国代表大会确认，中国革命的性质是半殖民地半封建社会的反帝反封建的民主主义革命。中共六大的关于中国革命性质的论断，遭到了代表不同阶级利益的党派以及中共党内"左"的或"右"的方面的攻击和反对。许多马克思主义理论家、历史学家以中国历史和现实国情的事实进行严正的辩驳和坚定的捍卫。

马克思主义者从各方面论证和说明了近代中国半封建半殖民地的社会性质和反帝反封建的资产阶级民族民主革命性质。他们理论结合实际，正确地指出：鸦片战争以前的中国是封建社会，随着商品经济的发展和手工业作坊的出现，已有了资本主义生产方式的萌芽；帝国主义的商品和先进生产技术的移入，固然打击了封建的自然经济和城市行会制的手工业，但另一方面，帝国主义在农村中勾结和维护了封建生产关系，在城市中打击了民族工商业，使中国资本主义生产关系不能正常地建立起来，使中国形成特殊的社会经济形态，即帝国主义侵略下的半殖民地半封建经济。这些分析和论断有力地捍卫了中国共产党领导的新民主主义革命路线。

王亚南(1901—1969)是中国马克思主义经济学开拓者之一。他从中国经济史入手，探索中国社会经济形态，主张旧中国属于"半封建半殖民地"社会。他说："中国近世工业资本主义的发展，虽然是被动的、殖民地的，但总不能不是变相的资本主义；也许说，中国资本主义发展，是颇不普遍的、畸形的，但大体上，全国确是为资本主义势力所支配。"②

1939年12月，毛泽东在《中国革命和中国共产党》一文中明确指出："中国现时的社会，是一个殖民地、半殖民地、半封建性质的社会。只有认清中国社会的性质，才能认清中国革命的对象、中国革命的任务、中国革命的动力、中国革命的性质、中国革命的前途和转变。所以，认清中国社会的性质，就是说，认清中国的国情，乃是认清一切革命问题的基本的根据。"毛泽东对中国社会性质及其革命意义的阐述，为

---

① 徐秀丽：《民国时期的乡村建设运动》，载《安徽史学》，2006（4），69~80页。
② 引李洪岩：《从〈读书杂志〉看中国社会史论战》，载《中国社会科学院近代史研究所青年学术论坛》，273~285页，1999年。

持续多年的关于中国社会性质的论战，作出了科学的结论。

与此同时，国民党右翼也提出了改造中国农村社会的主张。1928年，陶希圣、周佛海等人根据蒋介石"把共产党的一切理论方法和口号全部铲除"的指令，在上海出版《新生命》杂志，创办新生命书局，纠集成一个反革命的"新生命派"。此外，还有以汪精卫为首的国民党改组派，于1928年指令陈公博等人创办《革命评论》，宣传汪精卫的"分共"方针，也发表了一些反共文章。还有胡适、梁实秋等创办的新月书店，于1929年底出版《新月》杂志，提出了"中国现状"问题，发起讨论。

陶希圣在《中国社会之史的分析》中提出以下问题：革命的基础是全民还是农工和小市民？革命的对象是帝国主义和封建势力，还是几个列强和几个军阀？他认为，这些问题引起疑难和论争，论争愈烈，疑难愈多。要解决论争之疑难，必须解剖中国社会；而解剖中国社会，又必须研究中国社会史。要认识现实的中国必须先了解历史的中国。这个观点无疑是值得赞许的。但是，陶希圣对中国历史的诠释，却完全站错了方位，因此他所观察到的历史，是一部被歪曲和扭曲了的历史。

1931年"九一八"事件爆发后，中国共产党发出建立广泛的抗日民族统一战线的号召，全国人民的注意力转移到抗日救亡运动上。中国社会性质的论战告一段落。

二、关于中国农村破产的论战

在进行了中国社会史论战和中国社会性质论战之后，20世纪30年代中期转向中国农村社会性质论战。中国自古以农立国，农业和农民历来都是中国社会的主体。因此，认识中国社会的性质首先要认识中国的农村。由于当时世界经济危机尚未恢复，帝国主义列强不断向没有关税自主权的贫弱中国转嫁危机，中国农村经济顿时陷入崩溃的境地，农村资金大量流向城市，于是各党各派都从不同的立场提出各种挽救农村破产的方案，诸如复兴农村、救济农村、乡村建设等。直接参与论战各方，除了此前的社会学、经济学、历史学的学者之外，此时还加入从事农业科学的技术专家和农业经济学家等。由于参与论战的各方有了自然科学技术的因素，使论战的派别中增加了一个技术改良派。

20世纪30年代中国农村社会性质论战的核心内容就是关于中国农村是半殖民地半封建社会还是资本主义社会，挽救中国农村经济破产的办法是发展生产力还是改革农村社会关系，中国社会的出路是解决愚穷弱私的问题还是反帝反封建的论争。

而这些问题在前期的中国社会性质论战中已经凸显了出来。"动力派"与"新思潮派"基于对中国社会性质的不同判定,也相应地对中国农村的社会性质给出了不同的答案。①

在关于中国传统小农社会的历史特点及其改造途径的争论中,可以归纳出三个主要的学派。他们分别从不同角度解释了中国近代落后的原因,并提出了各自不同的改造途径。他们就是技术改造派、社会改良派和制度革命派。

(1)技术改造派,有时也被称为"形式主义"学派,后者是由于他们所主张的小农经营与资本主义农场在"形式上"并无本质差别而得名。这个学派强调,中国经济落后的总根源是人口过剩、人口过密。解决这一问题的出路一是实行人口节制,二是提高技术水平以增加土地产量。他们认为,中国的人均土地占有量仅够维持生存需要,尽管中国历史上的土地占有并不平均,地主占有较多的土地,但是即使平均分配土地也不能改变人多地少这一事实,也不能根本性实现中国农业的现代化。

这个学派的代表学者是在南京金陵大学农业经济系任教的美国教授卜凯(John Lossing Buck,1890—1975)。1920年,卜凯受邀到金陵大学农学院任教,主讲农业经济、农村社会学、农场经营和农场工程等课程,并结合教学组织学生利用暑假开展农村调查。直到1944年返回美国,在中国任教25年。其间发表了多部在学术界产生重大影响的关于中国农村经济的著作。其中的《中国农家经济》和《中国土地利用》两书在20世纪30年代出版后,不仅划时代地建立起了中国近代农业经济的一套最完善的调查资料,而且提出了对中国农业经济改造的一系列的政策和技术改良的建议。卜凯本人也因此而被尊为世界上关于中国农业经济最优秀、最权威的学者。②卜凯在他的著作中特别指出,中国农业经济直到15世纪以前还是世界上最先进的,到了19世纪和20世纪上半叶,欧洲和北美农业发展了,经历了农业革命和商业革命,而中国的农业生产出现停滞,根本的原因在于土地利用方面出现了问题,而非土地产权制度问题,因此他提出的解决中国近代农业问题的主要办法,就是改善农业经营的方式和提高农业生产技术水平。中国要向西方学习,加强农业科学技术的研究和应用,通过改良种子、改善农作物保护、增用肥料、防治病虫害、改进灌溉排水系统、修造梯田及完善运输与交通设施等,提高中国农业生产力水平,增加农产品的产量,从而实现农业现代化。

---

① 左用章:《三十年代中国农村社会性质之论战》,载《南京师大学报(社会科学版)》,1990(1),16~18页。
② 陈意新:《美国学者对中国近代农业经济的研究》,载《中国经济史研究》,2001(1),118~124页。

卜凯以农学家的身份提出的改良中国农业的主张，使他在 20 世纪 30 年代成为农业技术派的代表。[①]

此外，中国学者王宜昌、张志澄、王景波也认为，在中国农村经济中，资本主义经济占有优势地位，农村的基本问题不是土地问题，而是资本和生产技术问题。这一学派认为，中国农民作为一个"经济人"，毫不逊色于任何资本主义企业家。只要向农民提供可以合理运用的"现代生产因素"，一旦有了经济利益的刺激，农民便会为追求利润而创新，从而实现传统农业的改造。

（2）社会改良派，有时也被称为"实体主义"学派，这是由于他们认为传统的农业社会是一种带有"经济互惠"性质的村庄实体，这类自然经济色彩很浓的村庄有别于资本主义的农场。在旧中国，这一学派是以梁漱溟为代表的"乡村建设"派，他们不赞成共产党的农民革命。他们从文化本位出发，认为中国社会是以人伦关系为本位，只有职业之别，而没有阶级之分，因此只有建设之任务而没有革命之对象。中国农村出现的问题是由于近代西方文明冲击所造成的文化失调而产生的，改造中国农村的出路是改良文化而不是制度革命，是通过乡村建设"复兴中华文明"。不能把小农经营当作资本主义经营看待，小农经济不能以资本主义学说来解释。因为在许多场合，中国农民的耕种畜养，主要是为了满足其家庭消费需要，而不是为追求农业产品的利润。

在资本主义市场出现之前的传统社会中，经济行为植根于社会关系，如古代的互惠关系，而非取决于市场和追求利润。资本主义经济学的前提是人人都能作出经济抉择，但小农家庭事实上并不具有这种经济抉择的条件，比如，传统小农家庭不能"解雇"自家多余的劳力，因为土地、劳力都不能作资本主义式的流动。

（3）制度革命派，也就是马克思主义学派。这一学派的代表人物同时批判上述两大学派的观点。这一学派认为，小农经济是封建经济的基础。他们强调小农社会的阶级关系。认为农民的生产剩余，通过地租（劳役、实物、货币）和赋税形式被地主及国家榨取了。因此，传统社会的小农，既不是资本主义经济学分析中的追逐利润的企业家，也不是实体主义经济学描绘的互惠共同体。传统社会的小农实际上是租税的缴纳者、受剥削的耕作者，其生产的剩余用来维持统治阶级和国家机器的生存。

在论战中，三大学派都强调了传统农村社会的某一个阶层。技术改良派强调的是

[①] 张霞：《民国农业问题研究的"技术派"——卜凯视野下的中国农村与农业》，载《贵州社会科学》，2010（9），116~121 页。

经营商品化农业地主和富农,社会改良派强调的是自耕农,制度革命派强调的是农村中的贫农和雇农。由于关注的对象不同,理论出发点不同,因此各派主张的改造传统农业的方向和途径也不同。

技术改良派认为,由于超常的人口压力通过两条主要途径造成中国经济落后:一是它蚕食了农民维持生计以外的剩余,使农民无资本积累;二是由于人口众多,人均资源匮乏,农村社会发展余地很小。这一派学者以英国的近代化经验证明,佃农的地租并不影响农业现代化。因此,小农式生产组织应该保留,不应以革命方式来改变农村社会的结构。因此,这个学派主张,要消除中国的人口压力,打破农业的停滞状态,必须把中国开放给世界市场,提供近代农业科技,刺激中国农业经济的发展。他们认为,国际贸易和科技传输若能不受限制地发挥作用,必能导致中国工业化,从而促进中国农业现代化。

社会改良派则认为,中国传统经济主要是小农式自给自足经济,因此分析农村社会落后的原因应从小农家庭经济的微观层面入手。他们认为,小农家庭经济状况主要随家庭中消费者与劳动者的比例的周期性变化而升降(例如家中子女数目和年龄变化)。当家中成年夫妻不需供养老人又还没有生养子女时,经济状况最佳,反之则最差。这种以"生命周期"变动为主导的封闭经济体系,缺少有效的外在刺激和内在动力,没有促使经济增长的新要素,所以经济长期停滞不前。这一派学者认为所谓的落后只是相对落后,对实体经济自身而言,只是停滞,不是落后退步。他们认为要改变落后状态,就要打破封闭的生命周期循环,建立市场经济,使封闭家庭加入社会经济大循环,激活小农经济,从而促进经济发展。

马克思主义学派认为,中国经济的落后源于封建主义的高额剥削。剥削阶级所控制的社会剩余又只作为奢侈性消费,并没有成为促进经济发展的资本积累。也就是说,传统社会是有经济剩余的,并不像技术改良派学者所指出的那样,人口压力蚕食了全部社会剩余,不能为经济发展提供原始积累。那么,怎样改变落后状况呢?正确的道路是通过国家革命,从统治阶级手中夺回社会的潜在剩余,将这部分社会剩余用于生产性投资,从而使社会经济得到发展,改变落后状态。

在上述的争论过程中,以《中国农村》杂志为言论阵地,马克思主义学者钱俊瑞、薛暮桥、孙冶方、何干之等纷纷撰文指出:中国农村问题的核心不是技术问题或资本问题,而是封建土地所有制。

长达十年的有关中国农村社会性质论战,触及了中国农村和农业经济的方方面面,促使人们从更深的层次去认识中国农村社会的性质和现状。各个政治别派的知识分子从不同角度、不同层面提出了关于农村问题的解决方案，引起了社会各界对农村衰落困窘的广泛关注，汇聚了一批热心农村改革、甘愿奉献农村事务的乡村建设的知识分子，为开展乡村建设实验蓄积了力量。

第三节　民国时期的乡村建设实验

民国时期出现的乡村建设实验运动，实际上是一个非常繁杂的社会现象。参与其中的组织和成员，有着不同的政治背景和意图，主张不同的建设目标和手段，甚至对于运动中出现的概念和语汇的诠释，都各不相同。因此，不能简单地说民国时期出现过一个"乡建派"。乡村建设运动并不是一个有着明确目标边界的派系组织，其共同点仅仅是大家都利用"乡村"这个大舞台，各自表演不同版本的乡村建设剧本。

一、梁漱溟的乡建理论与"乡农学校"

1928年，梁漱溟在广东省办了一个"村治讲习所"，宣传他的"村治"理论，培训"村治人才"。1929年，应时任河南省政府主席韩复榘的邀请，他到河南省辉县办了一个"村治学院"。可是事举不久，1930年，韩复榘奉令调任山东省政府主席，河南辉县的村治学院因此停办。而梁漱溟则随韩复榘移到山东，继续筹办村治或乡治事宜。遂于1931年6月组建了由山东省政府资助组建了"山东乡村建设研究院"。院址设在邹平县城东门外，设有研究部、训练部、实验部、总务处和示范农场等。[①]"乡村建设"这一名词是梁漱溟于1931年成立山东乡村建设研究院时开始使用的。梁漱溟说："我等来鲁之后，佥以村治与乡治两名词不甚通俗，于是改为'乡村建设'。这一名词含义清楚，又有积极意义。民国二十年（1931年）春开始应出。"当时在山东开办的研究村治或乡治的单位称为"山东乡村建设研究院"。

梁漱溟解释说："所谓乡村建设，事项虽多，要可归纳为三大方面：经济一面，政

---
① 李雪雄：《中国今日之农村运动》，14~15页，广州，中山文化教育馆，1943。

治一面，教育或文化一面，显分三面，实际不由乡村建设一回事。"梁又说，在经济、政治、教育或文化三面中，"经济为先，必经济上进展一步，而后才有政治改进、教育改进的需要，亦才有作政治改进、教育改进的可能"。关于农村经济上的进展，包括两个内容：一是改良农业技术，例如推广农业生产中的良种良法，以提高农产品的品质和产量；二是改进农业生产的经营方法，例如提倡农村合作，以降低生产费用，增加农民经济收益等。① 而提倡农村合作亦是广义的农业推广，所以农业推广是进行乡村建设的根本项目。

山东乡村建设研究院（简称乡建院）是梁漱溟为试行他所设想建立的政、教、养、卫合一的农村而创办的研究院，成立于1931年，经费由山东省政府拨给。院内设研究部和训练部。前者招收研究生，进行乡村建设理论的研究；后者招收20岁以上、30岁以下有一定文化的青年，训练一年后，派往农村从事乡村建设的实际工作。

当时划邹平、菏泽二县为实验区，后又增划济宁等县为县政实验区。他们的办法是在实验区内，利用农闲时间举办乡农学校，三个月为一期。凡年龄在18至50岁的农民分批入学。学习期间除传播浅近的农业科学知识和农村合作思想外，更主要的是灌输传统礼教、传统道德，以稳定农村社会的秩序。这有利于当时政府的统治，故得到韩复榘的支持。按照规定，乡农学校可行使乡的行政职能，取代原来的乡公所、镇公所，把农村中的行政和教育连成一片。这是乡建院设想的特点。乡农学校除处理乡镇中的行政事务及举办乡农日常训练等工作外，还办理农业推广，提倡组织农村合作社，达到改善农家经济的目的。

梁漱溟认为，中国的根本问题在于旧的社会秩序已经崩坏，而新的社会秩序又未建立，整个社会处于无序状态，以致"各方面或各人其力不相益而相碍，所成不抵相毁，其进不逮所退"。乡村建设的任务就是"重建一新组织构造，开出一新治道"。他坚信："外国侵略虽为患而所患不在外国侵略，使有秩序则社会生活顺利进行，自身有力量可以御外也；民穷财尽虽可以忧而所忧不在民穷财尽，使有秩序则社会生活顺利进行，生息长养不难日起有功也。"因此，乡村建设运动"是救济乡村的运动，是乡村自救的运动，是民族社会的新建设运动，是重新建设中国社会组织结构的运动"。②

梁漱溟以他的乡村建设理论为依据，设计了一套付诸行动的"实验办法"，这就是20纪30年代颇有声势的山东邹平乡村建设实验。

---

① 梁漱溟：《本院设立旨趣及办法概要》，载《乡村建设》，1933，3（27），2页。
② 梁漱溟：《乡村建设理论提纲》，山东邹平乡村建设研究院印，1934。

梁漱溟的乡村实验活动都集中于"乡农学校"之中，这是他的乡村建设的立足点和出发点。何谓"乡农学校"？它不是一般意义上的教育机构，而是组织农民，再造乡村社会的一种形式，其目的是"化社会为学校"，推行社会学校化。乡农学校由三部分人组成：一是乡村领袖，二是成年农民，三是乡村运动者。只要是某乡的农民，就被认为是某个乡农学校的成员。农忙时节，乡农学校组织农民开展农业生产，传播农业技术，促兴乡村经济。农闲时就组织农民读书识字、传授农业知识和陶冶性情等。"乡农学校"是"政、教、富、卫"合一的农村组织形式。梁漱溟认为，他所提倡的"乡村建设运动"，既不同于共产党领导的农民运动，也不同于当时盛行的乡村教育运动，他说："他们都各站极端，故我们的运动，不称农民运动而称乡村运动；不称乡村教育而称乡村建设，但最好是称乡村自救运动"。① 由此可以看出，梁漱溟的乡村建设实验，实质上是主张以温和的改良主义来实现乡村自救和社会进步的一种尝试。

二、晏阳初的平民教育理论与河北定县实验

河北省定县是近代乡村改良运动的策源地。早在20世纪初，即在晚清的"新政"改革中，定县翟城的开明乡绅米鉴三，因在旧式的科举考试中屡考不中，转而认为传统的孔孟之道过分强调知识分子的修身齐家，强调个人的心性修养，而无益于经世济民的实际效用。因此他不再鼓励儿子米迪刚重蹈科举仕进的正统之途，而是把他送往日本留学，接受新式教育。这个在当时非常超前的决定改变了米迪刚一生的轨迹。1902年，米鉴三应知县孙发绪之请，出任定州牧劝学所学董，在定县创立新式学堂，推广民众识字和公民教育。这种别开生面的乡村改良，一时受到朝野上下的关注和赞许。到1908年晚清政府倡导地方自治的改良时，拥有极大的社会声誉和影响力的米氏家族自然拥有当地自治运动的主导权。米氏将乡村改良的放重点在农民教育、移风易俗（比如禁吸鸦片、禁止缠足）以及平靖治安等方面。这显然抓住了乡村问题的焦点，因而不久之后，翟城竟成为全国的乡村改良的模范。米迪刚留学回国后，也把加强乡村机构看作是全国复兴的基础。1924年，米迪刚与王鸿一、米阶平、彭禹廷、梁仲华、伊仲材、王怡柯等一批有影响力的新式士绅共同创办《中华日报》《村治月刊》，由此发展成乡村建设运动中的"村治派"。 1916年，孙发绪跃升山西省长，即将定县

---

① 梁漱溟：《乡农学校的办法及其意义》，载《乡村建设论文集》，137页，山东乡村建设研究院，1934。

经验运用于山西，创设了村治制，成为后来统治山西的阎锡山推行的"村治制度"的基础。①

瞿城的米氏先行的乡村改良的经验和遗产，显然成为二十多年后晏阳初选择定县作为乡村改良实验基地的重要因素之一。当然，接受过良好而系统西式教育的晏阳初的平民教育理念并非来源于米氏，而是起因于第一次世界大战期间在法国开展华工识字教育的实践。晏阳初当时是美国基督教青年会华籍干事，第一次世界大战时奉派去法国，对战时被招募前往法国的中国劳工进行识字教育。大战结束后，晏阳初等回到国内。1923年在基督教青年会资助支持下，晏阳初发起，在北京成立了中华平民教育促进会（简称"平教会"），以"除文盲，作新民"为该会的宗旨。

在开展平民教育工作之初，晏阳初就深切感到，中国农村问题千头万绪，基本的问题就是农民的"愚、穷、弱、私"。要诊治这"四大病根"，最好的办法就是开展"文艺、生计、卫生、公民"四大教育，采取"学校、社会、家庭"三种教育方式。为了实践"除文盲，作新民"的教育理念，1930年，晏阳初决定将平教会从北平迁往河北定县，开设平教会定县实验区，从一般的识字教育运动逐渐演变成为乡村建设运动。②

1926年，该会改变工作方向，把平民教育工作从城市转向农村，选定地点为河北定县，平教会亦从北京搬到定县来，在定县农村中开展平民教育工作，推行公民、生计、文艺、卫生四大教育。乡村建设项目包括经济、政治、教育或文化三个方面。平教会在定县推行的公民教育是政治方面的项目，生计教育是经济方面的项目，文艺教育、卫生教育属于教育或文化方面的项目。所以平教会在定县推行四种教育实际就是在定县从事乡村建设实验。至于生计教育的具体内容则是向农民灌输农业科学知识，推广良种良法，改进农业生产技术和指导农民组织信用、产销等合作社。③平教会的经费主要来自美国教会和洛克菲勒基金会的资助。

平教会在定县编制了一个庞大的"十年计划"：头三年在全县开展文艺教育，扫除青壮年文盲；再三年完成生计教育，发展农村经济；后四年集中搞公民教育，提高农民的道德素质。而卫生教育则穿插于各阶段进行。这样的"计划"显然是脱离实际的一厢情愿，因为任何人都不可能把纷繁复杂的农村社会办成一所鸣钟上学的大学校。

---

① 米鸿才：《我国历史上最早出现合作社的地方是河北翟城村》，载《河北经贸大学学报》，1996（1），53～56页。
② 参阅王洁、王小丁：《近十年晏阳初平民教育思想研究概况及评价》，载《文史博览》，2014（2），62～67页。
③ 晏阳初：《中华平民教育促进会工作报告》，中华平民教育促进会印，1933。

施行两年之后,他们发现原先的计划根本无法实行,于是另行制订了一个比较切合实际的"六年计划"。

这个新的"六年计划"决定,实验内容包括农民教育和农村建设两大部分。农民教育按"除文盲,作新民"的要求,重点在农民的识字教育。平教会在编写农民识字课本、出版农村浅易读物方面,确实做了不少有益的探索与实践,其中有的做法至今还有借鉴参考价值。[①] 乡村建设则主要是大力推广农作物良种和改良家畜品种。一大批学有专长的农业专家,深入农村实实在在地开展农业技术推广,在当时确实起到了积极作用。有鉴于农村卫生设施的落后,平教会除了力所能及地普及种牛痘外,还提出了一个"农村三级保健制"的设想:第一级为每村设一个"保健员",负责村民的小伤小病的治疗;第二级为若干村庄共设一个"保健所",负责区内保健员不能处理的医疗保健事务;第三级为设施较齐备的县级"保健院",称作"平民医院",负责县内重大伤病的住院治疗。这样一个由村、区、县组成的医疗保健系统,能使"农民在他们的经济状况之下,有得到科学治疗的机会,能保持他们的最低限度的健康了"。[②]

为了做好在定县的农村建设实验,平教会在全县范围内选择了一个研究区,在研究区内确定一个研究村,另在研究区外选出三个实验示范村,村内选出示范农户,以逐级推广农业改良成果。同时制订了一套"调查、研究、实验、示范、推广"的工作程序。仅就这个工作程序而言,应当说还是具有相当的科学成分的。当年所作的农村调查,至今仍然是学术研究中经常引用的重要资料。但是,虽然晏阳初等人在定县做了十余年的"实验",结果丝毫也没能挽救定县农村的破产,甚至比实验前的情况还更糟。它充分证明,在半封建半殖民地条件下,任何"和平"的改良主义都是不可能成功的。

三、江苏省的三大乡村建设实验

(一)高践四的江苏无锡实验

1927年之后,南京国民政府把民众教育列为训政的主要内容之一,民众教育正式成为国家教育的一个重要方面。"改良派的农村运动,受了农民运动的反响,就以民

---

① 徐秀丽:《民国时期的乡村建设运动》,载《安徽史学》,2006(4),69~80页。
② 李雪雄:《今日中国之农村运动》,89页,广州,中山文化教育出版社,1933。

族自救，民族改造的新姿态，普泛地在各处活动起来。"① 当时蔡元培主持教育行政委员会、筹设中华民国大学院及中央研究院，主导教育及学术体制改革。在他的推动下，国民政府建立大学区的教育体制。大学区以高等学校为中心，高等学校也面向社会开展民众教育。正是在这种背景下，江苏省立教育学院成立，最初名为"大学区民众教育学院"。1928年6月，学院改名为"中央大学区民众教育院"，校址迁往无锡荣巷。

以高践四为院长的江苏省立教育学院在无锡乡村建立黄巷、高长岸、北夏、惠北等民众教育实验区，开展乡村民众教育实验，创立了乡村建设的无锡模式。② 乡村建设的内容包括四个方面：首先从事乡村教育，包括设立民众学校、建设乡村小学、举办青年学园和训练班；其次，成立乡村自治协进会，开展地方自治，进行民众教育与保甲合一的实验；再次，指导农事和进行农业推广，与江苏省农业银行无锡分行合作设立北夏农民借款储蓄处和惠北农村贷款处流通金融；最后，推进农民合作，发展家庭副业，建设农村公共卫生等。

自1929年至1932年，江苏省立教育学院在无锡北门外的黄巷村实施了三年多的"民众教育实验"，内容分为健康、生计、家事、政治、文字、社交、娱乐七项。实验的结果，除了培养出一批"初等民校毕业生"而使该村的文盲率有所下降外，很难说有什么实质性的成绩。参加无锡民众教育实验的一批青年知识分子，后来在一份总结性报告中，对这类民众教育实验作了深刻的反思。他们指出："局部之建设，常常在枝枝节节上下功夫；根本改造，当非教育所能为力。黄巷的民众所最需要的为耕地，为工作，而耕地无多，地权不属，丝厂倒闭，茧价惨落，同人听到黄巷民众哀痛的呼声，只觉心余力绌，所谓政治建设、经济建设、文化建设，只是将颓墙败壁略加修补，并非根本改造。"在一个"政治只为豪绅张目"的社会中，这类改良主义的乡村建设和民众教育都是无济于事的。

（二）黄炎培的江苏昆山实验

中华职业教育社（简称"职教社"）是以黄炎培为首的职业教育工作者的团体，设于上海。原来做的是发展工商职业教育方面的工作，后来扩大业务范围，也从事农村职业教育工作。该社于1926年与南京的东南大学教育科及农科合作，在昆山县的徐公桥创立乡村改进会。1928年东南大学退出这项工作，由职教社独力举办。该社通过

---

① 千家驹、李紫翔：《中国乡村建设批判》，3页，上海，上海新知书店，1936。
② 胡明、盛邦跃：《江苏省立教育学院与无锡乡村民众教育实验区》，载《教育评论》，2010（1），149~151页。

兴办农村教育事业，包括农业推广，进行改进农村的试验。1929年，该社又在镇江黄墟、1931年复将吴县善人桥划为改进农村试验区，举办农村教育，作改进农村的试验。次年又在浙江莫干山成立莫干山新村，进行农村改进工作。① 职教社在各地办的农村改进试验都是试图从教育入手进行乡村建设。

黄炎培领导的中华职业教育社于1926年与中华教育改进社、平民教育促进会以及东南大学农科等单位合作，选择江苏昆山徐公桥乡作为乡村改进试验区。1928年，又与当地人士共同组织了一个"徐公桥乡村改进会"，以建成一个"土无旷荒,民无游荡,人无不学,事无不举,全村民家呈康乐和亲安之现象"的理想农村为目标，拟订了一个包括文化、经济、组织三个方面的乡村改进事业实施计划。这个计划十分庞大和详尽。例如，关于农村经济发展的计划内容有：（1）设立农场或特约农户，研究改良农作；（2）推广良种及新式农具；（3）垦荒造林；（4）扶助农民开展副业生产；（5）举办农艺展览会，奖励优良农艺；（6）设立公共仓库；（7）改良水利设施；（8）设立职业介绍所，等等。虽然中华职教社列出了一长串乡村建设计划，但在当时的条件下，这类计划是无法得到实施的。他们在徐公桥"试验"多年，只有少数几项有些微成效，如推广新式稻麦良种，使当地的作物产量高于过去的传统品种；又如创办义务教育实验小学，分为全日、半日和夜学三类，以让家境困难的儿童得以接受最低限度的教育。在当时的农村环境下，能如此推行乡村教育，已算是很难能可贵了。②

（三）陶行知的乡村教育试验

1915年到1917年，陶行知在哥伦比亚师范学院学习，接触到杜威教育理论，甚为仰慕，因为杜威的教育理论正好与明代理学家王阳明的知行合一的教育思想相吻合。陶行知于1917年秋学成回国，先后任南京高等师范学校、国立东南大学教授、教务主任等职。他开始关注西方教育思想和当下的中国国情，提出了"生活即教育""社会即学校""教学做合一"等教育理论。他特别重视农村的教育，认为在3亿多农民中普及教育至关重要。在1923年任南京安徽公学校长期间，与朱其慧、晏阳初等人在北京发起成立中华平民教育促进会，推行平民教育。但是，陶行知在积极参与以城市为基础的中华平民教育促进会的工作之后，于1927年突然放弃了他所参与的城市教育工作和推行西式教育的努力，选择在南京郊外的一个村庄开办了一所师范学校。

---

① 章元善等：《中华职业教育社农村工作报告》，载《乡村建设实验》（第二辑），3~8页，中华书局，1934。
② 曹幸穗等：《民国时期的农业》，45~46页，江苏文史资料（第51辑），1994。

这所设在晓庄的学校,力图通过培养未来的教师,深入农民生活并改造乡村社会。

因为20世纪20年代初期,陶行知深信,不仅学校范围的教育不能普及到中国民众,而且西方的教育方式也基本上不适于解决中国的乡村问题,因此陶行知在积极参与以城市为基础的中华平民教育促进会的工作之后,开办了这所师范学校,通过使年轻的未来教师深入乡村来改造农业、教育农民。

陶行知曾说:"乡村师范要培养学生具备农夫的身手,科学的头脑和改造社会的精神,要使每一个乡村师范毕业生能担负改造乡村的责任",而农业推广是改造乡村的途径。所以当时有些乡村师范学校也开展农业推广工作,例如南京近郊的栖霞乡村师范、浙江萧山的湘湖乡村师范,都在学校附近举办农业推广,供学生实习,使学生熟悉乡村的实际情况,锻炼改造乡村的能力,同时也建设了学校附近的乡村。② 所以这些乡村师范学校附近的地区也是小型的乡村建设实验区。

但是,在当时的社会政治生态中推行乡村教育,总是绕不开与当权者的复杂干系,要么获得扶持甚至庇护,要么受到干涉甚至取缔。不幸的是,陶行知的处境属于后者。蒋介石本人曾短暂地对晓庄学校的进展感兴趣,但在1930年4月12日,因支援南京和记洋行工人罢工及反对日舰停泊下关,陶行知被国民政府下令通缉,晓庄师范学校被南京卫戍司令部封闭。陶行知为晓庄学校被查封而发表的"护校宣言"指出:"当局断然以迅雷不及掩耳的手段停办晓庄学校远因近因虽多,归总起来只是因为我们不肯做少数人的工具,不肯做文剑子手,去摧残现代青年之革命性。我们认清了教师之职务是教人学做主人。"另一个更深层面的原因是,时人都知道,陶行知和冯玉祥之间有着隐秘私交关系,冯当然可能会帮助晓庄学校的事业,而冯玉祥恰是蒋介石的政治对手。陶行知出于举办民众教育、改良乡村社会的善良初衷却掺和到复杂的政治网络关系之中,他的乡村实验不能获得任何当权者的有效保护成为必然的归宿。

1930年4月,陶行知因遭国民党通缉被迫流亡日本。1931年春回国,先后创办山海工学团、晨更工学团、报童工学团、流浪儿童工学团,提倡普及教育。其间,创办《生活教育》半月刊,并任《生活教育》和《普及教育》周刊主编。1936年组织国难教育社并任理事长,提倡国难教育运动。1938年12月在桂林成立生活教育社,任理事长。1939年在四川合川创办育才学校。1945年参加中国民主同盟,被选为中央常委兼教育委员会主任,主编《民主教育》月刊。1946年创办重庆社会大学,任校长。当年积劳病逝。

---

① 李紫翔编:《乡村建设实验》(第三辑),上海,上海书店,1936。

四、卢作孚的重庆北碚乡村综合改造

卢作孚（1893—1952），近代著名的爱国实业家、教育家、社会活动家、农村社会工作先驱者。1921年，在四川泸州推行"新政"的川军师长兼永宁道尹杨森邀请卢作孚前往泸州任永宁道尹公署教育科科长，以推行"建设新川南"的工作，开始接触到民众教育活动。但因杨森在军阀混战中失败，卢作孚在川南的乡村教育改革随之中止。1924年，杨森复出并任四川军务督理兼摄民政，再邀卢作孚任成都民众通俗教育馆馆长。卢作孚到任后积极推广通俗教育，很快建立起了博物馆、图书馆、运动场、音乐演奏室和动物园等，一时声誉遍及全国。可是1925年杨森在军阀混战中再次败逃，卢作孚的教育工作也因之终结。他由此感叹"纷乱的政治不可凭依"，欲改造社会，实现富国强民的理想，必当谋求实业救国之道，只有以实业发达作基础，文化教育始可生发繁盛。1925年，他回到家乡合川，自筹资金创办了"民生实业股份有限公司"，从此，走上创办实业与促兴文教相结合的救国之路。[①]

卢作孚的民生实业公司获得成功后，遂以重庆北碚为中心，倾注心力在嘉陵江三峡地区举办乡村建设事业，并一直持续到解放前夕，并取得了中外瞩目的成就。

1927年3月，卢作孚出任江（北）、巴（县）、璧（山）、合（川）四县防团务局局长，即将辖区内的30多个乡镇辟为乡村建设基地，使北碚这样一个昔日贫穷落后、交通闭塞、盗匪横行的山区小乡，变成了一个名震中外的美丽城市。[②] 1987年，梁漱溟在"怀念卢作孚先生"文章中，盛赞卢作孚在北碚推行的乡村建设是"从清除匪患，整顿治安入手，进而发展农业工业生产，建立北碚乡村建设实验区。终于将原是一个匪盗猖獗、人民生命财产无保障、工农业落后的地区，改造成后来的生产发展、文教事业发达、环境优美的重庆市郊的重要城镇"。[③]

从1927年起，卢作孚不仅在北碚兴办工厂，发展工业，而且创办正规学校、建立图书馆、博物馆、科学院、运动场、俱乐部、医院、报社等；并且开展民众教育，大力整顿北碚市容市貌，规划城区，建立公园，扩宽街道，绿化环境，开通电信，开办银行等。可以说，凡是作为一个城市应该有的设施，他都逐步建设和完善起来。北

---

① 王安平：《卢作孚的乡村建设理论与实践述论》，载《社会科学研究》，1997（5），114～119页。
② 《重庆市北碚区志》，1页，重庆，科技文献出版社重庆分社，1989。
③ 梁漱溟：《怀念卢作孚先生》，载《梁漱溟全集》（第7卷），525～526页，济南，山东人民出版社，1989。

碚的城市化建设，有效地带动了整个峡区的乡村建设。①

卢作孚的"乡村现代化"构想，就是"以经济建设为中心"的乡村建设模式。卢作孚在四川北碚所实验的"实业民生加乡村现代化"模式获得了巨大成功。卢作孚不仅是一位爱国实业家，同时也是民国乡村建设运动中具有模式意义的代表人物。②

五、"赣南新政"与江宁兰溪自治实验县

蒋经国在赣南开展的乡村建设运动，缘起于1939年6月担任江西省第四区行政督察专员之时，终止于1945年6月离开赣州。蒋经国乡村建设的方案，分为乡村政权建设、乡村社会建设、乡村农业建设、乡村教育建设四个部分。由于蒋经国的独特身份，因此他当年开展的赣南乡村建设运动，曾产生过一定影响。主要表现在：乡村建设改变了"皇权不下县"的传统国家政权结构，尝试了政权下延到乡镇的试验、重组和调适了传统乡村的权力配置和习俗文化、促进了乡村社会的现代化变革等。蒋经国的赣南乡村建设与其他地区相比，具有鲜明的现代性特征，取得的效果亦较全国其他地区明显。虽然蒋经国采用的乡建模式与其他地区的乡村模式有所不同，但就其本质而论，它和其他乡建运动一样属于乡村改良运动。③

1932年举行的国民政府第二次内政会议，通过了各省设立县政建设研究院及实验县的计划。江宁自治实验县即国民党官方成立最早的县政建设实验县。1933年2月，江苏省通过了"江宁自治实验县县政府暂行组织条例"。在"县政建设实验区办法"尚未颁之前，即于1933年6月拟具"江宁县政设计委员会组织条例"及"实验县计划"，设立县政委员会，推荐县长。此后，根据内政部"各省设立县政建设实验区办法""江苏省江宁自治实验区设计委员会组织条例"（1933年7月通过）和"江宁自治实验县组织规程"等法规，首先对县及县以下的政制进行了改革。江宁的改革，以地政改革和公路修筑成就最大。在地政方面，江宁实验县依靠人才、资金和技术优势，仅用两个半月就完成了多年来悬而未决的全县土地陈报和税制改革。④在公路修筑方面，实验县制订了三年计划，以50万元完成县交通网。不过，这个样板工程在当时即遭到社会

---

① 刘重来：《论卢作孚"乡村现代化"建设模式》，载《重庆社会科学》（创刊号），2004（1），110～115页。
② 郭剑鸣：《试论卢作孚在民国乡村建设运动中的历史地位——兼谈民国两类乡建模式的比较》，载《四川大学学报》，2003（5），103～108页。
③ 吕晓娟：《蒋经国乡村建设模式研究》，赣南师范学院历史系硕士论文，2008。
④ 李锡勋：《五个实验县的说和做》，载《新县政研究》，上海，汗血月书店，1935。

上的广泛批评，县长梅思平也承认这主意打差了，应当将筑路之钱用在农业改良上。①

兰溪实验县是另一个代表国民党官方立场的县政建设实验县。1933年9月，奉令置兰溪实验县。1934年8月，设兰溪区行政督察专员公署，辖金华府8县及建德、桐庐、分水共11县。1937撤销实验县，恢复为普通县。前后历时不足4年。

由于兰溪实验均是依照江宁县成规所制，它的实验内容和步骤也与江宁基本相同。由于兰溪实验县远离首都，其实验的实绩自然也远不如江宁。几年时间里，主要完成了全县的土地清查工作，并在此基础上清算历年拖欠的田赋地税等。在改制自治实验县之前，兰溪历年的田赋实征数仅及额定的三成，而改制后的田赋实征则达到应征额的八成以上。② 实际就是加强了权力监管，提高了统治执行力。在公安管制方面，兰溪实验县主要是整顿原有之保卫团，加强社会治安管理。此外是在乡村抽训壮丁，以取代警察，推行乡村保甲制，使原有一些赌毒之风盛行的乡村有了一些改观。兰溪实验县没有江宁所享受的特殊条件和政府资源，因此更具有普遍的推行价值，其实验经验对于国民党一般县份的改制反而具有普遍性的借鉴价值。

据统计，民国时期各地从事乡村建设工作的团体和机构有600多个，先后设立的各种实验区有1 000多处。这些团体和机构性质不一、情况复杂，诚如梁漱溟所言："南北各地乡村运动者，各有各的来历，各有各的背景。"③ 由于时代的局限以及乡村建设理论脱离中国农村实际的缺陷，农村改良运动成效甚微。

---

① 张海英：《"县政改革"与乡村建设运动的演进》，载《河北师范大学学报》，2004，6（3），34～38。
② 泳平：《兰溪实验县财政改进之实绩》，载《新县政研究》，上海，汗血月书店，1935。
③ 梁漱溟：《我们的两大难处》，载《梁漱溟全集》（第二卷），582页，济南，山东人民出版社，1989。

第一节　华侨与沿海侨乡的形成
第二节　乡村精英的精神示范
第三节　铁路交通沿线的乡村
第四节　农业公司带动的乡村变化

第六章　时代要素推动的乡村变化

中国进入近代以后，机电交通工具如火车、轮船、汽车的出现，国际化农产品市场的形成，近代乡村学堂教育和农民职业教育的发展，为农业生产和农民生活提供了全新的社会环境。乡村学校教育的举办、大批华侨出国谋生、乡村精英广泛参与国家事务以及新式农业公司的出现，都在一定程度上改变了乡村的面貌。

第一节　华侨与沿海侨乡的形成

华侨，亦被称作"海外华侨"，是指那些尚未加入外籍的中国公民，他们仍保留本国公民身份，仍然受到本国法律保护，但长期居于国外，也包括已取得在居住国永久居民身份者。

中国人移居国外，可追溯到 2 000 多年以前。早在秦汉时期，中国已有"丝绸之路"通往西域，有船舶东航日本，有人就留居他乡。此后绵延不绝。鸦片战争后，我国出现华侨移民高潮。这个时期，华侨出国的人数之多、规模之大、分布之广、遭遇之苦，均属前所未有。一批批"契约华工"（俗称"猪仔"）被贩卖出洋，成为这个时期中国移民的主要方式。在这 100 多年间，中国约有 700 万人被贩卖到世界各地。这个时期的华侨人数已达 1 200 多万人。这一时期的移民奠定了今天华侨遍布世界五大洲的格局。

一、华侨出国的原因

华侨出国的原因，不外乎经济、政治、社会、人文等。但不同时期，华侨出国的具体原因各有不同。

(一) 经济原因

影响人口迁移的原因主要包括自然、社会、家庭以及经济因素,而更多时候,人口迁移往往是前述诸多因素相互作用的结果,最重要的莫过于经济因素。1911—1949年,华侨出国主要是基于经济原因。以中国第一侨乡江门为例。江门位于西江与其支流蓬江的汇合处,江南烟墩山和江北蓬莱山对峙如门,故名江门。江门乃山区,山地丘陵多而田地少。远在清代,当地已感人多田少,于是自清朝康熙开"海禁"后,当地农民便纷纷出洋谋生。此外还有梅州,亦为著名侨乡,清末梅州各县土地和人口密度见表6-1。

表6-1 清末梅州各县土地和人口密度

县	耕地面积/亩	占全部耕地面积的/%	人口/人	人均耕地/亩
平远	143 600	5.45	101 790	1.41
蕉岭	111 100	8.75	107 854	1.03
梅县	380 200	7.25	548 091	0.69
大埔	111 400	3.20	262 104	0.43
兴宁	86 200	2.40	467 836	0.18
五华	139 800	3.65	328 787	0.42
总计	972 300	5.11	1 816 462	0.54

资料来源:根据客家县农业土地和人口密度、1850—1867年客家人与广东人"战争"地区比较表整理而成。①

从表6-1可以看出,当时梅州各县人均耕地只有0.54亩。在传统社会,土地是最重要的生产资料,人口与耕地在一定的时期内必须保持适当的比例才能达到温饱。学者把清代土地与人口的比例关系大致确定为4∶1,即在当时的生产力状况下,"平均每人4亩土地方可维持生计"。随着人口不断增长,人地矛盾加剧。同时,清末及民国时期梅州各县土地占有极不平衡。

正是因为地少人多、粮食匮乏,基本温饱都成问题的侨乡民众,不得不把目光移到海外,把希望寄托在隔海相望的土地上,以求解决一家老小的生存危机。

(二) 政治原因

1927年蒋介石国民党发动"四一二"事变后,许多革命者避居南洋各地。在抗日战争、解放战争时期,许多青壮年为躲避抓兵而逃至海外,在那里开始自己的另一段

---

① 刘佐泉:《太平天国与客家》,127、128页,郑州,河南大学出版社,2005。

艰难生活。国民党溃败迁台前夕，不少国民党军政人员携家眷逃往东南亚各地，以求避难。随着海外殖民势力的膨胀及其对廉价劳动力的迫切需求，政府不得不放弃了历来奉行的"华侨是抛弃其祖国的行为不端者"观念，在列强的武力胁迫下，准许华工出国。

（三）社会原因

初期移居海外的华侨，绝大多数在矿业、橡胶业、种植业、交通建筑业等行业从事繁重的体力劳动。"契约华工"一般签约期 3～5 年，扣除出国的各种花费后，按照合同的约定，期满后，才能自谋职业为自己赚钱。创业初期，由于他们只能靠在原乡所学的手艺在国外谋生存，收入比较微薄，往往要经过若干年的积攒，才能回国娶妻。再过数年，待攒够钱后，才能将国内的妻子接到海外。而劳工则是通过"水客"返乡，复出时将他们家人亲戚物色好的女子带出成亲。在侨乡，因为生活实在艰苦，许多姑娘宁可嫁个华侨做"隔山妻"，也不愿意嫁当地人过衣食不保的生活。

早期出国的华侨，经过几十年的辛勤耕耘，创办了属于自己的事业，而此时他们却到了晚年，积劳成疾，继续经营管理已力不从心。为了使自己辛苦一生创办的事业不断送在外人手中，他们就让自己国内的亲人出国接管并继承他们的产业，这也是侨乡不断有人出国的一个主要原因。

（四）人文因素的影响

客家人有"移民"的传统，如梅州人大量移居海外，很大程度上是受客家人"迁徙"习惯的影响。客家先民原是居住在中原地区的汉民，为避乱南迁至今天的闽、粤、赣。历史赋予客家人"好动"的性格，他们乐于以四海为家。也正是由于他们的这种"流动"习性，才有大批的客家人热衷于漂洋过海，远走他乡。

二、侨乡的形成

侨乡，是指国内某些华侨较多而侨眷较集中的地方。广东和福建有很多县历史上旅居海外的华侨较多，被称为侨乡。中国著名的侨乡有四个：泉州、潮汕地区、梅州和江门五邑。前三个侨乡的华侨华人大部分分布在东南亚，只有五邑的华侨主要分布在美国、加拿大和澳大利亚。泉州籍的华侨华人分布在世界上 129 个国家和地区，达 720 万人，旅居香港的 70 万人，旅居澳门的 6 万人，三者合占全省 60% 以上。梅州海外侨胞人数多、分布广、实力强，对故乡贡献极大。例如，梅州旅外华侨近 400 万人，港澳台同胞也达 200 多万人，分布在 80 多个国家和地区。俗话讲，有潮水的地方就有潮州人，据不完全统计，海外潮州人约为 1 500 万人，多分布于泰国、马来西亚、新加坡、印度尼西亚等东南亚各国。祖籍江门的华侨华人和港澳台同胞近 400 万人，分布在 107 个国家和地区。其中，五邑籍华侨华人分布在亚洲地区的约占 20%，美洲地区的约占 70%。

广东省江门市地处珠江三角洲西部，素有"中国第一侨乡"之美誉。清光绪年间，江门即辟为对外通商口岸并相应设置海关，提升了江门通商、通关口岸的地位。在区位方面，江门位于广东与福建两省交汇处，地处东南沿海，历来被作为粤东、赣东南、闽西南的商品集散地。海上丝绸之路的形成，特别是明代海上贸易发展起来以后，有的潮州人是通过海上贸易移居海外。至清康熙年间，海禁渐开，潮汕出洋港口由饶平柘林移至樟林，大批潮人才由此地乘"红头船"出洋。19 世纪 60 年代至 20 世纪 40 年代，潮汕移民出国先后形成多次高潮。

有"客都"之称的梅州，位于广东东北部。梅州东部与福建省龙岩市和漳州市交界，南部与潮州市、揭阳市、汕尾市毗邻，西部与河源市接壤，北部与江西省赣州市相连。正是由于这种特殊的地理位置，使得该地成为客家人最主要的集散中心和聚居地。梅州侨乡的形成，始于 20 世纪上半叶，即民国建立之后。1644—1911 年清朝统治中国的 200 多年间，一直采取闭关锁国的政策，梅州乡民虽有出洋谋生或避难，但为数不多。辛亥革命爆发，民国建立，各种闭关政策才逐渐放开，梅州各县乡民出洋人数逐年增多，到 1938 年，梅州侨户"断家不断屋"的格局形成。

泉州人旅居东南亚始于唐，历宋、元而兴盛于明清。在泉州人口土地压力、战乱等因素以及东南亚开发对劳动力大量需求等因素的共同作用下，泉州人出国潮经久不衰，人数不断激增，分布范围进一步扩大，至抗日战争爆发时移居东南亚华侨总数已达 130 万人。泉州享有"东方第一大港"盛誉，随着社会资本的运行，不仅使许多泉州籍移民通过"连锁移民"源源不断地输往世界各地（特别是东南亚），同时也带动了华侨社会的形成和发展。

通过对以上四个侨乡的介绍，不难看出，侨乡形成的主要因素有以下几个方面：

（1）地理位置优越、对外交流便捷。从地理位置我们不难看出，从古代到近代，这四个侨乡既是水上的交通要道，也是最佳出洋地点，为华侨出洋提供了得天独厚的地理条件。

（2）政府侨务政策的倾斜。从严禁臣民移居海外的华务政策调整为肯定华侨同国内人民享有完全相等的权利，并允许华侨自由出入中国，再到后来对海外侨商授予爵位等政策，都充分反映统治者渐渐认识到华侨在本国的影响及作用，当然这种影响主要是在经济方面。有了政策"撑腰"，大批华侨可以自由出入故乡和他国，从而促使侨乡形成。

（3）对中华文化强烈的认同感。大多数海外华侨都有根深蒂固的观念，即"衣锦怀乡、落叶归根"。老一辈华侨对祖籍地情丝绵绵，怀念不已，历尽千难万险，也要回到自己的故乡。大量华侨带着亲属家眷回到故里，中华文化的认同和延续是重要因素。

三、华侨与侨乡的关系

华侨在侨乡的经济、社会、文化发展等方面都扮演着极其重要的角色。华侨在侨居国通过自己的不懈努力，靠着顽强拼搏的精神，为侨居国的经济发展作出重大贡献的同时，也为自己积累了不小的财富，一跃成为名侨富商，因此他们也有较强的经济实力回国投资。加之当时政府鼓励华侨回国投资，并制定了一系列的政策支持，如在1903年制定的《奖励公司章程》[①]，分别对回国投资的华侨授予爵位，这项政策极大地鼓舞了海外华侨回国投资的热情。据统计，1862—1949年，侨汇总数高达35.1亿美元。[②]

（一）华侨对祖籍地家乡的襄助

由于地缘认同观念的存在，绝大多数华侨对祖籍地有深厚的感情，会带着巨额财富回自己的家乡投资建设。

（1）侨汇的很大部分用于工业投资，以致当时侨乡梅州"不少工业企业中侨资比例高达60%～100%"。[③] 如梅县1840—1949年华侨投资本县工业资金额达9 523 000元，[④] 这为梅州工业发展在资金上提供了重要支撑。华侨投资梅州近代工业主要集中在采矿、电力、纺织、机械等领域。

（2）采矿业是华侨投资的主要工业部门之一，也是比较早进行大宗开采的资源。

---

① 方雄普：《晚晴时期吸收华侨资本的措施》，见郑民、梁初鸣编：《华侨华人史研究集》，111页，北京，海洋出版社，1989。
② 庄国土：《华侨华人与中国的关系》，234页，广州，广东高等教育出版社，2001。
③ 黄绿清、杜佳：《梅州华侨与中国的近代建设》，载《梅州文史》，第11辑，117页，1997。
④ 林金枝、庄为玑：《近代华侨投资国内企业史资料选辑》（广东卷），111页，福州，福建人民出版社，1989。

以侨乡梅州为例，梅州山多，煤炭资源相对丰富。近代以来，梅州华侨在梅州各煤炭产区纷纷创办了采矿公司。较为著名的煤炭公司有 1911 年成立的"协泰煤矿公司"，该公司由印尼华侨丘某经营，投资 10 万元，采取合股形式，是当时较大的一家采矿公司。1912 年成立的"人和公司"，由印尼华侨经营，资本额为 10 万元，其中侨资约占 50%，采取合股形式。1915 年成立的"杨文煤矿公司"和"谢田煤矿公司"，资本额分别为 10 万元。1927—1928 年，印尼华侨刘某独资经营的"有利公司"，资本额为 15 万元，其中侨资达 100%。①

（3）电力工业是侨乡应近代市场需求兴起的新兴产业。民国初年，华侨界人士就开始涉足这一新兴领域。由于工业不断发展兴旺，再加上受西方和南洋等地机械化、电气化的影响，为改善侨乡照明状况和促进工商业发展，侨乡兴起了举办电力工业的热潮。如在民国二年，新加坡归侨李丹臣与地方绅商谢俊英、董福禾等集资在泉州筹办电力公司，得到厦门富商林菽庄及泉州、永春华侨投资支持，定名为泉州电气股份有限公司，1927 年 9 月正式营业。②

（4）纺织业。20 世纪 30 年代前期，晋江东石侨办纺织业相当发达，较大的纺织厂有民星、利群、振东、化光、人生等厂。民星机织厂系永春旅菲华侨黄振焕投资创办，民国二十六年秋被当局强迫迁回家乡卿园村，后因原料不继停办。利群布厂股东均在海外，多系永春籍华侨，其中最大股东张逊琛是旅印尼安班兰华侨，实际投资近 2 万元。抗战期间机器被当局迫迁永春后停办，战后卖给石狮旅菲华侨蔡孝忍续办。③

（5）机械工业是华侨投资的另一个重要领域。1939 年，从南洋回国的华侨叶正中，在梅石路独资开设"正中机器修理厂"。该厂是新中国成立前梅州规模较大、设备较全的机械修造厂。随后，机器修造行业不断发展，至新中国成立前，梅州的修造厂达 37 家之多，其中以"黄奕记"历史最悠久，以正中、友联、胜利、联合四厂规模最大、实力最雄厚，叶正中则是梅州机械修造业之泰斗。④

（6）交通。清末民国时期，侨乡梅州、潮汕地区、泉州掀起了交通建设的浪潮。此时，近代新式交通工具汽车、轮船以及包括电报电话在内的电信交通，开始出现于梅州和潮汕地区。潮汕铁路的开通，成为当地铁路交通的"先声"。另外，不少桥梁也在侨乡架起。在侨乡交通建设的过程中，不少海外华侨倾力投资、苦心经营，致力于

---

① 广东省地方志编纂委员会编：《广东省志·华侨志》，307、308 页，广州，广东人民出版社，1996。
② 泉州市地方委员会编：《泉州市志》，669～671 页，北京，中国社会科学出版社，2000。
③ 泉州市地方委员会编：《泉州市志》，642、643 页，北京，中国社会科学出版社，2000。
④ 欧阳英：《梅城侨商史话》，载《梅县侨声》，1996（2），75 页。

本地区交通事业的发展。通过对家乡交通业的投资,极大地改变了道路阻塞、交通不便的情形。

(7)侨汇的增多直接导致侨乡"侨批业"的兴起。随着华侨日益增多,19世纪末20世纪初,侨乡产生了一种新的金融服务业,即专门从事侨汇业务的侨批业(局)。侨批,又称信局、批局、批馆,既能汇钱又能寄信,它是华侨汇款的重要机构,也是侨乡独有的金融服务业。据考,"批"原本是闽南语"信"的意思,批局也就是华侨汇款服务处。它主要采用民信局的汇寄方式,这种民信汇兑局,可以说是初具雏形的金融机构。侨批,是侨乡主要的侨汇机构。据林家劲研究:"批信业(侨批)在广东数潮汕地区最普遍……信局在客属侨汇中与在潮汕地区一样起主导作用。"① 另外,姚曾荫在《广东省的华侨汇款》也指出:"梅县地区侨汇的机关,共有批局、银号、进出口商号、银行、邮局及水客六种,其中以批局者占最主要部分。"② 20世纪初,泉州华侨民信局开始逐步发展。据统计,光绪二十三年(1897)至宣统三年(1911)泉州计有10多家信局,它们大都是厦门信局的分支机构,办理三盘派送业务,每年经收侨汇900万银元左右。③ 在潮汕地区,自批信局产生之后,侨批业在广东地区迅速发展,1882年汕头有信局12家,1932年达60多家,1937年潮汕各地有信局85家。④ 在东南亚,潮侨信局同样兴盛。1900—1949年,泰国共有信局141间,属潮籍华侨经营者将近占70%。⑤ 汕头批信局不仅在潮汕地区华侨寄递信款中起主导作用,在广东省其他地区,如潮梅地区,也起重要作用。1937年直接寄往梅县的批信达1.8万件,同时有22万件由汕头信局代转,共有侨款1.43亿元国币。⑥ 因而,在侨乡,侨批业异常活跃。

(8)婚姻观念的变化。在海外华侨的影响下,侨乡梅州婚嫁礼俗随新潮流而有所简略。如《丰顺县华侨志》记载:"20世纪30年代开始,思想趋向新潮者文明结婚,不坐花轿,不索聘金,不行旧礼,只办糖果茶会招待亲友,举行婚礼。"⑦ 许多回国华侨,主张废除旧时婚姻制度,采取新式婚姻制度,有的还主张恋爱自由,以此影响侨乡婚恋观念的变化。

---

① 林家劲:《近代中国侨汇研究》,13页,广州,中山大学出版社,1999。
② 姚曾荫:《广东省的华侨汇款》,16页,北京,商务印书馆,1943。
③ 黄清海:《泉州侨批业史初探》,载《八桂侨史》,1995(1),109页。
④ 麦国培:《四邑侨批与潮汕侨批之比较》,载《五邑大学学报(社会科学版)》,2005(2),34~36页。
⑤ 庞卫东:《侨批业的兴衰与侨批的档案价值》,载《兰台世界》,2010(7),68~69页。
⑥ 邓达宏:《闽南侨批:中华儒文化缩影》,载《东南学术》,2008(6),194~199页。
⑦ 丰顺县华侨志编纂办公室编:《丰顺县华侨志》(油印本),105页,1989。

（9）资助教育事业。在侨乡，华侨秉承客家重视教育的优良传统，积极参与侨乡教育事业。他们或在资金上给予捐助，或回国充当教员，有的还在办学思想上引进海外模式。华侨在侨乡办学，其着重点在初等教育，即兴办小学、初中甚至高中。他们也不忘家乡的高等教育，兴办大学，为家乡高级人才的培养作出了贡献。

华侨鼎力资助办学，形式多样，除捐建教学大楼、建成套的教学设施如图书馆、教工学生宿舍、会议室、礼堂、体育堂等，还为学校捐赠了不少教学仪器、中外图书等。华侨捐建的教学大楼、捐赠的教学设施等，大大改善了梅州学校的办学环境和条件，学校环境焕然一新，设备先进，甚至有的侨办学校已经有现代化的校园。如《梅县导报》所述："梅属中等学校，最近建筑，有图书馆，加建学生宿舍，有游泳池在嘉兴桥畔，校舍是现代化的构造，飞机形，流水声中更显得宏伟，或是早晨抑是薄暮，流水花柳堤桥畔，三五成群倾谈说笑。"①

华侨不仅从经济上资助侨乡教育，而且还回国充当教员，从人力上给予支持。华侨先进的思想、开拓的眼光和对于外部世界的了解，开启了侨乡学生的智力，使学生获益匪浅。如华侨谢逸桥、姚雨平、温靖侯等不仅集资创办松口体育会，还在该校自任教员，为辛亥革命培养了大批人才。

（10）促进医疗卫生事业的发展。华侨在海外亲眼目睹西医西药的先进和功效，于是常常介绍给家乡的亲人和邻居。他们或写信回家嘱托父母妻子使用西医西药治病，或常寄些西药回来，还有就是亲自回乡传播西医。另外，资助家乡建立现代医院。华侨的倡导和努力，改变了乡民传统依赖中医中药治病的观念，大大推动了侨乡梅州医疗的近代化。

华侨资助建立现代医院或捐赠医疗设备、药物等，很大程度上促进了西医西药在侨乡梅州的推广。20世纪30年代，梅城西药医院、诊所很多，比较有名的有梁伯容诊所、普济生诊所、普志民诊所、李岳云诊所等20多家。1936年建立的梅县平民医院，是梅县第一家公立西医医院。② 这些医院或诊所，大都使用西医西药治病。

（二）侨乡对华侨的影响

（1）侨乡优越的地理位置，为华侨出国提供了便利。前文已经介绍，我国著名的四大侨乡自古就是水上交通枢纽。基于此，侨乡人们的信息获取相对超前，人们足不出户就可以最先了解到世界的变化。

---

① 民国《梅县导报》（周刊）第四卷第1号，《梅兴生活报告》，1941年5月25日。
② 梅县志编纂委员会编：《梅县志》，978页，广州，广东人民出版社，1994。

（2）侨乡优惠的招商引资政策，使大量侨民纷纷回乡投资搞建设。上文已提，清末民初时期统治者制定了一系列支持、鼓励侨民回国投资的政策，吸进侨资回国。这样就给华侨提供了一个良好的外部投资环境。

（3）独特的侨乡文化的熏陶和影响。侨乡特殊的历史背景，形成兴盛的家族文化。在家族文化特有的信任、互惠、合作等价值观念基础上，形成了以血缘、宗缘、地缘为社会关系纽带的社会关系网络。费孝通先生认为，中国社会结构基本特征是一种"差序格局"。"我们社会中最重要的亲属关系就像石子投入水中形成同心圆波纹的性质。"旅居海外的华侨华人，为了纪念先祖，让子孙明了源自何方，通过修建祠堂、祭祖活动、修编族谱等，强化家族意识。为了加强宗亲的联系与团结，更好地生存和发展，普遍建立了以亲缘、地缘为基础的宗亲会、同乡会等。另外，旅居海外的华侨，在原族居地既已深受兴盛的家族文化的熏陶，从心理上、文化上、精神上高度认同原地家族文化，熟悉的地方方言和富有特色的民间民俗礼俗，彼此认同的同质文化和行为契约禀性使得"信任、互惠（互助）、合作"等成为一种文化因素或非物质因素影响了几代海外华侨。

正是基于这种对家族文化、故乡文化的认同，才使华侨对侨乡有一种特殊的思乡情缘，不管是早期在海外历尽磨难时，还是经商发达后，海外华侨华人总是心念故乡，光宗耀祖、衣锦还乡、落叶归根等观念根深蒂固。虽然有些华侨已加入所在国国籍，但在最初的百年间，家乡的首要地位是不可动摇的。

华侨在原居住地多次辗转迁徙中经受离散、死亡、疾病、饥饿等威胁，磨炼了他们为求生存吃苦耐劳、坚韧不拔的拼搏奋斗精神。这种不怕艰辛、拼搏奋斗的精神品质，成为他们日后在异国他乡取得辉煌成就的坚实基石。

好读书的良好习惯也为华侨接受、吸收外来文化提供了良好的文化素质基础。分析其中的缘由，大体说来有以下五方面：①家风，他们的祖先多为仕宦读书人；②"唯有读书高"思想影响；③出外谋生的手段；④侨乡重视发展学校教育；⑤侨胞的资助。

清末民国时期，中国侨乡经历了一个由传统向近代转变的过程，华侨在其中起了积极推动作用。对于沿海侨乡，无论在经济领域、文化领域还是社会领域，华侨对近代的发展都作出了特殊贡献。侨乡的传统文化、深厚的文化底蕴为华侨在海外的发展奠定了良好的基础。

第二节 乡村精英的精神示范

精英一般是指居于社会统治地位的权力集团。他们居于社会上层，拥有较高的个人素质并能运用大量社会和政治权力，以此与大众区分。① 此外，精英也指获取社会价值最多的人，这些价值包括尊重、收入、安全等。② 根据其活动的范围和影响力，精英可以分为多个层次。在中国乡村的层级，精英究竟指哪些人呢？在近代，担任村公职者多是乡村富有者，他们既是政治精英也是经济精英，通常被称作会首，是村落内生内举的本土领袖。

一、乡村精英与乡村自治的推动

民国时期，乡村精英实际上在地方舞台上起支配性作用。在地方自治施行过程中，进入县一级地方自治机构和领导地方自治事务的，大多是本县有势力和影响力的地方精英人物，诸如前清绅者、新式知识分子、乡居离职官员、地方豪绅等，他们因为拥有国家法定的职权而区别于科举时代的传统士绅，有学者因此将他们称为"新官绅阶层"或"新地方精英群体"③。正是由于这些人领导了中国乡村建设的发展，在乡村的政治、经济、文化、教育各方面起了带头作用，从而迎来了乡村建设的新面貌。

例如，出生于浙江萧山衙前村官绅之家的沈定一（1883—1928），于1921年组织和发起了由中国共产党领导的最早农民运动——萧山衙前农民运动。他1927年年底退隐回到家乡萧山东乡后，重新开展地方自治。沈定一认为，实行地方自治必须重视民众的力量，要训练组织民众，开展民众运动。因此，继1921年组织衙前农民协会发动农民运动以后，为了继续实践其地方自治思想，1927年年初，沈定一再次发起组织衙前农民协会，开展"二五减租"，并成立衙前镇妇女协会，提倡妇女解放，在全

---

① ［美］尔斯·赖特·米尔斯著，许荣、王崑译：《权力精英》，189、190页，南京，南京大学出版社，2004。
② ［美］拉斯·韦尔著，杨昌裕译：《政治学——谁得到什么？何时和如何得到？》，3页，北京，商务印书馆，1992。
③ 魏光奇：《官治与自治——20世纪上半期的中国县制》，355～388页，北京，商务印书馆，2004。

县范围内产生一定影响。他认为，经历多年军阀混战后，实行社会重建时首先要赋予民众权力，而民众权力必须建立在组织的基础上，占人口80%～85%的农民联合将产生巨大的整合力。村自治的权力机关是村民代表大会。没有成立村自治会的村由乡自治会委员参加某区分部党员大会选出区分部代表3人为村自治会委员，组织村自治会进行自治。乡自治会的权力机关包括乡民大会、各村代表大会、全体委员会、执行委员会。乡自治会的职权包括组织村自治会、指挥村自治会工作、整顿全部水利交通事宜、发展全乡农业生产及工业商业、组织全乡经济合作、组织训练监察全乡治安卫生警备、管理及调整全乡的粮食、发展全乡教育事宜、指挥各村的调查统计等。此外，东乡自治会设立的机关还有南沙育婴堂、衙前幼儿园、东乡水利局、东乡医院、衙前卫生局、衙前印刷局、公墓局、森林局、道路局、消防队等，实现东乡自治。

以梁漱溟、晏阳初为代表的知识分子在民国政府的支持下，深入农村，兴办试点，掀起乡村建设运动，对农村建设也做出了非常有益的探索。建立"县政建设实验区"，公布自治法律，形成了巨大影响，给中国农村复兴一度带来美好希望，尤其是参与地方自治的知识分子能深入农村，为地方自治献计献策，提出了很多有价值的改革方案，贡献了一套农村政权建设的美好理念。特别是由乡村建设团体主持的地方自治实验区，较为认真地按计划推行自治工作，对于包括县政改革在内的地方自治运动，提供了农村政治建设的理想蓝图。晏阳初说："中国的政治基础在哪里？在中央吗？在省政府吗？不是。中央政府重要，却不是政治的基础；省政府也重要，但也不是政治的基础。政治的基础在哪里？在县。县长治理县政，直接影响人民生活。"[①]地方自治的实践，唯有以县为单位进行推行，才是有效的。县政府直接影响乡村生活的方方面面，农村社会建设的一切都依靠县政府推行。

二、乡村精英与乡村经济的发展

推行各种合作社是乡村建设运动中各实验区都采取的方式。在思想认识上，乡村建设派认为合作社是农村经济发展的最好途径。梁漱溟说："所谓经济进步，无非是生产技术与经济技术的进步，此种进步，均从小规模进于大规模，从零碎生产进于大批生产。这种情形，都是竞争的结果……农业进步亦需要大规模的经营，与工业同……农业既不能走竞争吞并的路，其经营复须相当的大规模，则舍农民同意的自觉的'合

---

① 宋恩荣：《晏阳初全集》，第1卷，493页，长沙，湖南教育出版社，1989。

作',殆无他途。"① 这反映了梁漱溟以合作社促进农村经济的用意。他把合作社作为农业经营技术的一种进步,企图通过合作社将中国传统家庭农业引上大规模经营的道路。合作社经济思想是乡村建设派经济思想中最有特色和最有成就的部分。孙晓村在《中国乡村建设运动的估价》中写道:"要问到中国目前乡村工作中关于经济方面的建树,唯一的而且最普遍的就是合作社。合作社的组织自然是一件于农村有益的事……创办合作社为各乡村建设实验区经济发展起了一定积极作用。"

在乡村建设运动中,对乡村工业化道路的探索也体现了一种经济现代化的趋向。以梁漱溟为代表的乡村建设派主张以农立国,认为中国应该首先发展农业,但同时又强调从农业引发工业,最终实现工业化。作为一名实业家,卢作孚在乡村工业问题上有自己独到的思考和抉择。他虽然没有像梁漱溟那样从理论上论证国家发展农业、工业孰先孰后的问题,但他在当地大量成功的实践为乡村经济现代化建设指出了另一条可行之路。卢作孚在乡村建设运动中明确提出了乡村现代化的目标,他认为乡村现代化的基础产业是农业,但依靠单纯的种植业和养殖业不行,尤其是以一家一户为基本单位的传统经营模式,更不适应现代社会发展的需要。乡村经济要飞速发展,农业基础地位要巩固,就"必须吸引新的经济事业"。于是,在发展农业事项外,他主张因地制宜、充分利用当地的资源优势发展工业,以带动整个乡村经济的发展。

三、乡村精英与乡村教育事业的进步

乡村精英立志于家乡教育事业,对于乡村变迁具有极为久远的影响。例如,出生于江苏仪征十二圩的黄质夫(1896—1963),早年就读于设在扬州的江苏省立第五师范学校和国立南京高等师范学校(后更名为国立东南大学,简称"东大")农科农艺系。1924年,从东大毕业后,他开始献身乡村教育事业,先后创办或主持江苏省立界首乡村师范(前身为省立第五师范界首分校)、江苏省立栖霞乡村师范(前身为南京中学乡村师范科)、浙江省立湘湖乡村师范以及建在贵州少数民族边远山区的国立贵州师范(前身为贵州省立贵阳乡村师范)等。

黄质夫在教育办学中秉承"生活即教育""社会即学校"的思想。他与陶行知一样,都坚持教育与生产劳动相结合的观点,主张彻底改变旧式教育,培养一代新人,都十分强调乡村教师在改造乡村社会中应担负的责任。

---

① 梁漱溟:《梁漱溟全集》,第五辑,344 页,济南,山东人民出版社,1989。

陶行知强调"教育以生活为中心",人们应该在生活中接受教育。"生活教育"理论的特殊含义就是强调教育要着眼于人民大众。而农民是大众中的最大多数,因此,"生活即教育"首先必须"常常念着农民的痛苦,常常念着他们所想得的幸福"。① 黄质夫主张乡村学校"为乡村文化之中心""教育者之对象,不仅以学校学生为对象,凡乡村一切民众,均为教育者之对象,以期达到改良乡村社会之目的"。② 乡村学校"应当努力增进民众幸福,灌输知识,增加生产,努力沟通学校乡村"。③ 黄质夫认为,要实现改造乡村社会的理想,必须有赖于一种组织,于是抱着探索的精神,带领栖霞乡师的师生及附近民众,组织了"栖霞新村"。"新村"的社会形式,是以乡师为龙头,向四面八方辐射,带动、影响、指导周围的村镇,对其加以改良,使之成为新农村。生气勃勃的"栖霞新村"得到当地民众乃至教育界、知识界的好评。

乡村精英在乡村建设中承担了农村的许多事务。有研究指出,19世纪的中国绅士"承担了诸如公益活动、排解纠纷、兴修公共工程,他们在文化上的领袖作用诸如维护寺院、学校等"。④

第三节　铁路交通沿线的乡村

1911—1949年,铁路在全国各地区兴起并渐成交通网。铁路以其特有的全天候、大规模、跨区域、安全快捷等优势,很快成为内陆与沿海各通商口岸的纽带和桥梁,内陆地区因此成为沿海经济区的重要腹地。受此影响,内陆地区的传统经济逐渐向现代化转型,尤其是铁路沿线地区农村的种植模式、生产方式、产业结构等均发生了显著变化。由此可见,近代铁路在内陆农村经济的分化与重组过程中发挥了不可或缺的重要作用。

在铁路还未兴起之前,全国内陆地区的对外经济贸易和人员往来主要依靠畜力、人力及船舶等传统交通运输方式。清末民初,以铁路为中心的新式交通运输体系在内

---

① 董宝良主编:《陶行知教育论著选》,651页,北京,人民教育出版社,1991。
② 杨秀明、安永新:《黄质夫教育文选》,87页,贵阳,贵州教育出版社,2001。
③ 杨秀明、安永新:《黄质夫教育文选》,38页,贵阳,贵州教育出版社,2001。
④ 张仲礼:《中国绅士——关于其在19世纪中国社会中的作用研究》,49页,上海,上海社会科学出版社,1991。

陆地区初步形成，这不仅使内陆地区的城镇格局、职能及社会经济地位等发生了显著变动，使这些地区的社会经济重心日渐内聚至铁路沿线，同时也带动了沿线地区农村经济的发展和变化。

一、近代铁路促进沿线经济发展

辛亥革命后，1911—1949年这38年内，修建铁路的技术力量有所发展。到1949年可以通车的铁路为21 989公里，其中主要铁路干线有以下几条：1912年中国政府修建的横贯东西的陇海铁路；1932年山西省地方政府修建的大同至风陵渡的南北同蒲铁路；1935年完成通车的淮南铁路。近代铁路为沿线乡村农业发展提供了交通便利，有效地促进了沿线乡村的农业进步。

（一）铁路方面组织的沿线经济调查

陇海铁路在各路段的筹建过程中，组织过多次沿线经济调查。其中，规模比较大的有四次：1932年陇海全线调查，1935年陇海铁路西兰线东西两段调查，1937年全线经济调查和1940年宝天段沿线经济调查。通过多次沿线经济调查，铁路部门获得了铁路沿线农业发展比较翔实的第一手材料。除了山川地貌、人口、矿藏、矿工产品、农副土特产品、水产品、瓜果菜蔬等信息外，还了解到各种货物的产、运、销状况，货物在流转运输过程中的集散和中转地，产品季节性消长和变化，产品过去的运输实际和今后流向等。这样就把握了客货流向流量的现实状况和发展趋势①，为铁路运营的货物分等、运力运价制定提供了依据，也为开发沿线乡村的各种资源提供了参考。

（二）农产品运输的减价措施

铁路对农产品运输予以了特别的关注，常对农产品运输施行优惠减价。优惠措施主要包括改革货运方法和运价两个方面，货运分等、运价厘定以"奖励生产，改良运输，开拓市场"②为原则。铁路对沿线地区农产品的减价措施，不仅有长期的优惠，还有针对丰歉情况的短期减价措施。这样一来，长期优惠和短期优惠相结合，政策灵活且贴近需求，为农业发展提供了助力。

铁路部门为促进沿线农业发展提供的诸多便利，使农产品快速流通从可能变成了现实。美国史学家罗斯托认为："铁路降低了国内的运输费用，将新地区及新产品带入

---

① 朱从兵：《铁路与社会经济——广西铁路研究（1885—1965）》，40页，合肥，合肥工业大学出版社，2012。
② 曾仲鸣：《最近三年来的路政概况》，载《津浦铁路月刊》，1934（10）。

商业市场,并且就大体而论,完成了加深市场的功能。"① 这就意味着,随着铁路的开通,铁路沿线地区的农产品以"新地区及新产品"的姿态进入更广阔的市场,铁路沿线地区农产品将流通活跃。

二、铁路促进沿线乡村发展

铁路运输提供的便利使沿线农产品流通逐渐活跃起来,商品经济开始迅速发展。为巩固沿线农业的发展,政府积极投入农田水利建设,加速开展育种改良工作,农业发展的总体水平得到提升。

(一)铁路带动沿线乡村手工业专业化

铁路通行之后,不仅大大密切了内陆地区与沿海通商口岸的经贸联系,也使内陆乡村的手工业日渐兴盛。铁路没有兴建之前,由于受到相对落后的交通条件的制约,手工业的发展受到限制。例如,豫北沁阳县一带大批未经加工的原竹,主要途经卫河—南运河筏运至天津、山东一带进行销售。而铁路通行之后,受惠于商品运销路线和经济发展模式的转变,豫北沁阳一带筏运卖原竹的逐渐减少,大都能在当地加工之后以成品销往外地。1935年,仅"博爱县(1926年从沁阳县析出)从事竹编的就有12个村,参加人员达3 500人,产品经道清、平河铁路远销至国内的十几个省市"②。

铁路的通行在很大程度上促进了内陆农村手工业的发展。据资料记载,随着交通条件的改善、商品经济的兴盛及市场范围的扩大,各地从事手工业的人也日趋增多,如河南地区"各县人数平均在1 000人以上,人数多者可达10 000人。据1936年的调查统计,豫北辉县有木工2 500人,泥水工3 000人,油漆画裱工1 200人,铁工800人,席工500人,竹工200人,铜锡工80人,其他行业的手工业工人约800~10 000人;延津县有手工业工人13 000人"③。铁路通行之后,内陆农村手工业发展的水平及规模,由此可见一斑。

随着商品经济的进一步发展,内陆农村手工业的性质逐渐发生变化,开始由自给自足的小农经济向市场经济转变。20世纪30年代,豫北孟县仿效河北高阳铁机织布办法组织成立了光裕织布厂,受此影响,该县乡下使用铁机的户数也大为增加,"至

---

① Walt Whitman Rostow,*The Stages of Economic Growth*,Cambridge University Press,1960,55;参见张瑞德:《平汉铁路与华北的经济发展(1905—1937)》,2页,台北,"中央"研究院(台湾)近代史研究所,1987。
② 博爱县志编纂委员会总编辑室:《博爱县志》,354页,北京,中国国际广播出版社,1994。
③ 河南省政府秘书处统计室:《河南统计月报》,第2卷6期,91页,河南省政府秘书处,1936。

1935年，全县已有铁机2 300余张，年产土布约4万匹(每匹长16米)"①。农村商品经济的活跃，极大地刺激了传统手工业逐渐向现代转变，部分行业甚至还引进了机器大生产的生产方式。

（二）铁路推动了沿线乡村养殖业的规模化

20世纪前半期，为了靠近水源、原料产地及运输方便，华北内陆的现代化工厂大多选择建在铁路沿线的城郊或农村，特别是一些原材料加工业选择了农村，使农村的某些养殖业成为城镇加工业的重要环节。铁路成为各工业原料产地和工业品销售市场的中介，辅助实现了华北内陆农副产品由生产环节至消费环节的流通。

铁路通行后，"伴随近代城市的兴起和城镇人口的增长，国内外市场对家禽和家畜产品产量的需要有所增长"②。因此，铁路沿线农村的家畜饲养和家禽饲养业逐渐扩大，有的地方的饲养业还呈现规模化发展景象。一般来说，家畜和家禽饲养业具有投资少、见效快、效益好、综合利用率高等优势和特点。马、牛、驴、骡等大家畜，不仅是村民的生产资料，还是他们重要的生活资料。小家禽则主要指鸡、鸭、鹅等，饲养所需成本较小，除肉食以外，还能产蛋获得利润，养殖遍及乡村的每家每户。

由于铁路带来交通便捷，内陆地区的鸡蛋和鸡蛋制品的销路日广，当地的鸡蛋价格随之上浮，一家养鸡十数只或数十只者乃普遍现象。在这种情况下，"此（养鸡）业亦盛，而中下之家皆视为重要之生产。以鸡蛋为煤油、火柴、蔬菜等之交易品，其使用与货币等矣"。③ 这一时期内陆地区的养猪、养羊等饲养业也获得了很大发展。

（三）铁路推动沿线乡村农产品商品化

铁路运输扩大了市场容量，使农产品的大量流通成为可能，一些经济作物的商品化程度迅速提高。铁路的生产活动在于提供运输能力，生产结果虽不直接增加商品量，却有利于扩大市场，把商品运送到从前无法到达或难以到达的地方，从而促进社会经济的发展。近代铁路网的形成，改变了传统的运输方式，很快以其运量大、速度快、较少受气候影响等优点，成为农村尤其是铁路沿线地区农产品的主要运输工具，大大便利了"商旅之往来，货物之转运"，加强了广大农村与城市和通商口岸的联系，为农产品运往城镇、港口提供了交通运输的便利，商品流通量大增，促进了农产品商品化、区域化发展。

随着铁路各路段的通车运营，沿线农产品输出量大增，伴随而来的是其他运输工

---

① 河南省政府秘书处统计室：《河南统计月报》，第2卷6期，105页，河南省政府秘书处，1936。
② 许道夫：《中国近代农业生产及贸易统计资料》，91页，上海，上海人民出版社，1983。
③ 刘景向：(民国十八年)《河南新志》(上)，193页，郑州，中州古籍出版社，1988。

具无法比拟的客货流量，使沿线农产品流通活跃。

表6-2　陇海铁路开封站附近5年运输货物统计[①]（1935年）

物品类别		总　计	农产类	禽兽类	矿产类	林产类	制造品
1929	吨数/吨	6 485 361	5 301 625	84 967	26 110	34 865	1 038 154
	进款/元	69 664	50 684	8 069	1 040	654	9 217
1931	吨数/吨	9 302 896	2 608 339	40 724	2 206 149	8561	4 439 123
	进款/元	194 584	149 005	2 568	12 422	863	29 726
1932	吨数/吨	18 721 786	6 883 714	21 213	4 949 190	30 709	6 836 960
	进款/元	605 776	463 011	7 777	36 547	3 079	95 362
1933	吨数/吨	8 264 967	4 873 890	191 284	432 119	96 406	2 671 188
	进款/元	165 920	133 379	5 188	2 932	327	24 094
1934	吨数/吨	11 288 067	5 965 678	146 361	36 543	77 633	5 061 852
	进款/元	178 066	134 928	6 259	2 031	628	34 220
共计	吨数/吨	54 063 077	25 633 246	969 098	7 650 111	248 174	20 047 277
	进款/元	1 214 010	931 007	29 861	54 972	5 551	192 619

从表6-2可以看出，陇海铁路开封站农产类的运输，5年来总体增长且运量庞大。所运物品，除农产类外，还涉及禽兽、矿产、林产、制造等，其中以农产品类运输为大宗，总计达到54 063 077吨，远高于其他货物的运输量。农产品运输进款也高于其他类货物，达到931 007元，可见运输农产品是铁路营业收入的主要来源。当然，这种情况不仅限于开封站，铁路沿线车站呈现的趋势是类似的，大量农产品借助铁路行销外地。

物产产地也不仅限于铁路沿线，一些离铁路线较远的地区如山西运城、乡宁、甘肃、宁夏、青海等地的农业物资也被陇海铁路所吸引，说明铁路对农业区的影响，从线到面，不断向外扩张延伸。铁路沿线的经济属地面积虽无法得到一个精确的数字，但受其影响的地区无疑是广阔的。

在农产品输出量不断增大的同时，农产品流通范围也在不断扩大。在铁路尚未建成时，陕西出产的棉花很少能销售到天津、上海、汉口、郑州等地。到20世纪20年代，"陕西所产棉花，百分之九十九，多由水路（渭河、黄河）或陆路出潼关经河南转道陇海、平汉、津浦等路而运销于上海、汉口、天津、郑州等各大市场"[②]。铁路通行之后，从20世纪初起外运量逐年增多，最先以天津市场为中心，渐渐扩展到其他各地。"20世

---

① 河南省政府秘书处统计室：《河南统计月报》，第1卷12期，106页，河南省政府秘书处，1936。
② 章有义：《中国近代农业史资料》，第2辑，234~235页，北京，生活·读书·新知三联书店，1957。

纪 30 年代初,全棉区投入市场的棉花,经由铁路运输的达 20 余万吨。"① 可以这样说,如果没有铁路运输,如此巨量的棉花是很难运销外地的。

铁路作为现代交通方式,其便捷的特点也引起了外国商业组织的注意。1913 年英美烟公司首先在京汉铁路线的河南许昌试种美烟取得成功,为了扩大制烟的原料来源,随后又来到山东威海卫进行试种,但因气候不宜美烟的种植很快以失败而告终。这一年英美烟公司派人来到胶济铁路沿线的潍县坊子进行美烟试种取得成功,认为这一区域是山东最适宜于种植美烟的地方,"沿铁路两侧有长 80 公里、宽 32 公里的适宜种植烤烟地段,地域大、交通方便"②。为吸引农民种植美烟,英美烟公司派人向农民贷放资金,免费发种,并辅以耕作指导,更以现款高价收买。农民因为有利,种植面积逐年扩大。"到了 20 世纪 30 年代初期,美烟的产地自胶济铁路沿线蚱山站扩大至辛店站长约 121 公里的广大区域"③。铁路沿线形成有利的区位,降低了运输费用,方便了产品的运达和销售,因而从某种程度上讲,靠近交通网络,事实上就等于更靠近沿海和国际市场。

农产品外运量的增加及农村贸易的活跃程度,促使农业生产区域化倾向随之出现并不断发展。农产品外运量的增加及区域化生产趋向的出现,表明农产品商品化程度提高,同时也使农民对市场的依赖程度加强。这样就使铁路的沿线村日益脱离自给自足的传统农业,向商品化、多种经营的现代农业迈进。

三、铁路推动沿线乡村的重构

铁路通车之后,大批洋行由沿海进入内陆地区,他们销售洋货、收购土货,加之行栈的迅速发展,使山东市场的商品结构变得复杂起来。商品种类由过去单一的土货改变为土洋兼有,市场商品也出现土货和洋货对流,洋货由沿海口岸经由铁路分散到内地销售,土货则由内地运输到沿海口岸出口。大量商品集聚于铁路沿线,带来铁路沿线市场的繁荣,促使传统的市场格局发生变化,形成以口岸进出口市场为中心,向内地中转市场、专业市场、集散市场和产地市场辐射的新市场体系。

一些乡村因位于铁路沿线而获得了新的发展契机,它们有铁路之利,交通方便,迅速扩展为城市。"铁路在其所到之处,引起了老都市中心的改造,或者新城市中心

---

① 宓汝成:《帝国主义与中国铁路(1847—1949)》,618 页,上海,上海人民出版社,1980。
② 山东省地方史志编纂委员会:《山东省志·烟草志》,31 页,济南,山东人民出版社,1993。
③ 金曼辉:《我们的华北》,299 页,上海,上海杂志有限公司,1937。

的产生。"[1] 在这方面，石家庄、唐山、秦皇岛和张家口都堪为典型。

在20世纪初，石家庄还是一个不足百人的小村落。据光绪四年重修的《获鹿县志》载："石家庄，县东三十五里，有街道六，庙宇六，井泉四。"1902年之后，随着交通中心位置的形成，石家庄村逐渐发展，日趋繁荣，近代工业、商业、服务业相继兴起，人口大增，"1913年仅有200余户，1918年增至1 000户，6 000余人，1926年上升到4万余人。"[2] 石家庄发展起来后，成为河北中部最大的货物集散地，是天津通往山西的重要枢纽。

唐山，最早为荒场，到清朝同治年间，仍只是一个桥头屯村而已。居民百余户，人口不足2 000人。而唐青铁路建成通车之后，唐山沿铁路线向两侧扩展，栈房、商店、旅馆、饭店、茶楼等纷纷出现。到20世纪30年代，唐山已发展成为一个以煤炭为主的综合性商业城市，有"小天津"之称。

秦皇岛，原隶属临榆县，根据民国《临榆县志》所载："秦皇岛距城西南二十五里。山脉由东转西，插入海中，横在水面，远望形如卧蚕。"在清朝同治以前，秦皇岛仍"荒凉一片，只有帆船停泊，栈房三两，代卸粮盐而已，并无住户"[3]。自光绪年间，随着津榆铁路的修建，秦皇岛逐渐发展起来。1916年津榆沿线的汤河站迁至秦皇岛，顿时出现商民聚集、贸易繁荣的局面，1907年常住人口已达4 600人，1913年达到5 000人。到20世纪20年代，秦皇岛已经由一个无人知晓的小村庄一跃成为华北最重要的港口城市。

张家口，地处山西、河北和内蒙古交界处。这里原是一片荒野，自古即是商贾和舟车罕至之地。明宣德四年（1429）在此筑堡，嘉靖时又进行了扩建，因这里距离蒙古很近，是蒙汉互市的理想场所。京张铁路建成后，张家口沿京张铁路扩展，城市人口在1915年仅为6 000人，到1935年增加到106 000人。张家口发展起来之后，很快成为西北部的工商业重镇和西北地区畜产品的中转站。

四、铁路对沿线乡村传统手工业的影响

种种事例表明，铁路的修建和通车带动了沿线乡村地区的经济和社会发展。但是，铁路的修建在给沿线乡村带来发展机遇的同时，也会对手工业造成一定的冲击，引发

---

[1] W.W. 罗斯托编，贺平译：《从起飞进入持续增长的经济学》，7页，成都，四川人民出版社，1988。
[2] 白眉初：《中华民国省区全志·直隶省志》，第一册，北京，北京求知学社，1924。
[3] 程毓侯：《舆地篇·山水》，载《临榆县志》，卷5，民国十七年（1928）。

乡村传统经济结构转型过程的阵痛和衰落。

铁路的通行使华北内陆的区域经济中心不断形成且数量逐渐增多，对铁路沿线的农村人口形成了极大的吸引力，并对其产生了明显的"推拉效应"，从而改变了传统的城乡关系。这一社会经济发展的新态势对内陆地区的乡村社会结构产生了深远影响。铁路运输以其强大的运载能力和快捷的速度促进了商品流量的急剧增加。随着铁路的初步建成，外国的经济势力依赖铁路，逐渐深入内地的乡村地区。外国进口货物包括棉纱、棉布、火柴、煤油等，通过铁路迅速运至内地各处农村，严重打击了内陆地区原有的农村家庭手工业。在外国商品挤压下，一部分原有的农村家庭手工业很快陷入歇业破产的境地。其中，以棉纺织业的急剧衰落表现得最为典型和突出。

棉纺织业是河北农村地区传统手工业之一，明清时河北的棉纺织业已经有了很大发展。"男勤耕作，女专织纺""耕稼纺织，比屋皆然"。这种耕织结合的家庭手工业，在清代河北各地十分普遍。如正定府属州县"棉产富庶丰盈""地既宜棉，男女多事织作"①。棉纺织技术和纺织质量也有了明显提高，并且形成了自己的特点，"南（江南）织有纳文绉积之巧，畿（直隶）人弗重也，惟以缜密匀细为贵"②。

棉纱和棉布的大量进口，使河北乡村地区的这种家庭手工业受到冲击。昌黎县因棉纱洋布来源日渐增多，纺织者大大减少。秦城县由于洋布侵入，土布之销售日衰。南宫县在民国初年，因洋布盛行，纺织业渐衰，以致"线布遂不出里门，惟集市间尚有零星售卖者"③。

除棉纺织外，其他手工业也不同程度地受到外来商品的冲击。例如，以盛产钧瓷著称的彭城镇，在民国以前，粗瓷销路甚广，远及河南、山东、关外各地，但自民国以后，因洋瓷输入，销路阻滞。由此可以说，"中国的铁路意味着中国小农经济及家庭工业的整个基础的破坏"④。

一部分乡在原有的驿路通衢、河运孔道以及行政中心，原有地位的乡镇也在近代铁路通行之后日趋衰落或式微。例如，近代铁路在豫北通行之后，虽然京汉路斜穿武陟县境的东南部地区，但武陟县城因远离铁路而陷入交通不便的窘境，"1913年，河北道的治所由武陟县移驻水陆交通相对便捷的汲县"⑤。在区位交通优势丧失和行政中

---

① 乾隆《正定府志》，卷12，《物产》。
② 方观承：《棉花图·织布·跋语》。
③ 《南宫县志》，卷3，民国时期。
④ 《马克思恩格斯全集》，第38卷，467页，北京，人民出版社，1986。
⑤ 吴世勋：《分省地志——河南志》，215页，上海，中华书局，1927。

心地位不再的双重打击下，武陟县城日益衰微，城内商业萧条。

尽管铁路兴建会对乡村手工业产生冲击，没有从根本上改变腹地乡村地区的落后面貌，但是，铁路开通以后，在一定程度上拉近了内陆乡村与沿海发达地区的差距，推动了铁路沿线乡村由传统走向现代。通过以上的初步考察可以看到铁路的修通，对铁路沿线地区乡村体系的变动和乡村经济的发展起到了至关重要的作用。

总体上说，铁路的建成通车对沿线农业的发展起到促进作用，促进了内陆乡村由自给自足经济向商品化的方向发展。与之相应的，内陆地区乡村的手工业依靠灵活的经营策略和生产方式，依托不断改进的新式交通运输体系，在新旧结合的商业网络带动下，一部分还采用了新的生产工具提高效率，并按市场需求生产新的产品。因此，近代铁路在华北内陆农村分化与重组的进程中，发挥了催化剂、助力器或牵引机的重要作用。

铁路的建成通车，从根本上改变了我国传统的运输方式。作为经济现代化的一个基础部门，铁路对我国经济由传统向现代的转型起了重大的推动作用。

第四节　农业公司带动的乡村变化

相对于近代工业转型，中国传统农业的转型没有受到应有的重视，其发展速度显得较为缓慢。西方经济变迁思潮和实践的影响，本国政府与社会的支持，不同程度上促进或推动了农业的进步，其中最具代表性的当属新兴农业公司的产生与发展。

一、农业公司的兴起

民国时期资本主义的发展，在一定程度上加快了我国农业近代化的步伐，从而为农业公司的创立奠定了经济基础。公司制产生于商品经济的发达。我国受重农抑商思想的影响，商品经济一度落后。鸦片战争前，中国已产生资本主义萌芽。战后受外国资本主义和洋务运动的刺激，19世纪六七十年代，民族资本主义工业开始产生。第一次世界大战期间，西方列强放松了对华的经济侵略，民族资本主义工业一度迅速发展。随着自然经济的解体，受新思想影响的实干家开始走上历史舞台，靠自己顽强拼搏创立了一批近代中国民族企业,促进了商品经济的发展,涌现出许多杰出民族企业家。如荣氏兄弟开办的面粉厂、归国华侨张弼士创办的张裕葡萄酒厂、张謇等人设立的盐垦公司等,既是民族企业也是新兴农业公司的杰出代表。这些农业公司或早或晚、或多或少地采用了公司制。虽然由于各种原因该时期的农业始终没有摆脱滞后发展的命运,但这些人掀开了中国农业发展史上的崭新一页。

国民政府对农业公司的建立起到一定催生助产作用。具体包括制定政策法规保障农业公司的发展。民国时期,国民政府废止了禁垦令,放垦开荒植棉。1914年,张睿担任北洋政府农工商总长,颁布了鼓励垦荒、奖励植棉的《国有荒地承垦条例》。该条例规定:"凡国有荒地,除政府认为有特殊使用之目的外,均准人民按照该条例承垦。"[①] 这为苏北滩涂开发事业提供了有力的法律支撑。一系列法律法规的颁布调动了投资者的积极性,大大小小的盐垦公司纷至沓来。

光绪二十一年(1895),清王朝取消官商合办的法令,准许私人办企业,张弼士立即在山东烟台创办张裕酿酒公司。该公司投资300万元,购地3 000亩,聘请奥匈帝国驻新加坡副领事Baron M.VonBabo为技术专家,引进良种葡萄,进口新式酿酒机器,于光绪二十四年(1898)开始生产。清朝政府要员盛宣怀还举荐上海的一个玻璃厂为酒厂制造酒瓶。清朝准许15年的注册专利和3年免税。几年以后,该厂发展迅速,厂房地窖规模宏大,成为远东几大酿造企业之一。

此外,政府还设立了专门农政管理机构,以便做好农政事业与服务工作。如设立农业实业分所、农业技术推广所和农业工作站等,专门管理农牧业等,为农业公司的成立与经营提供借鉴与指导。

华侨引入新的农业经营模式,促进农业公司的建立和成长。随着华侨大规模出洋,新型的农业经营模式公司制也随之传入侨乡,传播到国内其他地方。如在侨乡梅州,华侨与当地私人资本合股投资创办林业公司。1929年4月,华侨李希白投资5万元创办松南种植公司,其中侨资占40%。1929年10月,华侨熊嘉采投资5 000元创办新华垦殖公司,侨资占30%。[②] 同年,旅印尼(印度尼西亚)华侨林孝选投资创办梅南垦殖公司,总资本达1万毫银,其中侨资100%。[③]

成立农业院校,科研服务于企业,推动了农业公司的进一步发展。19世纪末到20

---

① 于海根:《盐城县盐业志》(打印稿本),33页,1990。
② 《华侨回国调查表》,梅县档案馆藏,民国档案1-7-146。
③ 林金枝:《近代华侨投资国内企业概论》,276页,厦门,厦门大学出版社,1988。

世纪初的20～30年,中国的近代农业科学技术步入体制化进程。在农业教育方面,设立高等农业学堂、中等农业学堂和初等农业学堂,培养了大批农业科技人才。这些农业科技骨干为后来农业公司的成立与发展提供了智力支持,使农业公司发展更加专业。

二、农业公司的种类

新兴农业公司有两种经营形式,一种是国营,另一种为官商合营。不论是国企还是官商合办的企业,在特殊的历史条件下,一定程度上都促进了农业公司的发展。如广东实业有限公司(以下称广东实业公司)为民国后期大型地方国有企业,在当时全国经济中占有一定的地位,了解该公司对于研究国民政府时期国有企业管理有典型意义。该公司多元经营,跨工、商、农等领域,规模大。其特点为:一是发挥政府职能部门、董监事会和参议会的外部监管作用;二是公司内部组织采取总管理处制,实行分级管理,建立了一整套规章制度。该公司为当时广东培养了一批企业管理和技术人才。再如,1937年5月1日,全面抗战爆发前,为振兴茶业、开拓市场、打破洋商操纵,官商合办的中国茶叶股份有限公司在南京宣告成立,这是中国第一个由政府牵头成立的全国性茶业公司。该公司采用股份制形式,并制定了公司章程。

三、农业公司的经营创新

农业公司作为一种全新的农业发展形式,在20世纪中国农业发展过程中具有举足轻重的作用。

(一)资金筹措上的创新

家族式的手工作坊在筹建过程中主要依靠家族内部资金支持,公司则通过规模经营和集约经营,完成了小农经济无法完成的农业项目,提高了劳动生产率。投资者为了追求农业开发的利润,把分散的社会资金集中为农业资本,这是小农经济无法比拟的。如成立盐垦公司进行大规模开发,需要大量的资金,资金筹集便成为开发的第一要务,股东出资筹集、招佃收取顶手费、借贷,都是筹集资本方式的创新。

(二)管理制度上的创新

无论是盐垦公司还是张裕葡萄酒厂、中国茶叶股份有限公司,均采用股份有限公司形式,以股额确定股权,产生代表出席股东会,而表决权则按照股权划分,即资本大股权就多,表决权随之也就大,以此保证资本利益。临时推选主席主持会议,通过股东代表会选举产生董事会,董事会为各公司股东会委派权力机构。如盐垦公司,董事会由董事长、董事和监察组成。"董事中又分总务董事和常务董事,总务董事常驻通、沪办事处,常务董事则常年驻在公司所在地,根据董事会决议进行管理。公司的办事机构及职员,则由董事会任命,一般公司有经理一人,还有管垦、管盐、管财务等若干办事人员。"可以看到那时的盐垦公司采用的是现代企业提倡的各级领导权责明确的经营管理方式。"各盐垦公司还制订了一些管理章程,严格按照计划,对农业生产进行统一安排,采用新式的会计与簿记。年初做收支预算,年末编制生产总结报告(说略)和年度财务报告(账略),平时须填制各种凭证、票据等。各盐垦公司每年还根据成本核算经济效益,按比例提取利润分给股东。这些都属于资本主义大企业的经营管理方式,与封建地主经营方式有划时代的区别。"①

(三)农业技术上的创新

农业公司为了自身发展,注重引进先进农业技术,培养新式农业人才。公司制的推广并广泛应用于农业,为农业公司乃至中国农业的发展培养了一大批专业人才。公司制作为一种新型经营方式,在公司的经营理念、管理理念、组织理念上,都与以往的家族企业迥异,公司作为一种制度在自身发展的同时,也促进了先进农业科技的发展与推广,造就了拥有现代企业管理知识的专门人才。正是基于公司制本身有较大的吸引力,吸收并引进了大量的专业人才,有力地推动了新兴农业公司的发展。

四、农业公司发展的时代局限

(1)公司制在本土化的过程中,也碰到了一些问题,如传统家族式企业管理直接或间接地阻碍了公司制企业的进一步发展。

(2)公司内部的腐败问题,如铺张浪费、送礼贿赂等现象在各农业公司比比皆是。据邱云章口述:"掘港南侧某公司开垦收田,售田者转让一张财政部的部照,部照上写明田亩数(但无田价)。田价由售田者另写转让凭据(写明田价多少元)。凭据是无须经过县政府等机关审核、盖印的。这样公司职员拿到部照(证明购田数)、凭据(证明是购田金额)后可随即再伪造一张凭据,增加购田金额,往往以成倍的田价报账。办

---

① 严学熙:《张謇与中国农业的近代化》,见严学熙、倪友春:《论张謇——张謇国际学术研讨论文集》,412页,南京,江苏人民出版社,1993。

事人因此塞足了腰包，公司却只得借钱、吃利息。由于办事人或办事人的下属是受到某警员或经理信任的，自然不会再有人到购田处实地核对查账。放款的上海银行以为盐垦公司有田，靠得住；等到亏损，要查账时，盐垦失败，且要临近解放，因此留下了一笔盐垦糊涂账。可见，贪污和浪费是苏北盐垦失败的重要原因。"①

（3）农业公司在发展过程中遭遇资金"瓶颈"，发展受阻。综观世界各国农业生产历史经验，都可以看到，在近代化过程中，通过某种途径获取农业快速发展的原始积累，具体包括以下几个方面：通过殖民地的形式掠夺财富，形成原始积累；通过对农业生产进行资本主义改造，获得原始积累；将相关的资源或初级产品出售，获取原始积累；引进外资，使其成为原始积累形成的主要力量。②然而，在我国的近代化进程中，存在一个致命不足，就是未能实现农业近代化的改造，结果就是农业未能从改造中获得生产必要的原始积累。这是因为，在当时，农业是否能为我国的近代化提供资金支持，成为一个极其重要甚至是唯一可以期待的因素。如果在国民经济中，工业起步无法通过农业获得启动资金的支持，现代式的工业就无法诞生和成长；反过来，如果工业不断地从农业那里攫取资金，则会造成农民负担过重，农业无法维持稳定，最终，就会发生政局动荡和不可预期。这是一个深层次的历史矛盾。

五、新兴农业公司给乡村带来的变化

（一）推动农业经济发展

农业公司的发展，吸引了众多农民加盟或入职，从而使从事农业生产的人员增多，直接推动了农村经济的发展。如在清末民初时期，苏北通海地区人口趋于饱和，人地矛盾日益突出。当苏北沿海滩涂开发后，通海农民在生存压力和土地的诱惑下，纷纷迁入沿海滩涂区。黄孝先在《海门农民生活状况调查》中记载："各盐垦公司消纳附近过剩的农民，就在这个一二十年来，通海农民迁往通海垦牧等17家盐垦公司垦殖的，先后不下20万众。"③20万对于人口稠密的通海地区是一个不小的数目，这不仅减轻了通海境内的人口压力，而且解决了淮南垦区需要大批熟练劳动力问题。④通海农民为

---

① 姚谦：《张謇农垦事业调查》，1页，南京，江苏人民出版社，1999。
② 新疆维吾尔自治区地方志编纂委员会：《新疆通志·科学技术志》，3页，乌鲁木齐，新疆人民出版社，2000。
③ 黄孝先：《海门农民生活状况调查》，载《东方杂志》，1927（16）。
④ 庄安正、杨如环：《淮南垦殖中的历史贡献》，载《盐城师范学院学报》，2000（1），137~140页。

苏北沿海滩涂开发提供了强大的劳动主力军。对于粗放型经营的农业来说，劳动力的增加无疑给农业生产带来一笔不小的财富。另外，通海地区农民善于植棉，他们的迁入带来了先进的植棉技术，使得原先只懂得盐业生产的灶民又掌握了另外一种生存技能。

（二）农村面貌改善，农民生活质量提高

随着苏北沿海滩涂开发的深入，不论是沿海农村的整体面貌，还是农民的生活水平，都有了一定的提高。随着大规模垦殖的推进，许多垦殖公司在公司所在地建起了市镇，设有学校、商店、邮局、收花行、诊疗所等，市镇之间架起了电话线，沟通了水陆交通。据统计，1937年17家盐垦公司范围内共筑路1 761公里，桥梁711座，电话线路631公里，仓库474间，轧花厂、榨油厂、纺织局14处，测候所、雨量站10处，诊疗所10处，合作社95所，小学54所，中学2所，技术训练班2处。苏北沿海农村整体面貌较之开发前焕然一新。据顾毓章先生回忆："整个垦区沟河道路纵横交错，井然有序，房屋定点建设，一线成行，条田方正，叶陌连片，绿色棉海，一望无边。堤旁路边植树防风，郁郁葱葱，新兴市镇，满目琳琅，买卖兴隆，黄海之滨，一片新鲜气象。"①

（三）乡村教育水平提高

农业公司创立的章程，大都包含乡村教育建设条款，如投资建设、办培训班，提高乡村教育水平。通海垦牧公司规定："半日小学校、农学校、社仓、保甲义园，并由公司建设修理。"② 大丰公司规定公司应承担"境内之水利、交通、教育、保卫、慈善、赋税及管理上一切用费"。大豫公司规定："各区中公司规划地段建设国民学校，专教各佃户年及学龄之儿童，不收学费以示优待。如有成绩优秀，并由公司转送于附近高等小学或农学校。"③ 而其他公司也有类似的规定。根据张炎的统计，到抗战前夕，淮南盐垦公司管理处所属的17个公司共建了56所中小学，大丰公司还建立了2个植棉技术培训班。④ 盐垦公司把大量的资金投入开垦区的教育，利用创办的学校向农民传授一些农业生产技术和农业知识，农民的文化水平不断提高。滩涂开发中，盐垦公司为社会培养了大量的各类人才，农民的文化素质和精神面貌有很大提高和改

---

① 顾毓章：《江苏盐垦实录》，197页，张謇研究中心编印，2003。
② 张謇：《张謇全集》，第三卷，224页，南京，江苏古籍出版社，1994。
③ 南通市档案馆藏档案：案卷号B414-111-71。
④ 严学熙：《张謇与中国农业的近代化》，见严学熙、倪友春：《论张謇——张謇国际学术研讨论文集》，417页，南京，江苏人民出版社，1993。

变，一定程度上改变了苏北沿海滩涂区文化教育落后的局面。

（四）农业合作社兴起，提高了农业经济发展速度

农业公司的出现，催生了农业合作社的兴起。例如，在盐垦公司创办前，苏北的棉花产销是按棉农种棉、商贩收购的单一形式进行的；盐垦公司成立后，棉花产量大幅度增长，就主要通过盐垦公司直接或间接运往工厂，工厂生产棉布、棉纱后再销往市场，形成了农、工、商产业一体化的企业模式。这种形式和我们现在提倡的种植业与加工业一条龙、产供销结合极其相似。① 农业公司的规模化、规范化经营，催生了合作社这种新型组织，从而直接提高了农业经济的发展速度。

（五）农业公司的发展，加快了相关基础设施建设的步伐

水利工程是农业生产的命脉，农田水利设施作为农业基础设施之一，对种植农业发展的重要性不言而喻。因此，兴修水利是农田基本建设的一项重要内容。盐垦公司进行的农田水利建设，在抵御水灾、土壤改良和新型农机具采用等方面起到了积极作用。正如马克思所言："资本能够固定在土地上，即投入土地，其中有的是比较短期的，如化学性质的改良、施肥等，有的是比较长期的，如修排水渠、建设灌溉工程、平整土地、建造经营建筑物等。我在别的地方，曾把这样投入土地的资本，称为土地资本。它属于固定资本的范畴。"② 农业公司在创立时对水利建设的投入，促进了当地乡村的基础设施建设。

六、乡村变化对农业公司的影响

新兴农业公司给乡村带来变化，乡村变化也会对农业公司产生影响。民国时期，一些具有时代意义的生产要素和交通要素陆续注入广大乡村，促进了农产品商品化进程，推动了农业公司的诞生和成长。例如，农产品的国内外贸易环境、农产品的交通物流环境、乡村教育职业培训环境以及新型城乡关系等。传统社会的乡村经济基本上是男耕女织、自给自足的自然经济，除了以田赋名义征收的粮食通过漕运远距离流通外，农产品主要是本地市场的消费品。进入民国以后，随着机电交通工具如火车、轮船、汽车的出现，国际化农产品市场的形成，近代乡村学堂教育和农民职业培训的发展，为农业公司提供了前所未有的商品贸易环境。

---

① 陈佐：《"沙里人"与张謇的盐垦事业》，见严学熙、倪友春：《论张謇——张謇国际学术研讨论文集》，803页，南京，江苏人民出版社，1993。
② 马克思、恩格斯：《马克思恩格斯选集》，第2卷，540页，北京，人民出版社，1995。

(一)乡村运输条件的改善

影响农业生产和农产流通的社会环境中,交通运输方式是重要因素之一。铁路、公路和轮船海运业的发展,对农业、农村和农民生活产生了深刻影响。交通道路沿线和枢纽城镇近郊的村庄,是新兴农业公司集中地和物流集散地。

中国从1874年提出了修筑铁路的奏议,到1948年年底,共建成铁路干线58条,全长23 443公里,连同各路支线,共计24 945公里。① 铁路加强了农村、城市及港口的联系,为农产品、工业原料运往城镇和港口,以及为工业消费品运往农村提供了交通运输的便利,农产品的出售量大幅增加。

统计数据表明,1916年京绥铁路通车后,沿线所产谷物的80%都由京绥铁路转运到京汉、津浦、京奉等铁路沿线销售。西北的河套地区盛产珍稀杂粮,通过铁路运到包头,销路大开,一直运销到北京、天津等地。内蒙古的丰镇、集宁等地出产的油料胡麻等,也经由铁路运销到北京和天津地区。青海、宁夏、内蒙古各地的驼毛、羊毛,新疆的棉花、葡萄干,甘肃的药材,辗转通过陇海、京绥铁路,运销北京、天津、上海、武汉等地。在这个过程中,大量的农业运销公司、运销合作社应运而生。②

与铁路运输形成水陆并驱局面的是轮船业。民国时期,特别是北伐战争胜利后,中国轮船航运业处有所改善,一批轮船航运公司诞生了。1936年全国有轮船公司64家,拥有轮船81艘15 114吨位。1934年国民政府收回了海关航运管理权,建立了交通部直属的上海、天津、广州、汉口和哈尔滨五大航政局,统管全国航政工作。③

民国时期的汽车运输起步相对迟缓。1917年中国出现第一家汽车运输公司是张库汽车运输公司,经营张家口至库伦(今蒙古人民共和国乌兰巴托)间的运输业务。1927年国民政府迁都南京,汽车运输业务主要供军用。抗日战争期间,先后设立了西北、西南物资运输处,有中国运输公司、复兴公司等运输机构,开展全国汽车货物运输业务。④

总之,民国时期,我国的铁路、轮船、机械、电力以及西方科技装备的发展,在经济上、政治上乃至文化上都出现了前所未有的变局。现代式交通运输改变了乡村的面貌,改善了农业生产的环境,同时促进了农业公司的发展。

---

① 严中平:《中国近代经济史统计资料选辑》,171~180页,北京,科学出版社,1955。
② 张明艳:《中国近代铁路的修建与农产品商品化率的提高》,载《中国市场》,2010(32),138~140页。
③ 朱荫贵:《1927—1937年的中国轮船航运业》,载《中国经济史研究》,2000(1),37~54页。
④ 本段数据来自百度百科网络文章《中国近代公路运输》。

(二)乡村集市贸易的发展

民国时期,逐渐形成的交通运输网络将乡村、集市、市镇、城市连结成立体的市场结构。随着商品性农业的发展,棉布、卷烟等工业产品以及蚕丝、茶叶、油料作物等农产品增多,农村地区的商品流通迅速扩大,构成了农村市场体系的空间分布。

研究表明,20世纪30年代,安徽农村集市,平均每县增加镇集51.6个,增长661.5%;山东省其次,平均每县增加48.5个,增长241.5%;江苏省平均每县增加60.6个镇集,增加225.3%。① 这样的增长趋势,正好与商品经济的发展相吻合。

棉花、茶叶、大豆、芝麻以及花生、烟草等经济作物的种植面积和种植区域都呈现前所未有的扩展。经济作物的发展对于扩大农业基础、提高经济效益、增加国民积累和促进资本主义农业公司的发展有重要作用。

(三)农业区域化布局的形成

农业生产结构的变化是自然环境、社会经济、生产技术和传统习惯等多种因素综合作用的产物。据统计,1873—1930年我国各种商品出口中,农产品的价值由原来的2.6%上升到45.1%。20世纪20年代,东北各省农产品出口量占市场总投入量70%以上。1924—1930年,东北产大豆79.3%用于出口,国内消费的只占20.7%。1925年直隶等6省16县所生产的花生有52%用于出口。② 1936年在华外资纱厂拥有的纱锭数占总纱锭数的46.2%,拥有的线锭数占总线锭数的67.4%,拥有的布机数占总布机数的56.4%。③

轻工纺织和农产品加工制造业的建立,极大地促进了商业性农业的发展。在传统乡村,经济作物主要作为农村家庭手工业的原料,大部分在农村就地加工成手工业品进入国内市场。民国时期,经济格局发生了变化。经济作物生产不仅要为传统手工业提供原料,而且还得自觉或不自觉地为世界资本主义市场和国内近代机器工业提供原料。20世纪30年代初期,中国作物商品率在30%以上的作物有:烟草(76%)、鸦片(74%)、花生(61%)、油菜(61%)、棉花(37%)、大豆(30%)。相比之下,粮食作物商品率较低,其中稻米为15%、大麦为12%、小米为10%。④ 经济作物的大量集中种植,为农业公司提供了充足的原料,保障了农业公司的运营发展。

(四)乡村教育与职业培训的发展

在影响农业发展的诸多要素中,农民文化素质的提高,是至为重要的因素之一。

---

① 慈鸿飞:《近代中国镇集发展的数量分析》,载《中国社会科学》,1996(2),27~39页。
② 章有义:《中国近代农业史资料》(2辑),229~231页,北京,生活·读书·新知三联书店,1957。
③ 严中平:《中国近代经济史统计资料选辑》,136页,北京,科学出版社,1955。
④ 卜凯:《中国土地利用资料》,235页,上海,商务印书馆,1937。

我国乡村教育是"五四"运动以后蓬勃兴起的一种教育思潮和教育运动。1915年以后，随着新文化运动的兴起、国内经济结构的变化和西方教育理论、教育制度的影响，出现了许多新式教育思想，它强调教育的平民性、实用性、科学性。民国时期乡村教育的发展，对于促进近代农业的发展、改善农民生活状态、促进城乡资源流动，都起到一定的积极作用。

从"五四"运动到中华人民共和国成立前夕，晏阳初、梁漱溟、黄炎培、陶行知、俞庆棠、雷沛鸿等一批杰出的教育家，积极推进了乡村教育的诞生和发展。

这一时期的乡村教育的发展，至少为一部分农村青少年和一部分农民提供了最基础的初等教育或职业教育，同时也为闭塞的传统乡村打开了一扇文明的窗口。通过新式教育，一些农村中的农民提高了接受近代农业科技的能力、适应市场商品经济的能力以及外出进入城镇工厂谋生的能力。乡村教育构成了乡村发展的一个新要素、新环境，同时也为新式农业公司输送了具备一定识字水平的劳动工人。

总之，农业公司的发展推动了乡村建设的进步。与此同时，乡村的进步，又反过来保障和带动了农业公司的发展。

第一节　民国时期的农业科技进步
第二节　现代农业要素的应用
第三节　深入乡村的农业推广者
第四节　民国时期的农业遗产

第七章　农业科技进入乡村

晚清西方实验农学传入中国，使民国时期农业科技有了一定发展，在很多领域都取得较大进步，近代农业推广体系逐渐确立。民国时期是中国农业现代化起步期，农业科技逐步在农村普及推广。

第一节　民国时期的农业科技进步

一、清末农业科技近代化的萌动

我国在清末开始设立管理农业的专门机构，颁布与农业相关的专项经济政策和奖励章程，积极兴办农业学堂、农事试验场，鼓励民间兴办农业公司、公社、农学会。20世纪初，中国农业由传统向近代转型趋势初露端倪。农业行政机构、科研机构、农业公司逐渐设立，近代农业体系开始形成。据统计，1911年年初，全国各地机构"其归入农林项下者，各学堂、公司、局、厂、试验场、农务总会等，计一万零九百七十三处。归入工艺项下者各学堂、公司、局、厂等计一千一百一十五处"。[1] 宣统三年三月初八日的《政治官报》记载，农工商部奏汇的《各省已办农林工艺实业开具清单》，标志着清末全国范围内的农业科技体系基本建立。这些举措为民国时期农业科技进步打下了基础。

（一）农业科技的启蒙

各地相继创办了各种近代报纸杂志，这些报纸杂志在介绍和传播近代西方科学知

---

[1]《政治官报（折奏类）》，见《农工商部奏汇核各省农林工艺情形折》(1231号)，151页，文海出版社印行，宣统三年（1911）。

识的同时,也把西方农学知识引入中国,在近代农学启蒙方面发挥了重要作用。《申报》《东方杂志》《格致汇编》《中日见闻录》《时务报》《实学报》《教育世界》《游学译编》《译书会公报》《经济丛编》《农工商报》《农工杂志》等报纸杂志都涉及近代西方农业新知识技术宣传和科普。1897年罗振玉等在上海创办《农学报》,主要刊载西方国家的先进农学知识,包括农业经济学、农用光电学、农艺化学、农业气象学、农业生物学、土壤肥料学等。其中农艺化学、农业气象学、农业经济学是当时世界上的前沿创新学科,对于中国的农业科技启蒙,起到了很大的作用。除此之外,还介绍了西方国家的农政管理和农业应用技术,如作物技术、园艺技术、肥料制造施用技术、植物病虫害防治技术、农产制造技术等。[①]《农学报》连续出版了近9年,1906年12月停刊,共发行315册。

(二)近代蚕业科技的诞生

19世纪80年代,宁波海关税务司康发达对浙江蚕区的蚕种及蚕业生产状况进行了调研,收集蚕茧送至法国进行病毒检验,选派留学生赴法学习现代蚕种制种技术,还进行了蚕种改良的初步实践。他在《蚕务条陈》中系统地提出了改良中国蚕种的主张。蚕学馆创设于光绪二十三年(1897)七月,馆址在杭州西湖金沙港,是中国最早的培养蚕桑专业技术人才的专门学校。林启在光绪二十二年(1896)春调任杭州知府,积极推行新政,主张创办各类新式学堂,并认为振兴浙江实业应以蚕业为要。他目睹民间养蚕连年歉收之现状,决定采纳康发达所著书中有关蚕务的建议,于光绪二十三年(1897)夏禀请当时浙江巡抚廖寿丰筹款创设养蚕学堂,先请试办三年,经费拟照康发达定为十万之数,后减之又减,以三万元为额,划分三年。同年七月浙抚总署批准开办,林启亲任蚕学馆总办。光绪二十三年(1897)九月初一日,蚕学馆开始在杭州西湖金沙港关帝祠旧址动工兴建馆舍,光绪二十四年(1898)二月二十九日竣工。光绪二十四年(1898)三月十三日蚕学馆开学,所设课程包括物理学、化学、植物学、动物学、气象学、土壤学、桑树栽培学、蚕体生理学、蚕体解剖学、养蚕学、显微镜操作、制种、蚕茧检验、生丝检验等,学制二年。初聘曾被派往法国学习的江生金任总教习。江辞职后,经日本驻杭领事馆介绍,改聘日本宫城县农学校教谕轰木长担任。"馆正"初聘邵章,邵辞,后改聘沈铭。"学生数额三十名,不论贡生童,有能家世业蚕,文理通顺,年在二十左右,明敏笃静者,准其报名投考。惟短视人于显微

[①] 刘小燕:《〈农学报〉与其西方农学传播研究》,西北大学硕士学位论文,2011。

镜不相宜。"首期额内学生实到 25 名，自贴伙食不交学费的保送额外生 8 名。第一届实际毕业者共 16 名，他们大多被派往杭、嘉、湖、宁、绍五府所创的养蚕会充任教习。蚕学馆于 1908 年改名为浙江中等蚕桑学堂。以后，虽经数次易址和改名，但其作为蚕桑学校的性质始终未变，并且自创办至今学校几乎从未中断。现浙江丝绸工学院、浙江大学蚕学系等前身均为杭州蚕学馆。

（三）新式农业科研教学机构的设立

从 19 世纪末到 20 世纪初的二三十年代，中国的近代农业科学技术基本走完了从启蒙到体制化的过程。农业教育方面，高等农业学堂 5 所，在校生 530 人；中等农业学堂 31 所，在校生 3 226 人；初等农业学堂 59 所，在校生 2 272 人。辛亥革命的前一年还在安徽省成立了一所私立高等农业学堂，但是没有史料证明这所私立高等农业学堂在革命的当年已经招生。此外还有一所当时的最高农业学府——京师大学堂农科，但是这个农科（1910 年改称农科大学）招生很少，1910 年只招收了 17 名新生，1913 年的毕业生人数为农学科 25 人，农艺化学科 17 人。农业教育的另一方面是农科留学教育。据不完全史料统计，辛亥革命时，中国的农科留学生人数有：留学日本 112 人（其中各级农业学堂 58 人，帝国大学农科 54 人）；留学欧洲各国 12 人；留学美国 51 人。农业科研方面，设有国立的农工商部农事试验场，还有省立的如山东农事试验场、保定直隶农事试验场、江西农事试验场、奉天农事试验场等等。值得注意的是，1908 年清廷专门设立了"劝业道"机构，归督抚领导，其职责是掌管全省农、工、商、矿、交通等。因此，各省劝业道实际上也兴办过一些农事试验场或类似于试验场一类的机构。到辛亥革命时，全国约有各级农事试验机构 40 余处。[①]

二、民国时期农业科技发展

（一）国民政府设置的农政机构

1912 年元旦，新生的中华民国成立南京临时政府，其政府部门中设有实业部，该部兼有掌管全国农政的职责。同年中央政府迁往北京，将实业部分为农林、工商二部。次年又将工商部中的商业职能划入农林部，名称也改为农商部。1927 年再度将农商部

---

① 曹幸穗：《启蒙和体制化：晚清近代农学的兴起》，载《古今农业》，2003（2），41~47 页。

改组成农工部。北洋政府管辖下的各省地方政府一般都设有实业厅，县级政府设实业科，形成了从中央到地方的农政管理体系。在一些边远小县，人力财力不足，政府机构不健全，县内的农政职能委由教育科掌管。北洋政府除了对当时的中央农事试验场进行改组扩建之外，还针对中国农业的实际情况新建了一些具有专业性、地域性特点的新机构。例如，在北京天坛、山东长清和湖北武昌分别设立了林业试验场，又在河北正定、江苏南通、湖北武昌、河南彰德等地设立了棉业试验场，在河北张家口、北京西山、安徽凤阳设立了家畜良种试验场。这些农林试验机构直属中央农商部，名义上都是国家级的科研机构。在当时的农业试验风气影响之下，不少省份也相继改组、扩建、新建了农业试验场。到1917年，全国共有各类试验场113处。其中最具有本土化特点的是那些与地方农业特点紧密联系的专业性试验场，如棉花试验场、水稻试验场、麦作试验场和茶业试验场等。

（二）棉业科技首开农业科技应用先河

中国近代棉纺织工业兴起，对棉花原料的需求急剧增长。而中国原先栽种的棉花品种纤维短、品质差，不能适应近代机器纺织的需要，于是朝野人士从不同途径多次引进了美国的优良棉种。但是美国棉花不能适应中国的土壤气候，品种严重退化，品质下降，以至于最初的几次引进均未成功，出现了"良种不良"的情况。如何对引进的美国棉种进行驯化和提纯，成为中国棉业发展的关键问题。1914年，著名实业家张謇出任农商部长，立即批示在河北正定、上海、武昌、北京设立四个直属农商部的棉业试验场，以试验、驯化、选择美国棉种为主要任务。事隔5年的1919年，上海华商纱厂联合会出资成立民间性质的"植棉改良委员会"，并在宝山、南京设立棉业试验场。各产棉大省也成立了专门的棉业研究机构。此外，位于南京的东南大学和金陵大学的专家教授也参与了棉花选种研究。到20世纪30年代初，中国成立了拥有现代科学设备和管理机制的中央农业实验所，以及此后不久成立的中央棉产改进所，为中国棉花育种研究增加了科学力量。近20年中，中国集中了大批棉业专家，在中国南北各地设置数十处试验种植点，对从美国购进的31个棉花品种进行严格的驯化栽培和选育，先后选育出适合黄河流域种植的"斯字棉4号"和适合长江流域种植的"德字棉531号"作为当时的推广品种。1940年，再次对从美国购入的新棉种"岱字棉"进行驯化试种，经过近5年的选育提纯，育成"岱字15号"良种，比此前推广种植的"斯字棉4号"和"德字棉531号"更为优良,"岱字15号"也是20世纪50年代新中国的主要种植品种。[①]在推广种植经过改良、适合中国不同区域栽培的良种棉花之后,20世纪前半期中国棉业得到了快速发展,棉花产量增加而且所产棉花纤维品质大幅提升,适应了机器纺织的质量要求。

(三)稻麦育种取得重要进展

中国近代水稻育种主要采用了三种育种技术,并在育种实践中,结合中国水稻品种的生长特点及栽培习惯对这些源自西方的育种技术作了改进。原颂周教授被认为是中国近代运用遗传学原理开展水稻育种的首创者之一。1919年,他在南京高等师范的试验农场,对当地栽培的以及从其他地方征集的10个水稻品种进行了品种比较试验和选种改良。这次严格按照水稻育种学原理和方法进行的育种试验,从1919年开始,历经近6年,至1924年秋,育成了"改良江宁洋籼"和"改良东莞白"两个品种。经长江中下游地区推广试种,产量及品质均优于当地原栽品种。自此开始,南方各地区的许多大学和农事机构都加入了水稻育种的试验工作。1933—1936年,由中央农业实验场主持,在全国范围内同时开展了2 031个水稻品种的比较试验,选出良种89个,其中表现最优的"南特号"早熟水稻品种,成为当时及此后30年间中国南方稻作区推广的重要品种。著名水稻育种家、广州中山大学丁颖教授创造了"小区移栽法"代替了洛夫的"纯系株行法"。丁颖的办法是在育种周期上将洛夫的7~9年缩短为4~5年,并适应了中国水稻栽培的移栽技术特点。

20世纪初期,小麦育种科学研究逐步开展,中国育种家顺应时代需要,运用近代育种技术,增加小麦产量,提高小麦品质。南京金陵大学最早开展小麦育种。该校于1914年在南京郊区的麦田中发现一个表现优异的小麦植株,当即摘回,以后连续8年采用"纯系穗行育种法"对其进行提纯和选择,至1922年最终获得一个符合育种目标的优质小麦良种,取名"金大26"。这是中国近代采用科学育种技术培育成功的第一个小麦良种。受此次成功的鼓舞,金陵大学自1925年起,先后在华北地区各省设立了8处小麦试验场,先后培育出一批小麦良种。其中,由沈宗瀚教授主持育成的"金大2905"是当时中国种植面积最大的新式小麦品种。南京另一所著名大学中央大学也是近代重要的小麦育种机构。1920年,该校获得了上海面粉厂商协会的经费资助,大力开展小麦育种试验,育成早熟高产良种"江东门"等一批良种。1930年后,该校又

---

① 曹幸穗等:《民国时期的农业》,载《江苏文史资料》(第51辑),114~116页,南京,江苏省政协文史资料编辑部编印,1994。

从国内外征集引进了 1 000 余个小麦品种进行品种比对试验栽培,从中选出优良品种"中大2419"。该品种原产于意大利的"孟它那",中央大学教授金善宝对它进行了12年的驯化选择培育,使其成为适合长江中下游地区栽培的优良小麦品种。中华人民共和国成立后,该品种仍是中国小麦的主要栽培品种。①

(四)蚕桑技术从引进到本土化

民国前期,中国传统的蚕桑业发生了重大变化,取得了明显的进步。民国初期,蚕丝业研究队伍进一步扩大,在一些蚕丝产区出现了一批独立的专业化研究机构,其中规模较大的有浙江省立原种制造场、江苏省立扬州蚕桑模范场、湖北省立蚕桑试验总场、广东丝业研究所。据1924年《中国年鉴》记载,当时全国有专业蚕桑试验场10所。此外,在许多蚕校和蚕丝业官方组织和民间机构中,也附设有相应的研究机构。如山东省临朐县农会1919年创设了山东第一家专业蚕种制造所,稍后各地仿效,建立了10余家蚕种制造所。鉴于"中国蚕丝有一最大缺点,即为蚕种病毒之多,一所含病毒,常在百分之九十以上",因而当时的蚕丝业研究主要任务是研制和推广改良种。到20世纪20年代中期,新蚕种研制取得了突破性进展,为蚕丝业改良的进行提供了必要的技术条件。民国初期,由于丝界人士的呼吁和提倡,蚕丝业教育和科研人员的参与和推广,政府采取了相应的政策和措施,我国丝业改良取得了一系列新进展。②

民国时期蚕桑业改良普遍开始,江苏、浙江、广东、四川等地进行得更是如火如荼。1916年,法、德、美、英四国旅沪丝商联合,会同中国丝茧商组织的江浙皖丝茧总会所,成立"中国合众蚕桑改良会",改进江、浙、皖三省的蚕桑业。这是民国时期改良中国蚕业的一个重要机构,它兴办制种场、创设指导所、设立蚕业学校、培养技术人才,对促进民国时期的蚕业改良乃至对中华人民共和国成立后蚕桑业的发展,都起到了积极的作用。1920年前后,江浙蚕业学校和蚕业试验场已试制一代杂交种。1924年前后,我国人工孵化秋蚕种成功。制种技术的进步,为蚕业推广和发展创造了条件。有鉴于此,江苏省立女子蚕业学校于1924年春在学校附近及吴江县农村各设一个养蚕指导所,同年又在无锡北乡设一养蚕指导所,帮助农民催青稚蚕、共育蚕、室蚕具消毒,指导科学方法养蚕等,这是我国最早的养蚕指导所。在乡村中推广先进技术,开办合作社,推动了乡村蚕业的发展,对乡村蚕种改良和乡村蚕业产生了重要

---

① 郭文韬等:《中国近代农业科技史》,142、163 页,北京,中国农业科技出版社,1989。
② 李平生:《论民初蚕丝业改良》,载《中国经济史研究》,1993(3),68~77 页。

影响。

(五) 农业科技在农业生产中的应用

实验农学思想开始与中国传统农业生产技术相结合,并全面向农业的各个方向渗透。中国园艺科技的传播与推广活动,也由单纯的翻译国外相关园艺知识,向科学试验和田间试验转变,迈开了与近代西方园艺科技结合的新步伐。1912—1948年,园艺科技逐步走向现代。用近代实验技术对我国原有的果蔬栽培经验进行科学论证和改良,科研机构增建,园艺学会成立,园艺推广事业展开,[①] 蔬菜科技作为园艺科技的重要组成部分,经历了由浅入深的认识、结合、发展过程。

20 世纪 20 年代后,各大学所属园艺场开展了大量的科研活动。如金陵大学农学院的园艺场开展蔬菜良种培育及国内外优良种苗的推广工作,岭南大学农学院农事试验场重点引种及大量推广蔬菜品种。[②] 1931年,中央农业实验所成立后,开展了作物害虫防治调查研究,取得了一些成就。如该所对危害甘蓝等多种蔬菜及其他作物的菌核病开展研究。

抗日战争爆发后,虽然时局纷乱,但在不同地区,仍旧有各类机构坚持开展蔬菜科学技术的研究。1938 年前后,浙江省农改所进行了蔬菜方面的品种观察与比较,比较的甘蓝有 11 种,结球白菜有 5 种。1939 年湖北省农业改进所进行了西红柿繁殖试验,抗战期间还相继引入了地瓜、西红柿等新品种,并选获、繁殖和推广了无刺菠菜、缩面南瓜、江南长南瓜、南京白菜等。1948 年江西省农业改进所在蔬菜方面开展调查,详细了解本省优良蔬菜,如信丰胡萝卜等的分布、品质、栽培方法。延安光华农场,对育苗、移栽、田间管理、施肥等蔬菜栽培技术进行总结和推广。育苗的苗床管理、种子催芽处理、苗期的肥水管理、除草、施肥、摘心、疏果等田间管理,以及常见蔬菜病虫害的防治等,在广大农民中得到广泛传播。

民国时期,病虫害防治、农机具、土壤肥料、农田水利、茶业科技、畜牧兽医、农业教育、农业科研实验和农业推广等领域都取得了一定的发展和进步。中国共产党领导的抗日根据地和解放区普遍重视农业科技研究和推广,也取得了一些成绩。当时的台湾、"南满"铁路附属地、东北地区、华北地区也相继设立农事试验机构,从事粮食和豆类作物育种、经济作物和园艺作物试验、畜牧兽医、农业教育和农业资源调查等。

---

① 郭文韬等:《中国近代农业科学史》,323~339 页,北京,中国农业科技出版社,1989。
② 丁晓蕾:《20 世纪中国蔬菜科技发展研究》,南京农业大学博士学位论文,2008。

第二节　现代农业要素的应用

一、合成肥料的知识启蒙

我国对西方近代人工合成化肥农药的介绍，肇始于19世纪末。当时主要由上海江南制造局附设的翻译馆负责翻译出版国外的化肥农药文献，出版的相关书籍很多，如《农学初阶》《农务化学问答》《农务土质论》《农学津梁》《农务化学简法》《农务全书》等。这些农学专著是19世纪中后期欧美农学家编著，其中都有论述肥料科学知识的内容。前面提到的《农学报》也刊载过欧美和日本的土壤肥料专著十余种。通过编译国外肥料科学知识书籍，逐步把当时的先进肥料学理论和技术介绍到中国来。当时关于肥料学方面的介绍甚多，显示出朝野各界改进农业技术、增加产量的迫切和关切。民国以前我国翻译出版的农田肥料专著有《论粪田》《论肥料》《肥料篇》《肥料效用篇》等。

《论粪田》首次介绍了植物营养知识，首次提到植物生长不可缺少的氮、磷、钾三要素，从学理上解释了肥料中所含的化学元素及其特性，指出钙、钾、镁、硫、氮、氧、氯等元素的肥力效果。该书开篇写道："天下弃物，皆可粪田。草木之质，人畜之矢，动物之毛骨，无不供用。今则由学问以精求田事，若化学植物性理诸名家，教导农人，变通新法，多用金石类以为肥料。如镁氧、铝二氧三、氮气、磷氧五及钾质等不一，而粪溺等质，用处亦广。因粪中含杂质最多，易与植物化合。若兽粪海草鱼秽等，皆为粪田第一层之用，又有烘法，近甚通行。其理以植物发荣滋长，根抵生结，最喜熟气，盖热气蕴藏炭氧二，暗使改变，犹如以金类粪田耳。古时粪田有用骨类，或块或碎，未有一定。旋有人考得磨骨成粉，生长较易，追理弱衍，创得新法。用骨与硫氧三相和。于是化学之法兴，获利益宏……现肥田料，大都以钙氧氮氧、钾氧氮氧、氮氢硫氧等，而推氮氢五及含氮养五之质为最佳。他如钾氧盐类，粪田亦肥甚，凡泥地及近河之区，内多含钾氧，若中心松散之地，宜肥以钾氧，如氮氧五、硫氧三、氢氯等，多寡不一。"

《肥料篇》用浅显易懂的语辞，对肥料知识作了系统的介绍："如斯植物养料，资天然供给，故山林原野所生，天然植物，毫不仰借人工，由天然养料，繁生不衰，此等植物,若其一部,及全部枯死,则不但还所吸收养分于土壤,又能加给自大气中所得者,加以有动物死体排泄物等,委之地上,是以土壤次第得增加养料。故虽垦新地,不须施肥,而多收获者,职是故也。寻常田圃与此异趣,不关土壤肥瘠,又不问植物种类,与产额如何,悉夺其所产物,无以还付。故其土壤渐次衰乏,为之疲瘠,是其常也。世之农家,欲维持丰饶,以御乏竭,须还补植物所吸夺养料之几分于土壤,是所以有施肥之法也。"由此可知,当时人们已经注重对肥料的研究与应用,且作了深入研究,基本形成了肥料学这一农学门类。①

二、化学合成肥料传入我国

1843年英国首先制造过磷酸钙,20世纪初制成合成氨,后来陆续制造出更多种类的无机化肥,其所含有效成分大多能被作物直接吸收利用。1904年化肥首次输入中国。在这之前,《农学报》和农务会曾经介绍和倡导使用化肥,翻译了国外有关化肥的书籍,所以化肥的传入,在知识界已经有所知晓,比较容易接受。但是在乡村社会,这种"略带刺激性气味"的粉状物,农民闻所未闻,不知何物。销售化肥的洋商在广告上称"肥田粉",这成为我国早期对农用化肥的统称。化肥初到中国,销量甚少。除了少数农业科研机构和开明的农业经营者少量购入使用外,普通农民还在沿用古老而传统的农家肥培壅作物,并未使用化肥种田。

据记载,上海进口的第一批化肥是合成硫酸铵。设在上海的德国商社"礼和洋行"专门印制了相关宣传材料,题目是"格致肥料改良农务种植全书"。这是洋商在我国推销化肥最早的宣传品。此外,化肥经销商也在当时著名报纸如《申报》上刊登化肥广告。这些举措,对于我国了解接受化肥起到了积极的宣传普及作用。国内不少城市逐渐有了化肥经销点,在城市郊区的蔬菜种植上使用。1910年,广州市有了两家化肥销售公司,主要出售适合叶用蔬菜施用的硫酸铵。此后,除硫酸铵外,过磷酸钙、智利硝石、汤麦斯磷肥、氯化钾、硝酸铵、磷酸铵、硫酸钾等,也陆续传入中国。在民间,所有这些化肥还是被统称为"肥田粉"。民众多数不能区分不同的化肥用于不同的作物、不同的化肥有不同的施用方法和施用时间等,因此经销商都雇请若干肥料推广技师,负责在田间指导农民使用。

---

① 参见刘小燕:《〈农学报〉与其西方农学传播研究》,西北大学硕士学位论文,2011。

三、民国时期化肥的使用

在华推销化肥的商人主要来自英国和德国。20世纪20年代前期,为了经销"蛾眉月牌"肥田粉,验证化肥肥效,英商卜内门洋行专门在沪西愚园路设立了一个"肥田粉农事试验场",在农场里栽种常见蔬菜,施用化肥与普通农家肥进行比对试验,让郊区农民和地方人士现场参观。施用化肥的蔬菜长势明显优于施用普通肥料的,上海郊区的菜农在参观中相信了化肥的效力,一些蔬菜种植大户开始在菜园施用化肥。与此同时,经销德国产"狮马牌"肥田粉的德商爱礼司洋行提出与中华农学会在上海合办"农学研究所",附设农事试验场,共同进行肥料试验,目的也是推销产品。后因德方要求在试验场设置过多其推销的肥田粉宣传,有失科学实验的中立公允,中华农学会终止了合作,已着手组建的"农学研究所"也停止建设。在广州,也先后有几家外国化肥经销公司与岭南大学农科合作,举行肥料试验,目的亦在宣传。

经过外国商人的大力宣传,化肥在我国农村逐渐打开了销路。我国从1906年开始进口化肥后,进口数量逐年增加。民国元年(1912),全国年进口化肥约在80万担左右,1923年超过100万担。1924年以后的数年间,化肥进口数量缓缓上升,1928年则猛增至250万担。在沿海一带交通便利的城市,化肥成为重要商品。甚至乡间集镇上的小店也代售化肥,偏僻村落亦有肩挑小贩卖化肥。据民国史料记载,最早使用化肥的农户,主要集中在沿海地区一些经济较发达的乡村。从广州进口的化肥,广东沿海各县农户购买最多,其次是福建农村。从上海进口的化肥,售至江苏、浙江农村。浙江销售化肥主要在沿海台、温、绍、杭所属的一些县。此外,青岛进口的化肥集中销售于山东农村,天津进口的化肥销售于胶济铁路沿线及河北农村。

西方国家生产的化学肥料在中国沿海经济发达地区的推销和使用,对传统有机肥造成冲击。化肥增产效果明显、施用方便,深受农家喜爱,一些专家学者也大力倡导化肥的使用和推广。化肥在广大农村的使用范围不断扩大,浙江、江苏、福建、河北等地区施用很普遍。20世纪30年代调查显示,河南一些县农民已经使用化学肥料,在平汉铁路"多见土墙砖墙之上,尽有红色'卜内门肥田粉'之广告"。武陟"外来之肥田粉,用者亦多"。禹县"有一二家售舶来之肥田粉者,但以土质不宜,使用者甚鲜"。沁阳"肥料种类来源可为二:一为土产,一为舶来"。

舶来品化肥,有两种:"一为美国产肥田粉,一为德国产智利硝石,每包重一百七十斤,值国币二十四元。"温县"间有用肥田粉者,每石洋十二元,系外国货,来自外埠"。汤阴也有"外运来肥田粉,每斤五六毛不等,用者甚少"。孟县"有肥田粉,系由西洋输入,每斤一角二分,农户用者无多"。洛阳"有德美人造肥田粉,每石约售洋十一二元"。[1]化学肥料的使用虽然不多,但反映出河南传统农业技术正在发生变革。

化肥销售和施用问题的增多和其他社会经济因素引发了民国时期关于化肥利弊及其对土壤环境影响的持续争论。例如,时属广东所辖的钦州,曾有讹传事件见诸报端:"近年肥田粉之输入,年见激增,各公司名目百出,竞争发售,农民多为其广告所迷,更为其宣传员所惑,此种现象,广东各处尤为普遍。今年广东西部,钦廉八属之农民,施用各种肥田粉栽培稻粟蔬菜者,益形增加。及至秋收后,竟有出于意料之悲剧发生,农民之用肥田粉培壅之稻粟蔬菜,食之竟有毒死者,投之狗,狗亦死,计钦廉八属农民因此死者已达千余人。现闻有钦州商人贱价收买此种粮食,运入广西南宁各处出售,以获厚利,近闻广西战区人民之购买此种粮食而致丧亡者,亦时有所闻,肥田粉之杀人,可惨亦可异矣。"[2]在浙江东阳县,因水稻感染瘟热病,损失甚巨,当地亦将之归咎于舶来之肥田粉。民众都认为肥田粉贻害太大,希望省建设厅取缔。[3] 1933年,浙江省建设厅曾发文取缔肥田粉广告。可见在化肥引入之初,认识分歧之大。

从科学的角度考察,发生上述情况,多是由于农民施用不当,或施用过量,或用法不当,竭尽地力,导致土质失调,反致减产失收。正常情况下,化肥施用得宜,确能提高作物之产量,增加农民收入。如果施用不当,则会造成经济上的巨大损失。当时浙江发生的"石田"现象,就是过量滥施化肥导致的土壤板结。民国时期的土壤肥料专家封志豪对此作过对比试验。他的研究结论是:"传统天然肥料,富含有机质,有改良土性之效,含有作物所需各种养分,无毒副成分,用量稍多亦无妨,效力迟缓且能持久。而肥田粉,养分浓厚,容积小,便于搬运施用,效力迅驰宜作追肥。"[4] 20世纪20年代后期至40年代初期,社会上出现了诸多反对化学肥料的言论,关于化肥与有机肥优劣的争论文章频频出现在各种农业报刊上。这场持续的争论,加深了人们对于近代肥料变革的认识,推动了化肥购销和施用的研究及管理,也促进了有机肥与化

---

[1] 黄正林:《制度创新、技术变革与农业发展——以1927—1937年河南为中心的研究》,载《史学月刊》,2010(5),33页。
[2] 《肥田粉杀人之传闻》,载《农业周报》,1930年(61)。
[3] 《肥田粉诱致稻热病》,载《农业周报》,1931年(17)。
[4] 封志豪:《肥田粉浅说》,载《科学世界》,1933年(11)。

肥配合施用方针的形成。①

第三节 深入乡村的农业推广者

中日甲午战争后，国内农学团体和农业学堂普遍开展农业推广活动。早期的农业科技推广主要集中在蚕桑和棉花方面。到民国时期，农业推广开始由各地的大学农科和农业科研机构进行，主要是推广小麦和水稻良种以及改良美棉品种和蚕种等。此外，防治作物害虫技术、机电灌溉、化肥使用、家畜良种，也日渐成为农业新技术的推广内容。有的地区为了提高推广的直观效果，还建立了农业推广区和实验区，通过示范效应，增强农业推广的实效性和直观感受。

一、农业高校的农业科技推广

民国成立初期，高等教育进行了从组织系统到教育内容的全面改革。在当时颁布的"大学令"中，农科列为大学的七科之一，入学条件规定为：中等学堂毕业后，须入大学预科3年，然后入本科3年或4年。同时还规定，把清代设立的中等农校改为甲等农校，定为4年毕业；初等农校改为乙等农校，定为3年毕业。1913年，教育部颁发的《大学规程》规定，农科大学分设四门（相当于四个学部），即农学、农艺化学、林学和兽医学。民国以来，中国近代农业科学有了一定的发展，建立了农业大学，有了农业留学生，自己也培养出了一批农业科学工作者，为近代意义的农学组织提供人力资源。

20世纪20年代开始，大学农学院、农业专门学校等陆续成立农业推广组织，开展一些推广工作，此后，高等农业院校的农业推广工作在全国许多地区开展起来。国民政府于1928年5月在南京召开全国教育会议，通过广州中山大学提案，该案第三节即为农业推广教育。政府农业推广和教育联系起来，在我国尚属首次。同时，江苏省农矿厅设立了第一个作为省级机关的农业推广委员会。1929年3月国民党三次全代会通过《中华民国之教育宗旨及其实施方针》，规定了农业推广的方针与范围："农业

---
① 惠富平、过慈明：《近代中国关于化肥利弊的争论》，载《南京农业大学学报（社会科学版）》，2015（1），114~122页。

推广，须由农业机关积极实施。凡农业生产方法之改进，农业技术之增高，农村组织与农民生活之改善，农业科学知识之普及以及农民生活消费合作之促进，须以全力推行。"这是国民党直接进行农业推广的开端。同年6月，农矿、内政、教育三部会令公布《农业推广规程》，规定农业推广的宗旨是"普及农业科学知识，增高农民技能，改进农业生产方法，改善农村组织、农民生活及促进农民合作。"不但明确了推广的目的，并且在法规上对农业推广予以肯定。同年12月成立中央农业推广委员会，作为全国性的农业推广机关。

省级农业推广机构，继江苏省之后，又有山西、安徽等十六省开始增设，在安徽还设有东流、桐城两县农业推广所。但限于经费和人才，没有显著成效。1930年国民党中央通过《实施全国农业推广计划》，目标是要在全国各县都设农业指导员，"教导和扶持农民"。与此同时，还建立农业推广实验机构，目的是：①由农矿部与中央大学农学院先后在江宁县第四区及汤山镇合办中央模范农业推广区，推广改良稻、麦、棉以及蚕种、猪种，并倡导组织合作社及农户储押仓库等；②由中央农业推广委员会与金陵大学农学院合办乌江农业推广实验区，推广改良棉、麦品种，并组织农会及合作社。这是我国政府最早举办的农业推广实验区，"颇有若干成就"。那年年底还公布了《农会法》。据1932年统计，苏、浙、皖、闽、湘、鄂、豫、冀、鲁、川、甘、晋、察、绥、黑及南京十六个省市，已有省、县、区、市农会9 258个。

早在1917年，国立北京农业专门学校就曾在郊区农村办简易农民讲习所，向农民传授农业技术知识。1919年上海纱厂联合会委托并资助东南大学农科和金陵大学农科进行棉花引种实验，并确立了黄河流域、长江流域和东南沿海地区的推广品种。其后，金陵大学、中央大学等院校对农业推广起到重要作用，各省农业专科学校教育发展迅速。农科大学中较早从事农业推广者，有金陵大学农林科及东南大学农科。金陵大学农林科于1920年成立棉作推广部，聘请美国农业部的一位棉花专家进行指导，从事中棉育种和美棉驯化工作，推广棉花良种，还到各省宣讲农业改进方法。该校于1924年正式成立推广部，以安徽和县乌江为据点，推广"爱字"棉，很受农民欢迎，为后来在该地成立农业推广实验区打下了基础。1920年，邹秉文在东南大学农科开办暑期植棉讲习会、植棉讲习班，培训各地选送的270名学员，推动新棉种推广，成效十分显著。东南大学农科于1921年设立棉作改良推广委员会，从事棉作之改良推广；1926年成立推广部，办理江苏省内巡回农业讲演、农业展览等推广项目。广东大学农科于1924年成立推广部，其工作多为编辑农业科技宣传图册及调查各县农业状况。

江苏省第一农业学校于 1922 年设立了农学推广部，因经费等限制，收效甚微。燕京、清华、岭南等大学及山西农业专门学校也都有农业推广组织开展推广工作，举办培训班，培训农民技术骨干。1924 年金陵大学开始推广自己育成的第一个小麦品种"金大 26 号"，抗战前后在川、黔等省推广沈宗瀚教授育成的小麦良种。1935 年中央大学农学院与国内八处农事实验机关合作，进行区域实验，在长江下游各省，推广"美国玉皮""中大 2419"等小麦品种。此外，农业院校还派人到农村开展病虫害防治、新品种栽培技术指导等服务工作。

20 世纪二三十年代，各农业高校和综合性大学农学院纷纷加入乡村建设。他们不但参与各种教育团体建立的乡村试验区，成为重要农业科技支撑力量，而且凭借农业教育、农业推广的学科优势和专业人才优势，创建了各具特色的乡村建设试验区，开展以综合性农业科技普及推广为特色的乡村建设试验，取得了显著的经济效益和社会效益，对后来的全国农业推广制度和农业机构的建立起到了促进作用。许多大学还结合自身的学科和人才条件、地缘和区域的便利，就近开展了乡村教育和乡村建设实验。如东南大学农科与中华职业教育社合办了昆山徐公桥试验区，四川乡村建设学院在巴县开展乡村教育，上海立达学院农村教育科在市郊设立工学实验场，浙江湘湖省立乡村师范学校设立农工实验班，大夏大学民众教育实验区教育实验等。此外，由南开大学、金陵大学、燕京大学、协和医学院与"平民教育促进会"联合组织"华北农村建设协进会"，进行乡村建设试验和培训工作。

二、政府机构与团体的农业推广

1920 年以后，国民政府为挽救经济民生，更加重视农业改良和农业推广工作，制定了一系列农业推广的政策法规，建立了农业推广机构，对近代农业科学知识在农村的传播和促进农业改良发挥了一定作用。1928 年 5 月，广东中山大学在全国教育会议上提出《农业教育推广》的议案，要求政府通过行政力量组织和协调全国的农业推广工作。同年，国民政府公布《农民协会组织条例》。1929 年 3 月，国民党第三次全国代表大会通过《中华民国之教育宗旨及实施方针》，规定"农业推广需由农业机关积极实施，凡农业生产方法之改进，农业技术之增高，农村组织与农民生活之改善，农业科学知识之普及，以及农业生产消费合作之改进，须以全力推行，并应与产业界取得切实联系，律有实用"。6 月，由农矿、内政、教育三部联合公布《农业推广规程》，从组织、经费、管理、业务等方面确定了农业推广的纲要和办法，并规定各省农政机关设立推广机构。7月，国民政府通令各省实施《农业推广规程》。12月成立中央推广委员会，其职能是：制定方案及法规，审核章程和报告，设立直属试验区，调查各省推广工作，编印推广季刊。浙江、山西、江苏、四川等省率先成立农业推广委员会。中央推广委员会和金陵大学在乌江合办农业推广试验所，推广改良棉、麦品种，组织农会及合作社。1930年农矿部于南京创办《农业推广》杂志。

1930年5月，国民党中央在《实业建设程序案》中提出农业生产应以科学化为原则，将农业研究与推广同时推进，要求国民政府拟订计划，限期办理。同年8月，国民政府制订《实施全国农业推广计划》。1932年，作为农业推广工作的一项重要措施，实业部成立了中央农业实验所。它是中央最高农业试验研究机构，由原来中央农事试验场、中央蚕丝试验场、蚕种制造所、制丝厂合并。1933年5月，成立农村复兴委员会，聘请有关专家、银行家和社会名流为委员，内设经济、技术、组织和各种专门委员会，从事农业改进、发展农业生产、复兴农村等工作。1937年，抗日战争爆发，国民政府迁往四川，成立农业促进委员会，旨在推动后方粮食生产发展，以保证军需民食用粮。促进农业生产发展，首先要健全各级农业推广机构，特别是县级农业推广机构，这是直接与农民接触的主要纽带。为此，农产促进委员会拟订颁发了《县农业推广所组织大纲》《全国农业推广实施计划纲要》及《实施办法大纲》。1940年，农产促进委员会设农业推广巡回辅导团，推动地方农业推广工作。1942年，农林部把分布在各省的国营农场改为农业推广繁殖站。1943年，颁布了《农业推广委员会组织条例》，设粮食增产、棉花及工艺作物、推广机构、推广材料、宣传及辅导5个组。

20世纪上半期，我国制定颁布了农业推广法规，初步建立了自中央到地方的农业推广机构。民国农业推广机构的建立和推广政策法规的逐步实施，促进了农业推广的广泛开展，使农业科技在农业改良中发挥了较以前明显的成效。但由于连年战乱、民不聊生、推广体制不顺、推广人员少、经费短缺等原因，推广政策难以落到实处，影响了农业推广工作的广泛开展。尤其是1937年抗日战争爆发后，农业推广工作几乎停滞。1931年"九一八"事变后，国民党统治区农业经济日益衰退，农业机关如中央农业实验所，全国经济委员会农业处，行政院农村复兴委员会，豫、鄂、皖、赣四省农民银行（该行后改组为"中国农民银行"），以及农本局等农业机构纷纷设立，邹平、定县开展的乡村建设实验渐成声势，各大学的农学院也加入开展农业推广，在一定程度上助推了农业科技进入乡村、进入农户。1940年农林部成立，1942年农产促进委员会隶属该部。农林部先后成立川、陕、甘、宁、黔、桂、滇、粤、鄂等九省推广繁殖站。1945年，农产促进委员会与粮食增产委员会合并，改称农业推广委员会，统筹全国农业推广和粮食增产业务。

三、民间团体的农业科技推广

华洋义赈会自1922年起提倡农村合作社，其方针中明确规定对农村经济及农事进行改良，对农村副业等事项之材料进行搜集编印，形成刊物或专刊，籍供参考。平民教育促进会自1926年起在河北定县办理实验区，由"生计教育"到"选种、园艺、畜牧各部分工作"。提倡"应用农业科学，提高生产，使农民在农事方面，能接受最低限度的农业科学"。中华职业教育社与东南大学农科及教育科合作，于1926年在江苏昆山办理徐公桥乡村改进区，进行研究试验，介绍改良种子，举行农产展览和耕牛比赛，并调查农家经济。以上一些社会团体做的农业推广，因受军阀混战影响，加之经费人才两缺，推广材料既少范围又狭小，推广方法不尽合理，亦只限于文字和口头上的宣传。1937年抗日战争前先后成立了中华农学会、中华林学会、新中国农学会、中国园艺学会、中国植物病理学会、中华作物改良学会、中国农业经济学社、中国农业推广学会、中国稻作学会等。这些学会大都是由留学生倡导并组织，吸引了一批从事农业教育科技的中青年知识分子参加。学会基本上都有自己的刊物，作为会员发表研究成果和交流学术思想的载体。表7-1是近代农业学术团体的主要情况。[①]

表7-1 民国时期成立的农业学术团体及创办的刊物

学会名称	建会时间	发起者	学会刊物	成立地点
中华农学会	1917	王顺承、过探先等	《中华农学会报》	南京
中华森林学会	1917	凌道扬等	《森林》	上海
中华林学会	1928	姚传法、韩安等	《林学》	南京
中国园艺学会	1929	吴耕民、管家骥等	《中国园艺学会会报》	南京
中国植物病理学会	1929	戴芳澜、邹秉文等		南京
中国作物改良学会	1932	留美学生组织		美国
新中国农学会	1926	李石曾、谭熙鸿等	《新农通讯》	巴黎
中国农业经济学社	1936	唐启宇、李适生等		南京
中国稻作学会	1937	赵连芳、周拾禄等	《中国稻作》	南京
中国农业推广学会	1937	乔启明、毛雍等		重庆

资料来源：中国农学会编：《中国农学会66周年纪念刊（1916—1982）》，118~122页，1985。

① 时赞：《中国高等农业教育近代化研究（1897—1937）》，河北大学博士学位论文，2007。

农会是农业推广最基层的单位。自1912年改颁规程《农会规程》起,至1924年制定《农民协会章程》止,成立了省农会23处,县农会227处,分布于直、苏、浙、粤、桂、陕、甘、豫、鄂、湘、闽、辽、吉、新14省。1913年曾开过一次全国农会联合会议,但实际上是"形同虚设,以其为绅士学者所组织,与真正之农民反不相干"。中国共产党于1921年成立。在党的领导下,农民运动在全国开展得如火如荼。截至1927年6月,全国农民协会会员激增到915万余人。1930年,国民政府指示在各地农村组织农会,同时颁布《农会法》,规定农会的任务基本上都属于农业推广。20世纪30年代前期,国民政府统治各省,很多地方也成立了农会。抗日战争爆发前,全国经政府核准的农会有14 293个。1939年颁布《全国农业推广实施计划纲要》,1943年政府修订了《农会法》。据1943年3月统计,经政府核准的县农会595个,乡镇农会8 804个。又据1946年年底统计,县农会660个,乡镇农会7 681个。除农会外,农村中的各种合作社也大多从事农业推广工作,作为农业推广的基层单位,它所起的作用比农会更多。

民国时期农业商品化经营发展起来,农业公司参与农产品生产与销售也是农业推广区别于以往的重要形式。新式农垦公司,亦从民国初年起进入比较兴盛的阶段。据农商部的统计,1913—1920年,历年实存农垦公司数均少于1912年的171家,资本总额则较1912年的635万元多少不一。公司数最多的是1913年,有142家,最少的是1920年,只有83家;资本总额最少的是1914年,为495万元,最多的是1920年,4 114万元。农商部以后的统计,由于各省填报数字不全,与当时的实际情况相差很大。据其他有关记载,苏北地区在1914—1920年先后约有40家农垦公司成立;广西在1912—1916年成立的农垦公司有64家;东三省在1913—1920年创办的农垦公司多达137家,实收资本总额为1 580余万元;福建省自民国后"农垦公司接连出现",1916年有主要农垦公司16家。如果加上其他地区,农垦公司的数量应当更多,较前有明显增加,资本额和开垦规模亦有明显扩大。农垦公司大多在不同程度上采用了资本主义大农业的经营方式,对中国农业经营方式的改变、商品化和多种经营的发展、生产技术的提高都起到了一定的引导作用。其经营种类包括植棉、蚕桑、树艺、茶叶、牧畜、粮食、养蜂等。这些公司的生产技术比较先进,采用良种、施用化肥、购置耕作机械,还把自己培育的优良品种、采用的生产技术向社会推广,并以其种植经济作物取得的效益影响附近地区的农民从事农业多种经营。

总之,抗战期间后方各地的农业推广是有成绩的。抗战期间,粮食和其他农产品源源不断地满足了军民生活和生产上的需要,支撑战争到取得最后胜利。这主要应归功于广大农民的辛勤劳动，但农业推广无疑也起到一定作用。

1945年国民政府颁布《县农业推广所组织规程》以取代原有的"组织大纲"，有17个省按照规程成立586个县农业推广所，联系当地7 681个乡镇农会，平均每会会员359人，从事推广业务指导。县农业推广所的业务主要是：①经手发放救济物资，从恢复生产机能入手，指导粮棉增产；②发展农会业务，使之成为农业推广最有力的基层机构；③举办良种繁殖，充实应用器材，进行示范推广；④加强督导制度，提高行政效率；⑤提倡展览训练，出版月刊，增进科学智能。

抗日战争胜利后的1946年，国民政府与美国政府指派专家组成"中美农业技术合作团"，以4个月的时间在内地14个省及台湾等50多个地区进行考察，在其报告中，对中国农业推广工作论述特详。联合国善后救济总署在华机构，在给予了一些"农业复员物资"之后，于1947年撤销。紧接着联合国粮食与农业组织（FAO）派遣顾问团来华，其中有农业推广项目，与农业推广委员会配合，先是贷给拖拉机和联合收割机20多台，在南京市八卦洲办了个农业机械推广示范区，同时给予该会26架野外用的电影放映机，作为推广宣传之用；后来又以美援名义在浙江省建立农业推广委员，将农林部农业推广委员会、浙江省建设厅及浙江大学农学院归入其内，作一个省的农业推广的示范。到1948年年底，农业部农业推广委员会内分粮食增产、棉花及工艺作物、推广机构、推广材料、宣传及督导6个组办事，在18个省派驻代表，同时在16个省的农林厅（处）或农业改进所内附设推广机构，并按照相当于专区的范围，在11个省分别设立19个农业推广辅导区，又先后设立乌江农业推广实验区及首都农业推广示范区等。

抗战胜利后的最初二三年中，农政机关忙于恢复，同时也在收复区内设置农业推广机构并开展推广活动。推广所用材料，除由各农业推广繁殖站等提供的外，很大一部分是联合国善后救济总署运来的，其中有蔬菜、棉花种子、病虫防治药械和化肥农具等。不久内战开始，有些地方把县农业推广机关解散了，将农业推广工作停顿，等待新时代的到来。

四、农业推广中的社会名流与农业专家

一些高校为适应乡村建设需要，设置了新的学科。如四川乡村建设学院成立了农业系，燕京大学成立了农村建设科。一些农业大学更是以农业教育、农业技术推广为

基础，开展综合性农村建设实践。在改良农业生产技术、推广农业科学知识、改造乡村卫生条件、推进扫盲运动、普及文化科学知识、提高农民道德水平和改善农民精神面貌上，取得明显的成绩。乡村教育运动对农村和农民问题的高度关注和重视，敢于走出城市、走出书斋，走进乡村与农民结合的精神，不仅在当时具有一定的进步意义，就是在今天也具有一定的借鉴意义。[1]

1926年，职业教育家黄炎培负责由中华职业教育社与中华教育改进社、中华平民教育促进会、东南大学农科和教育科等单位共同组织开辟的江苏昆山徐公桥实验区的农业推广工作，具体做法是：成立乡村改进会，建立农艺实验场，推广改良品种，进行农业新品种的实验，推广农业技术和农机具，组织农业合作社等。

1926年年底，陶行知在南京近郊筹办乡村实验师范学校。1927年3月15日该校正式开学，标志中国博士下乡的开始。

1929年，晏阳初在定县开展乡村建设实验，一大批上层知识分子和名流加盟参与。例如，当时担任定县实验区农业教育部主任的冯锐教授，是美国康奈尔大学农业经济学博士，时任岭南大学农科和南京东南大学农科教授。乡村教育部主任傅葆深教授，是学成归国的美国康奈尔大学乡村教育博士。另外，农业工程专家刘拓也参加了农业和乡村教育工作，他是艾奥瓦大学博士、北京师范大学教授。他们都是抱着教育为农村、为农民和农业服务的理念投身于乡村教育实践的。

1931年，梁漱溟在邹平县办乡村建设研究学院，也汇集了一批农业教育专家，与山东大学在济南合办试验场，改良农业生产。

在农业推广工作中，知名农学家们的工作更接地气，成效更为显著。

邹秉文（1893—1985），中国植物病理学教育的先驱。1915年获美国康奈尔大学农学士学位，1916年回国。1927年秋，被任命为河南公立农业专门学校校长。1946年密歇根大学授予他荣誉博士。他先后任金陵大学植物病理学、植物学教授，南京高等师范学校（以下简称"南高师"）、国立东南大学农科（以下简称"东大农科"）主任，南京中央大学农学院院长，上海商品检验局局长，上海商业银行副总经理，南京政府财政部贸易委员会常委会代主委，中国驻联合国粮农组织首任首席代表、粮农组织筹委会副主席，南京政府农业部高等顾问兼驻美国代表，中美农业技术合作团中方团长。为实现其改进农业教育设想，他在任内（1917—1927）将东南大学农科改为中

---

[1] 时赞:《中国高等农业教育近代化研究（1897—1937）》，河北大学博士学位论文，2007。

央大学农学院,又继任院长半年,先后开设农艺、畜牧、园艺、蚕桑、生物、病虫害6个系。邹秉文为筹集农科发展经费而"千方化缘",以个人的努力得到社会各界的支持。在他主持南高师和东大农科期间,所筹经费超过学校所拨经费的好几倍。他在南京成贤街、武胜关、太平门外以及江苏、河南、湖北、河北四省,开办作物及水稻、蚕桑、园艺与棉花等9个试验场,组织教授27人,连同助教等共达100人,年平均支出27万余元,相当于学校经费的4倍。与此同时,还先后成立了棉作改良推广委员会、江苏省昆虫局,均直属东大农科领导。他在主持南高师及东大农科的10年中,确立了农业大学的教学、科学研究、推广三结合的体系,并通过各种渠道获得巨额教学经费,把教学、科研、推广三结合的理想付诸实践。

冯泽芳(1899—1959),我国著名的棉花科学家、农业教育家,中国现代棉作科学的主要奠基人,在棉花科学研究、棉种繁殖推广和培育植棉人才等方面作出了辉煌业绩。他是我国现代棉业改进事业的开拓者。他一生有20多年从事农业教育,即使离开教育岗位也兼任一定的教学工作。他深知培养农业人才的重要性,指出大学农学院毕业生"要利用个人的思想及知识解决农业的问题,贡献给国家民族,以至于全人类"。在办学中他坚持教学、研究与推广相结合,广纳人才,组建一流的教师队伍,结合中国实际编写教材,实施理论联系实际的教学方法。他创办了我国迄今为止唯一一所棉花专业的高等学府——河南安阳棉花学院。冯泽芳辛勤耕耘一生,桃李满天下,培养的学生不负厚望,在发展我国棉作科学和生产事业中起到了开创、推动和骨干作用。

丁颖(1888—1964),中山大学农学院教授,我国水稻杂交育种的开创人之一。1927年主持广州南路稻作试验场,开展水稻杂交育种研究。他利用在广州郊区发现的野生稻与当地的农家品种进行远缘杂交,经6年选育,育成了包含有野生稻基因的水稻良种"中山一号"。此后,丁颖教授又采用印度野生稻与广东地方品种"银粘"杂交,育成一个特大穗型的品种,单穗稻粒达1 300多粒,故取名"千粒穗"。他在借鉴、学习外国杂交育种经验和技术的同时,也十分注重结合自己的实践进行本土化创新。如通过遮光覆盖处理,控制水稻植株光照长度,以便在一年中实现繁种加代,缩短育种周期;应用光照长短解决水稻杂交父母本植株花期相遇问题,提高杂交成功率。这些育种技术的改进,使中国的育种技术在实践中获得了发展。据统计,20世纪上半期,中国各地开展水稻育种的大学和研究所共17家,育成经过鉴定推广的水稻新品种300多个,其中在中华人民共和国成立初期大面积推广的品种就有10余个,对中国的粮食增产有很大的作用。[1]

金善宝（1895—1997），我国著名农业教育家和科学家，小麦育种的重要奠基者之一。1920年毕业于南京高等师范农业专修科，1926年本科毕业于东南大学农艺系。1930—1932年先后在美国康奈尔大学、明尼苏达大学进行作物育种学习和研究。1933年回国，曾任浙江大学副教授，中央大学、江南大学教授兼农艺系主任。中华人民共和国成立后，历任南京大学农学院院长，南京农学院院长，华东农林部副部长，南京市副市长，中国农业科学院副院长、院长、名誉院长等。1955年被聘为中国科学院生物学部委员。金善宝的经历及其所取得的成就对中国现代农业科技发展产生了重要影响，同时他的成长过程也与中国现代农业科技发展历程具有内在关联。

郑辟疆（1880—1969），蚕丝教育家和革命家。在教育上，他提倡知行合一、学以致用。他长期从事蚕丝科学技术的研究和推广，尤其在改良蚕种，组织蚕丝业合作社，推广养蚕、制丝新技术方面，有卓著成绩，为我国蚕丝事业的革新和发展作出了重要贡献。郑辟疆先生出生于1880年，于晚清时期在浙江蚕学馆接受近代蚕丝科学教育，随后又赴日本学蚕丝技术。1905—1917年他先后在山东青州蚕丝学堂、山东省立农业专门学校任教，尔后担任过民国时期的江苏省立女子蚕业学校、制丝专科学校校长。自1918年起，他担任江苏省立女子蚕业学校校长（及后来的苏州蚕桑专科学校、苏州丝绸工学院）达51年。中华人民共和国成立后担任过苏南丝绸专科学校校长、蚕丝专科学校校长、苏州丝绸工学院院长。

第四节　民国时期的农业遗产

一、民国农业文献

民国是中国社会急剧转型的特殊历史时期。西方教育与实验科学蓬勃兴起，出现了大量的农业文献。民国农业文献，指民国时期产生的与农村社会、农业经济、农业科技等相关的各类文献的总称。如各类农业学校使用的教科书，发行的各类农业报纸

---

[1] 白鹤文等：《中国近代农业科技史稿》，45～50页，北京，中国农业出版社，1995。

期刊等,都是民国时期农业科技经济信息的重要载体。这些农业文献真实地记载了近代农业的变化,记载了当时农村社会、农业经济、农业科学等,是研究民国时期农业、经济、文化及科学技术等不可或缺的重要资料。这一时期的文献内容十分丰富,具有重要的历史价值、学术价值和文化价值。

《民国时期总书目》收录农业类图书 2 455 种,分为农业科学总论、农业基础科学、农业工程、农学、植物保护、农作物、园艺、林业、畜牧兽医、狩猎、蚕蜂、水产渔业 12 个大类。1927 年陆费编撰了《中国农书提要》。[①] 20 世纪 20 年代开始,中国农业教育家和农业科学家开始倾力编写切合中国农业实际的大学教科书。20 年代公开出版的农科教材和教学参考书有:邹秉文等的《高等植物学》、陈焕镛的《植物学》、胡步青的《应用植物学》、叶元鼎的《农业化学》和《种烟学》、王陵南的《高等果树园艺学》、章之汶的《植棉学》、朱凤美的《植物病理学》、蔡邦华的《昆虫学》、周汝沆的《作物学》和《稻作学》、侯过的《测树学》、曾济宽的《造林学》、邓植仪等的《土壤学》、温文光的《果树园艺学》、赵烈的《家蚕生理学》、谢醒农的《实用生丝检验学》、顾青虹的《养蚕法讲义》和《人工孵化育种学》、郑辟疆编撰的《桑树栽培》《蚕体生理》《养蚕法》《蚕体解剖》《蚕体病理》《制丝学》《蚕丝概论》和《土壤肥料论》等。从以上所列之出版教材情况看,当时中国农科大学已经在教材本土化方面取得了开创性的业绩,有的已经达到较高的学术水平。例如,邹秉文、钱崇澍、胡步青等编写的《高等植物学》,被认为是中国学者编写的第一部植物学教科书,书中厘定许多植物学名词,将此前所称的"隐花植物"改为"孢子植物","显花植物"改为"种子植物","羊齿植物"改为"蕨类植物",等等,得到学术界认同,定为植物学专用名词,沿用至今。此后直到 1937 年日本侵华战争全面爆发,经各地出版机构发行的中国教授编写的农科教材种类达到 100 余种。民国时期农业期刊根据资料分析,大约在 300 种左右,与农业相关的期刊论文(含 300 种农业专门期刊和其他期刊中刊登的农业类论文)大约有 10 万篇。1934 年和 1936 年,金陵大学农学院先后整理出版了《农业论文索引》和《农业论文索引续编》两本工具书。这两本书收录了 1858—1934 年 76 年间,我国农业科研工作者发表的论文题目。民国时期的农业报纸估计最多有 10 种,但大都出版时间不长,内容较少,影响不大。此外还有大量涉农档案和调查资料、学位论文、地方志及会议文献等。

---

① 朱晓琴:《民国时期农业文献的类别、价值与保护对策》,载《江西农业学报》,2011,23(7),194~196 页。

二、民国时期的农业遗址

清末各地农事试验场已经成为重要的文物类遗址。比如,今天北京动物园的所在地是清末兴建的农事试验场旧址,动物园的前身万牲园是附属于农事试验场的动物养殖所。据《中国文物地图集·北京分册》记载,作为全国重点文物保护单位的农事试验场,包括农事试验场的正门砖雕、农事试验场办公用房、畅观楼、豳风堂、鬯春堂、宋教仁纪念塔、四烈士墓、陆谟克堂等。

民国时期延续了实验农学的传统,各地建立的试验场数量更多。这些农事试验场是我国农业科技发展的历史见证,也是研究农业科技发展史的重要实物资料。1936年8月,中国合众蚕桑改良会创立镇江合众蚕种场,在四摆渡购地206亩,带动了一批私营制种场的创办。合作蚕种场旧址分别位于镇江市郊四摆渡蚕种场和江苏科技大学西校区内,江苏省政府苏政发〔2011〕181号令批准其为江苏省第七批省级文物保护单位。现存的蚕种场建筑共计21幢,有缫丝试验室、冷藏库、储茧库、岗楼、办公楼、水塔、检种室、蚕室等。这些建筑保存完好、系统完整、配套齐全,从中可以看到我国当时的蚕种制种全部操作流程。这在全国农业遗址中实属罕见,有重要的历史和科学价值。

民国农业学校也保存较多。金华市金东区塘雅镇西侧的横塘水库边藏着一处有近80年历史的民国校园,即浙江省立实验农业学校旧址,2009年在第三次全国文物普查中由金东区文物部门登录。普查结果显示,该建筑群保留了民国时期典型的学校建筑风格,由21幢单体建筑组成,有教学楼、行政楼、学生宿舍、礼堂、食堂、实验楼、粮食仓库、农社、气象观测站、邮政所、操场等。现存建筑多为1933年初创时所建,少部分遭日军空袭后在1946年恢复。校园占地825亩,总建筑面积22 950平方米。如此规模宏大、保存完好的民国省立学校,在浙江省内实属罕见,具有极高的历史和文物价值。2011年初被列为浙江省第六批文物保护单位。

安徽省立第三甲种农业学校旧址位于裕安区鼓楼社区鼓楼街书院,2005年12月六安市人民政府将其列为六安市重点文物保护单位。安徽省立第三甲种农业学校,简称"六安三农",也叫"三农学堂",原址为清代安徽四大书院之一——赓阳书院。省立"三农学堂"在六安开办7年,先进教员开展新文化运动,传播马列主义,影响了六安一大批爱国青年，使他们成为大革命和土地革命战争时期的革命志士。许继慎、刘沨西、王明（原名陈绍禹）、桂伯炎等都是该校的进步学生。"三农学堂"于1926年在军阀混战中被关闭停办。

广西柳州市郊沙塘是近代广西农业科学技术的发祥地和摇篮。抗日战争时期（1937—1944）这里设有广西农事试验场、中央农业实验所广西工作站（亦称中央农业实验所广西各系联合办公室）、农林部广西省推广繁殖站（以上三单位当时简称"场、站、室"）和国立广西大学农学院等科研、教学机关和一批公共设施。由于战争疏散，华北、华东、华南大批专家学者云集广西，许多著名农学家在这里从事科研和教学工作，取得了丰硕成果。这里被誉为抗战时期的中国"农都""战时农业实验中心"。英国著名中国科学技术史专家李约瑟博士于1942年到沙塘考察讲学1周，英国利查逊博士及夫人也在沙塘的"生物统计与田间设计讲习班"讲学。作为中国历史遗产"农都"的广西柳州市沙塘镇广西农事试验场遗存，包括与之相关的农事技术、文献和口述史料等非物质文化遗产。自2002年联合国农粮组织等开展"全球重要农业文化遗产保护项目"以来，国际社会对农业遗产价值的认识程度和保护意识日渐加强。广西沙塘的战时"农都"是研究近现代农业的起源、科学研究、技术开发、人才教育成果的极好案例。

宿迁市水利遗址公园包括水利展示馆、井头泵水站、翻水站遗址、油库区遗址、宿迁水利丰碑人物雕塑群、运河湾码头、清水栈道以及水利文化广场，占地约75 000平方米。遗址公园以水文化为主题，奉献给市民和游客一个水文化体验、宿迁因水兴城的往事追忆和运河民俗文化消费与传播空间。宿迁水利展示馆有脚踏水车、手动提水井、老式水压表、民国测量仪器、扁担、箩筐、竹篓等老物件展览馆，通过影像记录、图片资料、文物珍品等生动具体的形式，展示宿迁由洪水走廊成为鱼米之乡的艰辛治水历程。

20世纪30年代，我国民族资本家范旭东创办了永利化学工业公司南京铔厂，简称永利铔厂。该厂位于长江北岸，抗战前号称"远东第一"，大厂由此得名。该厂产出的化肥不仅填补了当时国内化肥生产的空白，而且抗战时期还生产火药满足前线之需。民国时期，永利铔厂设备精良，产品供不应求，其生产技术不仅远超国内同期工业水平，同时赶超世界，是国内首屈一指的化工企业，也是东亚地区最大的化工厂。永利铔厂的创建与发展，成为当时民族工业发展的典范，在我国近代工业史上占有举足轻重的地位。

近年开展的工业文物遗产调查发现,永利铔厂遗产有:1936年启用的西式办公楼及别墅五幢,1936年从德国ABORSIG公司购进的循压环缩机一台,1936年从美国进口原料建造的硝酸吸收塔及厂房,南京化学工业公司(简称南化)六村九幢72套二层楼技术人员宿舍和南化三村36幢404套民国二层小楼工人住宅等。位于南京长江北岸的大厂镇,是我国著名化工基地南京化学工业公司所在地。该公司所属各厂除磷肥厂是1949年以后新建的以外,其余各厂是在永利铔厂的基础上,经过改造、发展形成的。像永利铔厂这样规模宏大号称"远东第一"的大型化工厂,在灾难深重的旧中国,由民族资本创建,确非易事。

三、民国时期遗存的农业机构

中华人民共和国成立时,农业科研机构来源大致分为四大部分:①国民政府建立的农业科研机构,涵盖农、林、牧和农业经济等学科。国民政府遗留的农业科研机构有中央农业实验所、中央畜牧实验所、中央林业实验所、中央水产实验所和中央农业经济研究所等国立农业科研机构。此外,还有各省农业改进所以及在苏、皖、浙、鄂、湘、赣、川、粤、鲁、晋、豫、冀、陕等省设立的试验农场或工作站。②日本占领时建立的农业科研机构,主要是东北沦陷后成立的伪满洲国公主岭农事试验场及其分支机构,以及在北京成立的华北农事试验场及其在河北、河南、山东、山西设置的分支机构,抗战后由国民政府中央农业实验所接收,改组为公主岭农事试验场和北平农事试验场,其分支机构则下放给所在地。③高等农业学校及科研机构,包括中央大学农学院、金陵大学农学院、浙江大学农学院、四川大学农学院、中山大学农学院、广西大学农学院等。④原陕甘宁、晋察冀、山东等老解放区建立的农业试验场、示范农场。

第一节　文盲和疾病充斥乡村
第二节　乡村新式学校的举办
第三节　瘟疫流行与乡村自救
第四节　乡村医疗体系的设计：三级医院制

第八章　乡村教育卫生事业的肇启

1912年1月，南京临时政府成立伊始，就着手筹建新的教育体制与新型学校系统，推行教育平民化、普及义务教育和社会教育等，奠定了此后中国教育事业发展的基础。以晏阳初、梁漱溟为代表的知识分子，怀着振兴国家、改变乡村贫穷落后的满腔热情，开展乡村建设实验，竭力普及乡村教育，在广大乡村建立了许多小学，有些地方还建立了中学，成为20世纪二三十年代乡村建设运动的开拓者。

在乡村建设运动过程中，人们逐渐认识到，农民的贫穷愚昧与其生存环境恶劣有直接的关系，疫病流行导致农民身体羸弱、死亡率高等，不仅影响农业生产活动的正常进行，也严重阻碍了文化教育活动的开展。农民的健康保障是养身，知识教育是养心，身心俱壮，则民富国强。这是当时农村迫切需要解决的重大问题。因此乡村建设运动首先关注的领域是农村的公共卫生，宣传卫生知识，改善生存环境，有的实验县还着手筹建了开创性的乡村公共卫生体系，由此开启了我国乡村教育、卫生事业的篇章。

第一节　文盲和疾病充斥乡村

民国时期，军阀混战，政局动荡，广大农村不断成为内战的战场和土匪侵扰的对象。加之连续多年的严重自然灾害，致使农村经济遭到了极大的破坏，濒临崩溃的边缘。伴随经济残破的是科学寥无、文盲遍地、卫生不良、疫病多发。由于生产力水平低下，农民生活十分贫困，许多地方甚至不能解决温饱。

一、乡村文盲众多

在现代文明的定义中,文盲的标准是为满足日常工作生活所需的基本文字的认知率,达到一定识字率标准者为非文盲,低于这个标准者即定为文盲。通常,文盲的认定还需要附加年龄条件,10岁以上尚不能认识基本要求文字的人,即为文盲。① 以此标准衡量,旧中国广大农村文盲率非常高。有的偏僻地区和少数民族地区农村,甚至全村都是成年文盲的情况。

(一)乡村文盲所占的比例

民国时期乡村文盲的具体数目,当时没有十分准确的统计和记录。因为在整个民国时期没有进行过全国性人口普查。当时的人口一般称为"四万万",或为"四万万五千万"。人口基数都没有调查清楚,对人口中的文盲人数自然也就无从知道了。民众教育家俞庆棠在《民众教育理论的探讨》一文中谈道:"中国人口向来没有正确的统计,不要说文盲的统计了。"

有一些资料留下了可资参考的概数。例如,1929年,国民党中央宣传部颁布的《识字运动宣传纲要》中估计:"中国人口中不识字者约占总人口的80%,即为3万万余人。其中,占总人口80%的乡村居民中有90%的不识字者。"② 人口学者黄裳根据1929—1933年各种调查资料进行研究,结论是:"(全国)平均文盲数为66.7%,失学学龄儿童占57.3%;男文盲平均数为49.2%,女文盲平均数为92%;城市文盲数为49.4%,乡村文盲数为70%;黄河流域文盲数为67%,长江流域文盲数为63%,珠江流域文盲数为60%。"③

需要指出,上述黄裳的文盲数据,系以当时分散零碎的各个调查资料为依据的。这些资料缺乏统一的调查项目设计和统一的调查时空节点,因此各个数据的时间不一样、地点不一样,不能涵盖全国情况。尤其是所列的调查统计区域并未涉及西部和北部等少数民族聚居的偏远地区。所以,黄裳估计的66.7%的文盲比例只能视为概略的参考数据,与当时全国文盲人数比例的真实情况相差很大。不言而喻,乡村中的文盲比例就更高了。

---

① 徐锡龄:《中国之文盲问题》,见秦孝仪主编:《革命文献》(第55辑),399~401页,台北,中国国民党中央委员会党史史料编纂委员会出版,1984。
② 天津特别市识字运动宣传委员会编:《天津特别市识字运动宣传委员会会刊》(第一期之专载部分),15页,天津华北新闻社,1930。
③ 黄裳:《文盲研究》,33页,广东省立民众教育馆,1935。

江苏省立教育学院1929年对苏南经济相对发达的乡村进行的个案调查数据，可以帮助了解乡村文盲率的局部情况：黄巷实验区有完全不识字的男文盲106人，女文盲210人，两者相加占实验区人口总数的67.81%。1933年，北夏实验区有完全不识字男文盲6 342人，女文盲9 638人，两者相加占实验区人口总数的72.72%，惠北实验区完全不识字文盲人数也在70%以上。据南京国民政府教育部1930年提供给国联教育调查团的材料，中国的入学人数，仅相当于学龄儿童总人数的9.36%。①

1932年，中华平民教育促进会曾对河北定县进行全县文盲调查，大致情况如下：全县7岁以上人口约33万，男约17万人，女约16万人。其中文盲约27万人，约占83%，识字者约6万人，约占17%。若男女分计，男子的文盲率约为69%，女子文盲率约为98%。12～25岁青年中，文盲率约为75%，其中男约56%，女约94%。②

虽然上述史料只是个别地区乡村文盲的情况，但从中可以窥见全国的乡村文盲数量是十分庞大的。更加贫穷落后的偏远乡村没有留下调查资料。即使依据这些局部零碎的资料，也足以窥知民国乡村文盲众多、经济落后的状况。

（二）乡村文盲率高的原因

对于乡村文盲的原因，晏阳初认为主要有两点："一是历代愚民政策所致，二是汉字难学。"③显然，旧中国乡村的文盲现象，不能以汉字难学为原因。对民国时期的乡村，文盲率高主要有以下几方面原因。

（1）源于农民生活的贫困。近代以来中国经济落后，封建剥削沉重。列强入侵之后加重对华经济掠夺，使农村经济濒于破产的边缘。农民生活入不敷出，在生产与生活方面，均需依赖借贷周转，"寅吃卯粮"以维持基本生计。1933年中央农业实验所对全国22省（不含东北）的统计表明，有56%的农户需要借款，48%的农户需要借粮。④1929年7月关于浙江省金华等8个县的农村调查结果证实，58.81%负债户的借款主要不是用于生产，而是用于消费，生产用途仅占借款总额的24.9%。⑤此外负债农民承担极为沉重的利息开支，大大加重了债务总额，使其经济状况更为恶化。除食物不足之外，很多农家连盐都吃不起，只好淡食。1934年对河北省管等村的调查，"三百余户人家里，完全不吃食盐者有一百户，占总数的三分之一；无充分食盐可食者，约

---

① 陈达：《人口问题》，284页，上海，商务印书馆，1934。
② 汤茂如：《定县农民教育》，27页，中华平民教育促进会学校式教育部编印，1932。
③ 晏阳初：《中国的新民》，见宋恩荣编：《晏阳初文集》，37页，北京，北京教育科学出版社，1989。
④ 实业部中央农业实验所：《农情报告》，实业部中央农业实验所编辑，1933（3）。
⑤ 冯和法编：《中国农村经济资料》，602页，上海，上海黎明书局，1933。

有一百五十户,占全数的二分之一;有力吃食盐者仅五十户,占全数的六分之一"。①由此可见农民生活之贫困。试想人们在食不果腹的情况下,终日谋食不暇,谈何接受教育?

(2)源于严重的自然灾害侵袭。民国时期各种自然灾害频发,水患、旱灾、蝗灾连年不断,使农村经济雪上加霜。在那些灾患频发的地区,流民无数,饿殍遍野,何谈文化教育?为数不多的以"概由村中按地摊派"款项勉强筹建的国民学校,一遇荒年,纷纷瓦解。正值读书年龄的儿童,何尝不想读书,不想做个有知识的人,只是限于生计所迫无奈罢了。我国古语云:"衣食足而后知礼仪。"老百姓也常说,读书固然重要,但是吃饭更重要。不识字不要紧,没有饭吃则不行。可见生活的贫困阻挡了人们求知,这确是乡村文盲众多的主要原因。

(3)教育制度的欠缺。民国时期中央和省级政府对义务教育投资十分有限,县及其以下的基层政府是乡村义务教育的筹资责任主体。村小学、保小学等乡村学校所需经费主要是通过向村庄征收摊款的方式筹集,即农村地区的义务教育经费几乎完全由农民自己承担。对于一直生活在贫困边缘或刚刚达到温饱水平的中国小农来说,如果孩子上学家庭必须承担过高的教育费用,他们是难以承受的。正如傅葆琛先生所言:"我国自改革教育制度以来,偏重城市,漠视乡村,故城市中教育已渐次发达,而乡村间之教育则依然望尘莫及。因是城市中之学校林立蔚起,而乡间之学校则寥若晨星;城市失学者日渐其少,而乡村失学者愈显其众。"②

(4)国家政局长期不稳。内乱不息,外患频仍,很多乡村民众生活在颠沛流离之中,居无定所。在这种情况下,保住性命成为民众的基本愿望,无暇顾及教育。因此,社会不安定也导致乡村民众无法接受教育。

二、乡村疫病多发

民国时期,由于社会动荡、战争不断、天灾频发、瘟疫流行,整个乡村社会笼罩在各种疾病与死亡的阴影之中。

(一)乡村患病人口众多

民国时期的乡村,由于缺医少药,营养不良,人们的身体素质普遍低下,患病者

---

① 康诚勋:《经济恐慌下的河北正定县农村》,载《新中华杂志》,1934,2(16),86页。
② 陈侠、傅启群:《傅葆琛教育论著选》,74页,北京,人民教育出版社,1994。

众多。1932年，金陵大学农业经济系与中央卫生部对浙江杭县良诸镇289户农户的健康状况进行了调查，结果是罹患疾病的男子168人，女子12人。其中以目盲者最多，有14人，跛足、红眼病、缺唇、风湿、秃疮、气喘依次递减，年龄越大，残疾者越多。在调查周年中，患病者计有136人，占全体9.6%，其中男子为88人，女子为48人。按主要疾病种类将男女分成各年龄组，可知25岁以上患病者较多，以肺病最为多，占12.7%；脑膜炎次之，占8.2%；皮肤病又次之，占5.9%。①

1932年中华平民教育促进会的社会调查部与公共卫生部对河北定县的医疗状况进行调查，人们所患疾病普遍为肠胃病、肺痨、"四六"病②、眼病、皮肤病等。1929年定县一村296人的死亡原因及其百分比为：50人因患肠胃病死亡，占16.89%；21人患麻疹死亡，占7.09%；18人患疮死亡，占6.08%；14人患喉症死亡，占4.73%；6人是由于产后杂症死亡，占2.03%。可见民国时期各地乡村民众均体弱多病，主要原因是营养不足、操劳过度，以及对潜伏疾病的漫不经心和延宕。

（二）乡村传染病流行

民国时期，几乎每年全国都有不同的传染病暴发和流行。传染病流行频率高且范围广，种类也较多。有些烈性传染病涉及面很广，成为我国当时人口死亡的一个主要原因。据医史学家陈邦贤概括，民国时期常见的传染病有：鼠疫、天花、霍乱、伤寒、痢疾、水痘、麻疹、猩红热、斑疹伤寒、白喉、肺痨、破伤风及各种性病。据1934年全国人口死亡原因分析，前十位死亡原因中，各种传染病死亡者占61.5%，而衰老及中风死亡者均居后列。③在1932年霍乱大流行中，患者高达10万人，其中死亡约3万人。1938年、1939年霍乱再次流行，每年患者都在10万以上。此外伤寒、赤痢、白喉、天花等疾病，每年每省都有发现，流行性脑脊髓膜炎、鼠疫也时有发生。

病死率较高的传染病是霍乱、伤寒、天花、黑热病。以山东农村为例，1917年，山东胶县767个村，有295个村发生霍乱。全县27万人，死于霍乱1.6万人，死亡率5.90%。其中西店村全村730人，发病400余人，死亡330人，死亡率高到82.50%。1930年山东省发生霍乱大流行，鱼台县患者1.1万人，死亡3 000人，病死率27.27%。大量的人在短时间内死亡，必然引起民众恐慌。如"大闵村全村200多人，不到一个月，患霍乱120人，每天有人死亡。1天之中埋过8人，有的一家6口人，在七天之内全部死亡，

---

① 乔启明：《中国农村社会经济学》，308~309页，北京，商务印书馆，1945。
② "四六"病又称"四六"风，华北农村对新生儿破伤风的俗称。
③ 南京国民政府主计处统计局：《中国人口问题之统计分析》，54页，正中书局印行，1940。

致使村民恐惧万分,无心生产,田园荒芜。"① 再如"1920 年秋,滕县冯卯一带伤寒流行,欧峪村有 800 村民,发病 605 人,发病率为 75.63%,死亡 297 人,病死率 49.09%"。又如"1939 年,邹县田黄区栖驾峪一带伤寒流行,死者 1 000 余人,田黄村尤其严重,死亡 100 余人,村民冯怀静家有 9 人全部患病,在 1 个多月时间祖孙 3 代先后死亡 7 人,仅仅留下冯怀静及其小儿子。村内新坟连片,纸灰飞扬。村内外哭声不断,情景悲惨凄凉,目不忍睹"。②

1938—1945 年,山东省死于霍乱、结核、黑热病等传染病的达 72 万人。③ 大量的人口死亡,造成劳动力减少,给国家和农户均带来严重的经济损失,同时也给民众带来巨大的心理恐慌和创伤。

民国时期地方病十分普遍,几乎是每省都有,如江苏北部的黑热病,江浙的钩虫病,长江下游一带的血吸虫病,滇黔等省的恶性疟疾,广东等省的麻风病,患者均有百万以上。这些地方病的发生与当地自然环境及民众生活习惯密不可分,且经常性爆发,给各地百姓造成严重困扰与损失。

(三)疫病盛行的原因

民国时期乡村疫病多发既有自然因素也有社会方面的原因。

1. 自然灾害多发

按照邓云特《中国救荒史》统计,"1912 年民国建立到 1937 年抗日战争爆发的 26 年中,灾害达 77 次,其中水灾 24 次,旱灾 14 次,地震 10 次,蝗灾 9 次,风灾 6 次,疫灾 6 次,雹灾 4 次,霜灾 2 次,歉饥 2 次,平均每年 3 次"。④ 由此可见民国时自然灾害发生之频繁,也说明这一时期人们遭受的是密集型的各种自然灾害的侵袭,基本没有喘息之机。特别是水灾和旱灾在各地区发生的频次较高,基本每年都有部分省区受灾。

民国时期自然灾害地域分布广泛。民国 37 年共有 1.6 万多个县次遭到一种或多种灾害的打击,以常见的水、旱、蝗灾为例,全国遭水灾共有 7 408 县次,年均 200 县次;旱灾 5 955 县次,年均 161 县次;蝗灾共 1 719 县次。⑤ 通过这些数字可以看到每年受灾地区之多,灾害分布地域十分广泛。民国时期发生灾害,少则数省,多则十几

---

① 山东省卫生史志编纂委员会:《山东省卫生志》,309 页,济南,山东人民出版社,1991。
② 山东省卫生史志编纂委员会:《山东省卫生志》,335 页,济南,山东人民出版社,1991。
③ 山东省地方史志编纂委员会:《山东省志·卫生志》,99 页,济南,山东人民出版社,1995。
④ 邓云特:《中国救荒史》,183、184 页,北京,商务印书馆,1998。
⑤ 夏明方:《民国时期自然灾害与乡村社会》,34 页,北京,中华书局,2000。

省至20余省不等，全国性的灾害一经发生即遍布大部分省区。如民国十七年（1928）至民国十九年（1930）全国水、旱灾受灾省份高达21个，受灾县1 093个，灾民7 000万人以上；民国十八年（1929），陕、甘等7省大旱，灾民达3 400万人；1933年的大灾遍及20余省，灾民达1亿人。① 从灾害的空间分布看，其破坏范围之大，分布地域之广，是历史上罕见的。

大部分瘟疫的暴发都与大范围水、旱灾等自然灾害有关。灾害造成污水横流、饿殍遍野，卫生状况下降，为瘟疫的产生和流行提供了温床。灾民受灾后逃难，生活及卫生条件极差，喝生水甚至污水，住在荒郊野外的乱草丛，到处便溺，生活环境肮脏不堪，以致疟疾、痢疾、霍乱等急性传染病频频发生。灾后人们生活艰难，"灾民或转死沟壑，或卖儿鬻女，或走上到处流亡的道路"，造成"所到之处饿殍盈野，村落成墟……有力之家，初尚能以糠秕果腹，继则草根树皮均已掘食殆尽，朝不保暮，岌岌可危，每村饿毙日十数人。……饥民率皆鹄面鸠形，仅余残喘，竟有易子析骸之惨"②。灾害使灾民骨瘦如柴、严重营养不良，进而导致抵抗力下降，更易染上各种传染性疾病。

2. 战争的影响

民国时期战乱不断，发生战事的地方各种疫病流行、传播广泛，严重威胁人们的身体健康。战争引起的人口流动、尘土飞扬、尸体遍野，特别容易引发细菌病毒的繁殖，加快了传染病的传播。战争使人们的生活规律被打乱，军人和民众都常常是精神高度紧张，加之颠沛流离、疲劳过度、饮食不洁、人口集中，受伤军民众多而不能获得普遍救治等，身体抵抗力薄弱，易于感染疾病，传染病肆意传播。战争中军队及难民的流动也进一步加剧了疫疾的流传，即所谓"大兵与大疫相连"。日本侵略军的反复扫荡和大肆屠杀，造成多种传染病在大区域连年流行。广西沦陷区在湘桂大撤退期间，死亡人数508 511人，其中被敌人杀害者22 625人，染病亡者282 256人，患病人数12 819人。③ 从这组数据可以看出，染病死亡人数远高于被日军杀害人数。可以说战争使瘟疫的破坏性达到顶峰。

3. 乡村民众卫生知识缺乏

民国时期乡村环境卫生状况非常恶劣：垃圾随意倾倒，污物满地；厕所设计修筑

---
① 夏明方：《民国时期自然灾害与乡村社会》，34页，北京，中华书局，2000。
② 李文海：《近代中国灾荒纪年》，566页，长沙，湖南教育出版社，1994。
③ 杨益群：《湘桂大撤退——抗战时期中国文化人大流亡》，见《桂林文史资料》（第四十一辑），8页，桂林，漓江出版社，1999。

不科学，多为沿街沿河而建，粪便尿溺时常满溢；河水（抑或池塘）拥有饮用、洗衣、除垢、排污等多重用途；有些地方虽有泉水，亦无井栏、井盖，加之多位于村旁、路边、田畔，很容易污染；住房多与畜栏、鸡圈相连，房前屋后积水、污泥、杂草和蚊蝇较多。平时村落就垃圾遍地、臭气熏天，到了夏季更是蚊蝇虫蚤丛生，毫无"卫生"可言。村民大都缺乏卫生知识，不了解疾病及其传播途径，更不知道如何预防。当时许多农民生病仅仅是由于饮用了被污染的井水，或是蚊蝇太多造成的，可他们并不知道食物与健康的关系，不具备起码的卫生知识，所以根本无法预防疾病，这在很大程度上也导致了疫病的多发。

4. 医疗资源匮乏

乡村缺医少药的现象十分严重，没有相应的医疗机构，医疗费用昂贵，缺乏相应的医疗制度。李廷安1934年所著的《中国乡村卫生调查报告》指出，农民占全国人口的85%，全国乡村卫生机构只有17处，分散于河北、山东、安徽、江苏、浙江、广东六省，北平、上海两市和定县、和县、肖县、盐城、句容、江宁、吴兴、武康等11个县，并且医疗机构普遍面临人员及经费缺乏的问题。[①] 为数不多的医疗机构很多是在乡村建设运动中建立的，如山东乡村建设研究院成立之前，邹平县没有一家医院。江西万家埠在实验区建立之前，农民生病往往要到很远的地方求医，更多人由于经济原因看不起病，除求神拜佛外只有束手待毙。徐公桥乡村建设实验区成立之前，全区也没有一所医院，农民有病要到很远的南京去看，不仅路途遥远，而且大城市的医药费特别贵，贫困农民根本看不起。全年人们用于医药的费用屈指可数，占生活费用很少比例。如南昌淡溪姜家村每年每人仅有一角三分钱用于医疗，定县是三角钱左右。

乡村药材主要由药房、药铺或是药店供给，而这些店铺一般都在县城，乡村很少见到，在农村服务的医生更是寥若晨星。1932年中华平民教育促进会的社会调查部与公共卫生部对河北定县的医疗状况进行调查发现，定县的情况颇具代表性。据统计，在定县城内有普通中国旧式药铺13个，眼药铺3个，眼药作坊2处，西式医院6处；453个村内共有各类医生446人；医生主要是中医，新式西医极少。[②] 由此可见，民国时期乡村民众患病后不仅看不起病，而且就医难。

[①] 李廷安：《中国乡村卫生调查报告》，载《中华医学杂志》，1934，20（9）。
[②] 晏阳初：《定县的乡村建设实验》，见《晏阳初全集》（第1卷），272页，长沙，湖南教育出版社，1992。

第二节　乡村新式学校的举办

20世纪初，晚清政府在教育方面推行废八股、停科举的改革，大力推进新式学堂教育，初步建立了包括各级各类学校在内的现代化教育体制。新式学校教育取代旧式科举教育，实行新式公民教育，以全体社会成员为教育对象，扩大了教育范围，使农村子弟有了接受教育的机会。

一、新式教育的兴起

1905年，清政府实行改革，废除科举制，实行新式教育，带来了中国小学、中学的迅猛发展。其中，小学的发展和学童增加数量特别惊人。1907年，全国小学堂33 605所，入学总人数为895 471人；到1914年，全国小学增至106 655所，入学总人数增至3 443 683人，比7年前的数字增长了2倍有余。[1]

中华民国成立后，政府制定了一系列政策加快新式教育的发展。1912年南京临时政府教育部颁发了《普通教育暂行办法》，随后以"壬子学制"代替1902年开始实行的"癸卯学制"。新的学制将教育分为普通教育、师范教育和实业教育三个系统。同时颁布《教育部公布小学校令》，将学堂更名为学校，并规定初等小学实行男女同校，学习西方先进文化，增设了英文、农业、商业等课，进一步推进新式教育的发展。

《教育部公布小学校令》指出："小学校教育以留意儿童身心之发育，培养国民道德之基础，并授以生活所必需之知识技能为宗旨。"教育部公布的中学校令也明确指出："中学校以完足普通教育、造成健全国民为宗旨。"这里，"健全国民"就是把个人与国家命运结合起来，是对国家负有责任、承担义务的合格国民。这样，晚清主流意识形态一直强调的尊孔忠君思想就被中华民国的主流意识形态所替代，确立了与共和政体相对应的教育宗旨。

---

[1] 李桂林、戚名䋮、钱曼倩等编：《中国近代教育史资料汇编·普通教育》，549页，上海，上海教育出版社，2007。

二、新式学校在乡村的建立

民国政府以国家政权力量强力推动了新式教育逐渐进入乡村社会,拉开了中国乡村教育现代化的帷幕。

(一)新式学校数量

在各级政府和地方人士的努力下,乡村新式学校数与入学人数较晚清都有很大增长,以初等小学为主体的乡村新教育体系初步建立。

1912年的"壬子学制"规定:"初等小学校由城、镇、乡设立之。乡之财力不能设立初等小学校者,得以二乡以上之协议组织乡学校联合,以设立初等小学。县行政长官,因特别事情,得指定私立初等小学校为该城、镇、乡代用初等小学校……高等小学校由县设立之。"1914年12月颁布的《教育部整理教育方案草案》规定:"(1)凡学区内居民较密,满五百户以上者,设多级小学校,满二百户以上者设单级小学校。(2)不满二百户之村集,得设联合小学校;若高等小学校,则以区内筹有之款,不分减初等小学之财力者得设之,由学务区发达,期渐形成一自治区;培学务人才,即以养成自治人才也。"① 1912年,山东初等小学4 766所,到1923年达到22 492所之多。②

1922年"壬戌学制"颁布后,小学教育系统渐趋完备,小学教育经费问题也有具体规章可依。政府对小学教育的监管力度也随着加大,各级小学校的办学必须遵循相关法令方能得到国家承认,办学门槛提高。乡村小学的办学条件本就有限,新规实施后首先受到影响;加上20世纪二三十年代农村经济破产,经费来源减少,乡村学校的创办受到限制,增长速度明显放缓。

(二)乡村举办新式学校受条件限制

1.办学经费不足

经费紧张是办学的第一大难题。很多已兴办的学堂大多设备极其简陋,与私塾无多大区别。校舍简陋破败,教学设备基本没有。教育部在1913—1914年视察各学区学务报告中指出:"(河南)初等小学,全省无一合格者……各省初等小学校,大半租

---

① 璩鑫圭、唐良炎编:《中国近代教育史资料汇编·学制演变》,653、735页,上海,上海教育出版社,1991。
② 山东省地方史志编纂委员会编:《山东省志·教育志》,77页,济南,山东人民出版社,2003。

借庙宇充作校舍，编制设备未完全，管理亦未合法，其教授多用单级法，次序条例均未深谙，实与私塾无异。"①

2. 师资缺乏

乡村教师的工资水平相当低廉，难以聘到优秀的教师。据河北省对122县的统计，初级小学教员的最高工资平均数为13.4元，其中有39县最高工资在10元（含10元）以下。普通工资的平均数为9.1元，其中有15县在5元（含5元）以下。②据河南省对98县的统计，初小教员最低工资平均为7.35元，其中有17县最低工资在5元（含5元）以下；最高工资平均为14.7元，其中有16县最高工资在10元（含10元）以下。③这种工资水平在当时是相当低的，"报酬既极低廉，良好教师自不易聘"。广武县"现有师资之一百八十六人中，则不合格者计有九十四人之多"。④

3. 政府投入缺位

乡村新式学校的教育经费大多取自乡村社会，无论有无子弟在新式学校中接受教育，乡村社会的每一个家庭都要承担一部分教育经费，这与传统私塾的"谁受教育谁出钱"的做法有很大区别。教育经费征收和使用过程中也存在腐败行为，这更加深了乡民对新教育不满。

4. 民众对新式教育的不信任

从新式教育建立之初，由于新旧教育思想观念不同，乡村社会的新旧教育冲突不曾间断，很多地方甚至发生大规模毁学风潮。乡村民众对教育的认同依然停留在封建的旧学体制时代。如山西崞县在1917年仍有私塾存在,继续攻读"子曰""诗云"的"四书五经"。在较为封闭保守的乡村，旧式私塾教育仍具有顽强的生命力和深厚的社会基础。宁乡（今中阳）书院改为高等小学堂后，课程内容也作了调整，却不被一般群众接受，求学者仅十几人，毕业时只剩6人。为此，一些学堂为迎合旧习惯势力，又在学科中加入了"四书五经"内容。⑤这种现象不仅存在于山西，在全国很多地方的乡村都有类似的情况。

到20世纪二三十年代，新式学校仍然无法得到乡村社会的普遍认同。1924年，舒新城在湖南、安徽等地乡村看到，农民们宁愿花费大量的钱财用于迎神赛会等活动，

---

① 朱有瓛：《中国近代学制史料》（第三辑上），247页，上海，华东师范大学出版社，1987。
② 卜西君、齐泮林：《十七年度河北省各县普通教育概览》，41页，河北省教育厅，1929。
③ 河南教育年鉴编辑委员会编：《（民国）十九年度河南教育年鉴》（下编），河南教育厅，1933。
④ 王春元：《广武县教育视察报告（二十三年四月）》，二十三年上期，见《河南地方教育视察报告》，河南省教育厅编辑处印，1934。
⑤ 山西省史志研究院编：《山西通志·教育志》，3页，北京，中华书局，1999。

也不愿捐给学校。在城镇，教会学校可以轻而易举地筹集到大量教育经费，却很少有人愿意捐款给当地的乡村新式学校。①

此种状况，1927年毛泽东在湖南农村考察时曾指出："农民宁欢迎私塾（他们叫'汉学'），不欢迎学校（他们叫'洋学'），宁欢迎私塾老师，不欢迎小学教员。"② 1936年廖泰初在对山东汶上县私塾与新学堂发展情况进行调查后指出："洋学在政府的严令下挣扎维持着，私塾则在百姓们的烘托里枝叶繁生，没有政府，洋学早是寿终正寝，叫私塾压死了。"③

（三）乡村教育的时代局限

中国的乡村教育现代化不是传统教育自然发展、演变的结果，而是借助于国家的力量，把源于西方的近现代教育制度自上而下在乡村强制推行的结果，是外部强加于中国乡村社会的产物。新式教育源于西方近现代工商业文明社会，是与工商业生产和生活相适应的教育制度。而民国时期的我国乡村社会仍然处于农业社会阶段，新教育在教育观念、内容、教学模式乃至教学安排等方面，都与建立在小农经济基础之上的乡村格格不入。其表现为：

（1）新式乡村教育与乡村的需求相背离。"小学毕业生，在社会上办事不能游刃有余，甚至家庭社会常用之便条、账簿不能做"，④ 这在一定程度反映了当时乡村新式教育与乡村需求的背离。乡村民众关注的是新式教育在乡村生活中的实际应用价值，而新式小学校是基础文化教育，显然无法达到这一目标。接受更高级的教育需要到城市，而在城市接受了新式教育的知识分子却不愿再返乡，造成新式教育与乡村实际社会生活背离。费孝通曾论及："接受新式教育的学生，习惯了城市的生活，不愿意回到乡土社会中去。从这方面说，现在这种教育不但没有做到实现中国现代化的任务，反而发生了一种副作用，成了吸收乡间人才外出的机构，有点像'采矿'，损失了乡土社会。"⑤

（2）乡村新式学校的教学安排与农村实际不符。乡村新式学校的教学安排完全照搬西方工业化国家与城市的做法，学期不按农业生产活动规律安排。在农忙时节，乡

---

① 舒新城：《小学教育问题杂谈》，见吕达、刘立德编：《舒新城教育论著选》，446页，北京，人民教育出版社，2004。
② 毛泽东：《湖南农民运动考察报告》，见《毛泽东选集》（第1卷），40页，北京，人民出版社1991。
③ 廖泰初：《动变中的中国农村教育》，2页，燕京大学刊印，1936。
④ 缪序宾：《乡村小学之缺点及其病原之补救法》，载《中华教育界》，1924（4）。
⑤ 费孝通：《乡土重建》，见《费孝通文集》（卷4），359页，北京，群言出版社，1999。

村学童需要承担一部分农活，结果上课时间往往正是农忙时节，而节假日却是农闲时分。"在农事活动的日历中有两段空闲的时间，即从1月至4月及7月至9月。但在这段时间里，学校却停学放假；到了人们忙于蚕丝或从事农作的时候，学校却开学上课了。"[1] 比较而言，私塾的教学形式更能适应乡村生活的需要，更易得到乡民的认可。

（3）新式教育财政体制的弊病。地方政府在乡村教育经费筹集中缺位。在办学次序上，各省多是先办高等教育，后办初等教育。在教育经费的投入上，过度偏向高等教育，初等教育很少得到政府的经费资助。据国联考察团估计："1931年每学生每年所占的教费，在初等小学为华币二元五角至四元，高等小学为十七元，在初高级中等学校约达六十元（若在高级中学、师范学校及职业技术学校则达一百二十元），而在高等学校（大学、专门学院）则升至六百元至八百元。"[2] 国家用于一个小学生与一个大学生之差数，在欧洲尚未超过1：8或1：10，在中国则达到了1：200。

这样，政府教育资源配置严重失衡，使得教育重心由过去的乡村转移到城市，新式学校不再像旧式私塾那样遍布城乡各处，城市学校日益增多，乡村学校日渐衰微，乡村教育基本被排挤出去，处于无力发展的境地。

上述诸多因素引起了民国乡村建设运动倡导者们的极大关注，于是他们在20世纪二三十年代极力挽救，在农村发起了乡村教育运动。

三、乡村教育运动中建立的新式学校

民国初期新式教育与中国农村社会发展现状脱节，使越来越多的人认识到必须举办适合乡村需要的新式教育。1919年，余家菊在《中华教育界》上先后发表了《乡村教育之危机》《乡村教育运动的涵义和方向》两文，发乡村教育理论研究之先声。其后，从美国回来的傅葆深、赵叔愚，也先后开始介绍美国、丹麦等国家的乡村教育理论与实践。而后，越来越多的知识分子投入农村展开了一场轰轰烈烈的乡村教育运动。

（一）乡村实验运动建立的乡村新式学校

乡村教育各派均指出，近代新教育忽略了中国乡村问题。在20世纪二三十年代各地乡村建设实验中，举办适合乡村需要的乡村教育是工作中的一个重点，影响较大的有中华职业教育社、晓庄师范、定县平民教育、邹平乡农学校等。

---

[1] 费孝通：《"江村经济"——中国农民的生活》，51页，北京，商务印书馆，2001。
[2] 国联考察团：《中国教育之改进》，45、46页，国民政府教育部，1932年。

1. 中华职业教育社建立的乡村新式学校

在中国最早提出划区实验与发展农村教育的，是黄炎培领导的中华职业教育社。1926年10月职教社与中华教育改进社、东南大学农科等在江苏昆山县徐公桥建立实验区，成立"徐公桥联合改进农村生活事务所"。1928年4月，职教社独立举办实验区，并成立乡村改进会，预定试验期为6年。职教社在昆山徐公桥农村改进实验区以教育、经济、组织三项为主要指导训练目标。其教育目的为：在使全区儿童完全入学，不识字之青年人完全消除，知识开明，风俗敦厚，发挥互爱互助精神，共谋本区文化发展。

首先，广设实验小学和私立小学解决学童入学问题。在昆山县政府和县教育局的支持和资助下，加之私人捐款，学校数量从2所增加到6所，另有公立流动教室2所，入学学生占适龄儿童的比例从起初的70.75%提高到82.3%，教育经费从1 116元增加为4 702.8元。其次，是推行成人教育。通过举办民众夜校、家庭识字处、游乐室、读书室、问字处等形式，教农民识字。成人识字者从一开始的560人变为1 524人。经过6年试验，达到了预期目标，取得了显著成果。

2. 晓庄师范和山海工学团

民国时期著名的思想家、教育家陶行知，在深入研究、改造美国教育学家杜威"教育即生活"思想的基础上，提出了"生活即教育"的观点。他认为乡村学校是提升农民素质的重要基地，是实现"科技兴农"的有效途径。乡村教育办理不善，不受农民欢迎，原因之一就是缺乏合格的乡村教师。所以，他把"活的乡村教师"的培养作为乡村教育改造的必备条件。为此，他先后创办了"晓庄试验乡村师范学校"和"工学团"，力求培养具有"农夫身手、科学头脑、改造社会精神"的农村人才。

1927年3月，晓庄师范正式开学。它的教学组织形式是以中心小学为中心，中心小学是以农村为中心，农村的生产和生活又反映到学校里来，三者互为依存，构成生活、学习的有机整体。教学的原则是"教学做合一"。这些充分体现了"生活即教育，社会即学校，教学做合一，在劳力上劳心"的生活教育思想。1928年8月，晓庄师范改名为晓庄学校，除小学、幼稚师范两院外，已有中心小学8所、中心幼稚园5所、民众学校3所，并创办了劳山中学。此外，陶行知还先后于1928年4月和1929年3月，指派学生前往浙江杭州和江苏怀安，分别办起了湘湖师范和新安小学等。

1931年陶行知提出工学团教育思想。他认为"乡村工学团是一个小工场，一个小学校，一个小社会"。工学团以"靠自己动手种地吃饭"的"真农人"为主体，通过军事、生产、科学、识字、运用民权、节制生育六大能力的培养改变中国农村的落后面貌。

陶行知向社会广泛宣传他的工学团主张,并组织了"乡村改造社筹备委员会",筹建山海工学团。1932年10月,孟家木桥儿童工学团成立,标志陶行知的工学团教育正式开始。以后陆续建起侯家宅青年、儿童工学团,萧场儿童、青年、妇女工学团,沈家楼棉花、儿童工学团,红庙养鱼、儿童工学团,夏家宅子幼儿工学团和山海木工场等。工学团完全不同于传统学校,如山海工学团除文化知识教育外,还从事修路、推广农业先进技术、办理信用兼营合作社等。抗战爆发后,山海工学团试验被迫停止。

在民众教育方面,主要是组织民众进行农村社会的扫盲与教育普及。晓庄师范开设之初,就设立了平民学校,随后又在各村设立了平民读书处。1929年年初,晓庄学校与中央大学合办实验民众学校。接着,又在神策门、三元庵、万寿庵办起了民众学校。以晓庄师生作为教师,对当地的村民进行扫盲性质的乡村教育,后来还加强了民众教育研究。

3. 定县平民教育实验建立的学校

晏阳初1929年选取河北定县作为平民教育实验区,开展了平民教育运动的实验。定县试验学校设置为三种,即初级平民学校、高级平民学校和生计巡回学校。

初级平民学校以《平民识字课》为教材,即从当时文契、账册、唱本、通俗报刊、政府布告等原始材料中,以出现次数多寡,经过严格挑选整理出1 312个常用字作为教材。高级平民学校是为一部分初级学校毕业想继续学习的青年农民而设。高级平民学校的目的是培养执行建设计划的村长,特别是同学会会长。生计巡回学校着眼于使农民获得当前生产实际需要的训练。这样的学校教育,同时满足了农民低级和高级文化的需求,也满足了农民生产实际的需要。

举办生计巡回训练学校,目的在于使农民取得应用于农村实际需要的训练,以生活的秩序为教育的秩序。依一年中时序的先后,在研究区内分区轮流巡回训练,传授切实的技术。每年三、四月为植物生产训练;八、九月为动物生产训练;十一、十二、一、二月为农村工艺及合作训练。然后分别实施设计,由原来训练人员分负视导检查责任。成绩较好者,即标列为其他农民的示范农家。

定县实验开始不久,平教会即着手研究乡村妇女教育问题,设立妇女平民学校、妇女育才学校。1931年,设立青年妇女教育研究委员会,分妇女职业及家事教育两组;次年,开始进行"主妇会"和"闺女会"实验,又在女子平校课程中加入缝纫、育儿课程。在有些地方,实验女校青年部的课程中有书算、保育、缝纫、纺织、畜牧、园艺等内容,以增强妇女劳动技能,提高妇女素质。通过接受平校教育,定县妇女的识字率大大提高。

4. 梁漱溟建立的乡农学校

1931年6月山东省政府在邹平正式成立"山东乡村建设研究院",任命梁漱溟为研究部主任。研究部下设四个部,分别为研究部、乡村服务人员服务部、邹平试验区和农场。梁漱溟在邹平进行的乡村建设,是以乡农学校的形式进行的。其具体办法是,在相当大小范围内的乡村社会(200户以上500户以下的村落为基本单位)成立乡农学校,将以前的公所机关取消,取而代之为村学、乡学。

乡农学校按照入学的地域范围分为村学与乡学,村学是基础,乡学是村学的上层。村学、乡学不再是一个行政机关,而主要是一个团体,包括校长、校董、理事教员以及男女老少。校长、校董由"在乡间比较有信用有力量的人"担任,学生就是当地的"全体民众",教员则由从事乡村运动的人充任。

村学附设儿童部(即小学部)、成人部和妇女部,各村原有的小学校、民众学校等,分别编入上述三部之中,统属村学。儿童部学制4年,相当于国民小学的初小部,其课程也与国民小学差不多,有国语、算术、史地、自然、体育、音乐、公民教育等。所不同的是教材可以自己编写,如乡建活动、精神陶炼、人生向上等。成人部和妇女部主要是在晚上,尤其是冬天农闲季节的晚上上课,又称"冬学",主要课程有识字、唱歌、精神讲话、军事训练。梁漱溟尤为重视精神讲话,认为中国的乡村社会不仅面临经济上的破产,而且精神方面也遭到了破坏。社会原来的旧习俗、旧信仰已经被动摇和摧毁了,而新的观念还没有产生,许多乡民意志消沉。所以,他希望通过精神讲话课程与农民进行心理感情沟通,帮助他们巩固和树立自信心。除了4门必设的课程外,各村学还可根据实际需要,因地制宜开设一些课程,如匪患严重的地区开设农民自卫课,多山地区开设植树造林课,养蚕种棉地区开设养蚕种棉课等。① 各村学还可结合农时,临时举办一些农业技术培训班或讲习班等。

乡学附设升学预备部和职业训练部。升学预备部又称高小部,学制两年,即国民小学的五、六年级,课程除了一般国民小学所设的国语、算术、自然、历史、地理、卫生、体育、美术和公民教育外,还开设新闻消息、乡建理论、精神陶炼、合作簿记等。职业训练部主要是对各村18岁以上40岁以下的成年农民进行职业轮训。有的乡学还设有高级部,招收对象是受过四五年以上教育的青年农民。设立高级部的目的是把这些青年农民培养成乡村事业的干部人才。其课程除唱歌、精神讲话、军事训练外,还着

---

① 梁漱溟:《梁漱溟全集》,351页,济南,山东人民出版社,1991。

重史地和农村问题,以帮助受教育者明白历史的变迁和现时的问题,因为"非明白历史的变迁,必不会应付现在的环境而创造未来的前途。非从深处认识问题,就不知道问题的来历,得不到解决问题的方法"。①

5. 江苏省立教育学院建立的乡村学校

江苏省立教育学院成立于1930年6月,其宗旨是"养成民众教育、农事教育服务人才"。该院先后选定黄巷、北夏和惠北作为民众教育的实验区,因它们都位于无锡附近,故又统称为"无锡实验区"。江苏省立教育学院在这三个实验区从事的乡村建设实验,由此统称为"无锡实验"。

江苏省立教育学院非常重视普及教育、扫除文盲的工作,主要是通过设立民众学校对广大农民进行包括识字在内的各种教育。民众学校的编制分为成年、青年和儿童三班。成年班主要开设识字、常识、写字、唱歌、农艺等课程,一般在农闲季节的晚间进行。青年班采用半日全年制,主要开设国语、算术、唱歌、集会等课程。儿童班分为普通儿童班和半日儿童班。民众学校在普及教育、扫除文盲尤其是成年农民文盲的过程中发挥了巨大作用。黄巷、惠北、北夏实验区经过三年的实验,文盲人数大大减少。

无锡各实验区非常重视学龄儿童教育,致力于乡村小学的建设,一方面要求无锡县教育局扩大乡村小学数量;另一方面又发动乡民集资兴办协作小学。同时进行两年制义务教育和六年制小学教育四年完成的实验,以便使更多的乡村儿童在现有的校舍和师资条件下得到受教育的机会。无锡各实验区也非常重视青年教育,除开设民众学校青年班外,还举办青年学园和各种青年讲习会、训练班。

(二)乡村教育运动的效果

乡村教育运动中,各实验区开展的乡村教育活动取得了一定的成效,使农民及其子弟受教育的普及面有所扩大。据《第二次中国教育年鉴》统计,到1935年,各种教育实验区有193处,遍及全国各地。

在定县,1933年全县成立民校645所,其中初级校605所,高级校40所;共有学生21 170名,其中初级生18 601名(内有女生6 927名),高级生2 569名(内有女生163名);共计有毕业生7 639名,其中初级生6 847名(内有女生2 329名),高级生792名(内有女生74名)。②

在邹平,1932年就已设有乡农学校91处,其中高级部16处,普通部75处;已

---

① 宋恩荣:《梁漱溟教育文集》,355页,南京,江苏出版社,1987。
② 晏阳初、陈筑山:《定县实验区工作概略》,242~243页,上海,上海书店,1936年。

有3 996人受到教育,其中既有青少年农家子弟,也有中老年农民,平均年龄为25.33岁,50岁以上者为96人,年逾70者6人。到1934年,乡农学校改为村学、乡学,全县13个乡均已成立乡学,并设立村学共计55所,学生总数为8 828人。① 除了村学和乡学之外,还开办各种职业培训班和青年义务教育训练班。到1935年,在全县14个乡共举办青年义务培训班269次,培训学员8 603名,其中学农业者7 679名、学工业者506名、学商业者406名、其他12名。②

在无锡,1933年惠北地区设有"民校35班,内妇女班20班,学生612人;男子班学生343人;又儿童87人,共计1 042人"。北夏地区"共开民校17所、23班。其中男占642人,女占351人……毕业206人,内男138人,女68人"。③

可见,乡村教育实验为当时的乡村教育注入了新的活力,大大提高了乡村民众的文化素质。其"举办适合乡村需要的乡村教育"的思想也可为今天的农村教育提供借鉴。但受制于知识分子自身的局限以及改良主义的主导思想,乡村教育运动最终走向了失败。此后,抗日战争全面爆发,各地乡村教育运动实践被迫停止。但乡村建设者们在乡村教育方面做出的尝试与贡献是不可磨灭的。

四、教会大学建立的乡村学校

在20世纪二三十年代,随着西方宗教在中国的进一步传播,教会所属大学已经作为当时中国高等教育一个重要的组成部分得到了快速发展。但是,随着中国本土大学的兴起以及其他内外因素的困扰,教会大学面临严重的困境。为了摆脱困境,近代教会大学不断加快"世俗化"和"中国化"的步伐。其中,最为重要的措施就是积极地展开乡村教育,把当时集中国社会各种问题于一身的乡村社会作为突破口,期望通过服务乡村教育等世俗事务走出困境,以此求得自身的发展。开展乡村教育最为有效的方式莫过于创办各类学校。教会大学的师生为了集中有限的师资和设备开展乡村教育,创办了各种学校和训练班。

(一)近代式小学校

教会大学针对乡村社会失学儿童数量大、分布零散、年龄差异比较大等特点,充

---

① 许莹涟等:《全国乡村建设运动概况》(第1辑上册),203~204、233~234页,山东乡村建设研究院,1935。
② 张石方等:《邹平乡学概述》,《乡村建设》,1935 5(4),4、6页。
③ 江苏省立教育学院:《江苏省立教育学院乡村民众教育实验工作报告》,见乡村工作讨论会编:《乡村建设实验》,74、75页,上海,上海书店,1936。

分利用自身师资、设备等方面的优势,在一些失学儿童较为集中的地方创办了正规小学。

1911年东吴大学师生见校园周围失学儿童众多,本着为社会服务的目的创办了"惠寒小学"。惠寒小学在创办之初为夜校,一年后转变为日校,招收的学生也是东吴大学周围穷苦人家的孩子。学生上学免交学费,甚至书籍和学习用品也由学校提供。1926年,惠寒小学发展成为正规的全日制小学,其课程也与其他公私立小学相差无几。"经过东吴师生数十年的筹划经营,惠寒小学声誉卓著。至抗战前夕,六个班级的男女学生达170余人。"[1] 1917年2月,金陵女子大学为学校附近失学儿童开办了一所社会慈善性质的初等小学——培幼小学,得到德本康校长极力支持。1920年小学改半日制为全日制,男女兼收,并且聘请专任教师,女大学生则在必要时帮助学校教务等。[2] 1938年福建协大在邵武创办了"汉美小学"。有了福建协大教育系的同学做后盾,汉美小学得到了快速发展。

其他一些教会大学也创办了正规小学。齐鲁大学在试验区创办了正规小学,"本社为提倡教育,诱导乡村家庭送其子弟入学起见,前曾办理初小四处"[3]。燕大教育系在冉村和诚孚两实验区创办了正规小学。傅德琛带领华西大学生在华阳创办"私立乐育小学"。这些正规小学主要是在失学儿童比较集中的地方或者在教会大学的附近,不仅使大部分失学儿童获得了接受正规教育的机会,也使得乡民对新式教育增加了解并引起重视。新式教育逐渐深入乡村社会,整个乡村社会开始呈现新的精神面貌。

(二)创办各种夜校

为了充分利用有限的教育资源进行乡村教育,教会大学创办了许多夜校。夜校的教学地点一般设在乡小学或者废弃的寺庙祠堂,教育对象是广大成年文盲及其失学儿童,农民是其主要对象。

1938年迁至邵武的福建协和大学创办了邵武民众夜校,地点就设在他们创办的汉美小学,开设的课程有国文、算术、音乐、常识四科。[4] 为了更好地服务于当地民众,减少当地文盲人数,福建协大于1945年秋在夜校原有的基础上增加了初级和高级两班,分别招收小学程度和初中以上程度的学生。开设的课程主要涉及民众实际需要的国语、

---

[1] 许周鹤、张梦白:《最早开设的教会大学——东吴大学》,载《民国春秋》,1996(5),12页。
[2] 张连红主编:《金陵女子大学校史》,74页,南京,江苏人民出版社,2005。
[3] 乡村工作讨论会编:《乡村建设实验》,306页,上海,上海书店,1936。
[4] 《协大周刊》,第一卷第二期,民国二十七年六月廿七日。

珠算、尺牍、音乐、常识等基础知识。高级班加入了工艺指导等知识的训练。[①] 1919 年东吴大学创办义务夜校,主要招收贫苦民众的孩子和一些成年文盲,对他们实行最为基础的教育。金陵大学在乌江试验区除了办乡村小学校以外,还办有平民夜校,学员均为附近的农家邻居,教授由中华教育改进社编的平民千字课,还学习珠算。另外金大文学院也办成人夜校,燕大、华西大等教会大学办夜校。

教会大学创办乡村夜校充分考虑了乡村的社会环境条件,对乡村社会文化教育、农业经济、卫生健康等方面的进步起到了直接的促进作用。

(三)创办暑期学校

教会大学为了更好地服务乡村社会,号召学生开展暑期乡村服务。教会大学学生积极响应,主要是创办暑期学校。暑期学校具有时间短、灵活性强、简单易行等特点,这是教会大学参与乡村教育的一大特色。

1921 年暑假,东吴大学的学生会就倡导鼓励学生在家乡的乡村社会开办暑期义务学校。据记载,那年暑假他们在江浙各地开办的义务学校有 19 所。[②] 1944 年暑假,福建协大的学生自治和青年会组织留校的学生开办暑期儿童学校和工友夜校,儿童学校为时 1 个月,共招收学生 157 人。[③] 除以上两所教会大学外,燕大也创办了暑期学校,金陵大学办有暑期补习日夜班等。

教会大学的学生在家乡开办暑期学校,向落后的乡村社会传播了新思想、新观念和新知识,拉近了与农民群众的距离。

(四)成立平民学校,开办训练班

齐鲁大学非常重视社会教育,其中最重要的工作就是创办平民补习学校。至 1933 年,试验区已创办平民学校十处有余,招收学生 200 人左右。平民补习学校开设的课程涉及识字、算数、常识等。[④] 1940 年 12 月 8 日,福建协大在邵武的遵道坊开办了一所民众学校,学校设有妇女、儿童、成人等班。燕京大学、华西大、金大等教会大学也办有平民或者民众学校。这些学校针对乡村社会缺教、少教的现实而成立,充分考虑了乡民的自身条件和现实需求,在改善乡村社会文化教育落后、农业生产凋敝、卫生健康恶化等方面作出了积极贡献。

为了提高民众生存技能,改善其生存环境,一些教会大学成立了许多训练班。训

---

① 《协大周刊》,第二十五卷第二期,民国三十四年十月十六日。
② 许周鹣、张梦白:《最早开设的教会大学——东吴大学》,载《民国春秋》,1996(5),12 页。
③ 《协大周刊》,第二十三卷第二期,民国三十三年十月十六日。
④ 章元善、许士廉:《乡村建设实验》(第三辑),306 页,上海,上海书店,1936。

练班主要是对乡民进行一定的知识和技能训练，内容涉及日常生活的各个方面，如识字、珠算、育婴、农家记账、农业技术等。金陵大学在成都最初办有警察训练班、劳工教育班，后来还办了特种训练班，保育员训练班就是较为出色的训练班。[①] 华南女大与基督教南平卫理医院合办母亲训练班，传授培育孩子的常识。[②] 其他一些教会大学也开设了这些训练班。

教会大学的乡村教育活动对促进乡村社会走向繁荣起到了一定的作用。特别是在扫除文盲、启发民智、传播先进科学知识、振奋乡民精神等方面起了重要作用。由于历史的局限性以及浓厚的宗教色彩，他们所开展的乡村教育无论是在深度还是在广度上都难免存在局限性。

第三节 瘟疫流行与乡村自救

民国时期瘟疫肆虐，给人民带来了极大危害。由于政府投入严重缺乏，乡村医疗卫生条件简陋，传染病得不到有效预防和救治。当瘟疫流行尤其是大规模爆发时，乡村百姓只能凭借自身微薄力量自救。

一、疾病治疗的神巫习俗

我国民间的神巫驱疫习俗古来有之。瘟疫作为一种疫病，来无影去无踪，每次出现都给国家、社会、家庭造成极大损失。大量人口死亡，给乡村民众带来极大恐慌，在愚昧无知、迷茫不解、百般无助的情形之下，就认定是鬼神在作祟，只有祭神祭鬼，才会转危为安。正如列宁所言"恐惧创造神"。民众相信疫鬼的存在，掀起一波又一波的迷信浪潮。出于求生的愿望，村民穷其所能，采取许多今天看来极其荒唐的办法，以期阻止疫病传播，最常见的就是求助于迷信活动。

人们对疫病有各种禁忌。如在湖南一些地区"病家忌外人闯入，外出请医忌遇道士、

---

① 张宪文主编：《金陵大学史》，180页，南京，南京大学出版社，2002。
② 中国人民政治协商会议福建省委员会文史资料编辑室：《福建文史资料》（第20辑），104页，1988。

棺材、死动物，抬病人忌头向后"。① 在四川，人们相信有玉虾存在，并且很害怕玉虾，认为它是传播瘟疫的妖精。在山西和河南，人们将虾晒干挂在大门口，或者将画着虾的图画贴在门上，认为可以驱疫避邪。

  驱除瘟神的活动经常发生，方式层出不穷。在成都，家中若有时疫患者，"必重请巫师，于三更后，巫师画脸，现怪象，助以焚火，大声疾呼，在病人室中大肆搜索，开门驱鬼，出外而返"，以期祛除疫鬼。1932年，邓崃城乡霍乱大流行，从5月开始一直绵延至8月，每天四门出丧。全城棺木供不应求，后死者往往以草席裹尸软埋。有传说"霍乱仙姑"下凡，要过新年才走，于是人们7月提早过年，家家户户挂红灯，放鞭炮，以期禳解。② 民国年间的德阳县传染病频发，本地巫医则多用桃枝、柳条抽打患者，或趁其不备将其推入水中，以惊吓"逐鬼"，或给病人画符佩戴"镇邪"，致使许多患者病体日衰。③ 1932年陕西霍乱流行，瘟疫不断蔓延，死亡人数众多，各种迷信现象便奇出异常。三原人以为虎疫必是瘟神作祟，于是集议决定供奉瘟神一日，"用纸船一个，船上供瘟神牌位，并献灰面等，名为送瘟神，鼓锣喧天，环游南关各大小巷道一周，即将该船送往城南十余里之泾惠渠水中，付诸东流矣"。④ 泾阳一般村民则以为疠疫蔓延，系鸡作祟，遂将全村大小鸡全部杀死。又拟举行大赛会来敬瘟神，以致正当的防治办法，则丝毫未加准备。⑤ 西安东仓门街有的送瘟神以铜器，以为可以吓走瘟神。⑥ 富平庄里一带则筹款四百余元，延请和尚，大念法经，来驱逐虎疫。⑦

  民间以巫医巫术治病，或靠星象占卜求问吉凶，迷信从业者推波助澜，往往延误最佳治疗时间，造成更多消极后果。对此，政府也采取措施加以制止。如"县政当局，虽派人到处讲演，宣传病菌之细，无微不入，非注意清洁不可。愚之亡民，反认为是不经之谈，说生死有定，天爷收生，人力何能，只为赶急傲虔之祷告，看看有救否，因此城乡各处设坛禳灾，煞有介事"。⑧ 在疫灾面前，虽有政府卫生部门的防疫宣传，但由于科学防治观念尚未被民众接受，人们坚信"鬼神司疫"。瘟疫流行期间，设坛祭祀鬼神，以期驱除瘟神疫鬼，使得很多患者贻误治疗时机，或误诊误治，造成更多人口死亡。

---

① 桃江县志编纂委员会：《桃江县志》，526页，北京，中国社会出版社，1993。
② 四川省邓崃县志编纂委员会编：《邓崃县志》，714页，成都，四川人民出版社，1993。
③ 四川省德阳县志编纂委员会编：《德阳县志》，839页，成都，四川人民出版社，1994。
④ 《西北文化日报》，《三原人民供送瘟神》，1932年7月29日。
⑤ 《西北文化日报》，《各县虎疫人甚巨》，1932年8月5日。
⑥ 《西北文化日报》，《本市疫势日甚》，1932年8月8日。
⑦ 《西北文化日报》，《富平防疫工作紧张》，1932年8月30日。
⑧ 《新新新闻》，1934年7月19日，第6版。

由于医疗条件落后和科技知识贫乏，民众既不知受到何种疾病侵袭，亦不知如何防范，不知区分、隔离治疗染疫病人。在瘟疫流行期间，乡村民众要么听天由命，要么在极端恐惧的心理支配下离家逃避。这种消极避疫行为，只会加快瘟疫的传播。

二、食疗和偏方疗法

疫病发生后，人口大量死亡，巫术巫医并未显灵生效，乡民便采用一些传统方法防治传染病。各地乡村民众针对不同的疫病采取不同的偏方疗法。

很多地方乡村民众用大蒜防疫。大蒜有解毒、杀虫的功效，而且气味浓烈，所以乡村民众"一遇瘟疫流行之年，概以大蒜为防疫不二妙品"，认为"霍乱盛行，乃夏日肠胃易病之际，倘能每饭食蒜一瓣，则一切传染时疫，概可避免，较之其他药物，尤为节省而便利也"。①

四川乡村民众在长期生活实践中，认识到雄黄酒、萝葡菜、大曲酒、醋渍胡豆也能抵制疫病。"醋、盐、辣椒、大蒜、生姜、生葱、花椒都能杀虫灭菌，更加嫩藿香叶在内，值此长夏炎炎，虎疫流行，每日和稀饭同食，其效力较免疫药水为巨"。②"每日宜在饭前饮一二盅大曲酒，临睡时亦饮一二盅，盖大曲酒有杀菌能力，可以避瘟。"③四川人还发明了预防特定传染病的专门药方，例如"红牛膝，用铜锅煎作焦黄色，以大曲酒（一杯）烧之，使酒透过药性后，趁温于拒疟未发作前半时或一时服之"，可治疟疾；④"白菊花（四两），泡在水缸内，无味即换"，可免猩红热；⑤"生萝葡（一个）、白糖（二钱）、生枇杷叶（三片）、葱白（七根）、生姜（一片）、灯心（五根），将生萝葡捣碎，生枇杷叶去毛，合煎送服"，能治霍乱；⑥"苦生子七粒去壳，刮尽青皮成白色，桂圆肉一二片紧裹成一丸，以温开水吞下，隔数小时再服"，可治痢疾。还有些地方民用熏蒸疗法防疫。将枯叶、陈艾、菖蒲、芫荽等药放置于烧红之石上，迅投水、酒、醋之类浮之，熏蒸患处或全身，并让患者吸其药气以治病或防疫。⑦

1931年甘肃秦安霍乱大流行，当地中医用藿香正气丸、理气汤、四逆汤、回阳救急汤防治。民众采用吃大蒜、井底浸泡贯众、苍术，室内燃烧苍术，人身佩戴苍术，

---

① 《新新闻》，《大蒜可以防疫》，1932年7月8日，第14版。
② 《新新闻》，1932年8月16日，第14版。
③ 《新新闻》，1932年8月10日，第11版。
④ 《新新闻》，1932年8月31日，第14版。
⑤ 《新新闻》，1937年3月16日，第16版。
⑥ 《霍乱简治法》，载《新新闻》，1932年8月15日，第11版。
⑦ 四川省地方志编纂委员会编：《四川省志·医药卫生志》，561页，成都，四川辞书出版社，1996。

厕所粪池铺石灰等方法防疫；有的还用针灸、放血、刮痧治疗，均发挥了积极作用，使疫情趋于缓和，死亡人数有所控制。

在湖南民间多用雄黄、苍木熏烟作空气消毒，预防感冒、霍乱、伤寒；用紫草根、贯众汤预防麻疹；服大蒜、马齿苋汁、大马鞭草汤预防痢疾。① 一些地区的乡民用醋酸蒸气进行室内消毒；在春季，多用艾叶、枫球或其他药物熏烟消毒。

以上种种，是广大乡村民众在长期防疫实践中总结的朴素疗法，虽不能杜绝传染病的发生，但利用食物和草药的特性，对防治传染病起到了一定作用。

三、乡村社会力量的救治

瘟疫流行，很多乡村社会力量也纷纷投入防治过程中，发挥了一定的积极作用。每当瘟疫爆发，仁人善士或筹资捐助，或义诊施药，或施送药方，以减轻传染病给乡村民众带来的痛苦，对于瘟疫的救治起到了一定的支撑作用。

（一）乡村慈善人士

瘟疫来袭，一些地方乡绅散粮急赈，施药救急，将家中所存粮钱赈济百姓。有的乡绅自配药方，熬制消疫汤，供给乡村民众，也有乡绅捐款买药救治疫灾民众。民国时期乡村疫病治疗多用中药。辽宁省档案馆馆藏档案中有一付治疫良方，是奉天省锦西县县长陶祖尧祖传的明朝治疫药方，该方"舍药济人，全治无数，屡试屡验"。该馆馆藏档案中还有丰宁县依古方购备杜仲、甘草等解毒药材分别放在各地井水中，用来防治疫病、注重卫生的记载。1932年闽南地区霍乱流行，晋江安海镇的赵伯英"效仿陈修园先生制成丸药备索，计施丸药一千多份。并以桂附理中汤化裁，治愈奄奄一息的霍乱患者多人"。② 1929年，甘肃张家川一带饥荒，瘟疫流行，马元超散粮急赈，施药救急，将家中所存粮钱全部赈济百姓。③ 1929年，甘肃永登旱疫流行，高维仑自行配伍药方，熬制消疫汤，供应群众，颇受人称许。④

乡村慈善人士的救济行为取得了一定效果，缓解了当地疫情，但毕竟力量薄弱，加上乡村地广人稀，居住分散，不利于集中救治，发挥的作用非常有限。

---

① 安化县志编纂委员会：《安化县志》，552页，北京，中国社会科学文献出版社，1993。
② 《中医师赵伯英传略》，《晋江文史资料》(第10辑)，156页，中国人民政治协商会议福建省晋江市委员会文史资料委编印，1983。
③ 张家川回族自治县地方史志编纂委员会编：《张家川回族自治县志》，1310页，兰州，甘肃人民出版社，1999。
④ 白银市地方志编纂委员会：《白银市志》，769页，北京，中华书局，1999。

（二）农村合作组织

20世纪二三十年代，由中国华洋义赈救灾总会（简称"义赈会"）倡导的华北农村合作运动得到了顺利发展。20年代初，为倡导"合作防灾"理念，义赈会选择以河北为实验区，办理德国"雷发森式"农村信用合作社，开始了我国农村最早的"合作制"实验。

当时农村缺医少药特别严重，合作社的小额公益金"无力兴办大规模的卫生设备"，就如何处置公积（益）金以达其最大利益化，时人考量更多的是"请教医生，购置几种常用药品储存备用"。因为平常病症如疟疾，备有金鸡纳霜及疟疾丸，服用后"无不立愈"，其他如霍乱、感冒、受热受寒以及外伤等都可用现成药品治疗，所以"预备这些药品是极当的需要"。① 从合作事业中提取公积（益）金购买各种常用药品，以备疫病来袭的应急，一定程度上满足了疫病突发时的紧急救治，这是我国农村合作医疗制度的最早起源。

1929年8月，河北省"优良社"即深泽县马户生村社召开全体社员大会，决议在该村福音堂外院设"施药局"，"以济病人"，药费即由该社公益金拨付，规定"无论社员非社员，本村还是邻村，有求必应，概不收费"。公推发起人马万苍为经理（系义务职），每逢春季，施种牛痘。② 不少农村合作社在义赈会的影响下都比较注重乡村公共卫生，积极开展公益事业，定时打扫街道、修补道路、清除村落社区的垃圾，以及施舍药品等。③ 这种由农村合作社设置的"施药局"或"施药点"，在疫病多发季节采取积极措施预防，在瘟疫流行期间救治乡民，是民国乡村自救的一种较好的形式，也是农村"合作医疗"的一种原始形态。

第四节　乡村医疗体系的设计：三级医院制

民国时期，我国乡村医疗卫生事业发展严重滞后，乡村医疗制度更是一片空白。1928年夏，上海吴淞国立中央大学医学院开始做农村卫生实验工作，联合上海市卫生

---

① 林梓：《公积金的处分问题》，《合作与农民》，1929（2），16页。
② 中国华洋义赈救灾总会农利股"专刊"编委会：《合作讯》，1934，（100），28页。
③ 中国华洋义赈救灾总会：《河北合作——优良社之实况》（丛刊乙种第71号），1935年9月刊行，76页。

局在吴淞镇合办卫生公所,这是我国首创的农村卫生组织。但该所成立后,人事变动频繁,成效甚微。1929年,上海市卫生局选定浦东高桥镇为农村卫生实验区,并在该镇设立卫生事务所,负责全区农村卫生工作,取得了初步的成效与经验。后来随着乡村建设运动的发展,广大知识分子在农村陆续开展农村卫生工作,建立了许多实验区,取得了良好的效果。其中最具有影响力是河北定县实验区的乡村保健制度。

一、定县乡村保健制度

在农村建立医疗保健体系,是中华平民教育促进会(以下简称"平教会")的一个伟大制度创造。身体的病弱是社会病态的集中反映,也是平教会概括的四大社会问题之一。这种病弱,是由经济落后、营养不良、缺乏卫生习惯以及缺医少药造成的。在贫穷的农村,医疗和保健方面的问题更为严重。定县乡村死亡人数中有30%没有经过任何医药治疗,在总数472个村庄中,有220个村没有医生和任何医疗设备,其他252个村,每村也只有一个没有经过任何正规培训的自封的中医。定县这种缺医少药的状况,使平教会的同仁认识到,"今日中国农村健康方面最迫切的问题,就是急需建立一种医疗制度,使广大民众在现有的条件下得到基本医疗和健康保护"①。

根据平教会的统计,定县平均每个家庭的全年医药费支出为1.5元(人均约3角)。研究区内每村约有140家,共需支出210元,其中购药费用约110元,最多只能剩余100元作为工作人员薪水。②所以,如果在村里设立专职医生,在不增加投资的情况下是不可能的,"不惟难聘请高明医生,即一普通护士亦难雇用"。③有鉴于此,平教会根据实际设计了村、区、县三级保健制度,并于1932年开始试行。

定县的乡村保健制度分为三级,第一级是保健员,第二级是保健所,第三级是保健院。

(1)村一级设保健员。保健员每村一名,负责村里的保健卫生工作。保健员要符合以下条件:①要有一定的文化知识,一般从本村平民学校毕业同学会会员中选取;②要有热心服务精神,且忠实可靠;③身体健康,年龄在20~35岁。保健员在正式任职之前,须先在保健所接受两星期的医药基本知识和技术训练,训练的方法主要是

---

① 晏阳初:《晏阳初全集》(一),272、273页,长沙,湖南人民出版社,1995。
② 陈志潜:《定县社会试验改造事业之农村卫生实验》,载《卫生月刊》,1934(1)。
③ 孔雪雄:《中国今日之农村运动》,252页,上海中山文化教育馆,1934。

讲授和实习。保健员的主要职责包括：①宣传卫生常识；②报告本村的出生死亡情况（又称生命统计）；③随时施种牛痘并负责改良本村水井；④管理一个价值3元、内置十余种常用药品的保健箱，对一些常见疾病进行救急治疗。在实验期间，药品由平教会购置，以后则由村中供给。药品的配备原则，为合大多数疾病之要求，用法简易，无危险性，省钱。

保健员不是专职的，主要是利用业余时间完成上述工作，既不领取定额工资，也不收取药费。农民在保健员那里看病，平均每次医疗费约铜元1枚。由于保健员是义务服务，故《保健员规则》赋予他们一定的权力：①保健员自己得病就诊于保健所或保健院，一律免费；②保健员依照手续介绍给保健所诊治之病人，只收半价；③保健员服务一年，如能尽职，应由同学会募集一定奖品，或者到年终时按工作成绩由村里发些奖金，以资鼓励。保健员不能医治的病人，则依照手续转介给保健所。

（2）区一级设保健所。保健所配有医生1人，护士1人，助理员1人。保健所的职责包括：①训练与监督村保健员。保健所医生至少每半年要到村中视察一次，保健员每半年在保健所聚会一次，汇报工作情况及交流经验。②每日门诊，接待和医治病人，包括保健员转来的病人。保健所每次诊疗费为铜元5枚。据统计，1933年每个保健所每天平均诊治29人次，而由村保健员转来的病人占30%以上。③负责学校卫生及卫生教育。④预防急性传染病，保健所不能医治的病人转送保健院。

（3）县一级设保健院。作为全县卫生的最高机关，其任务为管理全县卫生行政，实施卫生教育，计划全县卫生工作，训练全县卫生人员，治疗病人，进行传染病预防及研究工作等。保健院配有男女医生各1人，助理医生2人，护士8人，药剂师1人，检验员1人，事务书记及助理员6人。院内附设病床50张，专供住院治疗，每日住院费为4角。保健院作为一个设备齐全的平民医院，不管门诊，专收住院病人，因为门诊完全由各区保健所负责了，保健所不能解决的介绍来这里住院。

乡村三级保健制度收费低廉且有组织，大大改善了乡村居民的就医条件，可以说是"低水平、高效率"。保健制度的建立，尤其是村保健员的设置，使人们可以经济方便地得到基本保健和医疗。村保健员平均每年种牛痘100人，治疗1 000次。保健所每年可治疗病人5 000人左右，治小学生沙眼、头癣等约5 000次，夏季注射霍乱预防针1 000人。保健院每年可治疗住院病人600人，大小手术约1 000次。据估计，这一制度推行全县之后，每年约需经费12万元，每人不过3角，恰与该会调查的建立保健制度之前的花费相同。① 到1935年，定县已设置80个保健员，8个保健所，1个保健院。

保健制度的建立，使多种疾病的预防和治疗得到了明显改善。有资料显示，由各村保健员负责实施种牛痘，在定县得到普遍推广，使严重危害农民生命安全的天花病得到了有效的控制。1933年，研究区内61村天花即已绝迹，全县患天花的人数大为减少。1934年，全国天花流行，大量人口死亡，而定县仅死数人。到1936年，定县天花"已经绝迹"。②

平教会创立的三级保健制度，不仅有利于农村缺医少药、农民有病得不到医治等问题的解决，而且开创了我国医疗卫生事业的新局面，并为农村合作医疗的产生提供了"技术模型"。

二、定县保健制度的示范效应

定县的保健制度，对其他乡村建设团体产生了积极示范作用，并受到政府卫生部门的重视。其他乡村建设团体也纷纷建立卫生制度、开展卫生工作。

邹平仿效定县开展了乡村卫生建设，其乡村卫生组织同样也是由三级组成，县设卫生院，乡设卫生所，村设卫生室。1934年9月，乡村建设研究院与齐鲁大学医学院合作，建立了邹平历史上第一家医院——"山东乡村建设研究院医院兼山东邹平县政建设实验区卫生院"，简称"邹平县卫生院"。具体开展以下工作：①诊疗工作。初诊收挂号费铜元10枚，复诊为4枚。药费除注射"九一四"外，概不收费。自1934年9月起至1935年6月底止，共诊病人7 635人，诊疗次数17 868次。②保健工作。成立女婴保健会开展妇幼卫生，培养接生员实行新法接生，积极开展乡师、乡小的学校卫生工作。③传染病的预防。医疗防疫巡回队种牛痘，霍乱预防注射，传染病调查。④卫生教育。举办卫生助理员培训班，为期1年，为各乡村卫生工作培养初级人才。

邹平县卫生院以下在乡学设乡诊疗所，共有6个乡建立了卫生所。每所配备卫生员2人，在卫生院的指导下开展：简易治疗、学校卫生、生命统计、传染病预防、一般卫生教育。各村村学设村卫生室，有卫生服务员一人，由学校教员兼任。教员一方面可以直接负责学校卫生，另一方面又可以兼管村里的其他卫生事项。

1936年2月，江苏省立教育学院在无锡惠北实验区小园里村进行乡村保健村的实

① 郑大华：《民国乡村建设运动》，233页，北京，社会科学文献出版社，2000。
② 俞焕文：《定县种痘七年》，载《民间》，1936，3（15）。

验，实验的主要内容是建立合作医疗制度。该村25户137口人，每人每年交纳3角钱保健费，即可享受全年免费医疗、注射预防针和种牛痘等。每月举行一次清洁检查，半年举行一次婴儿健康比赛，以提醒村民注意卫生和幼儿的保养。在卫生宣传方面，把5～12岁的儿童每天集中起来进行半天的训练，学习浅显易懂的卫生知识，养成良好的卫生习惯。[①] 实验区非常重视种牛痘和注射防疫针的工作，并以之作为合作医疗实验的重要内容。牛痘是每年春秋各种一次，以各区的卫生分所、民众学校和乡村小学为布种点；种痘师由分所医生、特约卫生员以及从事乡村工作的职员担任。据当时在惠北实验区的实习生统计，1934年5月至1937年5月的3年间，惠北实验区接种牛痘的人数为4 355人。注射防疫针一般是在每年的夏季，主要是预防在当时甚为流行的各种传染病，如天花、霍乱、痢疾及脑膜炎等。惠北实验区从1934年5月到1937年5月，3年间共有2 644人接受了防疫注射。[②] 与定县不同的是，惠北实验区解决了医疗费用的来源问题，即由村民个人交纳保健费。

举办乡村卫生事业的还有中华职业教育社的徐公桥实验区和江宁自治实验县，这些实验区的卫生工作，除治疗外，均包括卫生宣传、种痘、注射防疫针、新式接生、保障母婴健康等。这些实验区较小，但他们试图把现代卫生保健——包括治疗、流行病控制、公共卫生、妇幼保健、学校卫生、卫生统计，推广到其他地区，同时还训练公共卫生人员。实验区创造的一些制度和经验，后来被南京国民政府建设乡村医疗体系采纳，同时对于我们今天的农村卫生工作也有一定的借鉴意义。

三、政府对乡村医疗体系的设计

在乡村建设者的努力推动下，民国时期乡村医疗卫生事业获得了一定发展。但各地方的组织不一，有中央办、县市办、私人办等几种情况，并且举办的时间不长，普遍面临人员、经费的短缺问题。这些个人和地方举办的卫生事业对于全国而言是微不足道的。乡村医疗作为关系国计民生的一项基本制度，没有国家的宏观制度设计，根本不可能改变农村的卫生医疗现状。

1928年国民政府卫生部成立，时任卫生部长刘瑞恒认为，农村经济的崩溃和生产力低下是人口高死亡率的主因。民族要复兴，必须强健国民的体魄。占我国人口85%以上的是农民，所以首先要强健农民的体魄，而这是依靠任何个人或组织的力量无法

---

① 郑大华：《民国乡村建设运动》，361、362页，北京，社会科学出版社，2000。
② 喻任声：《三年来惠北实验区工作的检视》，载《教育与民众》，1937，8（10），99页。

实现的,国家必须承担为乡村民众提供医疗服务的公共职能。在卫生部的努力推动下,1928年国民政府公布了全国卫生行政大纲,规定省设卫生处,市县以下设卫生所,办理卫生事务。这样,国家医学就成为国家卫生政策的一项基本原则。国家医学也称公医制度,就是由国家主办的有组织、有计划地保障全民健康的一种医疗制度。

然而,当时国内军阀混战,国民政府面临严峻的政治、军事斗争,根本没有足够的精力、经费解决农村卫生建设问题,因此农村卫生发展必须采取与众不同的模式。

从1929年开始,卫生部采取了两种方法建立农村卫生体系,一是直接在政府的指导下选择和建立农村卫生中心;二是筹划长远的、全国性的卫生服务体系。为此,国民政府也向国际联盟卫生组织寻求帮助。在国际联盟卫生组织南斯拉夫公共卫生专家的指导下,卫生部采纳了南斯拉夫农村卫生模式,开始推行县卫生组织计划,并在江西部分农村建立卫生中心。

1934年,卫生部召开卫生行政技术会议,通过县卫生实施方案,规定县设卫生院,以下设卫生所、卫生分所、卫生员三级,即三级医院制。该方案的基本内容为:①村里每100家设一个卫生员,卫生员需具备一定的文化知识,一般需是高小或民众学校毕业,曾接受公共卫生训练,主要负责急救、生死报告、卫生宣传、种痘等几项简单工作。②每满5 000~10 000人口的区域,应设一卫生分所,内设护士或其他医事助理人员一人,负责治疗普通皮肤病及外伤、传染病报告、生死报告、卫生宣传、预防接种以及必要时助产等工作。③每满50 000~100 000人口区域,设置一卫生所,内有医师、护士、助产士、卫生稽查人员各一人,设施较为完备。卫生所负责所有简单的卫生工作,如环境卫生、学校卫生、妇幼卫生、普通医疗等,同时负责监督卫生分所及卫生员的工作。④县有卫生院,应有30张以上床位,有卫生实验室及卫生行政部门。① 这个方案与南斯拉夫农村卫生模式、定县卫生实验建立的农村三级卫生保健体系相似,比较适合中国农村当时的经济情况。

1935年4月卫生部并入内政部,降格为卫生署。此后,在国际联盟卫生组织的合作指导下,中国的乡村公共卫生进步迅速。当时的法律规定地方税收的5%必须用于卫生建设,以建立一个全国统一的多级乡村公共卫生体系。截至1936年,共有181个县建有卫生中心。在这些县级卫生中心下面,有86个卫生站和91个农村诊所。而1934年的调查,显示只有17个县建有卫生中心,相比之下有了巨大的发展。② 1937年,

---

① 金宝善:《公医制度》,载《广播周报》,1937(124)。
② 张泰山:《民国时期的传染病与社会:以传染病防治与公共卫生建设为中心》,312~334页,北京,社会科学文献出版社,2008。

在日内瓦举行的国联远东政府间乡村卫生会议上,内政部卫生署长刘瑞恒对几年来中国的乡村卫生建设进行了总结:"实行的将县、区、乡联系在一起的卫生制度比其他的制度更为成功,在这一制度下,县级行政机关提供技术服务、农业发展和公共卫生得以实施的政治保障,涵盖了国家帮助下的人口;这些计划是如此廉价,以致人们能够负担得起费用;组织是如此良好,以致不同的人口都能接受公正和平等的对待。中国医疗和公共卫生的成绩成为了当时世界的典范。"据调查,到抗战结束后的1946年,县设卫生院达1 440所,区卫生院353所,乡镇卫生所783所,这表明在艰难困苦的抗战时期,中国的医疗卫生建设却以空前的速度在发展。[①]

国民政府的公共卫生和医疗保障制度建设卓有成就,在短短的时间内从无到有,基本上建成了由政府主导、覆盖全国的县级医疗卫生体系,为广大民众尤其是乡村民众提供基本的、低廉的医疗卫生服务,而这一切都是在动荡不安、国穷民贫的环境中取得的,其意义尤为可贵。但是,这种成就还是有很大的局限性,在幅员广阔的乡村,特别是偏僻落后的乡村地区,医疗与卫生状况没有太大的变化,这依然是亟待解决的问题之一。

整体而言,民国时期是一个社会动荡不安的历史阶段,乡村经济衰败,民众生活艰难。在这样一个特殊的历史时期,教育及医疗卫生相对于个人的生存颇显奢侈,但从历史的角度来看,对于一个国家与民族的发展却是极为重要的。没有高素质的国民,就不可能有国家的发展与强大。所幸在广大爱国仁人志士奋力呼吁、倡导,及各级地方政府的共同努力下,民国初步建立了乡村教育体系及医疗卫生制度,这对后来我国乡村教育卫生事业的发展产生了深远的影响,在近代历史发展中留下了珍贵的印记。

---

① 侯杨方:《筚路蓝缕:民国时期的医疗卫生建设》,载《21世纪经济导报》,2007年9月10日。

第一节　人口与耕地
第二节　移民与垦荒
第三节　农民的生活状况

第九章　资源约束下的乡村经济

农业是对环境依赖度极高的产业，其中的要素是人口数量、耕地资源和农用水资源等。作为人类生存和发展的基本条件，土地具有"空间位置的固定性、面积数量的有限性、耕作利用的可重复性"等特点。清代人口快速增长，奠定了近现代中国人口发展规模的基础。民国时期的人口基数大、人地比例和空间分布失调，成为约束农业发展的关键因素。

第一节 人口与耕地

一、人口问题呈现多面化

据国民政府统计，1912年全国总人口为40 581万人，1928年为44 185万人，1933年为44 449万人，1947年为45 559万人。36年间，全国人口增长了12.3%，年平均增长率3.3%。其中若以1928年为界，则增长率前16年为5.3%，后20年为1.6%，远低于清末时的增长速度。北洋政府时期，虽然局部战争频繁，但辛亥革命后实业发展余波未断，社会经济仍在缓慢地发展。第一次世界大战爆发，列强对华经济输入暂时放松，民族工商业和农村中的商品经济得到一定程度发展。这一时期，我国人口增殖相对比较稳定，人口增长的速度基本维持在正常水平。而后的南京国民政府统治期间，先后爆发了新军阀混战、对革命根据地的多次"围剿"、日本侵华战争、三年全面内战等，几乎无年不战，无地不战。连年大规模的残酷战争造成了巨大的人口伤亡，有生育能力的青壮年男子多被遣调入伍征战各方，被迫参与战争。残酷的战争不仅夺去大量兵士的生命，也严重干扰甚至中断了正常的人口生育这一再生产过程，致使人口自然增长率极低，某些地区甚至持续下降。在艰苦的抗战过程中，单是中国平民伤亡就达1 800万人之多（军队伤亡人数尚不计在内）；而在五次"围剿"中，鄂、豫、皖诸省在反复拉锯战中人口大量递减。

对于民国时期的人口状况，有学者专门从社会学角度加以分析，总结民国时期的人口状况时提及如下特征：

（1）缓慢的人口增长率。1936年101个县平均出生率为38.9‰，及至1949年，全国平均出生率为35‰～38‰。而1936年全国平均死亡率为156.2‰，1938年为282‰，直到1949年，这个比率并未下降，从而使全国人口自然增长率始终维持在较低的水平上，年平均仅为2.56%。其中城市相对高些，汉族农村在零上下徘徊，而少数民族地区则不断萎缩。

（2）低劣的人口质量。民国时期不仅人口数长期停滞不前，人口质量也十分低劣。限于卫生条件和生活水准，广大民众体质差、疾病多。尤其在交通闭塞的山区和边远农村，人口素质更为低下。据统计，民国时期新生儿平均期望寿命仅约34岁，1/5～2/5的婴儿活不过周岁。在这种恶劣的社会环境中，吸毒、卖淫、赌博等陋习成风，更使人口质量日趋下降，被外国人贬称为"东亚病夫"。可以说，民国时期生产力水平低下除了战争、科技水平较低等多种因素外，另一个重要的因素就是生产的主体——人的自身生理素质低下。

（3）失重的人口分布。由于地理环境和自然条件的显著差异以及近代外国资本对中国东南沿海地区的经济、文化渗透，东南沿海城市工业迅速发展，就业人口急速增加。尤其民国时期这种畸形发展的速度数倍于清末民初，从而大大加快了唐宋以来人口东移。地理学家胡焕庸曾将东南至西北的人口地理作一划分，以黑龙江瑷珲向西南作一直线，至云南腾冲为界，仅占全国面积36%的东南地区，却生活着4.4亿人，占全国总人口的96%，而占全国面积64%的西北地区，人口只有1 800万人。①

综观整个民国时期，人口与社会经济发展比例严重失调，虽然人口增长长期处于停滞状态，但是人口的绝对数仍占世界第一。因此，在动乱的社会和极其落后的生产力条件下，人口相对过剩问题极为严重，温饱已成为大多数中国人向往的目标。整个社会承受着巨大的人口压力，多方面的人口问题也成为社会主要包袱并伴随其始终。

---

① 忻平：《民国人口特征论》，载《江汉论坛》，1991（3），73～78页。

二、人均耕地面积逐步减少

民国时期的一份调查报告指出，1914年耕地面积为125 926.9万亩，1949年为144 440万亩。①当代学者吴承明的研究结果是，1913年中国耕地面积为126 790万亩，1949年耕地面积为148 130万亩。②美国学者帕金斯的数据是，1913年中国耕地为13.6亿亩，1933年耕地为14.7亿亩，1957年耕地为16.78亿亩。③帕金斯的估算数据，虽无1949年的田亩数据，但均高于中国学者的数据。总体而言，以上各个研究数据表明，民国时期中国耕地面积有很大增加。学者章有义估计，1914—1949年，中国耕地净增了18 513万亩。按吴承明估计，1913—1949年，中国耕地净增21 340万亩。而这些增加面积的绝大部分都是这一期间东北与西北地区所新辟的耕田。民国农业专家乔启明在《京郊农村社会调查》中说："田场大小与农民生活系成正比关联，盖我国农民尚在自给的农村社会经济圈内，农产品系其最主要之收入。故在大体上言之，凡同一区域之土地，农家所有田场愈多者，其生活愈较佳"。④

据金陵大学农业经济系1921—1925年调查安徽等7个省17个地方2 866户农家的材料，我国北部9个地方每家平均有作物面积55.0亩，中东部8个地方有32.2亩，17个地方总平均为44.2亩。⑤

金陵大学农业经济系1929—1933年在河北等22个省154个县168个地区的调查表明，全国总计每家平均土地面积为27.5亩，其中小麦地带计37.1亩，水稻地带计20.3亩。在小麦地带中，春麦区计52.9亩，冬麦小米区计27.8亩，冬麦高粱区计36.6亩。在水稻地带中，扬子水稻小麦区计25.4亩，水稻茶区计16.6亩，四川水稻区计23.3亩，水稻两获区计15.1亩，西南水稻区计16.8亩。所有数字较之1921—1925年调查的减去不少。1929—1933年的调查，计有农家达16 586户，抽样地点几乎包括全国各省区，总结果应当比较能代表全部事实。如果以1870年为固定基年，把它的指数设为100，1890年的指数就是99，1910年是77，1930年为67，可见从清末起近40年来农家作

---

① 章有义：《近代中国人口和耕地的再估计》，载《中国经济史研究》，1989（2），20~30页。
② 吴承明：《中国近代农业生产力的考察》，载《中国经济史研究》，1989（2），63~77页。
③ [美]珀金斯：《中国农业的发展 1368—1968》，325页，上海，上海译文出版社，1984。
④ 乔启明：《京郊农村社会调查》，见李文海主编：《民国时期社会调查丛编·乡村社会卷》，379页，福州，福建教育出版社，2005。
⑤ 乔启明：《京郊农村社会调查》，见李文海主编：《民国时期社会调查丛编·乡村社会卷》，379页，福州，福建教育出版社，2005。

物面积缩小非常迅速。①

三、地权集中,地租苛重

北洋政府统治时期,中国农村经济的基本情况是:军阀官僚大量抢占土地;帝国主义贪得无厌地侵占农田,控制和榨取小生产者;土地占有日益集中,而各类农户经营的田场面积普遍缩小;具有资本主义性质的新式农垦企业不能充分发展;在帝国主义和封建主义重压下,农民极端贫困,难以为生。

辛亥革命没有触动封建地主土地所有制,而且在北洋政府时期出现了一批军阀大地主阶层,"如河南的袁世凯,湖南的赵恒惕,四川的刘湘、刘文辉等,都占有很多的土地。几乎在有名的大地主中,找不出几个不是出身于军阀、官僚的"。袁世凯在其家乡河南彰德、汲县、辉县等地有田产4万亩。他的部属张敬尧、倪嗣冲在安徽各占土地7万~8万亩。徐世昌在辉县有5 000多亩。曹锟兄弟是天津静海一带最大的地主,并垄断了那里的水利设施。张作霖在东北圈地150万亩,张焕相有地1.4万亩,吴俊升有地2万亩。西北的马鸿逵有地产10万余亩。广东陈炯明在其老家海丰让士兵拿着"将军府"的竹签随意插圈民田。四川大邑的军阀地主占有全县耕地的66%,其中占田最多的有3万亩以上。这是民国以来,四川从来未有的情况。四川一个大地主,原只是一个占有30多亩的小地主,1927年前后仗恃家族军阀势力,疯狂抢夺兼并土地竟达1.2万亩之多。②

1931年5月,国民党第三届中央第一次临时全会认为:"吾国土地制度原甚平均。据年来之统计,全国农民有地10亩至20亩者,占全国耕地总面积62%;有地30亩以上者,占21%,有地50亩以上者,占11%,而有100亩以上者,仅占6%左右,可知中国土地之分配,其平均已如此。同时有地自10亩至50亩之农民,其土地所有权变动状态,有增加之倾向;而有地自50亩至100亩以上之农民,其土地所有权之变动状态,只有分割之趋势,并无集中之倾向"。③这个统计数字并不科学,既缺少占地10亩以下的农户数字,也无占地20~30亩的农户数字,因而是背离客观事实的。④

---

① 乔启明:《京郊农村社会调查》,见李文海主编:《民国时期社会调查丛编·乡村社会卷》,379页,福州,福建教育出版社,2005。
② 金德群:《民国时期农村土地问题》,30页,北京,红旗出版社,1994。
③ 荣孟源主编:《中国国民党历次代表大会及中央全会资料》上册,956页,北京,光明日报出版社,1985。
④ 金德群:《民国时期农村土地问题》,7页,北京,红旗出版社,1994。

国民党农村复兴委员会1933年对陕、豫、苏、浙、粤、桂6省的调查结果推算，3.5%的地主占45.8%的耕地，6.4%的富农占18%的耕地，19.6%的中农占17.8%的耕地，而70.5%的贫雇农仅占有18.4%的耕地。[1] 土地分配如此不合理的状况，在当时应该说是有普遍性的。因为这个调查不仅是国民党当局所派的专家主持的实地调查，而且这6个省分布于中国的北部、中部及南部，有其代表性，是比较符合实际的。

从全国范围来看，陶直夫1934年根据各方材料的综合估算如表9-1所示。

表9-1 民国时期土地的分配简表

	户 数		所 有 土 地		平均每户
	户/万	%	面积/万亩	%	土地面积/亩
总 数	6 000	100	140 000	100	23.3
地 主	240	4	70 000	50	291.7
富 农	360	6	25 200	18	70.0
中 农	1 200	20	21 000	15	17.5
贫雇农	4 200	70	23 800	17	5.7

资料来源：陶直夫：《中国现阶段的土地问题》，载《中山文化教育馆季刊》，1934年8月秋季号。

从表9-1可以看出，地主所有土地占首位，富农仅次于地主。富农中有不少出租土地，具有半地主性质。地主、半地主式富农占全国农户约10%，却占有全国耕地70%上下，而且多数是上中等的好地和水田。按户均计算，地主291.7亩，是中农的16倍多，是贫雇农的51倍。而这种封建半封建性质的土地关系，以50%左右的地租率计，每年从佃农半佃农手中夺取粮食600亿斤以上，大多用于寄生性的挥霍。这必然导致人地关系紧张，农业生产力下降，这是民国时期最落后和最反动的一种生产关系。[2]

这一阶段地权集中导致地租猛增，农户田场面积锐减。据经济学者对江苏昆山、南通和安徽宿县3个县的调查，从1905年到1924年这20年间的农村土地关系变动情况来看，大致相似。以南通为例，各类农户的比例，1905年自耕农占20.2%，到1914年为15.8%，1924年只占13%；佃农则由1905年的56.9%，上升到1914年的61.5%，1924年再升为64.4%。自耕农比重下降，佃农则急剧上升，反映了土地占有的日益集中。地主、富农占有全国土地的81%。据国民党农民部1927年6月的估计，全国有土地的农民为1.5亿人，占农民总数的45%。无土地的佃农、雇农、游民，共1.86亿人，

---

[1] 薛暮桥：《中国农村经济常识》，26页，上海，新知书局，1937。
[2] 金德群：《民国时期农村土地问题》，32页，北京，红旗出版社，1994。

占农民总数的55%。有地的农民（45%）中，贫农和中农占有地农民的68%，而其土地只占全部土地的19%。富农、中小地主及大地主三项人数，共占有地农民的32%（占全数农村人口的14%），而其土地则占全数土地的81%。①

每个村庄都有出身于富裕家庭的上层人物。他们拥有土地，在村庄事务中起领导作用。有些村庄，实际上所有的土地可能属于一个或两个这样的家庭。在河北密云县的小营村，王家和周家拥有该村83%的土地。在山东曹县的高魏庄，魏家拥有村里6 000亩土地中的5 700亩。陕西米脂县杨家沟的马家，拥有该村90%的土地。②

一个10～12人的大户，能够开垦和耕种40～60亩（按近3～4公顷）的大片土地，但是要拥有土地超过几百亩（大约为15公顷），甚至更多，只有巨富之家才能做到。关于这类家庭的几个实例表明，他们最初大多是通过贸易、放债或者做官而致富的。他们购进土地，开发新地，从那些典当或抵押土地以获贷款的家庭得到土地。由两个中国马克思主义史学家搜集并分析的研究报告表明，19世纪在山东的135户原地主中，有近60%以前曾经是官员或城镇商人。这些地主家庭住在临近大运河的主要商业中心，在城市积累财富，而后购买乡村的土地。他们把一些土地出租给同村的农家或由雇来的劳工队耕种。③

一种更为普通的办法，是城里人通过放贷获得土地然后出租，从而乐得一直充当非在乡地主。农民们被介绍给有钱人家，以抵押或典当田地借钱。如果不能偿还，他们的土地就成了债主的财产。④

民国时期地租量通常在20%～30%。全国佃户每年以地租交给地主的粮食达600亿斤以上，这样大量粮食落在不劳而获的地主手里，而广大佃农终年劳苦却不得温饱，这种"有田者不耕"和"耕者无其田"的土地制度，导致土地占有集中与土地使用分散的严重脱节；地主"不劳而获"和佃农"劳而不获"的不合理分配制度，残酷的剥削与被剥削关系，严重阻碍了社会经济的发展，造成全社会的动荡不安，这是当时我国农村中最普遍、最基本的事实。⑤

---

① 金德群：《民国时期农村土地问题》，18页，北京，红旗出版社，1994。
② [美]费正清：《剑桥中华民国史 1912—1949》（下），272页，北京，中国社会科学出版社，1994。
③ [美]费正清：《剑桥中华民国史 1912—1949》（下），274页，北京，中国社会科学出版社，1994。
④ [美]费正清：《剑桥中华民国史 1912—1949》（下），275～276页，北京，中国社会科学出版社，1994。
⑤ 金德群：《民国时期农村土地问题》，31页，北京，红旗出版社，1994。

第二节　移民与垦荒

20世纪的前50年，中国社会经历的变迁与震荡古今罕见。封建王朝的最终崩溃、边地垦荒热潮的持续兴起、地方军阀连年混战、日本侵华战争、国内战争以及频繁的自然灾害等重大变故，都不可避免地对中国境内人民的生存状况及人口分布造成了强烈的冲击，并在很大程度上引发了一次又一次规模庞大的人口迁移。中国人一向有"安土重迁"的观念，即黑格尔所说的"重土性"。然而在灾荒战乱频繁、债务赋税日重的情况下，迁移成为人们避难逃生的无奈出路。移民是民国史上人口空间调整的特点。

民国时期的移民运动，规模大，次数多，持续时间长，迁移范围广。向东北移民是20世纪上半期中国人口迁移的一大趋势，在当时成为山东、河北一带贫苦民众为改变窘困现状的逃生手段。向西北的移民潮也是当时东西发展不平衡、战事危急、政权西迁等特定时期、特殊国情下的产物。

一、东北移民

（一）关内涌入的移民潮

20世纪初期的东北地区成为"中国的新大陆"，华北地区向东北移民的规模以及历史的影响非常巨大，形成了20世纪甚至人类历史上最大的移民潮。移出区域主要是河北、山东、河南及山西等华北诸省，尤以山东、河北两省为最。如果没有东北这一块"中国的新大陆"，约1 000万的中国人口就只能在资源缺乏的家乡艰难生存，因此东北减轻了华北乃至全中国的人口压力。

清末时期，华北各省农民"闯关东""走西口"就已蔚然成风。民国以后，目标为东北、西北边疆的移民运动更是进入一个新阶段。昔日封禁政策全被扫除，新成立的民国在推翻清朝统治后，深知移民实边的重要性。许多有识之士也纷纷发表文章，积极呼吁。他们认为："移内地人民到边区去屯垦，既可以免内地人满之患，又可以使边地充实发展,实是一件有益而无害的事情。"① "吾被灾同胞,若能大举出关,分途开垦,既可解决一身一家之生计问题,又可有裨国家民族之御侮事业。所谓公私交利,家国同庥者,庶几近之。"② 20世纪20年代,中央政府农矿部主持召开全国垦务会议,制定了全国垦务计划大纲,决定中央及各省均设垦务委员会。此外,垦务会议还将全国划分为东北、西北、西南、滨海、其他五大垦区,东北垦区又划分为三区,即兴安区、松花江区、热河区,积极鼓励内地人民到各垦区垦殖,极力倡导人民向东北、西北移垦。③

出于对国计民生的考虑,"九一八"事变前,民国政府实行向东北移民政策的力度大大加强,政府在此过程中扮演着越来越重要的角色。随着移民高潮的到来,1928年,以张学良为首的东北政府加强了对移民事业的组织管理,成立了东北屯垦委员会,对东北移民垦殖工作负总责。1928年年底,张学良"东北易帜"后,南京国民政府更加重视东三省的垦务与边防。在保留原有移民垦殖机构的基础上,又设置了兴安屯垦督办公署等机构。1930年,东北当局先后制定和颁布了《辽宁移民垦荒大纲》《兴安屯垦区移民办法》《黑龙江省沿边荒地抢垦章程》。这些移民机构的设立和章程的公布,加强了对移民垦务的组织管理,减少了移民的盲目性和分散性,使移民有组织、有计划地进行。④

关内人民移居东北,"乃为逃荒之举,其对于自身前途的运命,全无把握,徒以故乡生路已绝,至于出关以后之生路,亦惟有听之天命而已"。因此,"移民的救济问题,是迫不容缓之问题,不可不急救解决者也"⑤。当时,各大报刊、新闻媒体纷纷倡议,组织公私团体、救济机关对灾民进行援助,以防止移民颠沛流离。

在设置机构、制定政策的同时,东三省当局在经济上也加以援助,尽力安排移民。1920年9月,直隶、山东两省80余县的难民纷纷涌向奉天,各界急筹赈济之资。奉天省政府将没收的皖系在奉天的存款70万元全部作为赈济之用:以40万元赈济两省灾民,以20万元安置来奉的难民,以10万元赈恤奉省东路各县雹灾;对滞留在皇姑屯处的难民,每人每日给煎饼1斤或小洋1角,欲往他处谋生者,每人给川资2元。⑥ 1929年5—9月,河南赈灾会陆续运送灾民43批,计3.5万人前往东北垦殖。⑦ 上

---

① 雨苏:《移民屯垦》,载《东方杂志》,1925,22(5),7页。
② 《赈灾与移民》,载天津《大公报·社评》,1929年7月18日,2版。
③ 范立君:《近代关内移民与中国东北社会变迁(1860—1931)》,87页,北京,人民出版社,2007。
④ 范立君:《近代关内移民与中国东北社会变迁(1860—1931)》,92页,北京,人民出版社,2007。
⑤ 朱偰:《满洲移民的历史和现状》,载《东方杂志》1928,25(12),19页。
⑥ 《灾鸿赴奉后情形》,载天津《大公报》,1920年9月19日,2版。
⑦ 《豫灾民散居东省各地之统计》,载天津《大公报》,1929年12月30日,4版。

述这些救济和援助难民的措施，比之巨大的移民潮虽然只是杯水车薪，但"假使无社会的指导，公私团体的援助，此移民之大部分，必颠沛流离，无以自存"。①

以上这些安置和救助移民的政策、措施，大大促进了民国时期移民运动的发展。自1912年中华民国成立，至1931年"九一八"事变前，东三省的人口总数由2 169万人增至2 907万人。短短20年，人口增长了700多万，比清末增加了1倍多，远远超出了人口自然增殖的速度。②显然，新增的700多万人口中，绝大多数为来自关内的移民。正如时人所讲："1894年中日战争以前，全东三省之人口不过二三百万，至现在（1930年）止，仅30余年，已达3 000余万，比中日战争前已增加10倍矣。此10倍之当中，虽有原居民之生殖者，然移居者最少亦占五六倍以上。积30余年不断之迁移入境，致成今日之现象，是移民大有造于东三省也。"③

（二）移民原因

人口迁移是一个社会、经济、文化因素相互作用的过程。因此，移民是一种非常复杂的社会现象。考察人口迁移就必须深入研究影响人口迁移的各种因素。为什么会出现大量的移民？导致人口迁移的动因是什么？西方学者在研究中提出了一系列人口迁移理论，其中的"推拉理论"④可以用来解释人口迁移的原因。该理论认为，人口迁移存在着两种动因：一是迁出地存在推动人口迁移的力量；二是迁入地存在吸引人口迁移的力量。决定人口迁移行为的因素不外乎迁出地的"推力"和迁入地的"拉力"同时产生形成合力所致。

1.迁出地的推力

迁出地的推力因素在移民运动中存在一些共性，一般是指迁移者对目前居住地的各种不满意因素，主要包括人口密度与周围及全国平均水平的差异；自然灾害、社会动乱、战争的波及或影响程度；经济水平、赋税负担、土地占有、人均耕地与其他地区的差异程度；气候、环境和生存条件的恶化或潜在的威胁，等等。⑤诸如此类不利因素常常迫使人们离开故乡而移入他乡。影响民国前期东北移民的有以下几种因素。

---

① 《山东灾民纷赴关外》，《申报》，1929年3月23日，10版。
② 范立君：《近代关内移民与中国东北社会变迁（1860—1931）》，105页，北京，人民出版社，2007。
③ 南阳：《如何开发东三省》，载《中东经济月刊五周纪念专号》，1930年3月，10页。
④ 该理论由英国学者E.雷文斯坦（E.G.Ravenstein）于1889年首次提出，后经学界补充修正，成为解释人口迁移原因的流行理论。
⑤ 葛剑雄：《中国移民史》（1卷），26页，福州，福建人民出版社，1997。

（1）关内人多地少，人口压力大，这是关内人口移往东北的根本原因。

华北地区人口稠密，历来为中国人口的高压区之一。清末民初，华北人口飞速增长，人口与耕地的矛盾日益突出。据统计，1921年前后山东省平均每一农民占有耕地3.25亩，河北省为2.87亩，而吉林、黑龙江则分别为12.31亩和14.2亩。① 1934—1935年，华北地区将近半数的农户种地10亩以下。② 如时人所讲："在山东发生农民的劳力过剩和生活困难，为自然的归结。山东农民经营的面积过小、分割过小的土地，为促进农民离村的根本原因之一。"③ 耕地与人口失调对华北农村压力极大，促使人们移民到人烟稀少、土地肥沃的东北地区。

（2）天灾人祸连绵不断，这是关内人口移往东北的主要动因。正如研究者指出的："如果说一部二十四史，几无异于一部中国灾荒史（傅筑夫语），那么，一部中国近代史，特别是38年的民国史，就是中国历史上最频繁、最严重的一段灾荒史"。④ 与中国传统社会灾荒性移民运动相类似，残酷的自然灾害的侵袭与无法忍受的生存环境，最终迫使北方大批农民逃离故土，将移民东北作为逃离灾难及开创新生活的希望。在这种状况下，移民东北实际上成为一种"逃荒之举"。1930年出版的陈翰笙等人所著《难民的东北流亡》一书，已开始对东北地区灾荒性移民进行系统研究。与此同时，一些地方政府将向外移民作为纾解民困的有效方法，积极支持与协助移民外迁。种种主客观条件造就了20世纪20年代向东北地区的"移民的狂潮"。南开大学经济研究院在1926年曾对移民至东三省的1 149户山东籍移民进行调查，所得离村原因有多种，其中由于"天灾人祸"离村者共314户，占27.3%；与天灾人祸有密切因果关系的"生活困难"离村者共569户，占49.5%；两者合计占移民总数的76.8%。⑤ 也就是说，移民中大约3/4与天灾人祸有直接或间接的关系。"人口过剩""耕地缺乏"离村者，合计仅占14.4%。⑥ 因此可知，华北农民离村的主要动因是受天灾人祸的直接驱使，或受由天灾人祸而造成的生计困难的间接驱使。

说到中国的天灾，20世纪20年代一位研究中国灾荒的美国人马罗立（Mallory）称中国为"灾荒之国"（China Land of Famine）。对于近代中国，这个称呼是再恰当不

---

① 刘大钧：《中国农田统计》，《中国经济学社社刊》，第1卷，1927，128页。
② [美]黄宗智：《华北的小农经济与社会变迁》，194页，北京，中华书局，2000。
③ 中国银行总管理处经济研究室：《中国农村人口增减趋势及农民离村部分考察》，载《中行月刊》，1934，9(3)，107页。
④ 夏明方：《民国时期自然灾害与乡村社会》，5页，北京，中华书局，2000。
⑤ 王成敬：《东北移民问题》，载《东方杂志》，1947，43(14)，13页。
⑥ 王成敬：《东北移民问题》，载《东方杂志》，1947，43(14)，13页。

过的。1917年，河北、山东、山西三省发生水灾，其中河北省灾情最重，全省受灾103县，灾区达1万平方公里，土地被淹240 196顷，灾民635万，受灾时间长达10个月之久。1920年，华北五省发生空前的大旱灾。此次旱灾受灾地区之广、灾民数量之大，实为"40年未有之奇荒"，灾民实达四五千万人。1921年，豫、苏、皖、浙、陕、鲁、鄂、冀八省大水，鲁、豫、晋三省受灾148县，灾民达9 814 332人。1926年，鲁、豫、冀等省先旱后涝，山东尤甚，加之河决为害，百余县几无完区。1927年，山东省发生旱灾、蝗灾，灾区达56个县24万平方公里，灾民约2 000万，这与山东全省107个县、3 800万人口相比，受灾面积和人口约占3/5。1928—1929年，华北五省大旱，河南全省无一县无灾，重灾区有40余县，灾民达700万人，山东全省旱、水、蝗、霜、雹等多灾并发，达244县次，有48县农业收获仅有一至三成，受灾人口410余万。1931年，以江淮地区为中心，发生了百年罕见的全国性大水灾，长江及其主要支流，如四川境内诸水流域，汉水、洞庭湖、鄱阳湖水系以及淮河、钱塘江诸流域均发生大水灾，黄河下游也泛滥成灾，甚至东北及华南地区各水域也发生洪灾，安徽、湖北、湖南、江苏、浙江、江西、河南、山东八省受灾人口达5 000余万，死亡人口达40余万。在人口大量死亡的同时，又有大批人口逃离家乡，还有一些人，尤其是女性被贩卖他乡。在一些灾情严重的地区，灾后也有政府组织的客民迁入。如在山西临汾，就有来自直隶和山东的客民迁入，他们的人数甚至占全县人口的3/10①。灾荒的频繁发生，使成千上万的农民失去了生活来源。对普通农民而言，"一年的旱灾，意味着三年的困境，连续二年的旱灾，则意味着一辈子的地租负担和苦难"。②许多人为生存计，不得不远走他乡。

（3）战争匪患也不断促使农民迁移。影响最大者莫过于战争。20世纪20年代数百万农民从华北向东北移民，主要是由于农村的安宁和秩序受到破坏，军阀混战造成了巨大的财产损失，民众产生了不安全感。与华北相比，相对安定的东北地区自然成了关内大批难民的避难所。其次是匪患。近代以来，内乱不已，社会动荡，地方治安遭到破坏，各地匪情愈演愈烈。土匪绑架勒赎、烧杀抢掠，百姓畏之如虎，不少地方竟出现了"无人区"。匪患之惨重，由此可见。如池子华所说："从晚清到民国，山东农民闯关东不止，土匪横行为一大要因"。③此外，苛捐杂税也成为农民逃离家园的重

---

① 范立君：《近代关内移民与中国东北社会变迁（1860—1931）》，142页，北京，人民出版社，2007。
② [美] 黄宗智：《华北的小农经济与社会变迁》，307页，北京，中华书局，2000。
③ 池子华：《中国流民史·近代卷》，73页，合肥，安徽人民出版社，2001。

要原因。在军阀割据下，饱受兵匪之灾的冀、鲁、豫农民，还要承受超乎想象的苛捐杂税的盘剥。民国以来，由于连年战争，国家财力耗费巨大，这些耗费全部由人民群众负担。"山东税捐之多，甲于全国"①，以致民怨沸腾。

兵差负担。除捐税外，冀、鲁、豫等省的兵差负担也高得离谱，成为农民沉重的负担之一。据南京国民政府行政院农村复兴委员会调查，仅1929—1930年，河南汲县被摊派数额即高达80万元。这些"天灾""人祸"加在农民身上，造成他们普遍生活困难。不堪忍受的华北农民最终克服了传统的"安土重迁"心理，纷纷逃往关外。当时即有人指出，关内向东北"移民原因，彻头彻尾为生活难"。②可见，不堪重负、生活艰难，是农民背井离乡远去他方的推动力，生活的严酷使他们不能再株守故乡。何廉指出："冀鲁豫人民之赴关外者，其动机由于东三省情形之利诱而去者少，由于原籍环境之压迫而去者多"。③此言不虚。

（4）关内人民"闯关东"历史悠久，近代以来与东三省一直有着密切的联系，这是关内人口移往东北的社会原因。民国成立后，移民的势头有增无减，至20世纪20年代中后期达到顶峰。这些移民散居在东北各地，从事各种各样的职业。他们与老家的亲属、邻里、乡人保持密切联系，时而探家、时而通信、时而汇款，把东北的各种信息传回故乡。久而久之，"闯关东"逐渐成为一种传统习惯。如在胶东地区，几乎村村、家家都有"闯关东"的，甚至村里青年人不去关东闯一闯就被乡人视为没出息。当时有的学者指出，山东地方由于一般劳力过剩，无论多么勤劳，所得的报酬总很有限，不得已离故乡而远出，到工资报酬较多的地方去谋生。这种迁徙，不局限于贫苦谋生不得的人，也有本可以维持生活而想多发财的人，已成为当时山东人的普遍习惯。如果华北移出地与关外移入地间缺少这些社会联系，移民新到一地，举目无亲，是很难落脚扎根的。陈翰笙在分析"闯关东"移民的省籍时指出，山东人之所以在移民队伍中居多数，是因为"山东难民到东北去的大多在那里有同乡亲友可以投靠"，而"河南人在东北的一向很少，所以河南难民要到东北去更非依仗有组织的移送不可"。④

（5）山东、河北等省与东三省毗邻，具有地理交通上的便利条件。山东、河北和关外距离很近，陆海交通均比较便利。河北与东北壤地相接，从河北东部到东北只是一关之隔。关于华北各省移民所占的比例，陈彩章在其所著《中国历代人口变迁之研究》

---

① 集成：《各地农民状况调查——山东省》，载《东方杂志》，1927，24（16），123页。
② 江铎：《我国移民之检讨》，载《边事研究》，1935，1（5），75页。
③ 何廉：《东三省之内地移民研究》，载《经济统计季刊》，1932，1（2），240~241页。
④ 陈翰笙：《难民的东北流亡》，冯和法：《中国农村经济论》，《民国丛书》影印版，第二编第35册，340页，上海，上海书店，1990。

一书中认为"移往东三省之人口，80%为山东人，次之为河北及河南人"①。据吴希庸统计，1929年山东移入东北人数为74.2万，占当年东北移民总数的71%。②

2. 东北迁入地的拉力

迁入地的各方面优势对外来移民产生了巨大的吸引力。东北作为主要迁入地其拉力主要有以下几点。

（1）东三省地广人稀，土地肥沃，这是容纳移民的首要因素。

东北土地之广大，人口之稀少，物产之丰富，早已是举世皆知的事实。据统计，1928年辽宁、吉林、黑龙江三省的人口密度分别为每平方公里96.54人、35.66人、12.50人，在全国各省分别位居第12、第19、第22位；东三省人口比重只占全国的6.01%，而总面积为120万平方公里，占全国的12.5%③。直到1929年，东北尚有大量的未垦可耕地，主要集中在吉、黑两省及辽宁省的西北部。其中，辽宁的未耕地占可耕地的30%，吉林占55%，黑龙江占70%。④

（2）东三省的开发与建设需要大量的劳动力，这是吸引移民的重要因素。

1861年（咸丰十一年）营口开埠后，东北经济开始向外向型商品经济发展，东北区域市场从此与全国市场、国际市场连在了一起。商品经济的繁荣，使东北的开发与建设进入了新的历史时期。20世纪20年代末，在吉林的山东移民，"充任农场帮手，每年可赚130元左右，几3倍或4倍于其在原籍所获之数"⑤。这种劳力价格的差距也是吸引关内大批难民涌向东北的一个重要因素。

（3）东北地区纵横交错的铁路运输网络，为移民创造了便利条件，这是吸引移民的社会因素。"在中华民国各省之中，（东北）交通之设备，最为便利"⑥，为移民进入东三省腹地提供了便利条件。除转运之外，铁路修筑工程本身也吸纳了大批劳动力。

此外，民国中央政府及东北地方政府实行的鼓励移民的政策，社会团体、慈善机构的救助以及车船费的减免等，为移民大批进入东北地区创造了有利的客观条件，也都是促使关内人民大举移民东北的因素。

（三）移民流向

"九一八"事变之前，移民绝大多数进入东三省北部，即所谓的"北满地区"。据

---

① 陈彩章：《中国历代人口变迁之研究》，119页，北京，商务印书馆，1946。
② 吴希庸：《近代东北移民史略》，载《东北集刊》，1941（2），50页。
③ 赵文林、谢淑君：《中国人口史》，512页，北京，人民出版社，1988。
④ 《豫省灾民移边之建议》，载《申报》，1930年3月19日，13版。
⑤ 何廉：《东三省之内地移民研究》，载《经济统计季刊》，1932，1（2），240页。
⑥ 汪谔公：《东三省经济统计概略》（四续），载《中东经济月刊》，1931，7（9），75页。

1929年上半年日本外务省的调查，60余万由中国华北各省到东北来的移民，差不多有2/3移往北部。① 东北地区南部人口稠密，其土地开发殆尽，与此同时，北部地区尚有大量荒地可供开垦，人口密度也较低，加之地价便宜，工资较高，所以移民多乐就之。因而"民初到沈阳事变前夕，东三省农业垦殖的中心不在南部，而在东三省北部"②。尤其是黑龙江省，民国以来20年间人口数量剧增，成为东三省最主要的移民输入地。民国时期黑龙江地方当局的移民政策，从实边兴垦出发，由"招垦增加税收到催垦奖励移民直至抢垦减免租赋"③，因地制宜地采取了许多移民措施，收到了明显效果，把黑龙江地区的移民事业推向了高潮。1927—1929年是黑龙江移民的极盛时期，据统计，这3年中，黑龙江地区的移民达112.2万人。1931年黑龙江省人口达6 631 491人，几乎是1912年的2倍④。在增加的人口中，除一部分为自然增长外，90%以上为移民。时人记载："近来内地——以直鲁两省为最多——出关开垦的移民多以黑省为目的地。每年入境的总数，常有二三十万。"⑤ 整个民国时期，迁入黑龙江省的移民约有280万人，占整个东北移民总数的80%。⑥ 如此迅猛的人口增长速度，全赖移民的大量涌入，移民向北满的迁移大潮，由此可见一斑。

"九一八"事变后，移民的流向发生了变化，绝大多数移民分布在南满地区，尤以辽宁省及"关东州"境内居多。20世纪30年代初，中央农业实验所曾对华北五省农民离村后的去向做过调查，结果表明，农民离村后的去向，到城市者为数最多。从数据看，河北为63.8%，山东为54.2%，河南为59.4%，三省平均比率为59.1%。即有一半以上的移民进入了城市⑦。可见，在华北农民离村移民的去向中，城市取代农村成为首选移民地。由于在华北移民中，山东、河北、河南三省占绝大多数，因而三省农民的去向应具有代表性。从移民的地域分布情况看，1935年，东北南部地区（包括关东州、奉天、安东、锦州、热河等）的移民数为316 329人，占移民总数的74.6%，其中关东州和奉天省占69.2%，中部、北部及西北部（包括间岛、通化、吉林、滨江、龙江、牡丹江、三江、黑河等省）仅占25.4%⑧。1936年，南部地区的移民数为242 563人，占移民总数的66.6%，其中关东州及奉天省占55%，而中部、北部及西北

---

① 王海波：《东北移民问题》，48页，中华书局，1932。
② 赵中孚：《东三省的移民问题》，见《近世东三省研究论文集》，166页，台北，成文出版社有限公司，1999。
③ 李德滨、石方：《黑龙江移民概要》，73页，哈尔滨，黑龙江人民出版社，1987。
④ 赵文林、谢淑君：《中国人口史》，510～511页，北京，人民出版社，1988。
⑤ 朱家骅：《浙江移民问题》，141页，1931。
⑥ 葛剑雄等：《人口与中国的现代化》，152页，北京，学林出版社，1999。
⑦ 实业部中央农业实验所：《农情报告》，1936，4（7），177页。
⑧ （日）满洲国史编纂刊行会：《满洲国史》（分论）（下册），808页，吉林省内部资料准印，1990。

部占33.4%。1937年南部移民数占总数的62.8%，其中关东州及奉天省占50.9%，中部、北部及西北部占37.2%。1938年，南部占66.3%，其中关东州及奉天省占53.7%，中部、北部及西北部占33.7%。4年中，南满地区的移民均在60%以上。在南满地区中，仅关东州和奉天省的移民数就占整个移民总数的50%以上[①]。

可见，事变前后，移民的流向正好相反。这主要是由日本帝国主义的移民政策造成的。"九一八"事变后，日本侵略者一方面对我国华北移民加以限制；另一方面则有计划向东北输入"日本移民"。为了给日本国内移民开道，他们用残酷的手段掠夺农民的土地，把东北农村中的农民逼回华北，目的是铲除东北原有农民，代之以日本移民。与此同时，他们又招募华北失业农民运出关外，供非农业驱使。事变后，日本帝国主义主要是吸收工业及城市所需廉价劳动力。后来的华北移民进入东北后，由于农村无地可耕，无法生存，只有流落到城市或工矿地区，靠出卖劳力过活。加之南部地区已普遍工业化，尤其是矿产资源开发进展异常，所需劳力极多，华北移民多聚集至此，呈激增之势。

（四）东北移民的特点

东北移民主要有如下几方面的特点。

1."九一八"事变前移民数量缓和增长

20世纪20年代是关内移民东北的高峰期，史料记载称之为"移民的狂潮"。"九一八"事变前，南开大学经济学院曾派人赴东三省进行实地调查，在被调查的1 149户移民家庭中，其离村时期"有10%是在光绪四年（1878）至宣统三年（1911）之间；有90%是在民元年（1912）至民十九年（1930）之间"，其中"20世纪20年代的移民占了民元年以来移民的1/2以上"。[②] 尤其是1923—1930年的7年间，移民人数逐年增加，至"九一八"事变前达到顶峰，成为"人类有史以来最大的人口移动之一"。《海关十年报告》记载："多少世代以来，都有向满洲移民的——在19世纪70年代的大饥荒中，移民数量相当大——但是，从来没有像现在这样大的规模。"[③]

据满铁太平洋问题调查准备委员会统计，1923—1930年，关内移赴东北者约500余万人，其中1923年移入人数为342 038人，1924年为376 613人，1925年为491 949人，1926年为572 648人。至1927年移民人数剧增，突破百万，1928年、1929年仍维持

---

① 东北物资调节委员会研究组：《东北经济小丛书·人文地理》，44、45页，京华印书局，1948。
② 王药雨：《山东农民离村的一个检讨》，载天津《大公报》，1934年5月23日，11版。
③ 《海关十报告（1922—1931）》，第1卷，254页。见章有义：《中国近代农业史资料（1912—1927）》，第2辑，638页，北京，生活·读书·新知三联书店，1957。

在百万以上。1930年移民人数为810 000人，虽然人数稍减，但仍超过1927年前的历年移入数。若以1923年的人口指数为100，则1924—1930年的人口增长指数分别为110、144、167、297、330、316、237。① 又据满铁人事课劳务股调查统计，从1927年开始，"华北人口流向东北的人数，由1926年的50多万人猛增至100多万人，并且持续三年之久"。② 1927年是民国时期东北移民关键的一年，是年"山东、直隶、河南的人民，受了荒歉和兵匪之灾，痛苦已极，不得不逃亡东北，图谋生活，东北入境的移民人数，突然增多，为以前所未有"。③ "九一八"事变后，中国东方问题研究会编写了《东北事件》一书，其中也有类似记载："据统计家调查，民国十六年中国内地移往东北的人民约120万，民国十七年约110余万，民国十八年约130万"。④

以上这些调查统计数字虽不尽一致，略有出入，但足以说明，"九一八"事变前关内人口向东北迁移的数量，自1923年开始逐渐加大，至1927—1929年达到顶峰，出现了近代以来关内向东北移民的第二次高潮。这次移民高潮，不仅数量多、规模大，而且在时间上具有连续性，呈现逐年递增之势。

1931年前5年（1926—1930）间，流入东北的关内移民总数为400余万人，平均每年为85万人；而1931年后，进入东北的移民明显减少。1931年"九一八"事变的爆发打断了关内向东北移民的正常进程，此后的移民被纳入日本侵略者的战争轨道，不能自由发展。日本帝国主义在东北的残酷统治和经济掠夺，给东北人民的生产和生活带来了极大的困难，不仅贫农雇农的生计将断，就是地主富农也已山穷水尽无路可走。因此，在东北谋生的关内移民纷纷返回关内。此外，日本侵略者出于"确立治安"、防止所谓反满抗日"不良分子"进入、扶植日本势力、输入日本移民等目的，1932—1937年6月，实行限制关内移民入境的政策。身世不明、身体不强壮、无就业希望和曾经被禁止居住的移民，都不准入境。由于战事关系，早年移入东北的一部分人不得不进关避难，故回籍数（44.9万人）反超过移入数（37.3万人）。1934年移入数回升为61.7万人。从1935年开始，逐年减少。1936年移入数为31.9万，移出为38.3万，这是由于该年日伪实行所谓"集家工作"，使一部分移民无家可归，于是入关回籍，因此，回籍数亦超过移入数。1937年，"七七事变"爆发，移入数达到最低点，只有31.3万人。

---

① 范立君：《近代关内移民与中国东北社会变迁（1860—1931）》，107页，北京，人民出版社，2007。
② 东北文化社编印处：《民国二十东北鉴》，1270页，东北文化社，1931。
③ 朱家骅：《浙江移民问题》，19、20页，浙江省民政厅编印，1931。
④ 范立君：《近代关内移民与中国东北社会变迁（1860—1931）》，108页，北京，人民出版社，2007。

1932—1936年，5年间总计移入数为200余万人，平均每年为47万余人。离开东北的人数，1931年前的5年离开东北回关内的移民为187万余人，平均每年为37万余人，即半数以上留在东北；而1931年后的5年，返回关内的移民总数为209万余人，平均每年离开东北约41万余人，仅有12%的人留在东北，这种现象在近代东北移民史上是少有的。[①]

2. 日本全面侵华后的向东北移民骤然增多

1937年后，东北移民的数量开始逐渐回升，1938年为49.2万人，1939年为98.6万人，至1940年达到了最高点，移民人数为131.9万人。这个数字超过了"九一八"事变前的最高年份——1927年。其后两年，移民的数量虽有减少，但都在百万左右，关内向东北移民出现了民国时期的第二次高潮[②]。移民数量的重新高涨除自然原因外，与日本对关内移民政策的改变有直接关系。"七七事变"后，河北、山东沦为战场，百姓不得不大量外流。日本帝国主义为了进一步扩大侵略战争，在东北进行了大规模的经济掠夺和庞大的军事工程建设，对劳动力的需求急剧增加。同时，随着千千万万劳动者被驱使、奴役，在包括大量军事工程在内的各种部门出现了劳务管理、劳动力竞争和工人流动频繁等一系列问题，因而各个部门的劳力供需矛盾日益尖锐，成为日伪当局亟待解决的问题。这就迫使日本侵略者不得不放弃实施4年的限制关内移民出关的政策，开始积极招骗关内劳动者到东北做工。尤其是太平洋战争爆发后，日本为增加后方的劳动力，放弃限制，鼓励华北移民进入东北。1936年迁入35.8万人，1938年增加到49.2万人，1941年高达100万人，1942年更上升到120万人。据华北劳工协会的公布，仅1942年3月送出关外的劳动者就达15.8万人。只是他们主要集中在城市和工矿区，很少从事农业。[③]

以"九一八"事变爆发为标志，关内人口向东北迁移出现了明显变化。事变前，人口流动数量多、规模大，且逐年递增，在时间上具有连续性；事变后，移民一度中断（1931—1937），尔后（1938）开始高涨，至1940年出现近代以来关内向东北移民的第三次高潮。1931—1941年的10年间，关内人口向东北的流迁出现两个不同阶段，充分暴露了1937年后日本帝国主义妄图全面侵占中国领土、加紧掠夺东北资源的野心。[④]

---

① 范立君：《近代关内移民与中国东北社会变迁（1860—1931）》，110~112页，北京，人民出版社，2007。
② 范立君：《近代关内移民与中国东北社会变迁（1860—1931）》，112页，北京，人民出版社，2007。
③ 葛剑雄：《中国移民史》（1卷），508页，福州，福建人民出版社，1997。
④ 范立君：《近代关内移民与中国东北社会变迁（1860—1931）》，113页，北京，人民出版社，2007。

3. 季节性移民

值得注意的是，通常意义上的东北移民是指内地人民向东北的迁移，但移民进入东北后，并未全部留居于此，其中来而复返者占相当大比重。因此，按照移民在东北居留时间的长短，还可以把近代东北移民分为"季节性移民"和"永久性移民"两种。①

"季节性移民"是在迁出地和迁入地之间作季节性迁移，像候鸟迁徙一样。向东北的移民具有很强的季节性，移民的高峰集中在每年的阴历三月和四月，这两个月的移民数量不少于每年移民总数量的1/3；而返回家乡的高峰集中在每年的阴历十一、十二月与一月，这是由移民从事工作的季节性决定的。由于东北地处严寒地带，属一熟作物区，冬季休闲期长，而移民又大多从事农业，此时农耕已经结束，东北进入最寒冷的时期，移民遂携款回乡过冬。但主要原因是此时已到旧历年关，中国的传统节日——春节即将来临，移民思乡心切，希望回乡与家人团聚，大多数人设法及时赶回家过春节。所以，这3个月的流出量也占全年移出总量的1/3。可见，在关内人口流向东北的同时，也存在回返现象。这就使关内与东北间人口的流动，呈现双向对流的特点，即伴随移民高峰而来的便是回返高峰。据满铁调查课统计，1923—1925年，移民的移出率分别为70%、52%、50%，3年间，移出的平均率在50%以上。②可见，这种季节性移民的数量还是比较大的。从根本上讲，这是由移民的社会心态造成的。关内人口进入东北后，其心态经常处于游离状态。这是中国农民传统的恋土恋家、"安土重迁"的文化心理造成的，所谓"树高千丈，落叶归根"，不能把尸骨抛在异乡，这种与故乡的感情联系相当强烈，因而仅作季节性的迁移。

4. 劳务性移民

近代迁往东北的关内移民，其职业构成呈现多样化态势。总的来看，以农业移民为主，其次为劳务移民，再次为工商业者。"九一八"事变前，由于政府的提倡，移民中务农者日渐增多。正如时人所说："中国移往吉黑奉一带之居民……多数皆从事……农业。二三十年间，遂化北满渔牧之乡，一变而为农产之地。""满铁中东铁路及其他公共团体之调查，谓百名难民中，八十五人志在农业，为工者百分之十"。③另据沈阳难民救济会1927年4、5月的统计，在25 836人中，有20 191人从事与农业有关

---

① 范立君：《近代关内移民与中国东北社会变迁（1860—1931）》，166、167页，北京，人民出版社，2007。
② [日]满铁调查课：《昭和四年度满洲支那移民统计》，25页，大连满铁调查课印，1930。
③ 朱偰：《满洲移民的历史和现状》，载《东方杂志》，1928，25（12），16~18页。

的职业，占全数的78%；据长春难民救济会在同一时间对12 253人的调查，务农者为9 284人，占总人数的76%。又据满铁调查课的统计，1927年上半年由华北移入东北的总人数为63万人，其中进入北满的有36万人，从事与农业有关工作的为28.8万人，占入北满总人数的80%；在入南满的27万人中，从事农业的为16.2万人，占南满总数的60%；而在全满中，从事农业的为45万人，占入满总数的71%。① 可见，事变前，从事农业的移民占绝大多数。事变后，由于日伪实行经济统制政策，强制移民的就业方向，从而使移民的职业构成发生了变化，呈现多样化的态势。从事农业者数量变少，大多从事工矿、土木建筑、铁路等劳务工作，所以农业移民每年锐减，而劳务移民增多。据满洲劳工协会统计，1936年移民的职业分布是：农业占15.71%、工业占35.75%、土木建筑业占22.48%、商业占6.6%、交通业占6.1%、矿业占2.63%；到1941年，上列各业从业者所占比例相应改变为10.98%、26.82%、23.38%、0.93%、8.64%、13.1%，② 从事农业者的比例有较大下降，工业和建筑业仍位居第一、第二位，矿业从末位跃居第三位。1936—1942年的7年间，从事农牧业的移民数平均只有12%，多数移民进入工矿、建筑等行业，从事这些行业的移民一直占80%以上。③ 这反映事变后移民的职业构成发生了重大变化，农业人口减少，劳务移民增多。

5. 永久性移民

"永久性移民"是指离开家乡在外地长期落户定居，并生息繁衍，最终融入当地社会的移民。1925年以后，由于关内生存环境日益恶化、中央及地方政府积极鼓励及东北优越的经济条件，许多移民改变了过去单身"闯关东"的做法，开始携家眷同行，作长期定居的打算。季节性移民不断减少，永居者日渐增多。据华洋义赈总会统计，在1929年7—9月迁往东三省的3万多名河南移民中，"大部分均携有眷属，单身前往者甚少"。在被调查的1.4万人中，"其眷属人数，平均每家约4人至5人"。④ 永久性移民的增加，还可以从妇女、儿童数量的增加上得到证明。1925年以前，来东北谋生的移民，多数都把妻子、儿女留在故乡，单身来东北干上一年或几年，攒下一些钱后，于农历正月期间与家人团聚，然后再返回东北，基本上是季节性移民。1925年以后，华北各地天灾人祸连年不断，因而移民大都举家来东北避难，妇女、儿童及老人的数量明显增加。一些人最初也是抱着做短工的打算来的，但家乡恶劣的生存环境，

---

① ［日］满铁调查课：《民国十六年の满洲出稼者》（日文版），145页，大连满铁调查课印，1927。
② 东北物资调节委员会研究组：《东北经济小丛书·人文地理》，45、46页，北京，京华印书局，1948。
③ 王成敬：《东北移民问题》，载《东方杂志》，1947，43（14），15页。
④ 《豫省移民东省成绩良好》，载天津《大公报》，1929年10月19日，4版。

促使他们多携眷久居，不愿南回，最终在东北定居下来。1925年取道大连赴东北的移民中，妇女和儿童只有1.5万人，占总数的7%，而次年就上升为3万余人，占总数的12%，1927年增加到17%；1928年关内向东北的移民人数为93.8万人，其中女性占了17.3%。①

葛剑雄、安介生在总结20世纪移民历史时说："纵观世纪的中国历史，移民运动与政治、经济、军事等诸多因素之间高度的相关性与互动性非常引人注目"。②

从政治上看，人口是一种基本的、极为重要的政治、军事力量，因此，任何重大的政治与社会变革，都会引发人口的相应波动，人口迁移活动带有明显的时代特征。民国政府及相关机构在人口迁移活动中扮演了主导者的角色，推出一系列招垦及鼓励移民的法规条例，如《国有荒地承垦条例》《边荒承垦条例》《黑龙江清丈兼招垦章程》《移民与开发计划》等，并设置了移民机构。这些积极的招垦措施对于移民运动无疑会起到有力的推动作用。同时，社会各界慈善团体和赈灾机构也纷纷给予灾民极大的帮助。如山东省赈灾办事处制定了《山东赈务办事处移民简则》《山东赈务办事处难民招待所简则》等。河南省赈务会还专门拟订了《河南省赈务会筹拟移民赴东三省垦荒办法》。东北地方当局和社会团体还专门为灾民成立了移民救援会，对无处栖身的移民，移民援救会尽可能地给予接待，为他们安排食宿，并将他们送到迁居的地点。③

从经济上看，丰富的劳动力资源是中国发展经济的强有力支撑，而人口分布的不均衡不可能满足各地经济发展的不同需要。因此，与经济发展相关的、自发的或有组织的移民运动可谓此起彼伏。20世纪前半叶，向东北地区的大规模移民，是大批移民要求改变经济状况的自愿选择。

从自然环境（包括自然灾害）及地理因素上看，自然灾害对于中国传统社会及移民运动的影响是众所周知的，这种状况在20世纪前半叶没有根本性的改变，外徙逃生成为众多灾民的无奈选择，自然灾害甚至成为人口重新分布的主要助推力之一。④

移民垦荒政策不仅可以提高灾民的生活自救能力，有助于解决灾民的无序流亡问题，而且更能促进迁移地的土地开发和人口增殖。但是，移民垦荒多是统治者在不得已的情况下做出的一些让步，他们更多的是从控制灾民流动、增加赋税收入的角度考虑与实施的。不过，与早前移民垦荒比较，清末民初的移民垦荒政策有了新的发展和

---

① 侯杨方：《中国人口史》（6卷），489页，上海，复旦大学出版社，2001。
② 葛剑雄、安介生：《20世纪中国移民史的阶段性特征》，载《探索与争鸣》，2010（2），71～75页。
③ 陈勇、罗勇：《我国历史灾害移民及相关政策研究》，载《西部发展评论》，2014，61～69页。
④ 葛剑雄、安介生：《20世纪中国移民史的阶段性特征》，载《探索与争鸣》，2010（2），71～75页。

突破，主要表现在以下几个方面：①中央政府和地方当局对移民垦荒政策给予了更大的支持力度，不论是招垦的优惠条件，还是具体的招垦办法和章程，都是前朝统治者无法比拟的。②政府在鼓励支持的同时，也允许或组织社会团体和慈善机构参与移民垦荒的行动。这样移民垦荒就获得了社会各界的支持和帮助，也使得移民东北垦荒的人数和规模大大超过历朝历代。③赈灾办事处或移民救援会等机构的设立，以及各种不同层次的移民垦荒办法和条例的颁布，标志着灾害移民开始从自发逃荒向规范化和法制化迁徙的方向迈进。这是政府现代性的一种表现。

二、西北移民

（一）移民实边

民国时期，除了向东北移民外，人口迁移在西北地区也十分频繁，青海、甘肃、宁夏、新疆各省区均有大量内地移民迁入。这些移民以来自山西及陕西等省份的百姓居多，主要从事垦殖业。南京临时政府与北洋政府先后在上述各省设置垦务局，向内地招募人口移垦，这在一定程度上也促进了人口的北迁。南京国民政府成立后也在中央和地方设置垦务机构，鼓励人们去边疆垦荒。

根据这一时期的人口统计，甘肃1911—1936年人口平均年增长率为25.28‰。这个非常高的增长率，可能不是自然增长的结果，而是大量移民迁入导致的。1931—1936年短短几年内，甘青、甘宁这两个地区的人口翻了一番还多，平均年增长率分别达到140.68‰和184.44‰。这反映移民在这一时段大批涌入青海与宁夏。① 内蒙古1937年有人口372万人，1949年为515万人，应包括人口迁入引起的外源式增长。与东北移民的不同之处是，内蒙古接受汉人移民是持续而稳定的。②

"九一八"事变后，中国东北尽失，华北不保，东南也危机四伏，国民政府的后方基地只有西南与西北。但西南军阀的割据与混战表明政府的渗透力明显不足，不得已国民政府只有放眼西北，主张开发西北。移民垦殖是当时的施政策略。这个政策的提出是基于西北诸省地域广阔、人口密度小，具备移民垦殖的空间。我国历代都实施过"移民实边"的政策，国民政府在国难当头时再度提出"移民实边"，实际上只是历史的再现和延续。从当时的社会现实看，也是人们对国防、人口、农村经济、西北

---

① 侯杨方：《中国人口史》（6卷），135~136页，上海，复旦大学出版社，2001。
② 葛剑雄等：《简明中国移民史》，481页，福州，福建人民出版社，1993。

开发等问题认识的一个反映。20世纪30年代的陕、甘、宁、青、新西北五省，面积辽阔，约占全国土地面积的26%，人口仅占全国的6%，尚属地广人稀之地。西北五省中，只有陕西属人口多、辖地面积小、人口密度高的省份，当时测算，每平方里13.75人，是新疆的26倍。但是，整个西北地区的人口密度仅为每平方里2.43人，与地狭人稠的东南各省相比，甚为悬殊。"东南各省平均每方里百余人，西北各省平均每方里不及二十人"。①

"九一八"事变后，山东、河北、河南等地农民流离失所。此外，由于国内百业凋敝，失业人数大增，"利用这些人推进殖边事业，为失业者调度工作，为殖边充实人力，可说是两全其美"。②国民党建设委员会认为，陕、甘、青、新、宁、绥六省，可以容纳9 000万以上移民。"通过移民殖边既可以开发边疆地带，又能促进边疆与内地的联系，还能巩固边疆的防务。西北地广人稀，物产丰富，若移民边疆，开发西北，一方为内地过剩劳力谋销场，一方协助西北人民，以求边地各民族之福利，一举两得，莫善于此"。③

（二）移民群体

向西北移民议题提出之初，几乎一致主张大量移民，认为西北可容移民9 000万，计划在10年内向西北移民1 000万等。但从事实出发进行考量，当时并不具备大量移民的现实基础和可操作性。西北移民计划只是片面强调了东南地区人满为患，西北地广人稀，但移民是一个复杂的社会系统工程，不是把人口移过去就能安居生息的。比如，移民进入之后的社会扶助问题就没有被详细考虑过。因此，大规模移民的结果，可能与移民实边的初衷大相径庭。当时的学者徐旭、寅初等人，在《西北建设论》一文中已经指出："大量的移民，600万到1 000万，事非易举，应该先有缜密的考虑、周详的计划和充分的准备，然后可以举办，否则移民之后好处不见，恶果倒成，移民受苦，西北的居民因之更受苦，移民变为扰民和杀民，实在可怕得很。所以我们认为目前要建设西北、开发西北，还是针对着西北所最感缺少的人才，由政府奖励、保障、优待使各项专门人才前去西北做调查、研究、设计、指导、训练和举办目前可能的建设事项，等到专门人才前去认清西北现实、奠定基础建设之后，再事移民，未为晚也，何况今西北各省的人力，正为了过去缺乏专门的人才去兴办各项建设事业，以吸取利用大量

---

① 葛飞：《国难声中的西北开发》，载《中州学刊》，2001（1），133～135页。
② 王成组：《国难声中之殖边问题》，载《东方杂志》，1936，33（1），17页。
③ 张人鉴：《开发西北实业计划》，转引自王荣华：《国民政府时期西北经济开发中的一种模式之论析》，载《青海民族研究》，2008（4），88～92页。

的劳力，故剩余尚多。西北的确是地广人稀，但同时亦是人力多而工作少，故先事大量移民诚不如广为罗致人才去建设西北较为妥当"。① 这个见解，确实道出了西北移民之关键性的问题。此时已值抗战末期，徐旭等人从发展西北工业的角度强调"罗致人才先于大量移民"，无疑是西北开发的正确之途。

民国时期，西北移民的主体选定为东南沿海的难民、贫民、编遣的军人。抗日期间，东南沿海之难民和贫民被强迫迁移到西北偏远地区，对他们来说，纯属战乱期间的逃难行为，并没有长期扎根西北、建设西北的打算。再加上气候、地理、生活习惯、言语等方面的巨大差异，他们很少有所作为，并日夜想着抗战胜利后，返回自己的家乡，重建他们失去的家园。西北只是他们的暂居之地，移民群体普遍抱有一种消极心态。考察东南人民迁移的初衷，去东北就是去发财，而去西北则是"西出阳关无故人"，反差如此之大，迁徙西北并非出于他们的本意，而是不得已而为之。甘肃岷县农垦管理局和河西农垦管理局在抗战期间先后共安置难民698人，退役军人273人，因对地理、气候不习惯，物价上涨，一二年后自动返籍，所余无几。② 再提到退役军人，从前线退役下来，被安置到农场，他们不但没有成为垦区的新劳动力，反而成了当地的一大累赘。甘肃岷县垦区的退役军人，每人每月从政府处按例领取面粉45斤，钱6元。他们拿着政府的生活补助费和口粮，多在城镇游闲、赌博、打架、放高利贷、做小生意等，多未参加土地开发。③

（三）西北移民的环境影响

近代以来，不同时期提出过对西北的开发有数次，但是，许多时候，在观念上大都把遍布西北地区的"草场"视为"荒地"，将"开发"等同于"垦殖草地"。以开垦为要旨，追求短期经济效益，忽视这一地区多元文化的交汇性、民族经济结构的复杂性和生态环境的脆弱性。西北地区是多种文化的交汇地带，不同的文化氛围生成了不同于东部的经济结构。西部与东部的小农经济结构不同。西部地区多数是草原游牧性质的。在追求各自经济目标时，两种不同的经济结构在西北垦殖移民中发生冲突是不可避免的。在草场资源的重要性尚未被重视和提到一定高度的时代，被视为"荒地"的"草场"只有被盲目开垦的命运。

西北地区总面积约为300万平方公里，占全国总面积的三分之一，但是降水量稀少，大部分在500mm以下，而且80%的面积年降水量在300mm以下。径流总量仅占

---

① 徐旭、寅初：《西北建设论》，10页，上海，中华书局，1934。
② 谷苞：《西北通史》（5卷），562页，兰州，兰州大学出版社，2005。
③ 《甘肃省志·农垦志》，56页，兰州，甘肃人民出版社，1993。

8.2%，缺水情况十分严重①。民国以后，垦殖草场的力度加大。但由于气候等因素的影响，成效不大。民国初年，西宁道招募民户在海西都兰、海南大河坝等地开垦荒地，并在兰州设立青海屯垦使署。1923年，甘肃省长陆洪涛委派甘边宁海镇守使马麒兼任甘边宁海垦务总局督办，赵从懿为总办，迁入柴达木盆地定居和垦殖者日渐增多。1945年，省府设柴达木垦务局，在察汗乌苏、香日德、赛什克、德令哈等地设垦务组，并派军队千人进入屯垦，垦出小块农业区。此外，在海北门源一带，垦荒面积也达28万余亩。不过柴达木西区已有的垦殖反映了这里的土壤不适合农业。这里雨雪稀少，土壤沙质，碱性极重。一般垦地种植一次后，须休耕七八年，待土壤肥力自然恢复，若继续垦种就会影响草原生态。所以垦殖也是随垦随荒，仅在水源充足、灌溉方便、土壤肥沃的区域，有些粗放的垦种。

西北垦荒，首先要符合当地的环境条件。气候干旱、水资源奇缺的自然条件不利于大面积开荒种植。民国时期的荒地开垦，忽视了西北的客观实际，导致区域间水资源分布失衡、土地盐碱化、土地荒漠化严重扩展和蔓延。毁林毁草垦荒，严重破坏了西北原本脆弱的生态环境，草原自然恢复能力减弱，农业不成，牧业不兴，草场退化，沙化面积不断扩大，农牧矛盾日渐突出，部分耕地不得不退耕还牧或弃耕。故时人考察后评价说："青海极有希望之生产事业，首推畜牧业，故振兴畜牧，实较垦殖为得计"②。

垦区周围的沙漠化不但破坏了环境，而且还威胁到了绿洲地区的生产、人民的生活。民国时期的移民垦荒缺乏科学决策和正确指导，带有严重的自发性、随意性和临时性，有的地方甚至出现随垦随弃、边垦边撂荒的现象，客观上既破坏了脆弱的生态环境，又无垦殖经济效益，成为有百害而无一利的"破坏工程"，对后世的负面影响极大。例如，1939年墨玉县哈拉沙尔垦区垦荒1万余亩，1941年又垦荒1万亩。但是，1941年4月该县向地区专员公署汇报说，哈拉沙尔全区的耕地已有三分之二变成了盐碱地。1943年2月哈拉沙尔有6 000多亩地潮碱太重，不能耕种。这些碱化弃耕地，仅垦荒种植不过4年，就因盐碱化而撂荒。③

和田地区的撂荒情况也和哈拉沙尔同样严重。在西北移民潮中，自1939年开始，和田地区陆续开垦了130多万亩耕地。但在随后的5年时间里，撂荒70多万亩。这些被迫撂荒的耕地，已经失去了原先地表的植被保护，完全裸露在暴风之下，很快就荒漠化。此外，开垦荒地，必然要开发利用内陆河流域的水资源。这种局部的流域性

---

① 沈晋：《西北干旱半干旱水文特征与实验研究进展》，见《西北水文水资源与水环境研究》，6页，北京，科学出版社，2005。
② 陈赓雅：《西北视察记》，125～141页，兰州，甘肃人民出版社，2002。
③ 陶继波：《清代至民国前期河套地区的移民进程与分析》，载《内蒙古社会科学》，2003（5），57页。

利用，对于当地不立即发生灾害，可以获取一定的经济收益，它所造成的环境变化对其自身也不产生负面影响；但从全局观察，这种开垦对流域其他地区却是不利的，造成的损失大大超过收益。例如，河流上游大量垦荒耕种，过度引水灌溉，造成流域性断流，下游地区的农业生产就遭受旱灾，而且会产生干旱性沙漠化。因此，这种开发从整体上来看是不合理的。民国时期河套地区开垦的荒地虽然在河套总面积中所占比例不大，但是这些垦地除杭锦旗和达拉特旗处于后套比较肥沃的地方外，很大一部分位于生态环境非常脆弱的潜沙漠化区，不考虑这些因素而盲目开垦，终会导致气候恶化、土地沙化、土壤侵蚀与水土流失，得不偿失。①

（四）西北移民的结果

民国时期的西北移民垦荒取得了一定的成就。抗战前，国民政府组织的西北荒地的调查和垦区规划建设方案，给抗战时期的西北移民垦荒提供了依据和经验。应当肯定，国民政府的移民垦荒对稳定战时大后方的社会秩序、保障后方粮食供应和推动后方社会生活变化起了重要作用。据统计，抗战时期全国各垦区、农场分流了大约50万难民，难民开垦荒地大约为400万亩，其中陕西、甘肃、宁夏开垦了200万亩。②荒地的开垦，为收容难民和伤退荣军做出了贡献。抗战爆发后，粮食供应成了国统区最为突出的经济问题。为解决粮食问题，国民政府采取了诸多增加粮食的措施，其中移民垦荒收效颇大。1944年，陕西所属40个县开垦荒地20.6万亩，共收获玉米、高粱、豆类、荞麦等作物249 670市担③，为争取抗日战争胜利做出了贡献。战争环境下，内迁人口对开阔西北农民的视野、加强东西地区交流产生了非常深远的意义。分布在西北的垦殖单位，积极开展教育、交通、卫生、文化事业建设，使西北农村出现了一些新气象。众多垦殖单位除了注重经营获取经济效益外，还普遍开展上述各项社会事业工作，这在当时是崭新的尝试。这一时期尤其是抗日战争期间，大量工程技术人员、知识分子内迁西北，对西北近代开发影响深远，成为西北移民垦荒的现代意义标志。这一时期的西北移民突破了以往单纯的农民、军队、犯人等范围，新生产力的鲜活血液也开始注入西北，对西北实边有着重大的意义。不过从国民政府的初衷衡量，这一政策的实行结果还是令人失望。由于当时所处的时代背景极其复杂，加之战争不断、交通不便、经费不足、政治不良以及观念落后等因素，移民垦荒工作受到严重的影响。

---

① 王永强：《民国时期西北移民垦荒事业历史分析》，载《阴山学刊》，2010（1），80～85页。
② 孙艳魁：《抗日战争时期难民垦荒问题述略》，载《民国档案》，1995（2），92页。
③ 陆和建：《抗战时期西部农垦事业的发展》，载《民国档案》，2005（2），91页。

第三节 农民的生活状况

近代以来,中国农村社会经济发生了许多"进步性"的变化,比如自然经济趋于解体,经济作物专业区域增加,农产品商品化程度提高,手工业经营中的资本主义因素开始成长,农民生活消费结构有了一些新的变化等。但无论发生什么变化,从维持生存的绝对意义而言,中国农民的物质生活仍是非常贫苦。费孝通指出:"中国农村的基本问题,简单地说,就是农民的收入降低到了不足以维持最低限度生活水平所需的程度。中国农村真正的问题是人民的饥饿问题"。①

以20世纪二三十年代的研究而言,尽管人们对"农民"经济阶层的认识不同,对"贫困"的理解不同,但是许多实际调查和实证分析的研究,几乎都得出了多数农民处于"绝对贫困"境地的结论。②

一、民国语境中的"农民"

民国时代的"农民"概念,在不同的语境中具有不同的含义。

(一)阶级划分的农民

从阶级斗争的角度划分出来的农民阶级,区分为富农、中农、贫农和佃农等,有时候还包括经营地主,但是不包括居住在农村、拥有较多土地并用于出租的地主阶级。地主被列为"农民"的对立阶级,是革命的对象。中国共产党在不同的历史时期,运用马克思主义的阶级斗争分析方法,依据农民的土地、财产以及雇佣关系的状况,对农民阶层进行了划分。毛泽东关于中国农村和农民的著作和调查报告,是农民阶级划分的理论和实践依据。例如:《中国社会各阶级的分析》(1925年12月)、《怎样分析农村阶级》(1933年10月)和《中国革命和中国共产党》(1939年12月)等。根据毛泽东的划分,中国的农民等级从低到高依次为:雇农、贫农、中农(下中农、中农、上中农)、富农等。

---

① 费孝通:《江村经济——中国农民的生活》,200页,南京,江苏人民出版社,1986。
② 李金铮:《中国近代农民何以贫困》,载《江海学刊》,2013(2),160~168页。

（二）占有土地或使用土地的农户

这个概念中的"农户"包括了地主。分为地主、自耕农、半自耕农、佃农、雇农等。实际上是农村中与农业生产有关的所有民众。例如，在国民政府的各类农业统计公报数据中，通常都将地主列入农户统计。一份经常被引用的数据资料是，国民政府内政部1932年3月《内政公报》的"冀鲁豫三省各类农户平均每年收支表"（见表9-2）。表中的第一行就是关于地主的收支数据。

表9-2 民国二十一年河北省各类农户收支表　　　单位：银元

类别	百亩以上					50亩以上					未满50亩				
	收入	支出			盈余	盈余占收入/%	收入	支出			盈余	盈余占收入/%	收入	支出			盈余	盈余占收入/%
		合计	经营费	生活费				合计	经营费	生活费				合计	经营费	生活费		
地主	536	410	102	308	126	23.51	315	274	60	214	41	13.02	201	199	33	166	2	0.12
自耕农	849	653	314	339	196	23.09	501	414	172	242	87	17.37	301	276	97	179	25	8.31
半自耕农	834	721	435	286	113	3.55	482	441	241	200	41	8.51	289	284	133	151	5	1.73
佃农	844	783	544	239	61	7.23	470	456	289	167	14	2.98	289	293	163	130	-4	-1.38

资料来源：国民政府内政部：1933年3月在《内政公报》第5卷第10～11期合刊本第17页。

（三）泛指居住在农村的居民

这个概念中的农户是指居住在乡村的所有居民，不仅包括地主，还包括乡村医生、乡村教师、乡镇公职人员等。例如，李景汉的《定县社会概况调查》，其中有"定县123农户土地占有、耕种和收入分组统计表"。[①] 这次调查涉及的123家"农户"中，有一栏是年收入超过600元的农户的收入数据。他们的实际身份包括了兼营商业者、高利贷者或有其他工薪收入的"农村居民"以及出租土地的地主。这些所谓"农户"的工薪收入并非来自农业雇工的工资，而是担任教员、店员或公职获得的收入。在这个统计表里，佃农的户均工薪收入只有12.46元。[②]

二、农民生活变化的一般趋势

民国时期是从封建社会向资本主义社会过渡的时代，是半封建半殖民地的时代。

---

① 李景汉：《定县社会概况调查》，545页，北京，中国人民大学出版社，1986。
② 中国人民政治协商会议河北省委员会编：《河北文史资料选辑》（第11辑），80、81页，石家庄，河北人民出版社，1983。

首先是半封建社会，这表明了这时候已经出现了新兴的资本主义要素，城市工商业开始发展，近代的科技文化设施开始兴建，已经不是完全的封建社会，而是开始向资本主义转变；另一面是半殖民地社会，民国政府并未拥有完全的国家主权，有相当一部分主权是被帝国主义占据和侵占的。

半封建半殖民地的时代特征，从两个方面影响了农村和农民的生活。需要从整体上考察农村生产生活要素变化的整体趋势。比如，长时间的人均耕地、人均粮食、农业产值、农产贸易、农业设施的变化变动趋势，还需要考察农民的田赋租税负担和战争及灾荒的影响。

国民政府中央农业试验所于1936年6月对农民的食物消费情况进行过一次长期趋势的调查，即"冀鲁豫农民主要食料变化情况（1906—1936）"（见表9-3）。这个调查数据可以排除或消弭年际间产生的自然灾害、局部战争或社会事件等非正常因素的影响，因而能够比较真实地反映农民生活的一般趋势。

表9-3　30年间冀鲁豫农民主要食料变化情况简表（1906—1936）

品　目	以前不食现在增食			以前少食现在多食			以前多食现在少食			以前曾食现在不食		
	河北	山东	河南	河北	山东	河南	河北	山东	河南	河北	山东	河南
报告次数	224	184	107	631	338	299	458	290	239	91	49	72
稻　谷	17	4	7	21	8	11	27	6	14	5	2	8
小　麦	7	4	1	86	31	9	61	33	60	1	1	4
玉　米	30	18	8	122	44	33	13	4	3	—	1	5
高　粱	5	7	1	34	22	21	151	51	17	7	5	3
小　米	—	4	2	28	18	19	23	13	8	1	—	—
甘　薯	69	29	25	113	48	70	7	6	3	1	4	2
马铃薯	24	38	7	18	15	8	4	—	3	2	1	1
萝　卜	16	8	14	32	18	23	9	8	3	—	2	1
猪　肉	5	10	2	34	17	11	18	29	18	1	4	3
羊　肉	4	8	1	18	17	12	12	17	11	3	5	6
牛　肉	9	14	—	32	23	14	13	14	12	1	3	2
鸡　鸭	4	6	3	13	10	8	13	9	10	4	2	4
鸡鸭蛋	6	4	5	19	15	12	10	18	17	2	—	3
鱼	3	14	5	23	14	13	28	17	9	8	1	3
豆　油	24	8	10	13	15	10	14	25	8	17	—	7

资料来源：《农情报告》，5卷8期，266~267页，1937年8月。

从表9-3可以看出，农民的各种食料，主食不论精粗，副食不论荤素，都是增减互见。但不同食品、不同地区，差异颇大。精粮稻谷、小麦和粗粮中的细粮小米，增减不甚悬殊，仅河北的小麦食用稍有增加，河南则明显减少。冀鲁豫三省作为一个整体考察，农民对精粮的食用,看不出多大变化。粗粮方面,则是高粱的食用减少,对玉米尤其是甘薯的食用大幅度增加。另外,马铃薯和萝卜作为灾年的重要食物,食用也逐渐普遍。[①] 由此可以得出结论:20 世纪初,直到 1936 年止,冀鲁豫农民主粮结构的变化趋势,不是细粮化,而是粗粮化,并且是粗粮低档化和低热量化,其中河北尤为突出。也就是说,从粮食消费水平看,近代农民的生活水平表现为总体平稳、逐渐下降的趋势。

副食方面,冀鲁豫三省的共同特点是产量较高、亦菜亦粮的马铃薯、萝卜的食用明显增多。猪羊牛肉和鸡鸭鱼等的消费,三省互有差异。河北略有增加,猪牛肉和鸡鸭蛋消费增加较明显,但鱼的消费有所下降;山东、河南变化不显著,其中河南的猪肉消费略有减少,山东因三面环海,鱼的消费稍有增加,食油(豆油)增减幅度不大。

乔启明 1935 年 7 月主持的"京郊农村社会调查",也得到了类似的调查结论("京郊"指南京郊区江宁自治实验县)。调查地点涉及江宁县一镇四乡——秣陵镇、孝陵乡、仁陵乡、信陵乡、爱陵乡,属于当地农村贫富适中的农村,大致能反映江苏农村社会的实况。调查报告称:"该地无殷富之户,然亦无赤贫如洗者"。调查得到的农家经济数据是:"江宁一镇四乡 113 农家,每家平均收入为 272.85 元,每家生活费用为 237.57 元。"收支相抵,每家尚有盈余。但是作者对此有一段说明:"以每家尚余之 35.28 元作为农用,即将捉襟见肘,安得谓之有余款?故在大体上言之,欲求当地农家收支相等已属难能,遑论盈余哉。"[②]

北洋政府出版的《中国之农性》一书所载,当时的一个农事机关调查发现,江苏乡村的平均生活费是:饮食支出 180 元,衣服费用 20 元,居住费 12 元,子女教育费 6 元,交际费 10 元,医药费 10 元,婚丧费 10 元,赋税 6 元,杂费 20 元,合计共约 274 元;他们的收入情况是:农作物收入 140 元,蔬菜收入 30 元,养蚕收入 24 元,杂项收入 40 元,合计共 234 元。收入和支出相抵,不足额为 40 元,因此一个五口之家,有田十亩的农户,维持最低的生活要负担债务约 40 元。[③] 江西的新建县,农户终年忙忙碌碌,而负债累累,至于不能维持温饱的,占到百分之四五十。[④] 山东胶县农民的生活,至为贫苦。李村区

---

① 参见《农情报告》,1933,5(8),266~267 页。
② 乔启明:《京郊农村社会调查》,载李文海主编:《民国时期社会调查丛编·乡村社会卷》,394 页,福州,福建教育出版社,2005。
③ 董成勋:《中国农村复兴问题》,转见章有义:《中国近代农业史资料》(第二辑),474 页,北京,生活·读书·新知三联书店,1957。
④ 裘俊夫:《各地农民状况调查》,载《东方杂志》,1927,24(16),28 页。

附近土地非常肥沃，有地 30 亩者，即可称地主。该区共有 20 000 万余户，仅有 30 户有地 30 亩。以地 20 亩的上等农户来看，耕作年收入 452 元，支出 339 元，收支相抵，余银 130 元。通常这种人家总人口在十人左右，每人每年所得为 45 元，月不足 4 元。富户尚且如此，下等的贫户就更加少了。① 山东潍县一个有地 14 亩的自耕农，劳动力有两男，三妇女，役畜有一骡和一公牛，收入约为 158 元，支出为 191 元，实际亏欠 33 元。② 以上主要是自耕农的情况，至于当时的佃户的情况，一般是耕种所得，不能自给。

美国著名学者费正清从更宏观的层面上，观察到了同样的乡村贫困化景象。他指出，到 1931 年，农业形势已变得十分严峻。一项关于 14 个省大约 2.8 亿人口和全国主要农业区的粮食问题的研究报告说，就需求而言，全国粮食供应短缺超过 5%。粮食短缺不仅是广大农民季节性危机的问题，还是一个事关国家经济全局的大问题。它会引发一系列持续的社会经济混乱，会导致城乡二元经济的撕裂和冲突。一方面，城市与农村发生了周期性的经济分离。由于城市得不到从农村来的足够粮食和轻工原料，于是城市经济就更加依赖对外贸易。统计表明，在 1921—1941 年，中国变得更加依赖进口粮食。因为农业生产遭到破坏，粮食产量减少，国内粮价上涨，进而带动了其他物价上涨，出现了国际市场上的粮价低于国内粮价的反常现象。从 1920 年以后，粮食进口急剧增加，每年进口接近 100 万吨；在 1931—1935 年，更升高到 200 万吨。抗日战争开始后，粮食进口再一次大幅增加。中国比先前任何时期更加依赖外国的粮食。另一方面，农村的苦难急速加重。大批人群从一个省迁徙到另一个省；饥荒，农民逃入城镇乞讨，妇女沦落，父母被逼卖儿鬻女，大量农村人口失业，农村普遍欠债和被迫出售土地。凡此种种，都足以证明民国时期农民生活总体上趋于越来越贫困化。③

由上面的调查数据可知，民国时期农民生活是趋向于贫困化的，是下降的。当然，在这期间，不同农民阶层的实际生活水平变化也有不同。农村中从事商品性农业的富裕农民以及经济作物集中产区农村的生活水平会有所提高。④

---

① 袁荣叟：《胶澳志》，1928（5），5 页。
② 瓦格纳著，王新建译：《中国农书》（下册），730～732 页，中山文化教育馆印，1934。
③ [美]费正清：《剑桥中华民国史（1919—1949）》（下），292～293 页，北京，中国社会科学出版社，1994。
④ 刘克祥：《对"近代华北的农业发展和农民生活"一文的质疑与辨误》，载《中国经济史研究》，2000（3），118～135 页。

三、贫苦农民的生活窘境

贫苦农民的常年生计入不敷出，如遇灾荒病患，更是投靠无门。农村中的救急性质的借贷十分普遍。一般情况下，以亲友间的借贷为主。但是民国时期，当亲友之间无法筹措时，则会向高利贷者借贷。由于乡村经济恶化、资金紧张，借贷利息出现越来越高的趋势。虽然国民政府规定，月息不能超过三分，但实际的高利贷利息高达四五分，实物借贷的利息更高、剥削更重。当时民间借贷可以分为货币借贷、实物借贷和典当质押几种形式。

1933年的农情报告表明，当时的农民，借款和借粮的比例相当高，几乎一半以上的家庭要靠借贷维持生活。农民借贷对象的比例是：银行2.4%，合作社2.6%，典当8.8%，钱庄5.5%，商店13.1%，地主24.2%，富农18.4%，商人25%。这个调查数据说明，民国时期新式金融机构在农村中没有地位，金融合作社的作用也不大，原因是农民经济条件趋向恶化，自助和互助都无能为力了。借贷对象主要是地主、富农和商人，这三类人经常是"三位一体"的，即地主可能同时又是商人，高利贷往往与他们联系在一起。高利贷在当时的借贷中占有很高的比例，有的地区如陕西和宁夏，年息五分以上的高利贷占到总借款的50%以上。

乡村借贷的利率普遍偏高。1~2分的较低利息在总的借款中占很小的比例。地处东部和中部的江苏、浙江、福建、江西、湖北、湖南、广东等省份，多数情况下的借款利息在2~3分，这已是比较高的利息水平。而5分以上的高利率主要在西北地区。经济越不发达的地区，借贷的利率越高，这些地区的农民生活就越困难。就当时的情况看，背负高利贷的农民，一般都会陷入沉重的债务负担中，多数情况下很难还清债务。

农民的债务状况，除了借款农户数增加外，还有诸如还债情况、未完粮情况、未交租情况、典押土地情况等。由于高利贷的存在，很难想象大多数靠借高利贷维持生活的人们能够按时还清债务，因此等待他们的命运可能是十分悲惨的。据李景汉对1931—1933年河北定县的情况调查，三年间被没收家产的人家数量分别是51家、256家和2 889家。[①]

---
① 李景汉等:《定县经济调查——部分报告书》，103页，1934。

在向来被称为鱼米之乡、富庶之地的江苏省，农民的生活也是每况愈下。时人描述当地农村的景象：其屋多是茅草房，不庇风雨；其食多是粗粝之物。在中部产粮大省湖南省，其境况也大致如此。例如，浏阳县的山户农家，全食杂粮，而留谷米以换钱；稍实殷的人家也只能半食杂粮，以周济谷米之不足。在西部的云南省富民县，贫寒者十之七八，老者无帛可衣，幼者多披短褐。而在京畿直隶的农民，也没有享受到各种福利，仍然贫困不堪，荒年常以野菜充饥，甚至饥饿而死。河北的滦州，普通的老百姓吃的粟是带壳磨碎以熬粥，称为"破米粥"。①

黄河流域一带，农民的居住条件很差，除了富农的居住条件较好外，其余的多是居住在土墙败屋、草棚、茅舍之中，狭隘昏暗，空气和光线条件均不好。黄河两岸地区，不少人家凿穴为居，小小的一个土洞，住着一家人。西兰线陕西段，农民的居地多为土屋，还有在土丘和土山中，筑窑而居。土窑深可数丈，内有炕，除此外，别无他物。汉中一带，昔日的农家多居住在瓦房中，门窗有雕镂，到了这时期，草房都不多，到处是草棚草坑。②

湖北地区较好的人家才有大米吃，多数人掺以红薯。河南河北一带的乡村，主要食品为小米、甜薯、荞麦、高粱、豆类，大米饭要到年节才有可能吃，肉类只有到过年时才能够吃到。佐餐的菜一般是白菜、萝卜、北瓜、大蒜等，白菜、萝卜很少炒，因为没有油，所以尽量少用油。至于酱油、味精、糖等调味品很少用，只单纯用盐，故在这种情况下吃的盐比都市人要多，但是也有人连盐都吃不起，只好淡食过日子。统计当时的全部支出情况，食物的比例占到总支出的60%或80%，食品在支出中的比例占到如此之高，住房、衣服、卫生、知识和娱乐的支出就只能很少了。③

甘肃的许多农民皆无衣着，许多妇女裸体露臀，妇女尚且如此，其他的人就可想而知了。青海的贵德，衣着情况是冬不能御寒，夏不能蔽体，甚至终年无裹身者，比比皆是。甘肃、青海、宁夏等省的乡村中，至十一月间还有十二三岁的男女孩全体裸露者。云南贵州两省，因不产棉，棉布价格甚贵，人民衣服褴褛，其中以威宁为最。古人有用"鹑衣百结"形容衣服之褴褛，而威宁人的衣服应用"鹑衣千结万结"来形容。普通人的一件衣服，或穿终生，或穿数辈。最先的一件单衣，破一洞，加一补，乃至

---

① 以上转见李文治：《中国近代农业史资料》（第一辑），915～919页，北京，生活·读书·新知三联书店，1957。
② 陈翰笙：《破产中的汉中的贫民》，《东方杂志》，1933，30（1），72页。
③ 陈伯庄：《平汉沿线农村经济调查》，转引自章有义：《中国近代农业史资料》（第三辑），789页，北京，生活·读书·新知三联书店，1957。

补到十九层,而这样的衣服也还不是每人都有。儿童十五六岁以下,终年赤身,女孩十五六岁时,仍无衣裤可穿,仅以麻片遮身。

据金陵大学的调查表明,当时迁徙的人口以从农村到农村者为多,即表现为村际之间的流动,这是都市集镇发展落后的反映。如湖南的难民流亡到江苏,江苏北部的难民流亡到南部,安徽的难民流亡到湖南、江苏、江西,江西的难民又流亡到浙江。历来被称为人间天堂的富庶之地浙江省的难民也不少。当时的国民党浙江省党部颁布"移民东北宣传大纲",鼓励难民移向东北。东北在当时成为难民的主要移入地,其中山东人最多,其次是河北人、河南人、安徽人。山东的难民除流向东北外,还向山西、陕西、河北迁徙。宁夏由于各种负担太重,经常发生逃亡现象,其去向有两处,一是内蒙古阿拉善草原地区,另一处流向临河以西。这些地区的捐税较轻,容易生存。

也有流向城市的,由于民族工业处境艰难,逐渐萎缩,都市本身失业人口大量存在,自然不易找到工作,许多人成为乞丐,晚上蜷缩于垃圾旁、屋角下、弄堂口。

更有一些成为兵匪。当时由于社会动荡,政府提倡地方自办保卫。一些土豪劣绅招收壮丁,于是招募流亡的农民成为保卫团的成员。这些人有的实际上就是兵匪。河南南阳一带,贫困的农民成为土匪者甚多,其原因是豪强压迫良民,老百姓无处申诉,只好充当土匪以报仇。当成为土匪以后,就不能和原来一样,于是不择善恶而到处祸害。

直隶的贫民,充当土匪的有五百万之众。从1930年的春天开始,由于当时的军阀在山东混战,山东的一些灾民铤而走险成为土匪的不计其数。[①] 民国时期的土匪,不仅人数众多,而且遍及全国。这些大大小小的土匪,大都持有武器,有些还拥有盘踞地。甚至在一些偏僻的地区,他们还能左右当时的乡镇地方政府,形成"官匪一家"的局面。中国十余省的土匪人数达10万,甚至有学者估计,1930年前后,中国土匪人数达到2 000万之巨。[②]

民国时期,游民的数量十分庞大。有失去土地的农民,由于道光十四年人口已经突破四亿,而耕地增加不多,人均占有土地逐渐减少,许多农民无田可耕,加入游民的队伍之中;有失业的手工业者,鸦片战争以后,国外大量低价货物的倾销,对中国的传统手工业冲击很大,其中的一部分人加入游民的队伍中;有裁减的兵丁,由于反抗清朝统治的起义不断发生,促成清朝政府大量募集乡勇,这些人多是游手好闲之人,一旦战争平息,他们被解雇、遣散,势必加入游民的队伍中;有失业的运丁,漕运是

[①] 朱新繁:《中国农村经济关系及其特质》,299~305页,出版印制处不详,1931。
[②] 敖文蔚:《民国时期土匪成因与治理》,载《武汉大学学报》(哲学社会科学版),1997(6),69~75页。

清朝的重要运行业，清朝全盛时期以漕运为生者近百万人，太平天国起义攻入南京后，漕运中断，以海运替代，大量的运丁、船夫失业，这些无家可归的人"在船为水手，在岸为游民"，变成了地道的游民了；有灾民，1880—1890年，江苏、湖北、湖南等六省受灾，当地的百姓纷纷投奔沿江的上海、南京、汉口等城市，其中的一部分成为游民，由于生活所迫，许多人加入到游民的行列，江苏本为富饶之地，道光年间，由于沿江滨海地区水陆交通的要冲出现了大量的游民和流寇，如"上海之闽广游民，苏松常镇之土匪棚民，淮扬、徐、海之捻匪盐枭，与跟随漕船之水手青皮，以船为家之渔户流丐"。①

1934年，南开大学经济学院曾经对东三省的1149户移民的家庭调查，发现这些家庭中，离村时间1878年到1911年的占10%，1911年至1830年的为90%。其中1925年至1930年间，离村的人家占1911年以来离村家庭的一半。这说明迁到关外的农民，主要集中在这一时间段。广东农村的离村现象也十分突出。据陈翰笙对广东1930—1934年的农民离村情况调查，此阶段离村人口显著增加，信宜县的塘面村增加了20%，茂名的何谢村增加了10%，良德、大坡、谢鸡坡、杨群、平山等村增加了20%，麻子坪村增加了50%，梅县的书坑村增加了30%，焦岭的石寨村增加了40%，德庆的栗村也增加了40%，顺德的勒流乡，番禺七区罗溪乡和八区长沙增加了20%。②

四、官僚土劣的非法榨取

民国时期，吏治松弛，致使贪官污吏，侵害百姓，民怨载道。在田赋的征收之中，由于农民群众很少识字，且害怕官员，因此征收者往往暗中多收，或多收而不找零。当时的南开大学学生曾对河北各县的赋税征收情况进行过调查，发现各类浮收的情况十分普遍。如按法定税率，每两正税附加大洋八角折银后是每两三元一角，而乡长实际征收了三元六角，即每两正税浮收了五角，相当于法定正税的20%。浮收的另一种情况是"洒"，即税吏将从农民中征纳到的田赋税银据为己有，而将他管辖之地内的额定税粮，分别"洒"到辖地各家农户名下（实质就是强摊），另行派征。还有所谓的"戴帽穿鞋"者，就是造册之时，通过在数据上做手脚，在数字上下之间预留空位，

---

① 王跃生：《晚清社会的游民问题》，载《学术研究》，1991（6），88～92页。
② 陈翰笙：《广东农村生产关系与生产力》，66页，上海，中山文化教育馆印，1934。

以便实际征收之后，另行更改数字，做成假账，多收少报，从中肥私。[①] 此外，纳税程序规定，农民交纳税款，要经过粮头、庄头、甲长、粮赋长、村长、乡长、区长等多人手签，才能送到县政府。这些经手人自然要有利可图。例如，山西屯留自满清至1932年间，种棉花户一直是将自己应交纳的田赋直接交到县政府，里老和庄头，只不过负有催交的责任，权力并不很大。后来变更旧的交纳方式，由花户将应交的钱款交给庄头，再由庄头交给里老，里老交给官厅。这样一来，实际所收就不止名义上的那么多了。[②]

田赋征收时还有明目张胆的勒索。北方地区对此有一个俚语叫"身钱"，专指胥吏代农民交粮时的一种勒索。当征收吏员下乡收税时，除供给好饭和烟酒外，还要送辛苦钱和跑腿费，还有烟酒钱、车马费等额外费用，都属身钱之列。[③] 还有，青海西宁各征税机关的吏役，每到乡下即向老百姓勒索，往往政府征款一元，而人民须纳三元。老百姓只能任其予取予求，如果有反抗，则拷打俱来。[④]

南开大学抽查的河北省11个县的情况发现，县县均有中饱之情。其中有的县欠赋达13万元，其中估计至少有一半为政务警察中饱。这些地区的警察特别多，凡近千人。而享有薪金的不到一百人，其他人员类似今日的"协警"。他们的薪酬资费都靠中饱截留而来。又如，河北邢台县第三区的张家屯村，当时应交的维持费、保安团费仅120元，而当时农户实际所交为540元之多，名义都是用于政警及团丁饭费，如此等等，皆属当时的中饱行为。中饱的障眼手脚中，还有所谓"飞、诡、寄"等俗语说法。"飞"即是将应征粮户的银额，移在报荒的粮户名下，因税法规定遭受荒歉的农户可以蠲免，于是税吏便可收了税而不上交；"诡"即是以熟田报荒，以便侵蚀赋款；"寄"是既征之税款，税吏将其中一部分匿而不报，谎称农户未交。其他还有擅自向农民征收滞纳罚金，或将地亩数或银两数去尾化零，从中取利。

---

① 孙晓村：《废除苛捐杂税报告》，载《农村复兴委员会会报》，1934，5（12），13页。
② 高留：《屯留农村经济实况》，载《农村经济》，1935，2（3），104页。
③ 孙晓村：《中国田赋的征收》，《中国农村》，1934（创刊号），24～26页。
④ 顾执中、陆诒：《到青海去》（1934年），262页，北京，中国青年出版社（重印本），2012。

第一节　农民运动讲习所的创建
第二节　根据地的土地革命
第三节　抗日根据地的农村农民政策
第四节　陕甘宁边区的乡村建设

第十章　抗日根据地和解放区的农村建设

在内忧外患的旧中国，中国共产党把马克思主义的基本原理与中国实际相结合，把解决农村农民问题当作革命的首要目标。国共合作失败及城市起义失败的教训，促使共产党制定了将革命的重心由城市转入农村，把农民发展成革命主力军的策略，走"农村包围城市，武装夺取全国政权"的革命道路。

第一节　农民运动讲习所的创建

中国共产党成立之初，就开始关注农村问题。1921年7月，中国共产党第一次代表大会通过的《中国共产党纲领》提出："废除资本私有制，没收一切生产资料，如机器、土地、厂房、半成品等，归社会所有。"[①] 1922年6月，中共中央执行委员会发表《中共中央第一次对于时局的主张》，进一步提出"没收军阀官僚的财产，将他们的田地分给贫苦农民"。[②] 1922年7月，党的第二次全国代表大会通过《大会宣言》，对中国农村的现状有了初步的认识："中国三万万的农民，乃是革命运动中的最大要素。农民因为土地缺乏、人口稠密、天灾流行、战争和土匪的扰乱、军阀的额外征税和剥削、外国商品的压迫、生活程度的增高等原因，以致日趋穷困和痛苦。近来农民更可分为三种界限：（一）富足的农民地主；（二）独立耕种的小农；（三）佃户和农业雇工。第一种占最少数，第二、第三两种的贫苦农民至少也占百分之九十五。如果贫苦农民要除去穷困和痛苦的环境，那就非起来革命不可。而且那大量的贫苦农民能和工人握手革命，那时可以保证中国革命的成功"。[③]

---

① 中央档案馆编：《中共中央文件选集》（第一册），3页，北京，中共中央党校出版社，1982。
② 中央档案馆编：《中共中央文件选集》（第一册），25～26页，北京，中共中央党校出版社，1982。
③ 中共中央文献研究室、中央档案馆编：《建党以来重要文献选编（一九二一至一九四九）》（第一册），131页，北京，中央文献出版社，2011。

1922年11月，中共中央制定《对于目前实际问题之计划》专门论述了"农民问题"，该文件指出："农业是中国国民经济的基础。"认为农民"自然是工人阶级最有力的友军，为中国共产党所不应忽视的。中国共产党若离开了农民，便很难成功一个大的群众党"。① 文件还分析了农民受痛苦的原因，提出了解除农民痛苦的六条具体措施。

1923年6月，党的第三次全国代表大会通过《大会宣言》和《中国共产党党纲草案》，将农民问题及农民在国民革命中的地位和作用作为正式的问题提出并进行了讨论，并在党纲中，从五个方面对农民的利益提出了特别要求。大会还通过了中国共产党历史上第一个《农民问题决议案》，提出要深入农村，引导和带领农民参加革命"以保护农民之利益而促进国民革命运动之必要"。②

中国共产党不仅理论上认识到了农村问题的极端重要性，而且还以实际行动实践着自己的理论主张。党诞生之初，就在农村开始领导和发动农民运动。

1921年9月27日，共产党领导的第一个农民协会在浙江萧山县衙前镇成立，由李成虎等人领导。协会发布了中国现代农民运动第一个成文的纲领《衙前农民协会宣言》和《衙前农民协会章程》。协会创办"农村小学"，组织"妇女协会""农民自卫军"，并领导农民进行了减租斗争。农协发展到萧山、绍兴等县八十余村。

1922年7月29日，彭湃在广东海丰县自己家院子里组织了"六人农会"，此后各种农会如雨后春笋般相继成立。至1922年年底，不到半年时间，"竟成立了十二个农会，总共九十八乡，二千七百六十户，一万六千五百九十人"。③ 1923年1月，海丰县农会已达2万户，占全县人口的1/4，人数达到了10万人，彭湃被农民拥戴为海丰县总农会会长。

在海丰农民运动的推动下，到1923年5月，海丰、陆丰和归善三县已经有500多个乡建立了农会，农会会员达20万之多，于是，海丰县总农会改组为"惠州农民联合会"。1923年7月，"惠州农民联合会"又改组为"广东省农会"。以海丰为中心的农民运动波及广东全省大部分地区，广东农民运动从此兴起，成为全国新式农民运动的先驱，对于全国农民运动有实际指导作用。"其影响扩大到长江、黄河流域的不少省份，甚至远在北京附近的一些乡村，也受到它的影响和帮助而建立了农会组织"。④

---

① 中共中央文献研究室、中央档案馆编：《建党以来重要文献选编（一九二一至一九四九）》（第一册），198页，北京，中央文献出版社，2011。
② 中共二大、三大资料选编委员会：《中国共产党第二、三次代表大会资料选编》，185页，北京，中国社会科学出版社，1985。
③ 刘林松、蔡洛编：《回忆彭湃》，10～37页，北京，人民出版社，1992。
④ 杨汉卿主编：《党的历史启示与和谐社会建设》，431页，广州，广东人民出版社，2007。

1926年5月，广东省第二次农民代表大会召开，全省68个县农会中有49个县的代表出席了大会，广西、福建等11个省也有代表到会。当时，广东省的农民协会会员达到62万多人，全国已有5 300多个乡农会组织，会员100多万人。这些农会领导农民积极开展对土豪劣绅的斗争，维护自身的利益，揭开了现代中国农村农民革命运动的序幕。

农民运动的蓬勃发展，亟须大批农运干部，身为国民党中央农民部部长秘书的彭湃向国民党中央执委会提出开办农民运动讲习所（以下简称"农讲所"）的倡议。在中国共产党的努力推动下，1924年6月30日，国民党中央执委会召开了第39次会议，讨论并通过《农民运动第一实施方案》，决定"组织农民运动讲习所，以一个月为讲习期间，讲习完毕后，选充为农民运动特派员"，[①]并任命彭湃为第一届农民运动讲习所主任，负责筹办、计划、聘请教学人员等所有工作。

农讲所以国民党中央名义开办，由国民党中央农民部主管，是国民党中央农民部所属机构，"一切事务由中央执行委员会农民部管理，其组织及课程则与宣传部、组织部商定之"。[②]但实际上农讲所是共产党人主持和领导的。第一至第五届统称为"中国国民党中央执行委员会农民运动讲习所"，第六届称为"中国国民党农民运动讲习所"。

第一届农讲所于1924年7月3日开学，8月21日毕业，主任为共产党员彭湃。孙中山亲自参加了毕业典礼，并做了《耕者有其田》的重要报告。在这期间，廖仲恺也作了《农民运动所当注意之点》的讲演。

第二届于1924年8月21日开学，11月1日毕业，主任罗绮园。

第三届于1925年1月1日开学，4月3日毕业，主任阮啸仙。

第四届于1925年5月1日开学，9月1日毕业，主任谭植棠。

第五届于1925年9月14日开学，12月8日毕业，主任彭湃。

第六届于1926年5月3日正式开学，9月11日毕业。毛泽东担任所长，并亲自讲授中国农民问题、农村教育、地理三门课程和《中国社会各阶级的分析》。这一届将前五届的主任制改为所长制。

除了在广州举办的这六届农民运动讲习所外，1927年4月，国共双方还在武昌开办了"中国国民党中央农民运动讲习所"。此外，其他一些省也先后开办了农民运动讲习所。如在广西，韦拔群、陈伯民创办了东兰农运讲习所，国民党广西省党部开办了

---

① 罗绮园：《本部一年来工作报告概要》，载《中国农民》，1926（2）。
② 《农民讲习所之简章》，《广州民国日报》，1924年7月24日。

广西农民运动讲习所。在湖南，徐特立、何叔衡在湖南农村师范和湘江中学开设了农运讲习所和农运训练班，茶陵、醴陵、宁乡、湘潭、衡阳等10多个县，均建立了农讲所或训练班。在广东，开办了广东农民协会农民训练所及农民自卫军训练班、雷州农讲所、北江农军学校等。在福建，上杭、漳州成立了八县农会运动人员养成所和上农运动讲习班。在湖北，有湖北农民自卫军养成所，在汉川、应山等地有农运训练班等。

各地农民运动讲习所名义上由国民党中央农民部或各地方党部农民部主办，实际上是由共产党人负责。农讲所的主要的负责人和教员大多由共产党担任。共产党员在各农民运动讲习所或训练班起主导和核心作用。

农讲所主要是对农民进行以革命为中心内容的政治教育，以提高学员的思想政治觉悟，如中国农民问题、军事运动与农民运动、中国民族革命运动史、社会问题与社会主义、中国史概要等。另外，还对农民进行武装斗争和建立农民武装的教育，并进行正规的军事训练，使学员毕业后能指导农民组织农民自卫军，成为农民武装自卫的领导者。农讲所注重社会实践，经常组织学员到农民运动蓬勃开展的地方实习，对农民问题和农村情况进行调查研究，增强学员从事农民运动和搞好农民自卫军建设的决心和能力。

农民运动讲习所，为全国农民运动培养了大批骨干干部。仅广州第一至第六届农讲所和武汉中央农民运动讲习所，就培养了1 600多名学员，加上其他省区的农讲所或农训班，毕业学员数量更大。这些学员毕业后以国民党中央、省或县农民部特派员身份，奔赴各地农村，开展农民运动，组织农民自卫军，对推动全国农民运动迅猛发展，组织广大农民开展轰轰烈烈的反帝反封建农村大革命作出了重大贡献，也为第二次国内革命战争时期中国共产党领导的农村游击战争播下了革命的种子。

第二节　根据地的土地革命

中国共产党把马克思主义与中国实际相结合，不断探索中国民族民主革命的正确道路。在经历了无数的挫折尤其是"大革命"失败之后，中国共产党认识到，必须将革命重心由城市转移到农村，在农村建立革命根据地，走农村包围城市，武装夺取政权的道路。一要解决农民的土地问题,实行"耕者有其田";二要减轻农民负担,解决农民的经济困难。在旧中国,农村农民问题实质上就是土地问题。"谁赢得了农民,谁就赢得了中国。""谁解决了土地问题,谁就赢得了农民"。① 新民主主义革命取得伟大胜利,关键就在于正确解决了农民的土地问题,满足了广大农民对土地的迫切要求。

一、"八七"会议和井冈山《土地法》

1926年11月,中共中央政治局和国际代表联席会议拟定《中国共产党关于农民政纲的草案》,提出"农民政纲九条",其中有没收大地主、军阀、劣绅以及国家、宗祠的土地归给农民的内容。1927年年初,共产国际执委会第七次全体会议通过的《关于中国形势问题的决议》传到中国。该决议指出,土地问题是目前形势的中心问题,主张根据不同地区的不同情况制定土地斗争的策略。1927年4月,大革命失败前夕召开的五大会议上,毛泽东提出普遍解决农民土地问题,大力武装农民,建立农村革命政权的提案。大会通过了《土地问题决议案》,对党的土地政策作出了规定。这个重要的大会决议案,为中共推行土地革命政策和策略奠定了基础。

1927年8月1日南昌起义爆发,中国共产党建立了自己的革命武装,建立了井冈山革命根据地,成立了苏维埃人民政府。当年8月召开的"八七"会议,在总结大革命失败经验教训的同时,确定了土地革命和武装斗争的总方针。"八七"会议还通过了《最近农民斗争的议决案》,对中国共产党的土地政策作了原则规定,主要内容如下:

(1)没收大地主及中地主的土地,把这些土地分给佃农及无地的农民。

(2)没收一切所谓公产的祠族庙宇等土地,分给无地的农民。

(3)对于小田主则减租,租金率由农民协会规定之。

(4)本党不提出没收小田主土地口号,是为着要使乡间广大的小私有财产者之分子中立。

(5)本党之农民革命问题上的行动纲领,在这一整个时期中,本是"耕者有其田"这一极通俗的口号,足以引起农民革命运动,一直发展到土地国有及完全重新分配土地。②

---

① [美]埃德加·斯诺:《斯诺文集》(第一册),208页,北京,新华出版社,1984。
② 本段文件之内容均出自中央档案馆《中共中央文件选集》第三册(一九二七年),225页,北京,中共中央党校出版社,1983。

"八七"会议主张没收大、中地主的土地分配给农民，实行"耕者有其田"，从而确定农民对土地的私有权，满足农民的土地需要，以利于革命和生产；把"土地国有"作为土地革命的最终斗争目标，而不作为中国共产党在当时就要实行的土地纲领，同时又提出对农民进行"土地国有"的理论宣传，以便逐步转变农民的私有观念。

　　1927年11月，中共中央临时政治局召开扩大会议，通过了中国共产党历史上第一个关于土地问题的党纲草案——《中国共产党土地问题党纲草案》。该草案主张解决农民问题和土地问题，对推动土地革命的开展起了一定的作用。但是由于"左"倾主义路线的影响，这次会议提出了一些"左"倾的政策。例如，该草案规定："一切地主的土地无代价地没收，一切私有土地完全归组织成苏维埃国家的劳动平民所公有。""一切没收的土地之实际使用权归之于农民，租田制度与押田制度，完全废除，耕者有其田"。① 这意味着，除了没收一切地主的土地外，也没收其他一切私有土地；一切没收的土地属于"苏维埃国家的劳动平民所公有"，就是说，土地归国家所有，而农民只有使用权。这种做法显然损害了中农和自耕农的利益，大大挫伤了他们的积极性，不利于革命事业的发展。

　　这种过"左"的土地政策，在1928年3月党中央发表的《关于没收土地和建立苏维埃》的第三十七号通告中得到了一定程度的纠正。通告对没收土地的对象和土地分配的方法等问题作了进一步规定，强调没收一切土地重新分配给农民耕种，采用以劳动力为标准分配土地的方法等。

　　根据中共中央对土地政策的有关规定，各地党组织在领导开辟革命根据地的同时，结合本地实际，制定和颁布了一些有关土地问题的决议案和土地法规，其中的井冈山《土地法》很具有代表性。

　　秋收起义后，毛泽东在井冈山开辟了革命根据地，为中国共产党找到了一条农村包围城市的革命道路。毛泽东在大量社会调查的基础上，把党中央有关土地政策的精神与当地实际相结合，满足了农民的土地要求，广泛动员和组织农民群众参加武装斗争，巩固和扩大革命根据地。1928年12月他主持制定并颁布了工农民主政权的第一部土地法——井冈山《土地法》。

　　井冈山《土地法》② 共九条十四款，主要内容如下。

---

① 中央档案馆：《中共中央文件选集》第三册，（一九二七年）403页，北京，中共中央党校出版社，1983。
② 以下所引该文件内容均出自《建党以来重要文献选编（一九二一—一九四九）》（第五册），814~816页，中共中央文献研究室中央档案馆编，《建党以来重要文献选编（一九二一—一九四九）》（第五册），北京，中国文献出版社，2011。

（1）确定了没收及分配土地的对象。《土地法》第一、第二条规定："没收一切土地归苏维埃政府所有。"没收的土地以分配给农民个别耕种为主，遇到特殊情况或政府有能力时兼用"分配农民共同耕种"和"由苏维埃政府组织模范农场耕种"两种方法。"一切土地，经苏维埃政府没收并分配后，禁止买卖。"第八、第九条还规定："乡村手工业工人，如自己愿意分田者，得分每个农民所得田的数量之一半。""红军及赤卫队的官兵，在政府及其他一切公共机关服务的人，均得分配土地，如农民所得之数，由苏维埃政府雇人代替耕种。"

（2）确立了分配土地的标准或方法。《土地法》第四条规定，分配土地的数量标准，主要是"以人口为标准，男女老幼平均分配"，有特殊情形的地方可"以劳动力为标准，能劳动者比不能劳动者多分土地一倍"。第五条规定，分配土地的区域主要"以乡为单位分配"，遇特殊情形时可以几乡或区为单位分配。

（3）规定了土地税的征收办法。《土地法》第七条规定，土地税以征收15%为主，遇特殊情形经高级苏维埃政府批准，可征收10%或5%。如遇天灾，可免纳土地税。"土地税由县苏维埃政府征收，交高级苏维埃政府支配。"

井冈山《土地法》的制定和实施开创了中国土地法制史的新纪元，该法是第一部代表农民利益的土地法，在中国历史上具有开创意义。

首先，它所规定的"没收一切土地"，实际上是没收地主的土地，这就以法律的形式在井冈山地区废除了中国两千多年来的封建土地所有制，基本上消灭了封建土地剥削关系。这是土地制度的伟大变革，影响深远。

其次，它解决了井冈山革命根据地进行土地革命普遍存在而又必须解决的具体问题：一是土地没收与分配对象问题；二是土地所有权问题；三是分配的标准和方法问题。这就使土地革命有法可依，为以后各根据地制定土地法提供了模本。特别是它所创立的以乡为单位、以人口为标准平均分配土地的方法，易于操作，简单快捷。获益最大的是雇农、贫农和中农，因而得到广大农民的拥护，一直为后来的土地法规所继承。

井冈山《土地法》的制定和实施，对于革命实践具有重大作用。《土地法》颁布实施以后，在井冈山地区彻底废除了封建土地所有制和封建剥削关系，使绝大多数无地少地的贫雇农、中农获得了属于自己的土地。广大农民分得土地后，又在党和政府的大力帮助下，解决了劳力、耕牛、农具和种子不足的困难，极大地调动了广大农民的生产积极性，解放了农村的生产力，使根据地的农业生产有所发展，生活也有改善。"一九二八年秋天，井冈山根据地普遍获得了大丰收，宁冈全县粮食总产量比一九二七年增产百分之二十，茶油生产更是十几年所没有过的丰收，永新、莲花、遂川等地也出现了空前好收成"。① 在土地斗争中获得实惠的农民，积极参军参战，承担支前任务。同时节衣缩食，积极交纳公粮，认购公债，捐助军费等，从各方面支援红军和工农政府，为根据地的建设和巩固作出了巨大贡献。

二、中国共产党六大与兴国《土地法》

1928年6—7月，中国共产党第六次全国代表大会在莫斯科召开，通过了《政治决议案》《土地问题决议案》和《农民问题决议案》。这些决议部分修正了土地革命早期在土地政策和斗争策略方面的错误，相关主要内容如下。

（1）《政治决议案》明确指出："无产阶级在乡村的基本力量是贫农，中农是巩固的同盟者"。②"联合中农是保证土地革命胜利的主要条件"。③决议特别提出正确对待富农的问题。指出主要的敌人是豪绅地主，"党不应该故意加紧对富农的斗争。使其更快地转入反革命方面去，而变为革命的积极的仇敌。党在目前阶段中的任务，乃在使这种富农中立，以减少敌人的力量"。④

（2）《土地问题决议案》规定："无代价地立即没收豪绅地主阶级的土地财产，没收的土地归农民代表会议（苏维埃）处理，分配给无地及少地的农民使用"。⑤纠正了中央临时政治局扩大会议关于"没收一切土地"的政策。

（3）《农民问题决议案》同意"平分土地"的口号，但又认为现阶段不可能实现真正之平等，要教育农民，让他们认识到，只有在无产阶级革命胜利之后才有这种可能。"在中农和小农私有制占农民人口多数的地方，'平分土地'必将触犯广大的中农的利益，尤其不能强硬施行"。⑥

六大会议制定的土地政策还有不少缺点，主要表现为：一是关于农民土地所有权的问题，按照"没收的土地归农民代表会议（苏维埃）处理，分配给无地及少地的农民使用"的规定，农民对土地显然只有使用权而没有所有权；二是规定"土地国有，乃消灭国内最后的封建遗迹的最彻底的方法"，这不符合当时的国情；三是把商品经

---

① 编写组编：《井冈山革命根据地的经济斗争》（第2版），38页，南昌，江西人民出版社，1978。
② 中央档案馆编：《中共中央文件选集》（第四册），186页，北京，中共中央党校出版社，1983。
③ 中央档案馆编：《中共中央文件选集》（第四册），210页，北京，中共中央党校出版社，1983。
④ 中央档案馆编：《中共中央文件选集》（第四册），210页，北京，中共中央党校出版社，1983。
⑤ 中央档案馆编：《中共中央文件选集》（第四册），207页，北京，中共中央党校出版社，1983。
⑥ 中央档案馆编：《中共中央文件选集》（第四册），211页，北京，中共中央党校出版社，1983。

济看成是农民受剥削的根源，认为消灭商品经济，被剥削的农民群众才会永久得到完全解放等。

根据六大的精神，各根据地结合自身实际进行了贯彻和执行，重新制定了土地法，并在实践中进一步丰富和发展了党的土地政策。1929年4月，毛泽东在总结赣南土地革命经验的基础上，主持制定了兴国《土地法》。

兴国《土地法》共八条十一款，基本内容与井冈山《土地法》一致，主要包括土地分配的对象、标准或方法，山林分配法、土地税之征收等。但较之井冈山《土地法》有一个原则性的改变，即在第一条把井冈山《土地法》中"没收一切土地"改为"没收一切公共土地及地主阶级的土地"。这一原则性的改正，明确了土地革命的主要对象是地主阶级，是消灭封建土地所有制，因而在没收地主土地的同时不能不加区别地一概没收富农和中农的土地。这样就团结了中农，有利于革命根据地的巩固和发展。这一认识，使中国共产党在领导农民开展土地斗争认识上有了一次飞跃，是土地斗争经验的结晶，对正确解决中国近代土地问题具有重要意义。

关于农民土地所有权以及禁止土地买卖的问题，从1927年的11月会议到1930年9月六届三中全会，中央一直把"土地国有"和禁止土地买卖作为当时要实现的任务提出来并坚持实行。这不符合中国当时的国情，不利于根据地土地革命的进行和根据地的巩固和发展。直到1931年2月，苏区中央局通告第九号《土地问题与反富农策略》才明确规定了农民对土地的所有权，同时改变了禁止土地买卖的政策。

三、《中华苏维埃共和国土地法》的制定和颁行

1931年1月，中共六届四中全会召开，在共产国际代表米夫的支持下，以王明为代表的"左"倾教条主义路线占据了中共中央的领导地位。同年2月，中共中央政治局和共产国际远东局为全国苏维埃第一次代表大会起草了五个文件，其中包括《土地法草案》。该草案共14条，其中有关于"地主不分田、富农分坏田"等"左"倾政策。为了推行这些错误政策，"左"倾教条主义统治的中央不仅向各根据地发出指示信，还分派代表到各地强令贯彻执行，如有违抗或发表不同意见，就给扣上"右倾机会主义"和"富农路线"的大帽子，进行残酷斗争，无情打击。

1931年4月，中央代表团到达中央根据地，开始在中央根据地全面推行"左"倾主义路线，迫使苏区中央局先后通过了《土地问题决议》《关于土地问题决议案》《政

治决议案》，在土地问题上，全盘推翻以毛泽东为代表的正确政策，强令推行"地主不分田，富农分坏田"的过"左"政策。1931年11月，在瑞金召开的苏维埃第一次全国代表大会上，通过了《苏维埃第一次全国大会土地法草案》14条。同年12月1日，中华苏维埃共和国正式颁布了《中华苏维埃共和国土地法》。

《中华苏维埃共和国土地法》的内容主要包括以下几个方面[①]：

（1）规定了没收与分配土地的对象。该法第一条规定，无偿没收"所有封建地主、豪绅、军阀、官僚以及其他大私有主的土地，无论自己经营或出租"。被没收的土地，经过苏维埃分配给贫农、雇农、中农、苦力耕种。对于"乡村失业的独立劳动者，在农民群众赞同之下，可以同样分配土地"。但是"被没收的土地以前的所有者，没有分配任何土地的权利"。第二条规定，对于红军"无论他的家庭现在苏维埃区域或在尚为反动统治的区域，均应分得土地，由苏维埃政府设法替他耕种"。第三条规定："中国富农性质是兼地主或高利贷者，对于他们的土地也应该没收。富农在被没收土地后，如果不参加反革命活动而且用自己劳动耕种这些土地时，可以分得较坏的劳动份地。""没收一切反革命的组织者及白军武装队伍的组织者和参加反革命者的财产和土地。"

（2）明确了土地分配的方法。该土地法第五条规定："平均分配一切土地。""如多数中农不愿意时，他们可不参加平分。"第七条规定了具体分配土地的三种方法：一是"地方苏维埃政府应根据各乡当地情形，选择最有利于贫农中农利益的方法"；二是按劳动力与人口分配的混合标准；三是中农、贫农、雇农以人口平均分配，富农以劳动力为单位、人口为补助单位分配。同时规定："分配土地时，不仅应计算土地的面积，而且应估计土地的质量。"

（3）确定了土地的所有权。该土地法第十二条规定，实行土地与水利国有"事实上就是使农村经济达到高度的迅速的发展的必经步骤。不过实际实行这个办法，必须在中国重要区域上革命胜利与基本农民群众拥护国有条件之下，才有可能。在目前革命阶段上，苏维埃政府应将土地与水利国有的利益向农民解释，但现在仍不禁止土地的出租与土地的买卖"。这实际上是承认农民的土地私有权，仅把土地国有作为一个目标，是一个原则上的改变。

《中华苏维埃共和国土地法》是土地革命战争时期实行时间最长、适用范围最广、影响最深远的土地法。虽然还存在"左"倾路线的影响，还有一些背离革命原则和农

---

① 以下所引文件的原文出自《解放前的中国农村》，陈翰笙、薛暮桥、冯和法：《解放前的中国农村》（第一辑），46、47页，北京，中国展望出版社，1985。

村实际的错误,但是这部法规的施行,有深远的历史意义。

（1）该土地法基本上满足了农民对土地的需求,这有利于激发农民的革命积极性。该土地法规定,对于从地主手里没收的土地,苏维埃政府无偿分配给贫农、雇农、中农、红军战士以及乡村失业的独立劳动者,不分男女。规定平均分配一切土地,但必须是在农民自愿的基础上,而且"如多数中农不愿意时,他们可不参加平分"。"地方苏维埃政府应根据各乡当地情形,选择最有利于贫农中农利益的方法"。这就尽量照顾了中农的利益,有利于对他们的团结。而"老弱残废以及孤寡,自己不能劳动,而且没有家属可依靠的人,应由苏维埃政府实行社会救济,或分配土地后另行处理"的规定,则体现了革命的人道主义。

（2）土地法体现了中国共产党彻底反封建主义精神,实现了农民的彻底解放。旧中国农村贫穷落后的根源是农村的封建、半封建土地所有制,该土地法规定没收所有地主、豪绅、军阀、官僚、其他大私有者以及一切反革命组织和白军武装的组织者和参加者的土地,没收一切祠堂、庙宇及其他封建半封建的公共土地,意味着彻底废除封建半封建的土地所有制,实现了农民耕者有其田的梦想。而没收一切封建主、军阀、豪绅、地主的动产与不动产,包括房屋、仓库、牲畜、农具等财产,并废除一切高利贷债务的规定,则彻底摧毁了封建剥削关系,使农民在经济和政治上得到了根本解放。

（3）增强了广大人民群众对革命必胜的信心,巩固和发展了根据地。土地法令的颁布实行,是建立在"基本农民群众与革命发展前途的利益"基础上,是"解决土地问题的最好的保障"。该法确定了农民的土地所有权,使农民有了属于自己的土地,这使得他们生产和革命的积极性大大提高。虽然处于残酷的战争环境下,但大批青壮年男子仍踊跃参军,保卫胜利果实。广大妇女也走出家门,积极参加生产。中央革命根据地兴国县长冈乡的青壮年80%参加了红军,绝大部分是依靠女子从事生产。各级工农民主政权采取多种措施,如遵循自愿互利的原则,组织发动农民参加各种生产互助组织,开展互助合作运动,有力推动了根据地农业生产的发展。

《中华苏维埃共和国土地法》存在的不足:一是关于"地主不分田,富农分坏田"的规定,这样做等于不给地主富农出路。这是从肉体上消灭地主,从经济上消灭富农的极"左"政策在土地立法上的表现。这一错误一直到1935年12月中央执行委员会《关于改变对富农政策的命令》发布时才得以纠正。二是在分配土地的办法中,提倡以劳动力和人口混合分配土地,这种办法过分强调公平,缺乏实际执行操作的措施,土改实践复杂难行,使得当时的土地分配一再推迟。另外,为了达到平均主义的目的,要求把土地打乱重分，造成农田地块的人为细碎化，地权混乱，耕作困难。

四、土地政策在全国革命根据地的实施

　　土地革命战争时期，在中国共产党领导下一共开辟了十几块农村革命根据地。为了巩固和发展根据地，要从根本上满足农民的土地需要。为此，各根据地根据中央精神，结合自身实际，先后制定了自己的土地政策，开展土地革命，积累了丰富的经验，也出现了不少的教训。

　　如闽西革命根据地。1929年7月，在毛泽东的指导下，闽西党的第一次代表大会通过了《政治决议案》[①]，提出对自耕农的田地不没收，对于富农多余的土地要没收，也不废除其债务；对农村小地主要没收其土地，并废除其债务，但不对其派款及不进行其他过分打击；对大小商店取一般保护政策，不予没收。大会还通过了《土地问题决议案》，规定："分田时以抽多补少为原则，不可重新瓜分妄想平均以烦手续"。[②] 在这些法规和政策的指导下，闽西长汀、连城、上杭、龙岩、永定等县纵横300多里，解决了50多个区500多个乡的土地问题，使60多万人得到土地。

　　再如鄂豫皖革命根据地。1929年6月，鄂东北特委召开第二次联席会议，制定了《临时土地政纲》；12月初，鄂豫边区党的第一次代表大会作出《群众运动决议案》；12月底召开的鄂豫边第一届工农兵代表大会通过《土地政纲实施细则》。这些法规指出，没收和分配土地时，要保护自耕农利益，要团结中农，切实保护中农利益。对待富农，要坚持只分配其多余的土地。对于工商业要保护，对中小商人和富农的商业经济不能妨害；分配土地应采取人口与劳动力兼顾的原则等。

　　又如广西的右江革命根据地。1930年5月，右江苏维埃政府制定《土地法暂行条例》。随后，东兰、凤山、凌云等县基本上完成了分配土地工作。

　　除以上外，在土地革命时期，海陆丰、湘鄂赣、湘赣、赣东北、湘鄂西、闽浙赣、广东东江和琼崖等革命根据地，也根据中央有关土地政策精神，并结合各地的实际情况，制定了各自的土地纲领和政策，广泛发动群众，开展分田运动，丰富和发展了中国共产党的土地政策，推动了土地革命轰轰烈烈发展。

[①] 以下所引该文件内容均出自《红四军入闽和古田会议文献资料》，中共福建省委党校党史研究室编：《红四军入闽和古田会议文献资料》，66～68页，福州，福建人民出版社，1979。

[②] 中共福建省委党校党史研究室编：《红四军入闽和古田会议文献资料》，102页，福州，福建人民出版社，1979。

总之，土地革命战争时期，虽然受"左"倾路线的影响，中国共产党在土地政策上出现过不同程度上的错误。但是以毛泽东为代表的中国共产党人发扬实事求是、一切从实际出发的精神，不断探索，努力克服困难，不断总结党和群众斗争实践经验，坚持正确的政策，及时纠正错误，基本上形成了一套切实可行的土地革命路线、政策和方法，逐步积累了丰富的经验，使各根据地的土地革命取得了巨大的成就。

第三节 抗日根据地的农村农民政策

抗日战争期间，中国共产党在政治上建立了广泛的抗日民族统一战线，在经济上各抗日根据地实行了减租减息发展生产，发动群众政策。

一、抗日民族统一战线的建立

1935年8月1日，中国共产党在长征路上发表了《八一宣言》，指出："当今我亡国灭种大祸迫在眉睫之时，共产党和苏维埃政府再一次向全体同胞呼吁："无论各党派间在过去和现在有任何意见和利害的不同，无论各界同胞间有任何意见上或利益上的差异，无论各军队间过去和现在有任何敌对行动，大家都应当有'兄弟阋墙外御其侮'的真诚觉悟，首先大家都应当停止内战，以便集中一切国力（人力、物力、财力、武力等）去为抗日救国的神圣事业而奋斗"。①

1935年12月，中共中央瓦窑堡会议通过《关于目前政治形势与党的任务决议》，提出要建立"最广泛的反日民族统一战线"②，正式确定了抗日民族统一战线的政治路线。1937年5月，在延安召集的中国共产党全国代表会议上，毛泽东做了《中国共产党在抗日时期的任务》报告，进一步指出："中日矛盾变动了全国人民大众（无产阶级、农民和城市小资产阶级）和共产党的情况和政策。人民更大规模地起来为救亡而斗争。

---

① 中共中央文献研究室中央档案馆编：《建党以来重要文献选编（一九二一——一九四九）》（第十二册），265页，北京，中央文献出版社，2011。
② 中共中央文献研究室中央档案馆编：《建党以来重要文献选编（一九二一——一九四九）》（第十二册），536页，北京，中央文献出版社，2011。

共产党发展了在'九一八'后在三个条件（停止进攻革命根据地,保障人民的自由权利,武装人民）下和国民党中愿意同我们合作抗日的部分订立抗日协定的政策,成为建立全民族的抗日统一战线的政策"。①

1937年7月7日卢沟桥事变后,日本帝国主义全面侵略中国。为促进国共两党实现团结抗日,中共中央派周恩来等再上庐山与国民党谈判。周恩来等向蒋介石送交《中共中央为公布国共合作宣言》,提出迅速发动全民族抗战、实行民主政治和改善人民生活等基本要求,重申中国共产党为实现国共合作的四项保证。在全国抗日救亡运动高涨和共产党倡议国共合作抗战的情况下,蒋介石7月17日在庐山发表谈话,表示了准备抗战的决心。8月,国共两党达成将红军主力改编为国民革命军第八路军等协议。在中国共产党的多次催促下,国民党中央通讯社9月22日发表《中共中央为公布国共合作宣言》；9月23日,蒋介石发表实际上承认中国共产党合法地位的谈话,标志以国共两党合作为基础的抗日民族统一战线正式形成。全国各族人民、各进步党派、抗日团体和社会各阶层爱国人士以及海外侨胞热烈欢迎国共两党重新合作,并以不同形式参加了抗日民族统一战线。中华民族空前大团结,对抗日战争的全面展开有重大意义。

毛泽东在《论反对日本帝国主义的侵略》一文中指出："当着革命的形势已经改变的时候,革命的策略、革命的领导方式,也必须跟着改变。"② 由于日本帝国主义和汉奸卖国贼要变中国为殖民地,所以党的基本策略任务"就是建立广泛的民族革命统一战线"③。

二、减租减息运动的开展

为了适应形势变化和抗日救国的需要,建立全国最广泛的抗日民族统一战线,团结一切可以团结的力量全面抗战,中国共产党自瓦窑堡会议以后,就开始了土地政策的调整。

1935年12月和1936年7月中共中央先后发布了《党中央关于改变对付富农策略

---

① 中共中央文献研究室中央档案馆编:《建党以来重要文献选编（一九二一——一九四九）》（第十四册）,179页,北京,中央文献出版社,2011。
② 中共中央文献研究室中央档案馆编:《建党以来重要文献选编（一九二一——一九四九）》（第十二册）,560页,北京,中央文献出版社,2011。
③ 中共中央文献研究室中央档案馆编:《建党以来重要文献选编（一九二一——一九四九）》（第十二册）,560页,北京,中央文献出版社,2011。

的决定》和《中央关于土地政策的指示》,主要是为了纠正"地主不分田,富农分坏田"的"左"倾政策。

西安事变和平解决后,为进一步推动抗日民族统一战线的形成,1937年2月10日,中国共产党在《中共中央给中国国民党三中全会电》中指出,如果国民党把"停止一切内战,集中国力,一致对外""言论集会结社之自由,释放一切政治犯""改善人民生活"等五项定为国策,中国共产党也作出四项保证。其中第四项是"停止没收地主土地之政策,坚决执行抗日民族统一战线之共同纲领"。① 同年2月15日,党中央在《关于西安事变和平解决之意义及中央致国民党三中全会电宣传解释大纲》中强调:"在全国停止没收地主土地,并不能恢复苏区土地剥削制度,而要继续保障土地在农民手中"。② 这说明,中国共产党关于"停止没收地主土地"的政策,只适用于还没有分配土地的区域,那些已经完成土改的苏区,必须保证农民的土地所有权。1937年5月,在党中央召开的白区工作会议上,刘少奇代表党中央作了《关于白区的党与群众工作》的报告,宣布我们党已将土地革命政策改为减租减息政策。同年8月,党中央在洛川会议上制定的《中国共产党抗日救国十大纲领》第七条"改良人民生活"中,正式提出以减租减息政策作为抗战时期解决农民问题的基本政策。这样,中国共产党在抗战时期的土地政策正式确定下来。此后,中国共产党在抗日战争中以"土地改革"代替了"土地革命"。

随着中国共产党减租减息政策的确定,各抗日根据地也先后贯彻执行了这一政策。这一政策在整个抗战时期得到了很好的坚持,直到解放战争初期。

各抗日根据地减租减息政策的贯彻落实大致可分为两个时期。

第一个时期,1937年8月减租减息政策正式确定到1941年年底。这是减租减息政策宣传发动和贯彻落实的初步阶段。

各抗日根据地贯彻执行党中央减租减息的土地政策,实际上是在根据地的创建和巩固发展过程中进行的。依据党中央减租减息政策的指导精神,各根据地抗日民主政权结合本地实际情况,制定了各自具体的条例和法令,并通过法律的手段,对党的减租减息土地政策进行宣传、发动和初步贯彻实行。

由于各地的政治经济发展不平衡,各根据地制定减租减息办法和标准并不统一。

---

① 中央档案馆编:《中共中央文件选集(一九三六——一九三八年)》(第十一册),157、159页,北京,中共中央党校出版社,1991。
② 中央档案馆编:《中共中央文件选集(一九三六——一九三八年)》(第十一册),161页,北京,中共中央党校出版社,1991。

如在中共中央的所在地陕甘宁边区，1937年抗战初期就广泛发动群众，对减租减息的土地政策进行大力宣传和初步实施。这种宣传和实施往往通过中共领导的群众团体，如抗日救国后援会、农会等团体和组织进行。1937年11月，绥米地区以八路军警备区、后援会和国民政府专员何绍南的名义发布减租减息布告，提出对半减租（即减租50%），最高租额不得超过收获量的30%，租额按上、中、下三等地，分别减至三斗、二斗五、一斗。陇东分区临时参议会则通过了"三七"减租决议。

从1939年开始，陕甘宁抗日民主政府贯彻执行减租减息政策由一般宣传进入到具体立法，相继通过了减租减息的法规和条例。1939年4月，边区政府发布《土地租佃条例（草案）》，对土地租额进行了更加详细的规定。1941年5月，边区政府颁布《陕甘宁边区施政纲领》，规定："在土地已经分配区域，保证一切取得土地的农民之私有土地制，在土地未经分配区域（例如绥德、富县、庆阳），保证地主的土地所有权及债主的债权，唯须减低佃农租额及债务利息，佃农则向地主缴纳一定的租额，债务人须向债主缴纳一定的利息，政府对东佃关系与债务关系加以合理的调整。"① 根据民主政府颁布的提案、条例和纲领，陕甘宁边区减租减息政策开始在边区各地得到贯彻和落实。

在晋察冀边区，党和政府在发动农民参加抗日斗争的同时，也大力宣传和贯彻执行减租减息的土地政策。在贯彻执行的初期，各地的办法很不一致。1938年2月边区政府颁布了《减租减息单行条例》，规定："地主之土地收入，不论租佃伴种，一律照原租额减少百分之二十五。"钱主之利息收入，不论新债旧欠"一律不准超过一分（百分之十）"。规定"严禁庄头剥削""杂粮、小租、送工等额外附加，一律禁止"，还禁止各种形式的高利贷。② 这是抗日根据地最早颁布的减租减息条例，不仅使全边区得减租减息政策有了统一的规定，也对其他根据地执行政策提供了借鉴。

山东抗日根据地从1939年1月到1942年4月，华北抗日根据地于1939年冬至1940年春，华中抗日根据地于1941年春，华南抗日根据地于1941年11月，也先后开展了贯彻执行减租减息政策的宣传和初步落实工作。各抗日根据地对减租减息政策的广泛宣传以及在少数地区的初步实施，为以后的贯彻执行奠定了必要的基础。

第二个时期，1942年年初至1945年8月抗战胜利。这是减租减息政策全面推行、深入贯彻落实和开展查减运动阶段。

---

① 艾绍润、高海深主编：《陕甘宁边区法律法规汇编》，5页，西安，陕西人民出版社，2007。
② 山西省史志研究院编：《山西通志》，第五十卷附录，231页，北京，中华书局，2001。

1941—1942年，由于日伪军对根据地的疯狂扫荡以及国民党顽固派的封锁，抗日战争进入了最为困难的时期。各根据地在实行减租减息政策时，出现了"左倾"的错误，影响了抗日民族统一战线的稳定。为了克服困难，巩固和发展根据地，维护统一战线，1942年1月，中共中央发出《关于抗日根据地土地政策的决定》，总结了四年多来各抗日根据地贯彻实行减租减息政策正反两方面的经验，指出减租减息政策"在许多根据地内还没有普遍的认真的彻底实行。在有些根据地内，还只在一部分地方实行了减租减息，而在另一部分地方，或者还只把减租减息当作一种宣传口号，既未发布法令，更未动手实行，或则虽已由政府发布了法令，形式上减了租息，实际并未认真去做，发生了明减暗不减的现象"。[①]因此，各根据地还需要把减租减息的政策认真贯彻落实下去。

该决定确定了执行减租减息政策必须坚持的三条原则：

（1）承认农民（雇农包括在内）是抗日与生产的基本力量。必须扶助农民，减轻地主的封建剥削，实行减租减息，保证农民的人权、政权、地权、财权，改善农民的生活，提高农民抗日与生产的积极性。

（2）承认地主的大多数是有抗日要求，一部分开明绅士是赞成中国共产党的民主改革的。因此，党的政策只能是扶助农民，一定程度上减轻封建剥削，而不是从根本上消灭封建剥削，更不能打击那些赞成民主改革的开明绅士。在实行减租减息的同时，农民必须交租交息，既保障农民的人权、政权、地权、财权，又保障地主的人权、政权、地权、财权，以联合地主阶级和开明绅士一致抗日。但对于绝不悔改的汉奸分子，就坚决采取消灭封建剥削政策。

（3）承认资本主义生产方式是中国现时比较进步的生产方式。农村中富农的生产带有资本主义的性质，属于农村中的资产阶级。而且富农有抗日的要求并拥护民主改革，是抗日与生产不可缺少的力量。因此，在适当改善工人、农民生活条件下，要奖励富农生产，联合富农。对富农的租息也须照减，同时农民又须交租交息，并保障富农的人权、政权、地权、财权。一部分用资本主义方式经营土地的地主（所谓经营地主），其待遇与富农同。

为了贯彻落实上述决定，中共中央同时颁布了《关于地租及佃权问题》《关于债务问题》和《关于若干特殊土地的处理问题》，规定了关于执行土地政策的具体办法。

---

① 中共中央文献研究室、中央档案馆编：《建党以来重要文献选编（一九二一—一九四九）》（第十九册），19页，北京，中央文献出版社，2011。

地租"其租额以减低原租额百分之二十五（二五减租）为原则"①，减息"应以一分半为计息标准。如付息超过原本一倍者，停利还本，超过原本两倍的，本利停付"②。1942年2月6日，党中央又向党内发出了《关于如何执行土地政策决定的指示》，进一步阐明中央决定的基本精神。

根据中央上述政策指示，各根据地从实际出发，制定和修改了有关土地问题条例和法令，全面落实推行减租减息的土地政策。

山东抗日根据地制定公布了《山东省租佃暂行条例》和《山东省改善雇工待遇暂行办法》；晋西北边区1942年9月颁布了《减租交租条例》；在陕甘宁边区，中共西北中央局于1942年10月发出《关于彻底实行减租的指示》和《关于减租实施的补充办法》，12月又通过了《陕甘宁边区土地租佃条例》；在晋察冀边区，1943年2月公布了《租佃债息条例》及《施行细则》等，掀起了减租减息的高潮。

在各抗日根据地贯彻执行减租减息政策的过程中，由于党和群众在认识上存在一些不足以及少数地主的阻挠和破坏，出现了一定的问题。"有在减租运动中，被隐瞒过去没有发觉，根本没有减过租的；有明减暗不减的；有把定租改为活租，抵抗减租的；有把租分为虚租（名义地租）、实租（实际地租），虚租减了，实租未减的；有农民不懂法令，被地主欺骗了的。而比较严重的是减租后，地主借口夺地，使佃户有的失掉土地无以为生，有的怕夺地把减的租又退还地主，有的明知租重，也不敢要求减租"。③

为了解决减租减息过程中的问题，1943年10月，中国共产党发布《中共中央政治局关于减租、生产、拥政爱民及宣传十大政策的指示》，强调"各根据地的领导机关必须责成各级党政机关检查减租政策的实际情况。凡未认真实行减租的，必须于今年一律减租。减而不彻底的，必须于今年彻底减租"。④根据这个指示，各抗日根据地普遍开展了对减租减息的复查运动。

针对查减运动发现的问题，《解放日报》在《贯彻减租》的社论提出了解决上述问题的三个参考意见：第一，在集中力量发动减租减息运动中，要深刻认识减租减息

---

① 中共中央文献研究室、中央档案馆编：《建党以来重要文献选编（一九二一——一九四九）》（第十九册），24页，北京，中央文献出版社，2011。
② 中共中央文献研究室、中央档案馆编：《建党以来重要文献选编（一九二一——一九四九）》（第十九册），25页，北京，中央文献出版社，2011。
③ 《中国的土地改革》编辑部、中国社会科学院经济研究所现代经济史组编：《中国土地改革史料选编》，213页，北京，国防大学出版社，1988。
④ 《中国的土地改革》编辑部、中国社会科学院经济研究所现代经济史组编：《中国土地改革史料选编》，153页，北京，国防大学出版社，1988。

的复杂性、长期性，"必须辅之以反复检查，才能贯彻"。第二，绝不能包办代替，"必须贯彻劳动者自己解放自己的思想，发动群众自己起来贯彻法令，保障应得的权利，减租才能彻底"。第三，"农民佃权的保障，是贯彻减租一个极其重要的问题"，在已经减过租但不彻底的地区，要深入检查，发现问题，重新发动群众解决问题；在尚未进行减租减息的地区，要迅速发动减租减息运动，彻底贯彻。[①]

通过查减运动，使党的减租减息政策得到了全面深入的贯彻。

抗日战争时期，各抗日根据地积极认真地贯彻执行党的减租减息政策，取得了显著成效。这一政策及成就具有重大而深远的历史意义。

（1）减租减息政策的实行，发展了根据地的农业生产经济，为抗战提供了经济保障。

通过减租减息运动，一定程度上减轻了地主对农民的剥削，调整了租佃关系，保障了农民的佃权，大大减轻了农民的负担，农民生活得到了改善。农民生产的积极性被充分调动起来，生产热情普遍高涨。他们结合根据地采取的垦荒、兴修水利、推广多种经济作物种植、发展畜牧业、开展互助合作运动和大生产运动等一系列发展农业生产的措施，在田中多施肥、勤锄草，精耕细作，修筑水利设施，开垦荒地，使根据地的生产量逐年增加。突出表现在大量荒地的开垦、耕地面积的扩大、水利的兴修、植棉业的发展和牲畜的快速增加等方面。如陕甘宁边区1945年的耕地面积比战前增长79.4%，植棉比1932年增长270.6%等。根据地生产的发展，不仅打破了敌人的经济封锁，克服了困难，改善了群众和部队生活，保证了物资和粮食的供应，还为抗日战争的胜利提供了雄厚的物质基础。

（2）减租减息政策的实行，一定程度上改变了农村土地关系和阶级结构，提高了农民的政治地位，为以后的土地改革打下了坚实的基础。

通过减租减息运动，广大佃农除了按法律条例的规定得到减租利益外，还废除了多年的欠租欠债，贫苦农民的生活有了较大改善，一部分贫雇农有余钱购买土地耕畜等，上升为中农，提高了经济地位；而地主开始出卖土地，地主户数和所占土地比例有所减少。减租减息虽然未直接改变土地关系，却使农村的阶级结构发生了新的有利于农民的变化。同时，在减租减息斗争中，农民自发组织了农会、减租会、减租保佃会等群众组织，有组织、有领导地同地主进行针锋相对的说理斗争，提高了农民的政治觉悟和政治地位，为以后的土地改革打下了坚实的政治基础。

---

① 《中国的土地改革》编辑部、中国社会科学院经济研究所现代经济史组编：《中国土地改革史料选编》，213～214页，北京，国防大学出版社，1988。

(3)减租减息政策的实行,推动了人民抗日武装的发展,保障了根据地建设和民族革命战争胜利。

减租减息的政策使农业生产得到发展,农民生活得到改善,政治觉悟和地位也普遍提高,这大大激发了广大农民的抗日积极性。农民踊跃参军,自动组织民兵和游击小组参战,奋起保家卫国。根据地处处涌现"母亲叫儿打东洋,妻子送郎上战场"的感人场景。经过14年抗战,中国共产党领导的正规军由3万多人发展为120万人,民兵发展到200多万人。民兵是不脱产的抗日武装力量,他们既从事农业生产,又参加战斗打击敌人,创造了地道战、地雷战、麻雀战等多种作战形式,使敌人陷入人民战争的汪洋大海之中。这充分说明了积极发动群众减租减息对发展人民武装力量、保障抗日胜利的巨大作用。

第四节　陕甘宁边区的乡村建设

一、陕甘宁边区的乡村政权建设

中国共产党领导的乡村建设实践中,农村政权建设是非常重要的方面。只有建立在党领导下的、以工农联盟为基础的强大政权,才能领导广大民众巩固和发展根据地,取得革命的最终胜利。中国共产党领导的早期农民运动,主要是发动农民组织农会,领导和团结农民反抗压迫,实现自身解放。农会作为掌握乡村政权的一个机构,有利于团结农民进行斗争,对于推动农民运动的深入发展起到了重要作用。

抗日战争时期,中国共产党提出了建立抗日民族统一战线的主张,并在抗日根据地建立抗日民族政权。毛泽东在为中央起草的《抗日根据地的政权问题》中指出:"在抗日时期,我们所建立的政权的性质,是民族统一战线的。这种政权,是一切赞成民主的人们的政权,是几个革命阶级联合起来对于汉奸和反动派的民主专政"。① "根据地抗日民族统一战线政权的原则,在人员的分配上,应规定为共产党员占三分之一,非

---

① 中共中央文献研究室、中央档案馆:《建党以来重要文献选编(一九二一——一九四九)》(第十七册),169页,北京,中央文献出版社,2011。

党的左派进步分子占三分之一,不左不右的中间派占三分之一"。① 这就是著名的"三三制"。这种制度被中国共产党贯彻到抗日根据地的每一个县、区、乡政权。

1940年毛泽东又指出:"没有适当形式的政权机关,就不能代表国家;中国现在可以采取全国人民代表大会、省人民代表大会、县人民代表大会、区人民代表大会直至乡人民代表大会的系统,并由各级代表大会选举政府。但必须实行无男女、信仰、财产、教育等差别的真正普遍平等的选举制,才能适合各革命阶级在国家中的地位,适合表现民意和指挥革命斗争,适合新民主主义的精神"。② 这样才能把各抗日根据地的农村政权建设成为真正的人民权力机关。

解放战争时期,为了保护土改成果,毛泽东肯定了在农会基础上建立的乡村人民代表制。他认为:"在反对封建制度的斗争中,在贫农团和农会的基础上建立起来的区村(乡)两级人民代表会议,是一项极为宝贵的经验。只有基于真正广大群众的意志建立起来的人民代表会议,才是真正的人民代表大会。这样的人民代表会议,现在已有可能在一切解放军出现。……应当成为当地的人民权力机关,一切应有的权力必须归于代表会议及其选出的政府委员会。到了那时,贫农团和农会就成了它们的助手。"③

在这种思想指导下,各大解放区建立了各级人民代表会议制度,建立普选的村、区、县三级人民政府。村、区政府负责领导土地和恢复发展生产,支援解放战争。在建立乡级政权的同时,中国共产党的基层组织、农会、妇女、民兵组织也相应建立,形成了解放区的基层组织体系。

二、抗战胜利后延安的土地改革

在延安时期,中国共产党领导人民在根据地进行了多种形式的乡村经济建设实践,取得了巨大成就,不仅创造了物质财富,克服了经济困难,为支持长期战争取得胜利奠定了物质基础,还积累了丰富的农村经济工作经验,为中华人民共和国成立后社会主义农村建设提供了参考和借鉴。

---

① 中共中央文献研究室、中央档案馆:《建党以来重要文献选编(一九二一—一九四九)》(第十七册),170页,北京,中央文献出版社,2011。
② 《毛泽东选集》(第二卷),63页,北京,人民出版社,1966。
③ 中共中央文献研究室、中央档案馆:《建党以来重要文献选编(一九二一—一九四九)》(第二十五册),245页,北京,中央文献出版社,2011。

(一)土地政策的制定和实施

在乡村建设经济实践中,制定和实施正确的土地政策是经济建设的根本问题。抗日战争时期,中国共产党根据实际的需要调整了国内革命战争时期实现的土地革命政策,实行了减租减息的土地政策,这是中国共产党在乡村经济建设中的伟大实践,有重大的历史作用。

经过14年艰苦卓绝的抗战,在付出巨大的牺牲后,1945年8月中华民族终于迎来了抗日战争的最后胜利。备受战争磨难的中国人民珍惜来之不易的和平,强烈反对内战。中国共产党顺应历史潮流,响应民意,积极争取民主,主张和平发展。

对于乡村经济建设问题,抗战胜利后,我们党就提出过自己的主张:"实行减租减息,保护佃权,保证交租,扩大农贷,严禁高利盘剥,以改善农民生活,并实行土地法,以期达到耕者有其田之目的"。① 1945年11月,中共中央发出《减租和生产是保卫解放区的两件大事》,指出:"目前中国共产党方针,仍然是减租而不是没收土地。"② 根据这一指示精神,抗战胜利到内战全面爆发之前,各解放区基本上还是实行减租减息的土地政策。

代表大地主和大资产阶级利益的国民党反动派,一边与共产党展开和谈,一边下令粤、苏、浙、皖、鲁、晋、绥、察等省的国民党军队向解放区发动进攻,全面内战一触即发,阶级矛盾上升为主要矛盾。

共产党一方面作出极大牺牲,极力促成和平,另一方面也不得不为应对内战做军事和经济上的准备。1945年冬到1946年春,中共中央决定在山西、河北、山东、华中等解放区展开群众性的反奸清算运动,在此基础上,开展减租减息,退租退息,进一步削弱封建剥削,改善农民生活,提高农业生产。但这一运动没有从根本上满足农民的土地要求。

为了进一步巩固工农联盟,动员和组织农民与共产党一起打退国民党的全面进攻,中共中央决定,坚决支持和满足广大农民群众对土地的迫切要求。1946年5月4日中共中央发出刘少奇起草的《中共中央关于清算减租及土地问题的指示》(《五四指示》),决定把解决解放区的土地问题作为中国共产党目前最基本的任务和一切工作最基本的环节。

---

① 中共中央文献研究室、中央档案馆:《建党以来重要文献选编(一九二一——一九四九)》(第二十三册),60页,北京,中央文献出版社,2011。
② 《毛泽东选集》(第四卷),1173页,北京,人民出版社,1991。

《五四指示》共十八条,主要精神是将减租减息政策改为没收地主土地分配给农民。其主要内容有:

（1）坚决支持农民在反奸清算、减租减息运动中,从地主手中获得土地,实行耕者有其田。

（2）不可侵犯富农包括富裕中农的土地。对于富农原则上不动其土地,如果一定要变动时,主要还是要减租并保存自耕部分。

（3）对抗日军人和抗日干部的家属之属于豪绅地主成分者,对不反共的开明绅士,应有适当照顾。

（4）对中小地主与对待大地主、豪绅、恶霸区分开来,对中小地主的生活要有所照顾,对汉奸、豪绅、恶霸作坚决斗争,没收其土地、矿山、工厂、商店等。

（5）对于地主和富农经营的工商业要保全。

（6）对待封建地主阶级与对待工商业资产阶级要有原则区别,不得乱杀乱捉。

（7）解决土地问题的方式,主要是没收大汉奸、大地主土地分配给无地或少地的贫苦农民耕种。对中小地主和富农,主要是通过清算其违法租息、霸占民田和其他无理剥削。

《五四指示》拉开了土改运动的序幕,为彻底解决农民土地问题、实现耕者有其田的土改运动指明了方向。

1946年6月,国民党不顾全国人民的反对浪潮,撕毁和平协议,对解放区进行了全面的进攻,全面内战爆发。中国共产党领导解放区军民奋起反击,开始了伟大的解放战争。

解放战争爆发后,彻底摧毁农村的封建剥削制度,满足农民对于土地的要求,领导、动员和组织广大农民翻身解放,就成为当时农村最为关键的任务。为了深入贯彻执行《五四指示》,解放区各级政府组派大批干部组成土改工作队,深入解放区农村广泛发动组织农民群众,进行土改。

在土改运动中,各解放区结合《五四指示》基本精神与本地实际情况,提出了富于创造性的方式。苏皖解放区提出的"中间不动两头平"的土地分配原则就很有代表性。所谓"中间不动两头平",是不动中农包括富裕中农的土地,只将地主所有土地,富农出租、佃进的土地,拿来与贫农、雇农均分,采取"抽多补少,抽肥补瘦"的方法。

"中间不动两头平"的土地分配原则解决了平分一切土地的绝对平均问题,保证了贫雇农的土地要求,团结了广大中农,适当照顾了富农的利益,不至于把富农打击过重,将他们推向敌人一边。

这一成功实践经验迅速在华中解放区普遍推广,出现了"雇贫中农都满意,地主不敢动,富农孤立"①的局面,使土改运动顺利开展。"到(1946年)秋收季节,全华中区在2 400万人口中完成了土地改革。其中1 500万贫雇农分得了土地,700万中农土地不进不出。占土改地区总人口92%的贫雇中农,形成了坚强的群众团结"。②华中大部分地区在短短的两三个月中就改变了存在两千多年的封建土地制度,成就引人瞩目。在1947年召开的全国土地会议上,"中间不动两头平"的土地政策得到中央高度肯定,称为"最坚决的土改路线"。

经过各解放区政府的积极努力,在极为艰苦的战争环境中,土改运动获得了巨大成绩。"从全面内战爆发到1947年2月,各解放区约有三分之二的地区解决了土地问题,实现了'耕者有其田'。尚有三分之一的地区,由于战争环境的影响,尚未着手土地改革。据不完全统计,晋冀鲁豫解放区,至1946年10月有2 000万农民获得土地,每人所有土地可达3～6亩;晋察冀解放区的冀中地区,至1946年底有7 012个村庄完成了土地改革,占村庄总数的83%;苏皖解放区,至1946年12月初有1 500万农民获得土地,平均每人在2亩以上;东北解放区,至1946年10月底有500万农民获得土地;山东解放区,至1946年底有1 900万农民获得土地;晋绥解放区,至1946年底有100余万农民获得300余万亩土地;陕甘宁解放区,至1947年1月,在新进行土地改革的370多个乡中,有120余万亩土地回到农民手中"。③

由于战争影响,尚没有进行土地改革的解放区还有三分之一,已经进行土改的地方也存在不少的问题,为此,1947年2月,中共中央在《迎接中国革命的新高潮》中指示各解放区进行土改复查工作。这次复查较好地纠正了土改运动中存在的不足。

《五四指示》是根据内战爆发前夕复杂的国际国内形势并根据各地具体情况所制定的,是由抗日战争转向国内革命战争的一种过渡的土地政策。全面内战爆发后,《五四指示》又起到了发动组织广大农民积极参军和支援前线,巩固和发展解放区的目的,为后来《中国土地法大纲》的制定和颁行奠定了基础。

全面内战爆发后,农村中的阶级斗争非常尖锐,广大贫雇农和中农站在共产党一边支持人民军队,地主富农一般站在国民党反动派一边反对人民革命。1947年夏,人

---

① 朱耀龙、柳宏为主编:《苏皖边区政府档案史料选编》,534页,北京,中央文献出版社,2005。
② 陈丕显等:《邓子恢传》,319页,北京,人民出版社,1996。
③ 国防大学出版社编:《中国土地改革史料选编》,330页,北京,国防大学出版社,1988。

民解放军由战略防御转入战略进攻,为了更充分地调动广大农民的革命和生产积极性,为解放战争的胜利提供更多的人力、物力和财力的支援,需要进一步满足农民对土地的需求,彻底把农民从封建剥削中解放出来,成为农村真正的主人。这样的形势迫切要求解放区更加普遍深入地开展土改运动。同时,各解放区的土改运动存在不少的问题,影响了共产党和农民的关系以及农民参军支前的积极性。

1947年7—9月,中共中央工作委员会在河北省平山县西柏坡村召开全国土地会议,研究分析了各解放区土改的形势,总结交流了解放区实行土地改革的经验,汇总讨论了存在的问题,在详细研究中国土地制度的情况下,制定了《中国土地法大纲》。

《中国土地法大纲》[①]共有十六条,主要内容有:

(1) 关于土地所有权的规定。该土地法第一条明确规定:"废除封建性及半封建性剥削的土地制度,实行耕者有其田的土地制度。"第十一条规定:"分配给人民的土地,由政府发给土地所有证,并承认其自由经营、买卖及在特定条件下出租的权利。土地制度改革以前的土地契约及债约,一律缴销。"这就在法律上承认了农民对土地的所有权,满足了农民个人拥有土地的愿望。

(2) 没收土地与财物的方式。该土地法第二、第三条规定:"废除一切地主的土地所有权。""废除一切祠堂、庙宇、寺院、学校、机关及团体的土地所有权。"第八条规定:"乡村农会接收地主的牲畜、农具、房屋、粮食及其他财产,并征收富农的上述财产的多余部分。"这里把《五四指示》规定的有偿转移转变为无偿没收,而且也不再对中小地主和富农进行照顾。

(3) 分配土地的方法。该土地法第六条规定:"乡村中一切地主土地及公地,由乡村农会接收,连同乡村中其他一切土地,按乡村全部人口,不分男女老幼,统一平均分配,在土地数量上抽多补少,质量上抽肥补瘦,使全乡村人民均获得同等的土地,并归各人所有。"这种分配方式,以乡村为单位,按人口平均分配,而且"抽多补少""抽肥补瘦",方法简便,可操作性强,从数量和质量上都满足了农民的要求。同时还规定了对中农的照顾,以及土地财产"分给地主同样的一份",保障了地主的生存权。

(4) 关于保护民族工商业的规定。该土地法第十二条规定:"保护工商业者的财产及其合法的营业,不受侵犯。"这是中国共产党保护民族工商业的一贯政策。

《中国土地法大纲》颁布后,各解放区按照党中央的要求,以大纲的规定为指导,

---

① 下文所引用《中国土地法大纲》的原文内容,均出自《建党以来重要文献选编(一九二一—一九四九)》(第二十四册),417~420页,北京,中央文献出版社,2011。

结合本地实际，认真贯彻执行全国土地会议与大纲精神。

各解放区政府抽调大批干部组成工作队，深入农村，具体领导土改工作，开展了轰轰烈烈的土地制度改革运动，掀起了土改高潮。

一些老解放区，如晋察冀、晋冀鲁豫和华东解放区，封建土地制度基本上已经被废除，这些地方主要采用"抽多补少、抽肥补瘦、抽近补远"的方法，使贫雇农获得平均同等的土地。陕甘宁、晋绥老解放区和东北半老解放区，则采用"打破旧圈子""重新丈量""多少拉平""彻底平分"的办法，以自然村为单位，按人口将土地打乱重新平分；在鄂豫皖、江汉、豫陕鄂、豫皖苏等新解放区，也采用了类似的办法平分土地。

各解放区的土改运动取得巨大成绩，一些地方也出现了不少问题。主要表现在：

（1）对待中农犯了过"左"的错误，表现在将一些中农错划成地主富农；侵犯中农土地满足贫雇农要求；不让中农参加土改，土改的领导机构中没有中农，由贫雇农操纵一切；加重中农的负担。这种做法侵犯了中农的利益，引起了他们的不满和反对。

（2）一些地方没收地主、富农经营的工商业，违背了《中国土地法大纲》中有关"保护工商业者的财产及其合法的经营，不受侵犯"的规定。

（3）一些地方出现乱抓、乱打、乱杀地主富农的现象。

（4）一些地方平均主义泛滥，脱离实际。在土改中没有对新区、半老区以及老区采取不同政策，采用"一刀切"的平分政策，侵犯了富裕中农的合法利益，打击了中农的积极性。

上述问题的出现，主观原因主要是农民阶级长期以来存在根深蒂固的平均主义思想，解放区土改干部经验缺乏，政治素质和业务素质不高等。客观原因主要是《中国土地法的大纲》作为土改运动的主要法律依据，规定的是原则性问题，没有具体的细化措施，容易被执行者误解。

中国共产党在发现上述问题后，积极采取措施加以纠正。1947年12月，中共中央重新发布了1933年的两个文件《怎样分析阶级》和《关于土地斗争中一些问题的决定》。1948年1月，任弼时在西北野战军前线委员会扩大会议上作了《土地改革中的几个问题》的讲话。中原局书记邓小平写了《关于新区工作问题的报告》，1948年2月，毛泽东还为中共中央起草了《在不同地区实施土地法的不同策略》《纠正土地改革宣传中的"左"倾错误》《新解放区土地改革要点》三个文件，转发各地。

这些文件纠正了土改运动中的错误，补充了《中国土地法大纲》的不足，完善了土改政策，保证了土改运动健康发展。到 1948 年 3 月，土改运动中的错误基本上得到纠正。1948 年 4 月，毛泽东《在晋绥干部会议上的讲话》中提出在新民主主义革命时期"依靠贫农，团结中农，有步骤地、有分别地消灭封建剥削制度，发展农业生产"①的土地改革总路线和总政策，标志中国共产党有了成熟的土地政策。

1947 年的《中国土地法大纲》是中国共产党历史上较为成熟的一部新民主主义的土地革命纲领，是彻底的反封建剥削制度的纲领，其制定和成功的实施，为解放区的土改运动提供了指导方针，为在全国消灭封建剥削提供了法律依据，推动了解放区土地制度改革运动的发展，具有重大的历史意义。

（1）土地法的制定和实施，有力地推动了解放区土地改革运动的深入发展，使广大农民在政治、经济上彻底翻了身。

《中国土地法大纲》制定和实施后，轰轰烈烈的土改运动在各解放区广泛而深入地开展起来。1949 年 10 月前不到 1 年的时间，就有 230 万平方公里的解放区完成了土地改革，1.6 亿人获得了土地。经过土改，几千年中国农村盘根错节的封建秩序被彻底摧毁，解放区农民拥有了自己的土地，实现了耕者有其田，农民在经济上翻身作了主人。农村的封建剥削关系被彻底瓦解，阶级关系改变，农民在政治上得到解放，真正实现了当家做主。

（2）《中国土地法大纲》的制定和实施，在政治上极大地巩固了工农联盟，加强了解放区人民民主专政，巩固了后方，为解放战争的胜利奠定了坚实的基础。

《中国土地法大纲》的制定和实施，使广大农民群众获得了主要的生产资料，成为土地的主人。农村生产关系的改变，解放了生产力，广大劳动人民生产和革命的积极性空前高涨。为了保卫胜利果实，广大农民掀起了参军参战和支援前线的热潮，为革命战争提供了源源不断的人力、物力支持。解放战争 3 年中，晋冀鲁豫解放区参军农民就有 148 万人，东北解放区 150 万人，山东解放区 59 万人，还有 700 万民工随军征战。

（3）《中国土地法大纲》的制定和实施，大大促进了农业生方式的进步，为新中国成立后的农村改革积累了经验。

土地改革后，由于农村生产力落后，许多农户仅依靠单个个体劳动完成生产。为了促进生产的发展，党和政府适时开展了合作化的尝试，组织了合作互助组，在农民

---

① 中共中央文献研究室、中央档案馆：《建党以来重要文献选编（一九二一——一九四九）》（第二十五册），250 页，北京，中央文献出版社，2011。

自愿互利的原则下,将农村的劳动力、生产工具和种子整合起来。互助组农民互通有无、互相帮助,把广大人民群众引导到农业合作化的道路上来。这种尝试,有助于改良农业技术,兴修水利等,保证农民增产和增收,改善农民生活,为全国解放提供经济支持,也为新中国成立后的社会主义三大改造积累了丰富的经验。

从延安时期土地政策的演变可以看出,中国共产党在探索乡村经济建设的过程中,把土地政策的调整作为乡村经济建设的核心,随着革命斗争形势的发展、变化,不断调整土地政策,注意纠正错误。在总结党和群众实践经验的基础上,逐步形成了一套切实可行的土地改革总路线,领导中国人民基本上废除了存在了两千多年的封建土地制度,实现了农民"耕者有其田"。以此为基础,成功地进行了其他经济建设实践,大大解放了农村社会生产力,获得了广大农民的大力援助,保证了中国革命的胜利。

(二)采取措施发展农业生产

延安时期,根据地处于农村,又处于敌人的封锁包围之中,这就决定了根据地经济建设中发展农业生产的重要性。为了发展农业生产,中国共产党采取了很多具体措施。

(1)提高农业技术。由于旧中国教育落后,根据地绝大多数农民没有文化,缺乏农业科学知识,农业生产主要依靠传统的生产经验,耕作粗放、广种薄收、产量不高。党和政府从根据地实际情况出发,大力提倡科学种田,采取兴修水利、推广优良品种、深翻勤锄等办法,增加粮棉生产。为了推广农业生产技术和先进经验,《解放日报》开辟了介绍农业科学知识专栏,政府在中小学开设农业常识课,传授精耕细作、施肥、锄草、病虫害防治、土壤和环境污染科学治理等知识。

(2)采取移民政策。旧中国农村生产力低下,要发展农业生产主要还要靠劳动力和耕地面积数量的增加。根据地采取了移民政策,将人口由土地少的地区向土地多的地区转移,这使一些地广人稀的地区人口大大增加。如延安1937年只有3万多人,1942年达7万多人;安塞1937年只有2万多人,1942年达4万多人。有些根据地政府还采取奖励移民的政策。如陕甘宁根据地,1940年3月1日,边区政府就决定优待外来难民和移民;1941年1月25日和4月10日又两次颁发优待移民、难民的布告。1943年3月19日,边区政府制定并颁发了《陕甘宁边区优待移民难民垦荒条例》,用法律的手段,进一步规定对移民实行更加优惠的政策。在这些政策的鼓励下,移民大为增加,开辟了大量农田,不但使耕地增多,发展了农业,也使畜牧业、商业得到相应发展。

（3）实行农贷政策。农业生产发展需要一定数量资金投入，由于生活贫困，大多数农民面临资金困难的问题。为了解决这一问题，根据地政府实行农贷政策。首先，发放购置耕牛和农具的农业贷款。根据地贫苦农民多，虽然劳动力资源丰富，但缺少劳动工具，尤其是耕牛，这就使劳动力的发挥受到限制。因此，根据地政府优先发放贷款帮助农民购买耕牛、农具。如1942年陕甘宁边区发放农贷400多万元，帮助农民购买耕牛2 600多头，农具5 000多件。其次，发放农贷奖励植棉。棉花是重要的战备物资，根据地需要大量的棉花，但农民缺乏种植棉花的经验和习惯。为了推广植棉，根据地政府对植棉者在农贷上给予倾斜，拿出大量资金贷给农民，鼓励农民植棉。最后，青苗贷款。贫苦农民在青黄不接的时候，不得不借高利贷，忍受残酷的剥削。为了打击高利贷，根据地政府发放青苗贷款，帮助农民渡过难关。

（4）实行农业累进税。在根据地，政府向农民征收的钱、粮、物等，是通过征收农业税实现的。在征收农业税的过程中，有些地方发生乱摊派等不公平现象。为了纠正税收中的错误，减轻农民负担，1942年12月毛泽东在陕甘宁边区高干会议上提出，各级政府1943年进行人民土地的调查与登记，实行农业累进税，"依一定土地量按质分等计算税率，使农民能够按照自己耕地的量与质计算交税数目"，① 避免摊派和不公平，提高农民生产的积极性。

（5）开展农村互助合作运动。中国农村本来就有劳动互助的习惯，共产党一向十分重视农民的互助合作，把互助合作看作是解决农民困苦、提高农民政治觉悟、发展农业生产、改善农民生活的根本途径。1925年通过的《广东农民协会第一次代表大会会议宣言》中，《关于农村合作运动决议案》指出："合作运动就是改革目前农民生活状况的一种有效方法。"② 毛泽东指出："农民为了经济自卫，必须组织合作社，实行共同买货和消费。还须政府予以援助,使农民协会能组织信用(放款)合作社。"③ "合作社，特别是消费、贩卖、信用三种合作社，确是农民所需要的。"④

根据地组织各种形式的互助合作组织。除消费、贩卖、信用等合作社外，着重发展生产合作社，如各种形式的耕地队和犁牛合作社等。为了发展农业生产，中国共产党大力号召农民实行劳动互助。1942年12月和1943年10月，毛泽东先后在中共中

---

① 陕甘宁边区财政经济史编写组、陕西省档案馆：《抗日战争时期陕甘宁边区财政经济史料摘编》（第六编财政），104页，西安，陕西人民出版社，1981。
② 史敬棠、张凛、周清和等：《中国农业合作化运动史料》（上册），74页，北京，生活·读书·新知三联书店，1957。
③ 陆学艺、王处辉：《中国社会思想史资料选辑·民国卷》（下册），175页，南宁，广西人民出版社，2007。
④ 《毛泽东选集》（第一卷），40页，北京，人民出版社，1991。

央西北局召开的高级干部会议上,做了《经济问题和财政问题》和《论合作社》报告,提出:"各县应以大力组织劳动互助,大大地发展农民的集体劳动。"① 为配合会议的召开,《解放日报》发表题为《把劳动力组织起来》的社论,提出把劳动力组织起来,就能产生雄厚无比的力量。而且,互助的、集体的生产组织形式,可以节省劳动力,集体劳动强过单干劳动。

毛泽东十分重视农民的互助合作社,认为加入合作社、组织起来,是农民获得解放的必由之路。毛泽东指出,这种集体劳动组织,"一经成为习惯,不但生产量大增,各种创造都出来了,政治也会进步,文化也会提高,卫生也会讲究,流氓也会改造,风俗也会改变;不要很久,生产工具也会有所改良。到了那时,我们的农村社会,就会一步一步地建立在新的基础的上面了"。② 确实,农业互助合作,是建立在个体农民自愿基础上的,一般来说,这种组织范围不大,不涉及所有制变更问题,解决了农业生产活动中的人力、畜力或农具不足等问题,能对农业生产起到明显的促进和推动作用,也就得到广大农民的拥护,大大提高了他们的生产积极性,促进了农业生产力的发展。凝结在其中的成功经验,为日后中国共产党在全国范围内发动大规模的农业互助合作运动提供了启示。

农民自愿组织的各种劳动互助组织大量出现,据不完全统计,陕甘宁、晋绥、晋察冀的北岳区、晋冀鲁豫的太岳区、华中盐阜区等抗日根据地劳动互助组织的人数达614 678人,占劳动人口总数最高的晋绥边区达37.4%,此外,山东抗日根据地参加劳动互助组织的人数达到劳动人口总数的20%。③

三、边区农村的文化建设

延安时期中国共产党领导根据地人民积极进行乡村文化建设,为动员农民、培养干部、发展农业生产、提高农民文化水平等作出了重要贡献,积累了大量的宝贵经验,具有重要的现实意义和深远的历史意义。

根据地大多建立在自然环境恶劣、经济状况落后的贫穷边远地区,农民大多数是文盲或半文盲。中国共产党清醒地认识到:"要创造一个新民主主义的社会,在满是文

---

① 孙晓忠、高明编:《延安乡村建设资料》(2),505页,上海,上海大学出版社,2012。
② 《毛泽东选集》,第三卷,918页,北京,人民出版社,1969。
③ 《中国农业合作化运动史料》(上册),708页,北京,生活·读书·新知三联书店,1957。

盲的国度里是建立不起来的。"[①] 因此，为了"把落后的农村改造成先进的巩固的根据地，造成军事上、政治上、经济上、文化上的伟大的革命阵地，借以反对利用城市进攻农村区域的凶恶敌人，借以在长期战斗中逐步地争取革命的胜利"[②]，必须重视农村文化建设，把农村文化建设上升到关系抗战胜利和革命前途的高度。采取各种行之有效的措施。

（一）农民的文化教育

对农民进行文化教育是共产党农村文化建设的重要任务。为此，中国共产党在各级政府中设立专门的文化教育部门，先后颁布了一系列文件、条例、指示和法令，制定了较为完备的文化教育方针政策和具体措施，通过行政和法律手段，对于农村各项文化教育建设给予及时有力的指导和规范。

在政策法规的指导下，根据地不仅依靠政府的力量大力举办各级公办教育机构，还以村庄为单位，广泛发动群众，鼓励农民办教育，创办了大量的民办村学。这种村学采取民办公助的办学模式，办学经费由农民设法解决，政府给予部分补助和奖励。

为了提高农民办学的积极性，培养和发动农民中的积极分子和骨干分子，发挥模范带头作用，带头学习、带头办学，政府加强乡镇政府的文教委员会建设，在教育业务上深入指导帮助这些民办村学。除了民办学校外，政府还在乡村建立救亡室、民众教育馆识字组、夜校、半日制学校、冬学运动委员会、技术训练班等组织，这种办法既加速了民办教育与社会教育的发展，又保证和推动了公办教育水平的提高，使普及与提高相得益彰。

在教育内容和教育形式方面，各种文化教育组织本着因地制宜、因时制宜、因人制宜的原则，把文化教育与农民的生产、生活结合起来，取得了良好的效果。

在教育内容方面，文化课以识字扫盲为主，政治课以时事新闻和党的方针政策为主，自然常识课以农业生产知识、医药卫生及一般防卫技术及战时工作技术为主。教材内容根据农民生产和生活的实际需要编写，语言提倡通俗易懂，尽量避免各种难以理解的术语和套话、空话；文体多采用韵文的形式，便于群众理解和接受。另外，还把写收条、汇报、报告、书信、记录、路条、记账、契约等编入教材，提高农民读、写、算的能力，大大帮助了农民的生产、生活。

在教学形式上注意因材施教，根据不同人群的需要制定不同的教育内容，对成年

---

① 孙晓忠、高明编：《延安乡村建设资料》（3），274页，上海，上海大学出版社，2012。
② 《毛泽东选集》（第3卷），668页，北京，人民出版社，1964。

农民以生产教育为主，辅以文化教育；青壮年以文化教育、军事教育和生产教育为主；妇女则以纺织生产和妇婴卫生教育为主等。

为了不耽误生产，方便农民学习，各种学习组织创造了除集体授课之外的多种教育方式，充分利用生产和战争的间隙对农民进行教育。如在自卫军冬训期间进行冬季教学，利用乡村小学开设农民早、午、晚班；在田间地头、外出参观、放牧、经商之余进行识字、读报、讲时事、交流生产经验等教育活动；还在家庭中采取夫妻、父子兄弟姐妹之间的互教互学等。

（二）开展乡村文化宣传活动

在批评旧文化，建设新文化的运动中，中国共产党领导农民，充分发挥自己的积极性、创造性和聪明才智，利用各种形式进行宣传活动。各根据地农民自办黑板报、高房广播、联合广播、上门宣传、壁报、集市宣传、戏剧、秧歌、拉洋片、大鼓、标语、漫画等，及时宣传党的方针政策，反映农村生产生活，在教育群众、移风易俗、宣传革命、提高农民文化水平等方面发挥了巨大作用。

（三）推动乡村文化艺术建设

延安文艺座谈会后，广大文艺工作者响应党中央文化为大众服务的号召，深入广大农村，开展了轰轰烈烈的文化下乡运动。文艺工作者深入农村，了解农民生活，创作了一大批以农民生产生活为题材的文艺作品。如李季的《王贵与李香香》，贺敬之、丁毅的《白毛女》，丁玲的《太阳照在桑干河上》，赵树理的《小二黑结婚》，秧歌剧《兄妹开荒》《牛永贵挂彩》《夫妻识字》《回娘家》《送公粮》，秦腔《血泪仇》《穷人恨》等。这些作品采用广大农民喜闻乐见的信天游、秧歌等民间艺术形式和语言，塑造了喜儿、杨白劳、小二黑、王贵、李香香等一系列具有浓郁时代特色、勤劳勇敢的新型农民形象，为农村文化建设注入新的活力。

第一节　日本占据时期的台湾农村
第二节　日伪统治下的东北农村
第三节　日本占领时期的华北农村

第十一章　日伪统治区的农村

日本在1868年实行明治维新后,侵略邻国的野心日渐膨胀,不断举兵侵扰四邻。1874年2月,日本政府通过《台湾番地处分要略》,出兵3 000人侵占台湾并建立了都督府。后经清政府严正交涉,日本趁机讹诈赔款50万两白银,12月20日从台湾撤走。1894年日本挑起甲午战争,强迫清政府签订丧权辱国的《马关条约》,占领台湾、澎湖列岛等地,并索取巨额赔款。19世纪末,日本参与列强瓜分中国,将福建省划入势力范围。日本是1900年八国联军侵华战争的魁首之一,强迫中国签订《辛丑条约》,中国自此沦为半殖民地半封建国家。1905年日俄战争后,日本从俄国手中夺取东清铁路长春至旅大的路权,设立"南满洲铁道株式会社"。第一次世界大战期间,日本出兵山东,强占胶济铁路和青岛,1915年提出妄图灭亡中国的"二十一条";1928年,日军制造济南惨案,杀害我国军民5 000余人;1931年,发动"九一八"事变,建立伪满洲国傀儡政权,侵占我国东北;1932年进攻上海,发动"一·二八"事变;1935年策划华北事变,1937年7月7日,制造卢沟桥事变,发动全面侵华战争。

　　本章主要叙述日本占领下的台湾农村、东北伪满洲国农村以及华北沦陷区农村的状况。

第一节　日本占据时期的台湾农村

　　1895年,日本帝国主义趁甲午战争中国战败,强迫清政府签订了《马关条约》,正式吞并台湾。当时日本仍处于资本主义发展初期,台湾是日本对外侵略战争中较早侵占的地区。自此起到1945年日本战败投降,强占我国台湾省整整50年。日本凭借其工业优势,提出"工业日本,农业台湾"的策略,对台湾农业农村实施了苛酷榨取和掠夺。

一、日本据台的乡村政治与社会

1895年6月7日,日军占领台北。6月15日,首任总督、海军大将桦山资纪抵达台北。6月17日,桦山资纪举行"始政典礼",标志日本在台湾殖民统治的开始。其后发布地方行政官制,将台湾分为台北、台中、台南三县和澎湖岛厅。县下设支厅,除澎湖岛厅外,台北县下设四支厅,台中县下设一支厅,台南县下设三支厅。① 1896年3月,在日本国内,将台湾划归拓殖省管辖,并颁布《台湾总督府条例》,规定台湾总督为台湾地区最高军政首脑。1919年,台湾改属日本民政部管辖。10月,田健治郎任台湾总督。②

日本据台初期,在农村推行了警察制度,将台湾本土的保甲制度定为警察行政的下级辅助机关。1898年8月31日,出台《保甲条例》,正式实行保甲制度。《保甲条例》规定,全岛民众(日本人及其他外国人除外)十户为一甲,十甲为一保,保设保正,甲置甲长。保甲长选举须经办务署长及地方长官的认可,并受其指挥、监督;保甲下的民众,负有连坐的责任;③ 保甲内的民众,凡年龄在17~50岁的男子,组成壮丁团,负责户口调查、村庄内出入人口的盘查,对风、水、火灾及"土匪""强盗"的警戒搜查等有关保安事项,但保甲及壮丁团所需的费用要由民众自行负担,保甲长为无给职。④ 据1903年统计,全岛计有4 815保、41 660甲、1 058个壮丁团、134 613名壮丁。⑤ 1905年日本统治者在台湾实施人口普查,全岛共约305万人(不含在台的日本人及外国人)。⑥

二、日本据台的经济掠夺

日本占据台湾后,立即施行"工业日本、农业台湾"的经济布局策略,将台湾的农村经济纳入日本的殖民体系。在殖民地统治的桎梏中,台湾农村社会经济迅速殖民

---

① 李霁明:《台湾史》,114页,北京,中华书局,1948。
② 宋光宇:《台湾史》,115页,北京,人民出版社,2007。
③ [日]向山宽夫:《日本统治下台湾民族运动史》,234页,见陈小冲:《日本殖民统治台湾五十年史》,12页,北京,社会科学文献出版社,2005。
④ 黄静嘉:《春帆楼下晚涛急——日本对台湾的殖民统治及其影响》,225页,北京,商务印书馆,2003。
⑤ 周宪文:《台湾经济史》,982页,台北,开明书店,1980。
⑥ 周宪文:《台湾经济史》,417页,台北,开明书店,1980。

地化。[1]

日本占领者一直宣传"开发"台湾，但其实质是殖民掠夺，攫取利润。日本宣扬："拓化未开之国土，广被文明之德泽，历来白种人视为己任。今者，日本国民起于绝海之东表，欲分负白种人之大任。虽然，我国民能完成黄种人之负担乎？台湾统治之成败，实为解决此一问题之试金石也"。[2] 日本侵略者的狂妄，于此可见一斑。

（一）清查人口与土地

日本占领台湾后，首先普查台湾人口。日本统计台湾人口数目见表11-1。

表11-1 台湾历年人口数　　　　　　　　　　　　　单位：万人

年　份	总　　计	本地人	外地人	日本人
1905	312.3	305.5	0.8	6.0
1915	357.0	341.4	1.8	13.8
1920	375.8	356.6	2.5	16.7
1925	414.7	392.5	3.3	18.9
1930	467.9	440.0	4.7	23.2
1935	531.6	499.0	5.4	27.2
1940	607.7	568.2	4.6	34.9
1942	642.8[1]	599.0	5.0	38.8

注1：此处数字原文中为942.8，有误，应为642.8。
资料来源：周宪文：《台湾经济史》，417～418页，台北：开明书店，1980。

从表11-1可以看出，日据时期，台湾人口自1905年开始，38年间翻了一番，而这其中尤以日本移民人数增长最快。在进行人口普查的同时，也进行了农业人口调查。按其调查结果，台湾农村从事农业的人口如表11-2所示。

表11-2 台湾历年人口数与农业人口数

年　份	总人口数		农业人口		百分比/%
	人数/人	指　数	人数/人	指　数	
1905	3 123 202	100.00	1 961 556	100.00	62.80
1910	3 299 493	105.64	2 086 955	106.39	63.25
1915	3 569 842	114.30	2 279 541	116.21	63.86
1920	3 757 838	120.32	2 226 677	113.52	59.25
1925	4 147 462	132.79	2 339 647	119.27	56.41
1930	4 679 066	149.81	2 534 404	129.20	54.16
1935	5 315 642	170.19	2 790 331	142.25	52.49

---

① 陈碧笙：《台湾地方史》，164～168页，北京，中国社会科学出版社，1982。
② ［日］竹越与三郎：《台湾统治志》，序言部分，见黄静嘉：《春帆楼下晚涛急——日本对台湾的殖民统治及其影响》，35页，北京，商务印书馆，2003。

续表

年 份	总人口数		农业人口		百分比/%
	人数/人	指 数	人数/人	指 数	
1936	5 451 863	174.55	2 854 733	145.53	52.36
1937	5 609 042	179.59	2 880 410	146.84	51.35
1938	5 746 959	184.00	2 869 397	147.66	50.40
1939	5 895 864	188.77	2 924 781	149.11	49.61
1940	6 077 478	194.59	2 984 253	152.14	49.10
1943	6 585 841	210.86	3 271 131	166.96	49.67

资料来源：周宪文：《台湾经济史》，452 页，台北，开明书店，1980。

从表 11-2 可以看出，台湾总人口 1905—1943 年增长到 210.86%，而农业人口增幅在 166.96%，低于全岛人口的增长，尤其在文官总督时期，主要原因在于日本统治政策的改变。日本在台的统治进入相对稳定状态后，工商经济逐渐发展，城镇人口相应增多，农业以外的就业机会也相对增加。此外，台湾物产丰富，随着社会生产力的提高，所需农业人口相对也减少，故而整个台湾的农业人口低于全岛人口增长速度。但不管哪个时期，台湾农业人口一直占全岛最大比例，农业之于台湾，可见其重要性。

日本殖民者另一项统治策略是丈量农村土地。1898 年，日本总督府在台设置"临时土地调查局"，颁布《台湾地籍令》和《土地调查规划》，以民政长官后藤新平为土地调查局局长，开始为期 6 年的土地调查。同年，又公布了台湾土地调查局组织章程和土地管理调查规则的施行细则。日本殖民者的土地调查，首先是确认土地所有权关系，使土地交易正常进行。通过土地调查，日本殖民者对于台湾的地势更加了解，有助于其殖民统治。此外，大量的隐田被挖掘出来，全岛耕地面积大增，税收也得以增长。

1903 年，土地调查结束。据统计，包括水田、旱地、宅基地和其他土地，调查前为 361 447 甲，调查后增至 777 850 甲，净增 416 403 甲，翻了一番。由此带来的地租收入，从原来的 860 706 元，增加到 2 989 287 元，猛增 2.4 倍。[①] 此举改变了以往日本政府向台湾拨款进行财政补助的局面，台湾本土的财政收支实现了"扭亏为盈"，殖民统治者开始通过田赋税收来攫取台湾的财富。伴随土地"清查"，日本殖民者对土地资源进行大肆掠夺。1911 年颁布《土地收买规则》，任意用低价强购耕地。在日本殖民者巧取豪夺下，全台土地总面积 3 707 000 甲，殖民政府占有 2 462 000 甲，被日本财阀及资本家占有 181 000 甲，二者合计达 2 643 000 甲，占土地总面积的 71.3%，占耕地

---

① ［日］竹越与三郎：《台湾统治志》，211 页，东京，博文馆，1905；见陈小冲：《日本殖民统治台湾五十年史》，17 页，北京，社会科学文献出版社，2005。

面积的 20.4%。①

日本殖民者丰厚利润的背后是农民被残酷剥夺。大量开垦的土地被视作所有权不足而被收归官有。日据时期，台湾的耕地面积一直呈上升态势。台湾的土地在日据时期增长了 414 177 公顷，而且基本一直呈上升态势，这与殖民者的土地调查有直接的关系。1940 年以后开始下降，直到日本投降。

台湾的林地也是殖民当局清查的对象。台湾多山多林，位于热带和亚热带气候区，气温高、雨量足，森林覆盖率冠绝全国，林业资源丰富。台湾以林业为生命线，实为抗涝防旱、水土保持的根本所在，且资源丰富，利润丰厚，故而殖民当局对于森林的管理异常关注，且十分周到。

日军占领台湾之初的 1895 年 10 月，便颁布《官有林野取缔规则》，规定："如无足以证明所有权的地券或其他确据之山林原野，概为官有"。② 大批台湾农民由于缺乏直接的证据而被剥夺手中的林地。林野的调查，目的是查定林野的大部分为官有。日据初期，林野调查面积约为 783 198 甲，其中官有林地 751 996 甲，民有地仅为 31 202 甲，约占 4%。③ 1910 年，日本殖民者修订了原先颁布的《官有林野取缔规则》，将林地所有权全部收归所谓的"国有"。其中又分为两种形式：属于总督府的为"国有林"，占总数的 90% 左右；属于地方政府的"公有林"，约占总面积的 1%。除去这些，剩余的 9% 即为日本资本家占有的"私有林"，占总面积的 9% 左右。

日本殖民者通过林野调查，夺得了大量的林地所有权，于是开始大肆砍伐，大肆掠夺台湾森林资源。1922 年采伐面积为 13 685 公顷，1942 年达到 40 894 公顷，增长近 2 倍。这 21 年间，日本殖民者采伐的森林面积达 27 209 公顷，占总面积的近 20%。采伐木材达 2 293 万立方米，占总材积的 11.1%。为了更大程度地掠夺，日本殖民者也进行了一定的植树造林，但远远达不到采伐的数量。1922—1941 年，只有 3 年的"造林"多于"伐木"。20 年间，总计造林 232 603 公顷，但伐木面积却达到 288 251 公顷，差额达到 55 648 公顷。④ 1926—1942 年 17 年，运往日本的木材达 503 025 立方米，占总数 588 961 立方米的 85% 还多。⑤

日本殖民者的大肆砍伐，给台湾的林业资源带来了巨大的破坏，珍贵木种尤甚。

---

① 陈碧笙：《台湾地方史》，202、203 页，北京，中国社会科学出版社，1982。
② ［日］矢内原忠雄著，周宪文译：《日本帝国主义下之台湾》，18 页，武汉，华中师范大学出版社，2003。
③ 陈小冲：《日本殖民统治台湾五十年史》，18 页，北京，社会科学文献出版社，2005。
④ 周宪文：《台湾经济史》，741~745 页，台北，开明书店，1980。
⑤ 周宪文：《台湾经济史》，749、750 页，台北，开明书店，1980。

例如，台湾本为樟树王国，1918年日本殖民者对全岛樟树进行了调查，查明自山底至海拔1 500米之间共有1 800万余棵樟树。之后，台湾便成为20世纪初期全球最大的樟脑输出地。20年后，樟树王国惨遭"灭族"。与此同时，低海拔的亚热带雨林也全面毁灭。整个生态系统遭到破坏，原本属于樟树生态体系下的云豹，也从此绝迹。①

（二）农作物种植的控制

日据时期的台湾农村作物种植，日本殖民者也根据自己的需要加以严格控制。日据时期，日本殖民者在台湾重点发展以米糖为中心的农业经济。日本统治下的台湾农村，以这两种农作物为主。据1944年台湾农业年报所载，是年台湾种植各种农作物、菜蔬计96种。在这些作物的生产价格额的百分比中，稻米占38.42%，甘蔗则为17.72%，②两种作物已占一半有余。

日本自占领台湾伊始，即强迫台湾农民种植日本稻品种。至1923年，培育出一种适合日本人口味的新品种，称为"蓬莱米"，在殖民当局的大力推广下，迅速普及。如台中市，1929年仅有2%的稻作面积，到1938年便激增到85.2%。台湾农民也乐于种植该品种，因"蓬莱米"性价比大于当地米。"蓬莱米"每甲利润为54.95元，当地米仅为33.37元，两者相差21.58元，③就全岛种植而言，"蓬莱米"1922年的种植面积为414公顷，到1935年便已激增到295 811公顷，④13年间增加了700多倍，占当时台湾水稻种植面积的43.6%。日本本土喜食"蓬莱米"，故而该米大量出口日本，逐步成为出口日本的主要米种，如表11-3所示。

表11-3 "蓬莱米"总出口量比例⑤

年　份	总出口之构成		
	"蓬莱米"/%	"在来米"¹/%	其他/%
1926	40.55	21.38	38.07
1928	42.94	21.66	35.40
1930	48.28	15.82	35.90
1932	66.20	10.22	23.58
1934	76.17	6.96	16.87

---

① 田志馥、于亚娟：《试论日据时期日本对台湾林业的掠夺》，载《闽台文化交流》，2007（季刊），46页，2007。
② 周宪文：《台湾经济史》，484、485页，台北，开明书店，1980。
③ ［日］川野重任：《台湾米谷经济论》，40页，台湾银行，1969；见陈小冲：《日本殖民统治台湾五十年史》，103页，北京，社会科学文献出版社，2005。
④ 林仁川、黄福才：《台湾社会经济史研究》，133页，厦门，厦门大学出版社，2001。
⑤ 林仁川、黄福才：《台湾社会经济史研究》，133页，厦门，厦门大学出版社，2001。

续表

年 份	总出口之构成		
	"蓬莱米"/%	"在来米"[1]/%	其他/%
1936	75.85	2.30	21.85
1938	84.32	3.07	12.61

注1:"在来米"即为台湾当地土米。
资料来源:林仁川、黄福才:《台湾社会经济史研究》,133页,厦门,厦门大学出版社,2001。

从表11-3中可以看出,"蓬莱米"出口日本市场在1926年仅占40.55%,之后逐年递增,到1938年达84.32%。而"在来米",从1926年时的21.38%降至3.07%,几可忽略。

台湾民众日常基本不食用"蓬莱米"。如据1932年台北调查,超过76.6%的人不食用"蓬莱米",原因为"价格贵"或"不习惯",甚至有些民众不知道如何食用,[1] 因此,民众更多的是将其投入市场买卖,"蓬莱米"的商业化程度非常高。台湾的米稻生产已完全纳入殖民商品体系,台湾的米粮大量运往日本,如表11-4所示。

表11-4 历年台湾稻米生产及对日输出状况

年 份	生产数量		输往日本数量		对日输出占总产量百分比/%
	实数/万公吨	指数	实数/万公吨	指数	
1900	30.7	100	1.4	100	0.46
1926	83.3	289	31.1	22.214	35.02
1928	97.1	316	33.8	24.143	34.81
1930	105.3	343	31.7	22.643	30.10
1932	127.8	416	47.7	34.071	37.32
1934	129.3	423	72.1	51.500	55.55
1936	136.5	445	68.4	48.857	50.11
1938	140.2	457	68.6	49.000	48.93

资料来源:周宪文,《台湾经济史》,487~488页,台北,开明书店,1980。

伴随"蓬莱米"的广泛种植与出口,台湾当地民众的粮食种植、消费结构发生变化。台湾的农业生产也被纳入日本的殖民体系之中。自"蓬莱米"引进改良成功后,台湾每年稻米产量的三分之一甚至一半以上的产量都输往日本。但是,这种出口不是"自给有余",而是"饥饿输出",日本殖民者将稻米大量运往日本,而台湾民众以甘薯充饥。

---

[1] [日]川野重任:《台湾米谷经济论》,36页,台湾银行,1969;见陈小冲:《日本殖民统治台湾五十年史》,103页,北京,社会科学文献出版社,2005。

台湾民众大量种植甘薯。据资料统计，自1900年开始，全岛甘薯种植面积39 855公顷，产量为205 996公吨。随着"蓬莱米"的生产、外销，甘薯的产量越来越大。1926年，甘薯产量1 159 109公吨，为1900年5.6倍；1937年、1938年时最多，达到8倍以上。① 即便是在"蓬莱米"还未试种成功之前的1922年，台湾民众也不得不食用这种混杂物。如台南地区71%、高雄61%、新竹33%的民众食用混杂粮，条件稍好的地方才以米为主食，或以米为主掺杂甘薯，但基本上全岛都是以混杂物为主食。②

台湾种植的甘薯，并非全归当地人消费，还须输往日本供作淀粉及烧酒原料。台湾人民为维持其半饥半饱的生活，不得不进口品质较差的粮食以资补充。1925年台湾输入为1902年的944%。③ 通过输入外米，输出"蓬莱米"，日本资本转手之间获得利润，殖民政府亦借此增加财政收入。日本资本家手中的每一粒米，都凝结着台湾农民的血与泪！

除稻米外，甘蔗也是一种战略物资。相较于稻米，甘蔗的生产更早受到日本殖民者的重视，这与日本国内的产业结构调整有关。日本民族喜食糖，当时正值日本制糖业向加工进口原料的精糖业转换，因此，确保原料的来源及质量便成为一个大问题。日本每年花费大量的财政资金购买原料，加之在占领之初每年给予台湾财政补贴，在台湾发展甘蔗生产，可达到一箭双雕的目的。

日本占领之初，台湾本地有六种甘蔗，尤以竹蔗最为普遍。但这些甘蔗含糖量低，产量也低。为此，日本殖民当局派专员到爪哇考察，引进了新的品种，逐步推广，1912年有96.2%的蔗园种上了新品种。之后在全岛大力新建蔗园，1902年为16 029公顷，1945年为107 676公顷，增幅达到572%，1940年，种植面积达到169 048公顷。

由于战争影响，1940年以后，甘蔗种植面积开始下滑。为进一步发展台湾的甘蔗业，日本驻台总督实行了一系列的"奖励规定"，从政策、资金、土地等诸多方面加以利诱，同时又将全岛蔗园划分为若干个原料采购区域，规定区域内的甘蔗未经许可不得运出。④ 这就意味着台湾蔗农的甘蔗买卖纳入殖民控制之下。蔗农在日本帝国主义的残酷剥削下无利可图，但蔗农为什么还要种植甘蔗呢？对此，矢内原忠雄认为，一是土地的自然条件不适合种植其他作物；二是日籍或日资制糖公司给予蔗农借款，从而使得

---

① 周宪文：《台湾经济史》，500页，台北，开明书店，1980。
② 周宪文：《台湾经济史》，502页，台北，开明书店，1980。
③ 王家骅：《1895—1945年日本帝国主义统治时期台湾的殖民地经济》，载《上海经济研究》，1983(8)，36页。
④ 林仁川、黄福才：《台湾社会经济史研究》，135页，厦门，厦门大学出版社，2001。

蔗农在经济上处于附属的地位等。

蔗农生产的甘蔗，几乎全被当作制糖原料为日资糖厂收购，所产蔗糖大部分运往日本。台湾的工业依赖于此，几乎全部围绕制糖业展开，食品加工成为台湾现代经济的支柱产业。然而，即便是这样初级产业，也被日资通过生产、贸易加以控制。

三、日本资本涌入与外贸垄断

日本剩余资本的大量涌入，很快控制了台湾的农业生产、销售。这使得台湾农民的辛苦劳动成果不能按照价值规律平等地进行市场交换，而是被殖民者垄断，仅能同殖民者进行贸易，定价权完全失去。日本侵占台湾之初，不是将它作为剩余资本和商品的输出地，而是为了其战略目的以及弥补本国资源和能源的不足。借助第一次世界大战，日本经济得到了突飞猛进的发展。在这种情况下，日本国内资金充裕、金融利率下降，资本急于寻找新的出路。日本财阀将目光瞄准了台湾。恰巧此时，日本国内食糖消费剧增，国际糖价上涨，故而日本国内剩余资本纷纷转向台湾，进而逐步控制整个台湾的农业生产与贸易。台湾农村为重中之重。从日台贸易结构看，台湾输出的货物主要是米和糖。米出口量往往占 30%～40%，某些年份甚至超过一半；而糖的出口比重在某些年份达到 80% 以上。如表 11-5 所示。

表 11-5 甘蔗的产量与砂糖的对日输出

年 份	甘 蔗 生 产			砂糖生产与输出	
	种植面积/万公顷	产量/万吨	每公顷收获量/吨	产量/万吨	输日量/万吨/%[1]
1905	2.4	64	30.8	5.0	3.4/69%/95%
1910	6.2	216	35.1	20.4	12.6/62%/99%
1915	8.3	236	28.6	20.8	13.6/65%/100%
1920	10.5	263	25.0	22.3	29/130%/93%
1925	12.7	530	41.8	48.0	42.9/89%/94%
1930	10.6	697	65.7	81.0	74.3/92%/100%
1935	11.8	809	68.5	96.6	66.1/68%/100%
1940	16.9	998	59.0	113.2	115.3/102%/88%
1944	14.9	847	56.7	89.2	40/45%/84%

注1：此处两个百分比，分别为输日量占生产量百分比以及对日输出占整个输出的百分比。
资料来源：周宪文：《台湾经济史》，495、551 页，台北，开明书店，1980。

这仅仅是台湾的出口情况。台湾的对外贸易，特点主要是进口少于出口。1897—1944年，台湾入超的年份仅有12年，且都是初期，自1909年起，年年出超。其中输出价值1897年为1 485万元，1944年为3.11亿元，48年间增幅达到20倍；1897年输入1 638万元，1944年为1.65亿元，增幅为10倍。① 在日据时代，日本通过对台贸易从中获利227 246万元，极大地壮大了日本帝国主义的力量。② 具体数字如表11-6所示。

表11-6 台湾历年进口贸易　　　　　　　　　　　　　单位：万元

年份	进口价值总数	自大陆进口		自日本进口		其他地区	
		价值数目	所占比率/%	价值数目	所占比率/%	价值数目	所占比率/%
1897	1 638	736	44.95	372	22.73	530	32.32
1900	2 201	600	27.24	844	38.34	758	34.42
1905	2 445	538	21.98	1 348	55.15	560	22.87
1910	4 892	576	11.77	2 907	59.42	1410	28.81
1915	5 341	796	14.90	4 063	76.07	482	9.03
1920	17 244	3 322	19.26	11 207	64.99	2 715	15.75
1925	18 640	3 268	17.53	12 991	69.69	2 381	12.78
1930	16 826	2 348	13.96	12 313	73.18	2 165	12.86
1935	26 312	3 052	11.60	21 814	82.91	1 446	5.49
1940	48 181	3 992	8.29	42 576	88.36	1 614	3.35

资料来源：周宪文：《台湾经济史》，651～652页，台北，开明书店，1980。

1897年由日本进口的价值仅占22.73%。到"二战"爆发前，达到顶峰的近九成。而大陆进口从日据之初的44.95%猛跌到不足一成。日本用贸易手段进一步将台湾与大陆隔离。而且，日本也非常成功地将其他国家的势力排挤出台湾，使其得以独霸宝岛。

此外，在贸易货物结构看，台湾出口的货物基本为初级产品，农产品占绝大多数。而进口大多为工业品和消费品。进出口货物见表11-7。

表11-7 1900—1939年台湾进出口货物结构百分比

年份	1900—1909	1910—1919	1920—1929	1930—1939
出口总值	100.0	100.0	100.0	100.0
食品	76.2	77.3	82.9	84.5

---

① 周宪文：《台湾经济史》，651～652页，台北，开明书店，1980。
② 史全生：《中华民国经济史》，338页，南京，江苏人民出版社，1989。

续表

年 份	1900—1909	1910—1919	1920—1929	1930—1939
稻米	23.2	14.5	19.1	25.9
糖	27.8	50.6	50.6	46.8
其他	25.2	12.2	13.2	11.8
其他初级产品	21.1	11.5	9.6	8.6
制造品和杂项产品	2.6	11.2	7.4	6.8
进口总值	100.0	100.0	100.0	100.0
食品及其他初级产品	29.2	38.2	41.5	34.1
制造品及杂项产品	70.8	61.8	58.4	65.9

注1：1937年和1938年除外，此两年贸易资料不完整。

资料来源：台湾总督府：《台湾贸易年度统计》，载[美]何宝山：《台湾的经济发展：1860—1970》，34页，上海，上海译文出版社，1981；见史全生：《中华民国经济史》，341页，南京，江苏人民出版社，1989。

可以看到，盛产粮食的宝岛，每年却不得不大量进口食品。究其原因，如前所述，日本人喜食"蓬莱米"，故而殖民当局勒令台湾农民大量种植，"饥饿输出"，将其大肆运往日本，而从日本、朝鲜、东南亚等地输入劣质米粮，以维持台湾农民的再生产。如在1902—1925年的20年间，台湾输入外米竟高达940%，翻了三倍还多。[①]

除贸易之外，日本殖民当局还大肆采用专卖制度。1897年，日本殖民当局实行鸦片专卖，委托三井公司负责鸦片进口事宜。日本占领台湾之初，采取"渐禁政策"，将鸦片作为专卖，每年可以提高3倍的税收，上缴日本政府240万日元财政收入。鸦片成为台湾最早专卖的商品。

除专卖之外，日本当局又采取登记吸食者，以1900年9月为界，之前的仍允许吸食，但严禁新吸。当年登记吸食人数为165 752人，占总人口6.1%。之后常年下降。具体数目如表11-8所示。

表11-8 台湾历年鸦片吸食人数与鸦片烟膏制造数量

年 份	准许吸食人数/人	占总人口百分比/%	鸦片烟膏总数/公斤
1897	50 597	1.9	147 422
1898	95 449	3.7	182 959
1900	165 752	6.1	209 839
1906	122 177	4.0	162 865

---

① 周宪文：《台湾经济史》，490页，台北，开明书店，1980。

续表

年　份	准许吸食人数/人	占总人口百分比/%	鸦片烟膏总数/公斤
1910	99 982	3.20	84 104
1914	78 179	2.30	94 687
1920	49 013	1.40	58 826
1925	34 359	0.90	43 005
1930	23 468	0.50	40 056
1935	14 787	0.30	18 123
1940	8 665	0.16	13 600
1942	2 108	0.11	7 610

资料来源：周宪文：《台湾经济史》，594页，台北，开明书店，1980。

通过鸦片专卖，殖民当局获取了极大的利润，如1901—1910年，鸦片专卖收入达425万日元，占总督府常年收入的42%。[1] 同时，台湾的鸦片收入使日本政府免掉了7个年度的对台财政拨款，为扩军备战的日本财政提供了重要财源。

除鸦片之外，日本殖民当局还对食盐、樟脑、烟草、酒类等民众日常生活消费物资实行专卖。例如烟草，殖民当局规定，农村烟农种植烟草必须经当局允许，在得到许可之后，将栽种位置、面积、产量等相关信息呈报当局。非经当局允许，任何人不准从事烟草加工制造与运销。收获后将烟草缴纳当局，当局根据烟草等级给予一定价钱，烟农别无选择，只能任其剥削。专卖收入在总督府财政收入中，大多数时期占据首位。日本殖民当局通过专卖，可以任意控制产量，提高售价，攫取大量利润。

专卖收入在总督府财政收入中，大多数时期占据首位，如1897年（该年鸦片开始实行专卖）专卖收入占30%，1899年（该年食盐、樟脑开始实行专卖）占54%，1900年占64%，1905年（该年烟草开始实行专卖）占49%，1922年（该年酒类开始实行专卖）占45%，1944年占41%。专卖的收入从1897年的164万元增加到1944年的2亿元，50年间增加了122倍。而专卖收入所占的比例，最高时64%（1900年），最低时30%（刚实行专卖的1897年），平均都在40%以上[2]。由此可见，台湾农民所受剥削之深。

日本殖民当局还巧设名目，横征暴敛，各种苛捐杂税达80多种，1935—1940年，

---

[1] 苏智良：《中国毒品史》，223页，上海，上海人民出版社，1997。
[2] 周宪文：《台湾经济史》，586~588页，台北，开明书店，1980。

杂税收入竟然占殖民当局财政收入一半以上。在这其中，贫苦农民负担最重，常年占总税收的80%~90%。1933年，年收入800元的农户要缴纳130元。据1937年数字，该年全岛国民收入达8.9亿元，殖民当局财政收入2.03亿元。由此看来，全岛每户收入的1/4被当局攫取。①

四、实行农村社会管制

日据时期的台湾，农村一直是日本殖民当局重点关注的区域。为有效地控制农村乃至全岛，日本殖民当局实行严苛的乡村管制制度。

在政治上，日本殖民当局建立总督专制独裁、警察恐怖统治和"保甲连坐"三位一体的殖民统治体系。作为日据时期最高行政长官和军事长官的台湾总督，凭借日本政府赋予的立法权和军事统率权，滥施其专制独裁的淫威，对台湾人民实行残酷的统治。警察政治是日本政府在台湾进行殖民统治的重要特点。台湾是当时日本及日占区警察配置密度最大的地区，而且日本人在总数和所处关键位置上占有绝对的优势。在台湾，警察不仅管辖的领域广，而且权力也大。此外，日本殖民统治者还实行"保甲连坐"制度，以此实施"以台治台"，大力"强化"对台湾的统治。

在经济上，日本实施财阀独占资本主导下的殖民地化。在此环节，农村则是重中之重。日本侵占台湾之前，台湾农村土地制度紊乱，权责不明，币制复杂、混乱，交通不便。但这种情况在19世纪末期开始有所改变，尤其是在台湾设行省，刘铭传抚台之后。彼时之台湾，大陆移民日渐增多，荒地开垦数目连年增加，兴修水利，改善耕种技术等等，农业、手工业得到了迅猛发展。而且，这一时期，在刘铭传、沈葆桢等人的领导下，台湾地区掀起了兴办近代工矿企业的高潮，创办了一系列的近代化企业，使得台湾成为拥有全国第一家机器煤矿、第一条电线、第一台电话、第一个拥有盏电灯、第一个近代邮政局、第一座中国人自行设计自行建筑的大铁桥的省份②，成为当时全国近代化程度最高的一个省，与大陆的经济往来也逐步密切。可以说，之后台湾的社会经济发展是建立在这之上的。

日据时期的台湾，农业在台湾经济中占主要地位，农村成为日本殖民者统治的焦点。为了日本本土消费和经济发展的需要，殖民者对台湾农业进行掠夺性的经营开发，

---

① 陈碧笙：《台湾地方史》，203、204页，北京，中国社会科学出版社，1982。
② 曾润梅：《日据时期台湾经济发展自议》，载《台湾研究》，2000（4），80页。

重点发展农业和农产品加工业。

日本据台之初，即着手调查土地、发展交通、改革币制，建立殖民地经济基础，为日本资本进入台湾扫清道路。台湾农村经济也完成了三个转变，即从封建经济形态向殖民地经济形态过渡，从传统的自然经济形态向现代商品经济形态过渡，从岛内自给经济向外贸依附经济过渡。[①] 当然，这种过渡是伴随日本殖民者对台湾的殖民掠夺完成的。其一，完成对台湾农村土地的丈量以及人口的统计，强占大量土地资源。日本殖民者或强占，或巧取，将台湾大量农田、林地握在手中，致使大批农民失去赖以生存之农田与林地。其二，控制农业生产，干预台湾农作物种植。台湾农业之发展，完全从属于日本的需要，成为日本的原料供应地。为达此目的，日本对台湾农业生产进行了全面控制与掠夺性开发。这其中，尤以稻米与甘蔗的种植为甚。为了解决国内米和糖供不应求问题，消除本国社会动荡，日本侵占台湾后，利用台湾优良的自然条件和低廉的劳动力，大幅提高米和糖的产量。在这其中，稻米是主要农作物，其种植面积一直位居各种农作物之首。但在稻米生产中，日本殖民者根据本国人的口味，在台湾强制推广种植日本品种"蓬莱米"，以取代台湾的传统稻种"在来米"。所产大米，"饥饿输出"，以低价大量出口日本，在一些年份，超过一半的大米被运往日本，台湾民众只能以甘薯或其他杂物充饥。甘蔗也是如此。台湾农村经济严重扭曲，畸形发展，被强制整编为"以米、糖两大输出商品为中心的单一农业生产形态"，[②] 被完全纳入日本殖民体系。其三，完全垄断台湾的农产品贸易。日据之前，台湾的对外贸易以对祖国大陆为主。日本侵占台湾后，逐步采取征税、专买、调整货运等方式，使得台湾的对外贸易由大陆为主转为以日本为主，到日据末期，达到80%以上。此外，日本极力排挤外商，到1912年，外商基本退出台湾。日本攫取了台湾贸易的垄断地位，台湾的农村经济，无论是生产、经营，还是相互贸易，皆被日本殖民者掌控，任其剥削。其四，通过专卖以及各种苛捐杂税，进行敲骨吸髓式的掠夺，对台湾农民加以经济和生活上的控制，最大限度地攫取利润。

日据时期，日本殖民统治者根本就没有想使台湾"现代化"，只是使台湾在农业、对外贸易等各个方面更加依赖日本。

---

① 李非：《论殖民地时期台湾经济的基本特征》，载《台湾研究》，2003（3），66~67页。
② 涂照彦：《日本帝国主义下的台湾》，见李非：《论殖民地时期台湾经济的基本特征》，载《台湾研究》，2003（3），67页。

第二节　日伪统治下的东北农村

日本帝国主义发动"九一八"事变后不久，即占领整个东北，紧接着策划建立伪满洲国（以下简称伪满），利用这个傀儡政权，开始了对东北进行公开的、有计划的殖民控制和掠夺。

一、日本控制下的伪满洲国行政制度

1931 年，日本帝国主义发动"九一八"事变，1932 年，炮制了傀儡政权伪满洲国，以国家政权的形式对东北加以统治。这样，日本帝国主义藉伪满洲国外衣，对东北人民实施了极为残酷的政治迫害、经济掠夺和军事镇压。

1932 年 3 月 8 日，在日本军方的威逼利诱下，清宣统帝溥仪在伪满执政，并按日方要求，设立了各级行政机构，先后颁布了《暂时援用以前法律事项》《政府组织法》等一系列法令。根据这些法令规定，伪满号称实行"地方自治"，实为"中央独裁专制"，并参照清朝制度，采取立法、行政、司法、监察四权分立的四院制。

在"中央"方面，执政是"国家"最高机关的代表，行使统治权，"立法权"由立法院辅佐，"行政权"由"国务院"督统，"司法权"则是法律上"独立"的法院行使。

伪满的行政机构为伪"国务院"，其首长为"总理"。伪"国务院"下辖"外交部""民政部""财政部""司法部""实业部""交通部""文教部"（后增设）"军政部"。"财政部"后改名"经济部"，"军政部"后改名"军事部"，"实业部"后拆分为"兴农部"和"勤劳部"，又成立了"厚生部"等部门。各"部"长官为"部长"，但是实权掌握在由日本人担任的各"部"次官手中。

"国务院"下设总务厅，名义上"国务院"首长"总理"是行政首长，但实际上由日本人担任的"国务院总务厅"长官才是真正的"总理"。

伪满成立初期，在地方行政方面推行省制，设有黑龙江、吉林、奉天和热河 4 省，分别委任马占山等人为伪省长。此外，还有一个特殊的兴安省。因各省长在当地拥有

相当的势力，为防止这些势力尾大不掉，1934年伪满公布了新的《省官制》，将伪奉天、吉林、黑龙江、热河4省分为10个省，省公署由总务、民政、警务、教育和实业五厅组成；将兴安省与热河省一部改划为东、南、西、北4个省，设总务和民政二厅，这样伪满共计有14个省。值得注意的是，新的省官制取消了由中央各部首脑兼任省长的做法（在伪满成立之初，这种做法更多的是出于拉拢的需要），也不再是地方最高行政机关，而是作为中央与县之间的中间过渡机关而存在。新官制明确规定地方行政的最高负责人为国务总理大臣，省长直属于国务总理大臣，并接受其指挥和监督。省署下总务厅是核心。除14省外，还设新京、哈尔滨2个特别市，奉天、吉林、齐齐哈尔3个普通市及一个北满特别区。①

省下为县（旗）、市，县市为伪满地方行政的基础，旗与县同级，主要在蒙古族聚集区实行，但仍由日本人掌握大权。为加强中央集权，逐步将原来的县官制改为自治县制，加强县公署对县一级政权的管辖。② 日本对东北的统治初步稳定后，开始将其触角伸向地方县级政权，在关东军的指挥策划下，日系官员逐渐渗入县级政权。日本关东军大量吸收来自日本政府各部门的"技术人员"和官员进入伪满政权参政，以强化对县政权的统制。1937年日伪当局"次长制"实施于基层，日本人对伪满县政权的控制日益加强。在"次长制"下，参事官升为副县长，掌握实权，而满系县长成傀儡、摆设，随后日系官员逐年增加。1939年日本实行"北边振兴计划"，边境地区直接由日本人充当市长、县长。到太平洋战争爆发后，县旗行政机构中，日系官吏数量猛增，已经完全控制和掌握县政权。③

二、伪满地方基层制度与日本对东北农村的控制

1932年3月，根据伪满"建国"的原则，成立统辖指挥全境警察的最高警察机关警务司，即"中央警察机关"，隶属于"国务院"下"民政部"，包含总务科、特务科、外事科、保安科及督察室和侦缉室，形成4科2室制。后来在此基础之上略有变更。地方上，伪满在省设立警务厅，县设立警务局，县下设警察署，警察署之下设数个分

---

① 中央档案馆等：《日本帝国主义侵华档案资料选编——伪满傀儡政权》，443~459页，北京，中华书局，1994。
② 苏醒、于耀洲：《论伪满地方行政机构的演变》，载《理论观察》，2007（1），71页。
③ 车霁虹：《试论伪满政权的地方基层统治机构》，载《齐齐哈尔师范学院学报》1995（5），133~134页。

驻所——警察团。警务厅长受命于警务司长,警务局长受命于警务厅长,警察署长受命于警务局长,警察团直接受命于警察署长。① 在一些时期,东北平均356人就有1名警察,② 远高于日本统治下的其他地区。③

为了适应侵略和巩固殖民政权的需要,日本侵略者还根据东北当地的特点特别设置了海上警察队、森林警察队、国境警察队、铁路警察队等,名目繁多,将触角伸入东北每一个角落。如主要面向农村的森林警察队,1935年成立于伪满龙江省通北县小兴安岭林区张角把头附近,1939年又成立森林警护队,达到垄断森林资源、攫取巨额利润的目的。同时,森林警察还负有禁山,阻止老百姓接济抗日联军的任务。

日本侵略者在东北农村继续推行传统的保甲制度,以达到"以华制华"的目的。1933年年底,日伪统治者颁布《暂行保甲法》,次年1月,伪民政部公布《暂行保甲法施行规则》,接着又颁布《关于实行保甲法须知》等,详细列出伪满时期东北保甲实施的具体细则。

保甲制度规定,以10户为1牌,10牌为1甲,以1村或相当于村的集团住户为甲,以警察署管辖区域内的甲合为1保。限于东北各地情况,警察署可以根据所在区域情况适当设定。牌设牌长,甲设甲长、副甲长,保设保长、副保长。原则上只设一人,但根据所在区域情况,可设副保长、副甲长数人。牌长由牌内各户主互选产生;甲长、副甲长由所在甲内各牌长选举产生,然后经警察署长认可;保长、副保长由保内甲长选举产生,经地方行政官署长认可。

关于保甲经费,日伪规定保甲人员都是名誉职,是义务性的,不需要给予报酬。在具体事务操作中,如果有需要花费的地方,则由"受益"家庭承担。④ 建立保甲所需各项费用,往往按照保甲内各户土地、财产之多寡分别摊派。起初,自卫团员无薪,后来改为"有酬制",费用还是从保甲经费中出,自卫队所需枪支等器械,也向保甲内大户摊派。保甲给农民带来了很大负担,如1936年的肇东县,全县16保、128甲,缴纳的保甲经费达到800万元。⑤

1936年以后,日本在东北的统治已大体稳定,保甲中的弊端开始显现。保甲本为

---

① 中央档案馆等:《日本帝国主义侵华档案资料选编——伪满傀儡政权》,455页,北京,中华书局,1994。
② 《伪皇宫陈列馆年鉴》145页,参见车霁虹:《试论伪满保甲制度的殖民地特点》,载《北方文物》,1992(3),87页。
③ 周敏:《东北沦陷时期的伪满警察》,载《北方文物》,2015(2),105页。
④ 中央档案馆等:《日本帝国主义侵华档案资料选编——伪满傀儡政权》,500页,北京,中华书局,1994。
⑤ 车霁虹:《试论伪满保甲制度的殖民地特点》,载《北方文物》,1992(3),90页。

弥补军警力量不足，按警察署管辖区域设立，打破了原来自然村落的界限，故而行政能力低下。在此种情况下，日本殖民者决定在东北推行其国内的市町村制，颁布《暂行街村制》，实行村制改革。

1937年12月日伪正式颁布《街制》和《村制》。街是基于城镇，而村则是结合于农村部落。其目的，如日伪宣传的"这一新制度以民族协和为基调，街村被认定是法人……采用大街村主义"。将原来的保并为街、村，甲改为屯，"其目的使国家之施政，十分普及于乡间，且振兴邻保共同的生活。其中最重要之点是使街村具有经济职能及保甲的机能，以谋街村行政之综合化。使行政和经济融合，实现行政机构单一化，防止地方行政与经济互相脱节。至此地方制度得以确立"。①

在此之后，日伪又颁布了《市街村自卫法》，保留了保甲中关于组建伪自卫团和连坐罚金等内容。该法令规定在街村居住的20～40岁男丁均有充当自卫团员的义务。但对于伪自卫团的经费薪俸，日伪认为这笔开支对于财政压力过大，将过去的有薪制改为无薪制，②由雇用变为义务，加重了农民的负担。

1940年年底，伪满颁布《国民邻保组织确立要纲》。次年2月3日，伪国务院训令下达各省。日伪在该要纲中宣称："国民邻保组织立足于国民生活之邻保互助、生活协同之实态，即应地域的实情，以一定地域内之全住民而构成之；以协和会员为其中核。"自此正式废除街村制，在农村设立屯、牌，城市中设置班、组，全体民众必须加入。屯、牌长均由协和会员担任，国民邻保组织以此达到"既是国民运动开展的基础组织，又拥有行政活动和协和会活动的双重机能"。关于国民邻保组织之机能，伪滨江省在其文件中指出，实施的重点是"国民精神之涵养并国民运动之展开；产业开发及经济统制；治安之确保及国土之防卫"。③

协和会成立后，在配合关东军镇压抗日活动、收集民情、宣扬"民族协和"、推行保甲制等方面起到了很大作用。协和会沦为日伪的爪牙和帮凶。

1942年4月18日日伪推出《自兴村设置五年计划》，大规模进行自兴村建设，以期"唤起农民的自兴精神，激发其生产热情，以谋求集结村落的总力，满足国家的各项要求"，④开展"增产出荷"运动。其目的仍是榨干农村财富，以满足战争的需要。

---

① 中央档案馆等：《日本帝国主义侵华档案资料选编——伪满傀儡政权》，501～503页，北京，中华书局，1994。
② 李淑娟：《日伪统治下的东北农村（1931—1945年）》，13～14页，北京，当代中国出版社，2005。
③ 中央档案馆等：《日本帝国主义侵华档案资料选编——伪满傀儡政权》，528、530、533页，北京，中华书局，1994。
④ ［日］满洲国史刊行会编：《满洲国史·总论》（内部发行），731页，1990。

1943年年底，日伪推出《村建设要纲》和《村建设要纲具体要领》，在农村进行村建设。在"村建设"中，村以村长为核心，屯以屯长为核心，建立"村制一元体制"，即村长、协和分会长和兴农合作社长由一人统任，以实现村、协和会和兴农合作社"三位一体"的村制一体化政策，达到日伪"迅速健全村一级的邻里组织，加强其实践能力……建立村一级的综合实践体制，并加强县的综合指导能力"，[①]自兴村的行政与经济活动合为一体，有助于日本帝国主义对东北农村政治和经济的控制。

三、在东北农村推行"集团部落"

日本占领东北后，出于殖民统治的考虑，对东北农村的组织形式进行一些大变动，例如通过"归屯并户"制造大量"无人区"，以建成所谓的"集团部落"。

所谓的"集团部落"就是东北农民在日本军国主义者的刀枪威胁下，被迫离开世代居住的家园和土地，迁入日伪指定的地区，这些地区是日军专门修建的、具有政治统治和军事战略作用的特殊的集团村落，由日伪军警严密控制。在这些村落中，日军实行法西斯集中营式的殖民统治，农民毫无生命财产安全的保障。

"九一八"后，日本迅速占领整个东北。东北人民建立各种抗日组织，给予日军极大的打击。抗日武装在民众的支援、帮助下，迅速发展壮大。在初期单纯的军事镇压没有奏效的情况下，日本帝国主义改变策略，采取"标本兼治"的策略。"治标"即武力"讨伐"，"治本"乃是"匪"民分离，将抗日武装与老百姓隔开，实行以关东军为中心，集日伪军警与地方行政基层控制于一体的"治安肃正"。在其"治本"过程中，日伪统治者将"归屯并户"、建立"集团部落"、设置"无人区"视为实现"匪"民分离目的的有效措施。日本帝国主义认为，这样一来，便可达到"杜绝匪工作员潜入、切断匪之粮道、使匪团失去宿营地、断绝匪之情报来源等匪民分离"之目的。[②]

"集团部落"建设始于1933年，由伪吉林省警务厅、朝鲜总督府和日本驻伪间岛省领事馆三方协力，在延吉、和龙、珲春三县等偏远地区和农村实行"归屯并户"，建立了8处"集团部落"，把农民强行迁入部落，将原来的村庄居民区一律烧掉。收

[①] 中央档案馆等：《日本帝国主义侵华档案资料选编——伪满傀儡政权》，536页，北京，中华书局，1994。
[②] 军事部思想战研究部：《西南地区治安问题之考察》（1944年4月），见中央档案馆等：《日本帝国主义侵华档案资料选编——东北"大讨伐"》，610页，北京，中华书局，1991。

到一定效果后，日伪统治者倍加推崇，"结果给匪团以严重打击，使被指定为治安肃正重点的不良地区明朗起来，同时对治安肃正和确立、提高农村机能等，贡献也是很大的"。① 在日本帝国主义的指示下，1934年年底，伪民政部以第969号令发布了《关于集团部落建设之件》，明令规定在军事"讨伐"抗日武装的同时，"将此星散住户量为整理，使之结成互相联络之集团部落"，② 并将部落"加以集团化，配之以强有力的防卫设施和适当的警备力量，切断匪类赖以存活的粮食补给之路，以实现村民和匪类的彻底分离"。③

"集团部落"的修建，各地情况不一。日伪当局规定的修建方式是"避免多角形，原则上以正方形为准"，以作为"防卫设施"，同时修建了炮台、壕沟、土墙、铁丝网。在上述设施中，炮台是最重要的防备设施，其数量在日伪看来多多益善；壕沟的标准是上宽14尺，底宽3尺，深10尺，为防止坍塌，壕内设有排水沟；土墙的标准是高10尺，底宽6尺，上宽2.5尺，并与炮台相连接，土墙上装设铁丝网。这是部落的外部防卫设施。在内部，"原则上仅有一个大门为理想"。大门是用木料制作和装有铁丝网的双重门，前者高10尺，后者高8尺以上。④ 日伪认为部落内以80～100户（约四五百人）为适当，其面积以"建成周围400米的正方形或长方形为宜"，在春秋两季进行建设。⑤ 日伪"集团部落"的建设非常迅速，1935年以前仅有1 529个，1936年激增到4 195个，1936—1938年为"集团部落"建立高峰，到1939年，整个东北建成了13 451处"集团部落"。⑥

在建设所谓的"集团部落"中，东北农村社会受到了极大的伤害，农民生活质量严重下降，甚至生命安全都得不到保障。在"归屯并户"过程中，大量"无人区"出现，农田土地大片荒芜。即便是进入部落，耕种也受到诸多限制，只能在部落周边地区耕种。耕地大面积荒芜，带来的直接恶果是粮食产量大幅下降，农民因粮食短缺大量饿死。如1936年，仅通化县一地，便有1.3万多坐以待毙的饥民，天天都有自缢而死

---

① 中央档案馆等：《日本帝国主义侵华档案资料选编——东北"大讨伐"》，169页，北京，中华书局，1991。
② 中央档案馆等：《日本帝国主义侵华档案资料选编——东北"大讨伐"》，174页，北京，中华书局，1991。
③ 伪治安部警务局：《满洲国警察史》三编三章《建设集团部落》，1942年；见车雾虹：《沦陷时期日本帝国主义在东北建立的"集团部落"》，载《北方文物》，1995（3），45页。
④ 中央档案馆等：《日本帝国主义侵华档案资料选编——东北"大讨伐"》，170～171页，北京，中华书局，1991。
⑤ 中央档案馆等：《日本帝国主义侵华档案资料选编——东北"大讨伐"》，184～185页，北京，中华书局，1991。
⑥ 中央档案馆等：《日本帝国主义侵华档案资料选编——东北"大讨伐"》，172～173页，北京，中华书局，1991。

者。辑安县一半居民在正月时便已无余粮。辉南县在1937年二三月时，粮食已完全断绝。①

日伪推行"归屯并户"的目的，在于最大限度地攫取战略资源，并对东北抗日武装实行经济封锁，将抗日力量彻底困死，这是一种融入军事镇压的法西斯集中营式的政治统治。对此，美国人托·阿·毕松在《美洲》杂志撰文指出："所谓集团部落建设，实际上是日本当局为使匪民分离而强制进行的工作，将东北总人口十分之一约五百万农民的房屋烧毁，强行集中到指定的集团部落，不但不给任何补偿，而且令其从事各种劳役，担负土墙房屋材料费，过重的课税和国防献金等义务。"对农民就像"投入监狱剥夺了自由的囚徒""完全无视居民生活"。②由于集团部落"匪民"分离政策的实施及"无人区"的设置，使抗日武装活动区域日益缩小，根据地被摧毁，抗日斗争陷入异常孤立和艰苦的境地，1940年以后，东北地区的抗联队伍已无法坚持，大都退到苏联等国家。建立集团部落强化了对地方基层民众的控制，使部落成为日本帝国主义"实施行政、经济各项政策的桥梁，进行启蒙、教育、训练的据点"。③

四、东北农村的经济生活

日本对东北土地资源的掠夺，伴随其国内移民展开。到1936年7月时，日本已向东北移民5批，2 900户，达7 296人。④1936年5月11日，关东军推出《满洲农业移民百万户移住计划》，1936年8月日本政府正式确立该项计划。按此计划，在20年内向中国东北移民100万户500万人，自1937年起，以5年为一周期，第一周期移民10万户，以后逐年递增，到第四期时，达到40万户。

日本的移民分甲种移民和乙种移民，甲种移民由政府组织，200~300户组成开拓团或开拓村；乙种则为民间形式，政府给予的各种待遇明显差于甲种。除此之外，日本帝国主义还组织了"满蒙开拓青少年义勇队"。由于侵略战争规模逐步扩大，日本国内成年男子数量急剧下降，为此，1938年日本政府拟定《满洲开拓青少年义勇军募集要纲》，举办义勇队训练所，招收16~19岁青少年，送到伪满进行为期3年的训练，

---

① 中央档案馆等：《日本帝国主义侵华档案资料选编——东北"大讨伐"》，351~352页，北京，中华书局，1991。
② 伪治安部警务局：《满洲国警察史》三编三章《建设集团部落》，1942；见车霁虹：《沦陷时期日本帝国主义在东北建立的"集团部落"》，载《北方文物》，1995（3），50页。
③ 军事部思想战研究部：《西南地区治安问题之考察》（1944年4月），见中央档案馆等：《日本帝国主义侵华档案资料选编——东北"大讨伐"》，610页，北京，中华书局，1991。
④ 姜念东等：《伪满洲国史》，341页，长春，吉林人民出版社，1980。

之后组成开拓团。这批所谓的开拓团,更多的是军事上的作用,作为日军的后备力量存在。义勇队既是日军现地兵源,又是镇压中国人民反抗的别动队。

为安顿这百万户移民,需要准备1 000万町步土地,[①] 即每户授田10町步(每一町步合0.99公顷,16亩)。土地从何而来? 从东北老百姓手里夺。按照日本之打算,需要从老百姓手中夺取耕地990万公顷土地,而在当时之东北,1937年耕地面积1 454万公顷,1942年也仅有1 939万公顷。[②] 日本准备作移民的1 000万町步土地在1937年占全部耕地的68%。如果日本的移民计划全部得逞,东北的大部分土地将被掠夺殆尽,东北将成为又一个台湾。

太平洋战争爆发,日本移民计划受到影响,到投降前,仅仅实施了两期。据统计,到1945年8月,移入东北的日本人共计10万户,30万人左右[③],其中"青年义勇队"移民10.8万人[④]。

东北有大豆,可以出口创汇,故而日本积极推行变东北为其粮食供应基地的政策。日本帝国主义占领我国东北后,即推行经济统制政策,在经济上使东北彻底殖民地化,将农业生产绑在其侵略扩张的战车上。

伪满时期,东北农作物耕种面积呈增长趋势,而粮食总产量和单位面积产量呈下降趋势,1934年以后虽有回升,但任何一年的产量都未达到"九一八"事变前1930年的水平。

日本帝国主义对东北粮食采取买空卖空政策,竭力限制粮食输出,导致谷贱伤农。而日本人则趁机垄断市场,控制农业生产,造成东北各地粮谷积压,单位面积收获物价格收入明显下降。收入减少,使农民收入不敷支出。如1934年4月,日"满"实业协会满洲分会开会时,席上所报告,北满自耕农家每晌的大豆收入是16元,而每晌的支出须27元,结果尚亏损11元。[⑤] 辛苦种植,反而赔钱。即便如此低价,"无论农产总量怎样减少,只要农民除掉留供生活之外,尚有赢余出售的时候,它的价格一直就会低到无可再低,如1933年,高粱每斗四角,还感到收买人的缺乏"。[⑥] 农民的生

---

① 中央档案馆等:《日本帝国主义侵华档案资料选编——东北经济掠夺》,655~656页,北京,中华书局,1991。
② 中央档案馆等:《日本帝国主义侵华档案资料选编——东北经济掠夺》,618页,北京,中华书局,1991。
③ 姜念东等:《伪满洲国史》,345页,长春,吉林人民出版社,1980。
④ 李淑娟:《日伪统治下的东北农村(1931—1945年)》,96页,北京,当代中国出版社,2005。
⑤ 《"满洲"农村现状及其对策》,天津《益世报》,1935年7月6日,11版;参见于春英:《伪满时期东北地区粮食生产变迁的研究》,载《中国农史》,2009(3),33页。
⑥ 笑哲:《东北农村经济的今昔》,载《东方杂志》,1935,32(22),104、105页;参见于春英:《伪满时期东北地区粮食生产变迁的研究》,载《中国农史》,2009(3),33页。

产积极性受到极大影响。

日本人在推行第二个"五年产业计划"时，农业即被放在与工矿业相同的重要地位上，到1943年，在日本战时紧需物资清单上，农产品跃居第一位，东北已被日本指定为其侵略扩张的粮食供应基地。第二个"五年产业计划"从1941年开始，至战争结束。这一阶段，太平洋战争爆发，英美等国对日本进行经济封锁，使得日本帝国主义对东北的掠夺更为疯狂，统制更为严酷。日本也采取一切可能之方法，使物产增加，"特别倾全力于煤和粮食增产，绝对确保必需的军需工业"。① 日伪当局采取了一系列措施增加东北农业生产，以满足其战争需要。

日本帝国主义为了能够最大限度地掠夺粮食，在农产品购销方面，实行了两项异常残酷的政策，即"粮食出荷"（出荷为日语"出售"的意思，但此处的"出荷"带有强制性）与"粮食配给"，给东北人民造成了巨大的灾难。

日本企图通过采取"统制"政策，全面控制东北农业的生产和流通。1937年春，关东军迫使伪满政府成立"满洲农业政策委员会"，之后审议了所谓的农业政策，决定对稻米、小麦、大豆等农作物开始实行"统制"。② 10月7日，公布了《棉花统制法》，首先对战略物资棉花之产销实行统制。之后，陆续对水稻、小麦、大豆及豆制品等实行统制政策。1940年以后，武部六藏出任伪满总务厅长官后，决定进一步加强对农产品的控制，加大掠夺力度，开始将粮食购销由严格统制变为强制购销，实行"粮食出荷"与"粮食配给"制度，从粮食的取与分两个方面入手，使粮食掠夺达到最大限度。

1940年9月30日，伪满政府颁布《粮谷管理法》，对高粱、苞米、谷子、小麦、大麦等粮食作物的征收、配给和价格实行全面统制，禁止在农产物交易所或地方行政官署制定场所外交易，把满洲粮谷株式会社作为统制实施机关，并确立粮谷会社采买人制度，指定专门的商社收购农产品。与此同时，又颁布了《特产物专管法》，对大豆、豆饼、豆油之外的苏籽、小麻籽、大麻籽、花生及其油和饼的征收出荷、配给和价格实行全面统制。日本帝国主义企图借此达到"强化粮谷及大豆的出荷工作。用极其低廉的价格迫使农民出荷大量的粮谷和大豆，以满足侵略战争的粮食需要"。这两个法令的实施，"只是有利于少数地主和粮谷买卖人，使绝大多数中国农民深受其害"。这两个法令"禁止农民进行自由交易粮谷及大豆，粮谷出售的场所被限定于农产物交易

---

① 滕利贵：《伪满经济统制概论》，载《社会科学阵线》，1991（1），217页。
② 姜念东等：《伪满洲国史》，371页，长春，吉林人民出版社，1980。

所、制定的粮栈、兴农合作社等机关",而且对于"农民买卖粮谷和大豆,设置了若干限制"。因此,这两个法令的制定和实施,就是"为了强制农作物出荷,甚至连农民的口粮也要全部供出",一旦农民违反了法令,就要被罚款或被逮捕,"法令施行到日本投降的五年间,约有两万农民受到这两个法令的处罚,其中大约有一成左右的人被判刑。"①

"粮谷出荷",一般在年初,先由伪满政府召开伪省长会议和省次长会议,确定当年度的搜刮方针和数量,然后由省再分配到各市、县、旗,依次分配给街、村,最后分配到农户,秋后按规定的数量强迫缴纳。在这期间,各省县都有些增额,对农民的摊派一般较实数多出10%左右。②各农户按照日伪政府指定的作物进行播种。每年春耕之前,县里发给每个农户一张"农作物种植面积、预收量、出荷量登记表",上面填写户主的基本信息,外加耕畜数目、耕地面积、自种数量、租种数量,农作物品种及收获量、出荷量等,同时发一张粮谷出荷证,以示出荷品种。③如此一来,农作物的种、收、输、卖均纳入日伪之手。④

除土地、粮食等外,日伪统治者还大肆在东北农村掠夺劳工。1944年,日本在东北农村征集劳工120万人,到1945年,竟达到300万人。⑤要知道,东北在1944年时,总人口不过4 445.5万人,农业人口1943年时也仅为3 222.6万人,⑥东北1/10的农村劳动力被征集为劳工。这些劳工都是青壮年男子,是农村中的主要劳动力,每年一半的时间都在外服劳役。由此可见,劳工征集对东北农村生产力的损害。被日军征集的东北劳工从事于重体力劳动,修筑铁路、公路,或修筑军事要塞等。劳工备受虐待,由于饥饿、劳累过度以及病痛等而被折磨致死,死亡率往往超过20%。⑦更有甚者,日军害怕劳工说出要塞的秘密,对劳工施以集体屠杀,制造了大量的"万人坑",其罪行罄竹难书。

---

① 《饭守重任供词》(1954年12月19日),见中央档案馆等:《日本帝国主义侵华档案资料选编——东北经济掠夺》,506页,北京,中华书局,1991。
② 江波户勘司:《关东州及满洲最近的粮食情况》,伪华北综合调查研究所紧急粮食对策委员会,1943年10月;见李淑娟:《日伪统治下的东北农村(1931—1945年)》,235页,北京,当代中国出版社,2005。
③ 李淑娟:《日伪统治下的东北农村(1931—1945年)》,235页,北京,当代中国出版社,2005。
④ 解学诗:《"九一八"事变后的东北农业与农民——以伪满后期粮食、劳务和日本移民政策的推行为中心》,载《社会科学战线》2001(5),129~130页。
⑤ 许涤新:《现代中国经济教程》,136页,光华书店,1948。
⑥ 《伪满时期东北经济统计(1931—1945年)》,见《民国史料丛刊》,85页,359册;69页,360册,北京,大象出版社。
⑦ 李淑娟:《日伪统治下的东北农村(1931—1945年)》,267页,北京,当代中国出版社,2005。

五、社会的毒瘤——鸦片与娼妓

日本统治时期，除在东北通过各种手段攫取大量社会财富，还妄图消弭中国人的意志，使东北人甘心做亡国奴。鸦片与娼妓，便是日本帝国主义采取的两个最为龌龊的手段。

1932年3月日军占领鸦片主产地热河后，实行鸦片专卖政策。日伪相继公布《暂行鸦片收买法》《鸦片法》与《鸦片法施行令》等法令，公然纵毒。《鸦片法》中规定，禁止民众吸食鸦片，但现有吸食者必须登记，由伪满政府发给吸食证明，限量供应鸦片；由政府确定鸦片种植面积和区域，不经政府允许不得擅种；鸦片吸食器具及鸦片必须由政府制造；鸦片种植、生产、销售、加工、储存、运输等，均由政府管理。① 如此一来，日伪根本不是在禁烟，他们禁的是不经日伪允许而自行种植、贩卖的"私烟"。任何人只要申请，就可享受"配售"待遇。

为更好地配合鸦片专卖，日伪特别设置专卖公署，下设专卖署和分署32处，进行鸦片贸易。日本帝国主义认为"是傀儡国财政之重大来源"，同时又是麻醉东北人民的最好办法，故极力奖励种鸦片。鸦片的田赋可比普通农作物减少一半，② 于是，东北各地鸦片种植规模大大扩大。仅从热河一省，兴安西省、牡丹江省、三江省之7县1旗看，1937年一年种植鸦片面积达10 300顷（1顷等于0.614公顷，1公顷等于15市亩），③ 这还不包括其他地区及民间私自种鸦片的面积。鸦片的种植遍布伪满7省30县1旗，种植数目惊人。在热河，当时全省总农户63万，被指定种植罂粟的就有398 800户，占总农户的63%以上。围场县有44 220户种罂粟，每户平均种二亩八分。1936年，仅凌源、凌南两县种的罂粟种植面积比民国时期的1926年增加16倍。④

尽管东北鸦片种植面积在1937年以后逐步递减，但日伪从国外进口鸦片，加工处理后，照样攫取巨额利润。如日伪在1938年，一次性就从伊朗进口鸦片1 500箱。⑤ 这样大规模的纵毒，给东北人民带来了巨大的危害。"二战"爆发后，"各部门加

---

① 《鸦片法》（1932年11月30日），见中央档案馆等：《日本帝国主义侵华档案资料选编——东北经济掠夺》，827~831页，北京，中华书局，1991。
② 中国经济情报社：《中国经济年报》（2辑），1935（8），202页，上海，上海生活书店，1936；见李淑娟：《日伪统治下的东北农村（1931—1945年）》，194~195页，北京，当代中国出版社，2005。
③ 中央档案馆：《日本帝国主义侵华档案资料选编——东北经济掠夺》，850页，北京，中华书局，1991。
④ 彭明生：《奴隶的枷锁——日本统治东北手法述略之二》，载《承德民族师专学报》，1993（2），50页。
⑤ 苏智良：《中国毒品史》，406页，上海，上海人民出版社，1997。

强了经济统制,各种政策带有明显的非常时期色彩。鸦片政策也是如此。挂着禁绝鸦片招牌的禁烟总局重操专卖署的旧业,戒烟所变成了公开的吸烟场所,登记制度也不知丢到什么地方去了,断绝鸦片的各种伪装彻底地消失了"。太平洋战争爆发后,日本帝国主义更是在战时经济的名义下,"毫无顾忌地扩大了鸦片种植面积,鸦片的收买量增加了,戒烟所开始繁荣,吸食鸦片的人越来越多"。① 随着战时经济情况恶化,日本政府越加重视鸦片。1943年东京召开亚洲大陆各地区鸦片会议,把鸦片政策扩大到整个东亚占领区,将东北作为鸦片生产基地。为此,还制订了一系列计划。在此背景下,鸦片的种植面积飞速增长。从1942年起,不但把以前所递减的面积完全恢复,而且重新指定奉天、吉林、四平三省为新的鸦片种植区。

日本从鸦片中攫取了巨额利润,其办法主要是低进高出。例如"纯度90%鸦片的收购价格1945年为1933年的2.4倍,销售价格则上涨了2.75倍;销售价与收购价格之比,1933年为38,1945年竟为62.5,由此可见鸦片利润之高"。② 鉴于鸦片利润之高,日伪特地设立鸦片专卖特别会计项目,以控制鸦片专卖。1939年起日伪实行鸦片"断禁政策",将鸦片从专卖特别会计项目中删除。改设"禁烟"特别会计以后,鸦片生产规模并未缩小,其年岁入扶摇直上。

在东北,与鸦片联系在一起的是娼妓、赌博等。尤其娼妓,在日本的支持下,起到了与鸦片一样的罪恶作用。一个入过鸦片零卖所的客人描写道:"楼有二层,底楼是卖鸦片和散座,楼上是雅座。胡琴,京戏,十八扑,男人的笑声,女人的叫声,还有满屋子的鸦片味,臭汗味,真是个泯灭民族心理、腐化堕落的销魂场所"。③ 伪满时期的妓院与鸦片进行了"很好的契合",这是日本帝国主义腐蚀中国人的两大手段。日本大特务头子土肥原贤二说:"日本在东北的成功只依靠了三件武器:女人、大炮和鸦片"。④

伪满时期的中国籍妓女,绝大多数来自农村。日伪掠夺使农村经济走向衰败,大量破产、失去土地的农民涌入城市,而城市又无法提供充分的就业机会,找不到或不适应正当职业的妇女被迫从妓。此外,日军还从东北乡村强行征集或索要一些年轻貌美的妇女充当妓女。如抚顺东北的高家屯,驻有50名日军,他们向村长强索20名少女。

---

① 《古海忠之笔供》(1954年5月9日),见中央档案馆等:《日本帝国主义侵华档案资料选编——东北经济掠夺》,814~815页,北京,中华书局,1991。
② 苏智良:《中国毒品史》,409页,上海,上海人民出版社,1997。
③ 展览:《满洲国的鸦片零卖所》,见《鸦片之今昔》,9页,载苏智良:《中国毒品史》,408页,上海,上海人民出版社,1997。
④ 尹正萍:《"罪恶之花"在东北——日本在东北实行的烟毒政策》,载《团结》,2001(3),37页。

村长无奈，只好动用村中公款，以300元一人的价钱，买来20名少女当差。这20名少女被迫充当官妓，在村中设立的一家妓馆廉价卖淫。[1] 也有很多沾染毒瘾的男人，为了吸食鸦片而将妻女卖到妓院，如此人间惨象不胜枚举。

日本此举，祸害了大量的良家女子，尤其是农村一带，男人吸毒，女人沦为娼妓者比比皆是。中国的传统美德被践踏，国人在吞云吐雾、灯红雾绕中忘记祖国、忘记民族，不但身体被掏空，意志也被逐渐腐蚀，最后成为顺民，在虚幻中失去生命。

第三节　日本占领时期的华北农村

华北是中华民族抗日战争的主战场。正是由于我国抗战力量在华北战场的持久抵抗，才使日军无法调集兵力进攻中国当时的两大政治中心——延安与重庆。陷入战争泥潭的日寇，在华北地区采取了惨绝人寰的"烧光""杀光""抢光"的"三光政策"，犯下了罪孽深重的战争罪行。

一、日本侵略者扶持的华北伪政权的政治制度

在占领区建立伪政权，是日本帝国主义一直采取的策略，在华北沦陷区亦不例外。日军对华北觊觎已久，占领东北全境后，便将侵略目标对准了华北，展开蚕食，步步紧逼。1933年，国民党被迫与日方签订《塘沽协定》，给日本进一步侵略华北、占领平津开了绿灯。1935年日本策划华北事变，建立冀东伪政权。1936年，在日本策划下，伪"蒙古军政府"成立，并与伪满政府缔结协定，与冀东伪政权缔结"冀蒙协定"。日本扶植的关内外三个傀儡政权，全被拴在日本的战车上，成为日本侵华的走狗。

全面抗战爆发后，日军迅速占领中国东部大片国土。日军所到之处，实行"以华治华"政策，遍设傀儡政权，作为殖民统治的工具。1937年8月14日，日本关东军制定了《对时局处理大纲》，提出在华北占领区建立伪政权的方针。该大纲规定："华北政权大致以五省自治为最终目标，先将河北及山东二省（将来包括山西）组成一个

---

[1] 邬长明：《东北伪满时期中国妓女透视》，3页，吉林大学硕士学位论文，2005。

政权。另将察南、察北合并建立一个政权。"规定在伪政权内部必须"配以有能力的日本顾问",在具体事务方面,"有关政治、经济等的指导问题,由大特务机关长,通过日本顾问,对其外交、经济、内政方面进行幕后指导",以此确保日本在华北伪政权中的"太上皇"地位。①

在此期间,日军兵锋所指,国民党军队溃不成军,大片国土沦丧。日军占领大中城市后,不断在当地建立"维持会"作为组建伪政权的过渡。七七事变后出任日本驻华北方面军特务机关长的喜多诚一给陆军省的信中说,"我们并不打算建立一个晋察冀政务委员会式的政权机构",而是"打算建立一个中华民国联省政府"。

日本侵华当局原拟在1938年元旦成立伪"中华民国联省政府",由于1937年12月13日南京陷落,日军为在政治上更有意义,在1937年12月14日,北平匆匆成立伪"中华民国临时政府"。②1940年3月汪精卫在南京成立伪"中华民国国民政府",伪"中华民国临时政府"取消,但又以全班人马成立伪"华北政务委员会"。其区域包括河北、山东、山西、河南四省的沦陷区,北平、天津、青岛3个特别市,石门等7个普通市,2个特区,25个道,349个县。③伪华北政务委员会设内务、财务、实业、建设、教育、治安6个总署,政务、秘书两厅及最高法院华北分院。其中,伪政务厅下设法制、交通、外务、审计、情报等局。各省、特别市、道(负责人称道尹)、县亦称"公署"(1943年以后省县均改称"政府")。形成自上而下的伪华北政务委员会—伪省政府—伪道公署—伪县政府—伪区公所。

华北伪政权是日本在华北推行殖民政治的工具。日军向各级伪政权派遣了大批顾问。这些顾问是伪政权一切大政方针的主持者与监督者。一切大权均操于日本顾问之手。日本顾问秉承日军的意志,控制了华北各级伪政权,驱使其贯彻落实日本对华北进行殖民统治的方针、政策和措施。伪政权里的汉奸,秉承日本顾问的意旨,进行残暴的统治,助其主子掠夺各种战略物资,推行奴化教育等,给国家和民族带来了无尽灾难。④

---

① 日本防卫厅战史室著,天津市政协编译组译:《华北治安战》,上册,49页,天津,天津人民出版社,1982。
② 1937年12月13日南京陷落的第二天,日本侵略者在北平成立伪"中华民国临时政府"。汤尔和、王克敏、董康、朱深、王揖唐、齐燮元等为委员,下设议政委员会(委员长汤尔和)、行政委员会(委员长王克敏)、司法委员会(委员长董康),以五色旗为"国旗",继续用中华民国年号,北平为首都。辖河北、山东、山西、河南四个省公署和北平、天津两个市政府。1940年3月30日,汪伪国民政府成立后,改组成伪"华北政务委员会"。
③ 日本防卫厅战史室著,天津市政协编译组译:《华北治安战》(上册),57页,天津,天津人民出版社,1982。
④ 郭贵儒等:《华北伪政权史稿》,423~424页,北京,社科文献出版社,2007。

二、日伪设立的华北新民会

抗战时期的华北，无论城市还是在农村，都存在一个日伪特设的机构——新民会。新民会成立于 1937 年 12 月 24 日，解散于 1945 年 8 月 24 日。新民会是日本华北军方特务部组织控制的一个所谓的民众团体。新民会的组织形式和职责都仿照伪满洲国的协和会，活动范围基本限于华北沦陷区。①

为了愚弄沦陷区人民，麻痹人民的抗日壮志，新民会以新民主义为幌子。对外宣传说："新民主义者，以实行王道为志者也。"宣扬"格物、致知、诚意、正心、修身、齐家、亲乡、治国、平天下"的儒家思想，以达到新民主义的理想境界。② 实际上，新民会披着新民主义的外衣，实行的是法西斯主义的强盗行径。它鼓吹新民主义的目的，是要人民"去物欲""达良知""安分守己""亲仁善邻"，要中国人民放弃反对日本侵略者的爱国斗争，老老实实做"顺民"。③

新民会成立后，各地纷纷成立分会，尤其是农村分会，并力图把农村分会与保甲制度、新民合作社、乡村公所、劳工协会有机地统一起来。于是，乡村的保甲、联庄会等也成立了相关组织。新民会成为集行政机构和民众团体于一身的权力组织。1942 年 8 月 22 日，新民会最高顾问铃木美通在东京与日本记者谈话时说，"新民会与满洲的协和会不同，具有华北治安自卫、组织国民等特殊性质"，并进一步提到新民会"现在约有三百五十万会员，将来准备将华北的全部居民都吸收进来……逐步做到全华北的新民化"。④

新民会进行过两次改组。一次是南京汪伪政府成立后，一次是太平洋战争爆发后。但新民会的基本内容没有变化。随着太平洋战争规模的持续扩大，1943 年新民会在汪伪政权加入所谓的"大东亚战争"以后，加大了对农村的影响。新民会秉承日本主子之意旨，将"剿共建国"与"增产救民"视为"国民实践运动"的两大目标。其中涉及农村的"增产救民"方面，它以"确立食粮合理供出体制"⑤ 为根本方针，致力于：①全力配合、协助日伪政府的食粮政策；②协助华北伪政权推行以低价收买为主要特

---

① 曾业英：《略论日伪新民会》，载《近代史研究》，1992（1），253 页。
② 北京市档案馆编：《日伪北京新民会》，3 页，北京，光明日报出版社，1989。
③ 曾业英：《略论日伪新民会》，载《近代史研究》，1992（1），255 页。
④ 日本防卫厅战史室著，天津市政协编译组译：《华北治安战》（下册），240～241 页，天津，天津人民出版社，1982。
⑤ 曾业英：《略论日伪新民会》，载《近代史研究》，1992（1），267 页。

征的新食粮政策，在低价征收时，确保农业增产；③强化合作社工作与运营，指导农事改革，以增进农民之积极性；④处理好与增产相关之农村农业设施建设，如水利、凿井、贷款、技术改良等；⑤强化新民会农村分会的组织与运营，以图稳定乡村秩序；⑥做好粮食保管、运输工作，严防流入八路军根据地；⑦避免日伪粮食政策中农村各地的"剥削""中饱""投机""操纵""囤积居奇"等行为，使"增产救民"得以顺利推行等。①

新民会的一系列活动，配合了日伪在农村组建保甲、推行愚民政策、加强粮食掠夺等，深得日伪赏识。日本人说："新民会一向是治安强化运动的实践团体，以该运动的共同目标'乡村自卫'为重点，通过武装民众、训练保甲等工作，大力开展新民会的活动。新民会的活动对于治安地区的巩固和扩大起了很大的作用"。② 日本投降后，1945年8月24日新民会宣布解散，结束了长达8年的罪恶活动。

三、伪华北政权的军警组织

为加强对华北的控制，补充日军力量，日本在扶植伪政权的同时，还在沦陷区协助各地建立了众多伪武装团体。其名目有：①"治安"军；②省、特别市、道、县、市等的警察队、警备队；③乡村武装；④铁路、水路、通信警备队；⑤工厂、企业的警备队；⑥被批准持有武器的团体。③

这些武装团体的兵源，是日伪政权采用欺骗手段从农村招募的青年。大多数青年不愿为汉奸政府效力，不愿背负汉奸的罪名，应募者寥寥，日伪当局便强行摊派抓丁。在伪华北"治安"军第二期招募时，"治安"军"总司令"齐燮元命令采取"征募制"，由"担任募集之友军将募集人数分配于所要之县，各县知事更分配于各村镇"。④ 如此一来，乡村权势之人借机打击报复或敛财敛物，将家境贫弱、生活困苦农村青年推入"治安"军。这些淳朴的农家子弟，为人质朴，阅世不多，被日伪控制支配，为日伪政权充当炮灰。伪军军官道出实情："应募之新兵，全系乡村之农家子弟，未曾受过深刻之教育，脑筋之简，不言而喻。""虽系征募，但富绅等仍多贿买情事，顶名冒替，被征者贫家子弟

---

① 北京市档案馆编：《日伪北京新民会》，378～379页，北京，光明日报出版社，1989。
② 北京市档案馆编：《日伪北京新民会》，7页，北京，光明日报出版社，1989。
③ 日本防卫厅战史室著，天津市政协编译组译：《华北治安战》，下册，49～50页，天津，天津人民出版社，1982。
④ 华北伪治安总署：《治安总署募集治安军新兵规定》，北京市档案馆藏档案：J183-2-42317，1页。参见刘敬忠：《华北日伪政权研究》，76页，北京，人民出版社，2007。

居多。"① 这些以地方武装名义成立的伪军警力量,皆受日军统辖指挥,接受其军事训练。日军通过这些组织将华北从上到下牢牢地控制着,借此达到以华治华的目的。

日本在占领区一直奉行"警察政治"。在华北占领区,日军大力兴建警察组织。早在1937年12月22日,日军华北司令部便制定发布了《军占领地区治安维持实施要领》,指示各地自卫机关"由警察队(公安局)及保卫团(联庄会、民团、保甲)组成。前者常驻在县城及县内要地,担任警备与公安工作;后者在各乡镇以壮丁编组,与警察队协力担任清乡、剿匪工作"。② 警察队主力往往在城镇,乡村中仅设一些分驻所、派出所,为日军催款收税、拉夫抓丁、抢粮收物。

四、日伪在华北推行保甲制度

1937年年底,日军在《日军占领地区治安维持实施要领》中提到,要迅速恢复县及乡镇的行政组织,使之统辖于新政权之下,并策划恢复发展各地的自卫能力,以安定地方。基层自卫机关由警察队(公安局)及保卫团(联庄会、民团、保甲)组成。前者常驻在县城及县内要地,担任警备与公安工作,后者在各乡镇以壮丁编组,与警察队协力担任清乡、镇压反日活动。

1939年,伪华北"临时政府"相继颁布《保甲条例》《户口编成规则》等,在华北沦陷区组建保甲。日伪根据占领区民众的居住习惯,按十户一甲,十甲一保,设保长及副保长;一乡(镇)为联保,设联保主任。甲长由户长推选产生,经区长审核后任用;保长由原有之村长充任。整理编组,而后实行邻左连坐法,一家有反日之言行,十家连坐治罪;保甲内18~40岁身体健康、无特殊情况的男子编入保甲自卫团。

保甲编组完成后,保内各户要互具保结。日伪政权要求一甲之中的居民必须互具连环保结,而且要有两份:一份留村公所存查,一份粘在户口花名册。如一家发现"不良分子",其他九家要受连坐处分。

基层编组完成后,对各村进行户口调查、整理。由各村村公所督饬各保甲长协同调查,保甲长负责编造户口名册具报村公所,由村公所复查属实后报乡镇公所,再由

---

① 杨守清:《教育新兵之心得》,载《军事月刊》,1941(8),104~105页;参见刘敬忠:《华北日伪政权研究》,76页,北京,人民出版社,2007。
② 日本防卫厅战史室著,天津市政协编译组译:《华北治安战》(上册),67页,天津,天津人民出版社,1982。

乡镇公所上报区公所。区长审核后,上呈县公署备案。保甲相关事项完备后,各村区公所还需办理并悬挂保甲门牌。在日伪的极力督促之下,华北各地的保甲制度相继建立。

1941年春至1942年10月,日军连续推行五次"治安强化运动"(以下简称"治运")。所谓的"治运",就是通过强化日伪政权,发展汉奸武装,在占领区实行保甲连坐制度;严格物资配给制度和禁运,实行奴化教育;对抗日根据地加紧"扫荡""蚕食"。这是日军"治安肃正"的进一步发展,"总力战"的进一步实施,"三分军事,七分政治"的进一步运用。

日本侵略者期望"在机能上,当以警察为脑髓,保甲为神经;在构造上,当以警察为骨干,保甲为筋肉;确立官民一体为有机的乡村自卫组织,用以为永久之治安确保基础"。①日本帝国主义企图借助警察保甲控制城市和农村,控制中国人民。但是在中国共产党领导下,上述地方培养发展了大批"两面政权",表面为日伪服务,暗地里却为抗战服务,成为一支潜伏在敌人阵营里的特殊抗日队伍。

五、日伪对华北农村的经济掠夺

据1941年日本"关系方面"概算,日伪统治下的华北总户数为17 781 539户,总人口为96 626 012人,其中务农户为15 122 187户,人口78 253 114人,占总户数和总人口的80%以上。②日本帝国主义进入华北后,从农民手中抢夺了大量的土地。日本对华北土地的掠夺,主要用途有以下两种:一是满足日本移民的土地需求;二是在良田之上修筑军事工程。

日本对华北的移民,自"九一八"事变以后便开始。起初,日本移民大多数居于城镇或是交通便捷之地。如抗战全面爆发前,日本侨民在山东地区基本位于济南、青岛及胶济铁道之间。1936年年底,青岛日侨15 412人,仅青岛市区便有11 910人;济南日侨3 029人,市区1 873人,烟台日侨428人,市区291人。③日本移民在山东地区大多数位于城镇,尤其是大城市。

随着侵华战争的深入,日本开始向华北农村大量移民,移民华北的数字猛增。仅

---

① 《河北日报》,1939年9月30日;参见郭贵儒等:《华北伪政权史稿——从"临时政府"到"华北政务委员会"》,252页,北京,社科文献出版社,2007。
② 野农:《战时下华北产业建设之检讨》,载《中联银行月刊》,1941,2(5);参见曾业英:《日伪统治下的华北农村经济》,载《近代史研究》,1998(3),84页。
③ 庄维民、刘大可:《日本工商资本与近代山东》,364页,北京,社会科学文献出版社,2005。

北京地区，1940年日侨已达39 643人，[①] 1937年7月至1941年12月，日本移住关内的移民达70万，[②] 这些移民所需耕地和住房均从中国人民手中夺得。伪华北"临时政府"还专门成立了"华北土地调查委员会"，凡日本人认为所需土地，即行圈占没收，交于日本人之手，如王克敏就将"北平近郊、冀东22县划为日本移民试验区"[③]。据统计，到1946年接收日伪财产时，日本集团和私人仅在天津、宁河、昌黎、邯郸、滦县、临城、顺义、静海、抚宁等县，便掠夺土地达137万多亩[④]。

日本掠夺的土地很多用于军事工程。例如，1940年年底，仅山东地区日伪政权便建立了1 156个据点；到1943年5月，增加到2 184个，整个山东省封锁沟达到8 494里，可绕山东省两圈多。据统计，到1942年，日军在华北强制挖掘的封锁沟达11 860公里，等于山海关至张家口、宁夏及外长城线的3倍。[⑤] 到1943年，日军修筑铁路、公路及封锁墙等强占土地88 800平方公里以上，抗战期间，日军在山西14个县为修筑各种军事设施强占土地12万多亩，占土地总面积的0.18%，某些县甚至高达5.6%，[⑥] 造成粮食大量减产，损失惊人。

此外，日军为巩固对某些区域的控制，大量制造"无人区"，导致大片农田荒芜。除此之外，日伪还强行干涉民众的作物种植，如规定在铁路两侧不得种植一些高秆作物等，严重影响了农民的经济生活，造成了土地的大量浪费。

除土地之外，粮食及各种经济作物也是日军抢夺的重点。日军侵略导致华北地区农业生产大规模衰退。华北农业资源主要分为两大类：第一类是普通农作物，主要有小麦、粟、高粱、黄大豆、玉蜀黍，分别占总耕地面积的30%、14.5%、10.5%、9.4%、7.9%；另一类是特用农作物，主要有棉花、胡麻、油菜、蔬菜、烟草、罂粟等。[⑦] 对于日本来说，首先看中的是特用农作物中的棉花。

日本之所以重视棉花，与其本国经济相关。抗战爆发前，日本已是资本主义工业强国，棉纺织工业已位居世界首位，这就决定了日本对棉花的高度需求。但日本不是产棉国，所需棉花基本都需要进口。尽管从美国、印度两国进口的棉花占所需总量的

---

① 刘敬忠、米卫娜：《日本对华北沦陷区的移民及其影响》，载《河北大学成人教育学院学报》，2006（1），102页。
② 姚洪卓：《略论华北伪政权》，载《历史档案》，1996（2），128页。
③ 姚洪卓：《略论华北伪政权》，载《历史档案》，1996（2），128页。
④ 张会芳：《抗战时期华北日系农场的殖民经营——以天津地区为中心》，载《抗日战争研究》，2004（4），73页。
⑤ 裴琴：《华北敌筑万里沟》，《新华日报》（华北版）1942年11月20日；参见岳谦厚：《战时日军对山西社会生态之破坏》，85～86页，北京，社会科学文献出版社，2008。
⑥ 岳谦厚：《战时日军对山西社会生态之破坏》，87～88页，北京，社会科学文献出版社，2008。
⑦ 曾业英：《日伪统治下的华北农村经济》，《近代史研究》，1998（3），85页。

近80%，但为避免因战争等造成的影响，而且尽可能缩减成本，日本便将目光对准了华北沦陷区，而华北也是中国主要产棉区。

华北棉花在全国具有举足轻重的地位，其产量占全国的一半。但因日军入侵，华北棉花种植业遭到重创。抗战全面爆发后，各地棉纺厂朝不保夕，对棉花需求大大减少，再加上农民纷纷逃离家园，田地荒芜，水旱灾害等，棉花种植面积大大减少。华北棉花生产以每年超过一半的速度在减少，山西省1938年竟然减少了80%。

日军进入华北之后，垄断棉花生产，并成立了一些协会，进一步垄断市场。如华北棉花协会、棉花改进会等，统一收买，而且对于棉花的收购价格采取经济统制手段，疯狂掠夺。如在山西汾阳，1938年日军所定价格远低于市场价，仅为其55.66%，多时也不过62.5%，很多时候甚至低于一半。① 日本在华北组建棉花协会，实行一元化收购统制，强行垄断收购。1938年直接以伪"临时政府"的名义公布棉花输出许可暂行条令，禁止自由出口，如此一来，华北形成了全部棉花都提供给日本帝国主义的机构体制。②

华北地区棉花产量下降，影响了日本的掠夺，为此，日本不得不考虑增产事宜。伪"临时政府"于1939年将国民政府原有的"河北省棉产改进会"改组为"华北棉产改进会"，在北京设立理事会，同时在河北、河南、山东、山西各省设立分会，以及指导区办事处、分办事处，从而使"华北棉产改进会"具有半官半民、日伪合作的性质，成为日伪棉花增产运动的主要实施机构。

随后，日伪制订了"华北棉花改良增产八年计划"（或称"九年计划"，含1938年），"自民国二十八年（1939年）起，至三十五年（1946）止，在八年内扩充棉田至三千万亩，生产皮棉一千二百万担"。③ 其增产措施主要有：扩充面积；提高单位面积之生产量——普及优良品种、改善栽培方法、充实水利设施、防治病虫害，以谋单位面积生产量之增加。④ 此外，还有组织棉农合作社，举办示范棉田，提供种子和技术指导，发放植棉贷款等，⑤ 以图增产。太平洋战争爆发后，英美对日禁运，使得日本更加依赖华北棉花生产。

日伪的棉花增产计划最终以失败告终。从1939年开始，尽管华北地区棉花种植面积、产量都逐步提高，但到1942年以后又开始走向下坡路，即便是最好年景的1942年，也没有达到战前的一半，可见战争对农业的破坏。

---

① 岳谦厚：《战时日军对山西社会生态之破坏》，110页，北京，社会科学文献出版社，2008。
② 古海忠之：《日本帝国主义侵略中国史》，见中央档案馆、中国二历史档案馆、吉林省社会科学院合编：《华北经济掠夺》，797页，北京，中华书局，2004。
③ 河北省档案馆：《伪华北棉产改进会史料一组》，载《民国档案》，1997（3），47页。
④ 同上。
⑤ 胡华：《日伪在沦陷区的棉花增产与棉花统制》，《贵州师范大学学报（社会科学版）》，2003（1），83页。

第一节　乡村制度和组织的变革
第二节　民国乡村的近代化要素
第三节　民国乡村的灾祸与贫穷

余论：民国乡村的变迁与贫穷

从以上各章已经看到，民国时期我国乡村曾出现了一些近代化要素，促使广大乡村或多或少发生了一些变迁或变化。但是总体上，乡村的变迁并没有给民众生活带来改善。乡村基调依然是天灾人祸接踵而来，贫穷落后挥之不去；乡村的底色依然是日暮残阳，昏天暗地。

在本卷收笔之前，有必要对影响民国乡村变迁的突出要素和时代特点作一个归总性的描述。

第一节　乡村制度和组织的变革

一、民国的"乡村自治制度"

我国近代乡村变迁最可称道者是20世纪初晚清王朝在国家政权架构下对乡村制度进行的一次重大变革。光绪三十四年（1908）颁布的《城镇乡地方自治章程》，规定乡镇成为县以下的基层行政建制，依法产生乡民代表会议和乡镇公所体制。乡以下的村庄沿袭古制，仍然实行保甲制。但是，这种既有西方政治制度色彩，又有中国封建制度"胎记"的"乡村自治制度"，终因时局变乱，政令不举，未得到切实施行。

辛亥革命后，与皇权相联系的保甲体制失去了存在的基础，"地方自治"成为时尚的政治话语。孙中山曾表示要将全国1 600多个县让本地人民自治。北洋政府接连颁布乡镇自治的法令——1914年12月颁布《自治条例》、1919年9月颁布《地方自治条例》、1921年7月颁布《乡自治制规则》等，将县以下的基层组织一律变为市或乡，并规定市乡是具有法人性质的自治团体。其自治权主要为办理本地方的教育、卫生、交通、水利、农业、商务、慈善等社会公益事务，并且按西方近代政治制度模式设计了由选举产生的议决机关、执行机关和监督机关。但是北洋政府时期，国内军阀混战，奉行的是弱肉强食的丛林法则，毫无法律纲纪可言。这样的社会政治环境，不可能推行地方自治，民众也不可能行使自治权。乡村仍然是依靠行政权力甚至劣绅暴力施行强权统治。

北伐后移都南京的国民政府，再次进行"乡村自治"。1928年9月颁布《县组织法》，规定以"地方自治"为原则，建立区、村（里）、闾、邻制度。但是，随着国共两党在农村对峙，1932年8月，豫鄂皖三省"剿匪"司令部颁行《剿区内各县编查保甲户口条例》，蒋介石同时发布《施行保甲训令》，在村庄一级恢复以人身依附为特征的保甲体制。1935年，国民政府为解决乡村实行"自治"还是实行"保甲"的问题，在南京召开了"全国最高行政会议"。在这个会议上，蒋介石提出"执简而驭繁"的挽救之道在于办保甲。需要注意的是，国民党推行的保甲制，与明清时期的保甲体制已有许多不同。首先，将县以下的乡（镇）正式作为一级行政区划，设立乡（镇）公所，其财政由县政府开支，并受县政府的直接节制，改变了明清时代"皇权不下县"的传统；其次，保长由乡镇长委派任命，实行半供给制，开启了村长领取财政薪俸的时代。可以看出，国民党推行的保甲制，实质是将行政权力下沉到村庄一级，这与自治的制度背道而驰，是为了加强对村庄的统治，防止中国共产党在广大农村扩张的因应对策。

因此，民国乡村的变迁，首先就是假借"乡村自治"的旗帜，改变"皇权不下县"的传统，推行政权下潜，直至村长闾长都成为半薪命官。这是我国乡村制度史上的重大变革，第一次使国家政权设置下延到乡镇一级。

二、乡村建设实验

民国时代兴起的乡村建设运动，同样产生了深远的历史影响。乡建运动缘起于20世纪20年代末30年代初关于中国社会性质问题以及农村衰落破产原因的大论战，开始时主要是学术理论界围绕马克思提出的"亚细亚生产方式"而展开。参与争论者包括中国各个知识阶层和学术派别。论战的焦点是：中国是否存在过"亚细亚生产方式"时代？中国有没有奴隶社会阶段？中国近代社会是"半封建半殖民地社会"，抑或是"封建主义与商业资本结合"的社会？等等。①

这场讨论进一步引申出对中国农村贫穷落后的探讨，引发了改造农村落后状况的讨论。随着论战的深入，一批心怀救国兴邦理想的知识分子，深入民众、深入农村，躬身进行"救治农村"的实践。作为一种以改造乡村社会为直接目标的实践性社会运动，必然有其针对的社会问题。同时，它的发生又与知识界对中国社会的思考和认识密切关联。旧中国农村的贫穷落后，是乡建运动的直接动因。②

虽然由于种种的历史局限，民国时代的乡村建设运动最终归于失败，或者说没有取得预期的成效，但是乡建运动形成的一些思想认识和实践举措——关于如何挽救中国农业经济、如何改变农村贫穷落后面貌的讨论和行动，以及在全国各地建立的乡村建设实验区、实验点有1 000多处——仍然具有历史意义和实践价值。

需要特别指出，民国时代的乡村建设运动，实际上是一个非常复杂的社会行动。参与其中的个人或组织，各有不同的政治背景和意图，有不同的建设目标和手段，有不同的经费来源和支持渠道，甚至对于乡建运动的语词概念和诠释，都各不相同。因此，不能简单地将运动中的个人和组织统称为"乡建派"。他们实际上不是一个有明确目标边界的派系组织，而是各个政治派系都利用了乡村这个大舞台，表演了不同版本的乡村变革的剧本。

在国民党统治区内进行的乡村建设实验，尽管参与主体复杂，乡村建设类型众多，但都有一个共同点，那就是都必须与国民党的政治取向建立关联，至少需要在它的政治底线之上开展活动，需要得到国民政府当局的支持、保护或者默许。在一个被严密组织控制的乡村改造计划中，任何同农民打交道的行动都取决于国民党政府的裁定。例如，定县实验和邹平实验最初就得到省政当局的同意。而陶行知和彭禹庭的实验行动不仅得不到国民政府充分的政治支持，而且引起怀疑和反对，最终这两项非正统的实验都被当局扼杀。③

当时，知识舆论界的共识是救济农村就是拯救国家，"农村破产即国家破产，农村复兴即民族复兴"④，因此投身乡村建设运动就是热爱国家、奉献民众。20世纪二三十年代，中国仍然是农村社会。农业人口占总人口80%以上，农业在国民生产总

---

① 盛邦和：《20世纪30年代前后中国社会性质大论战》，载《上海财经大学学报：哲学社会科学版》，2012（4），2~7页。
② 徐秀丽：《民国时期的乡村建设运动》，载《安徽史学》，2006（4），69~80页。
③ 费正清：《剑桥中华民国史》（下），351~360页，北京，中国社会科学出版社，2006。
④ 李宗黄：《考察江宁邹平青岛定县纪实》，出版处、出版年不详，考察时间为1934年，"自序"，第1页。

值中所占比重高达 61%，其中尚未包括农村手工业。① 因此可以说，整个国家的"国民经济完全建筑在农村之上"。②

另外，在传统文化上，乡村是中国传统文化之本。只有将西方社会的"团体组织"和"科学技术"嫁接到中国乡村这棵"老树"上，才能发荣滋长。在乡建运动领袖梁漱溟看来，民国以来的政治改革之所以不成功，完全在新政治习惯的缺乏。要想政治改革成功，新政治制度建立，那就非靠多数人具有新政治习惯不可。而新政治习惯的培养，"天然须从乡村小范围去作"。③

因此，乡村建设运动的出现，不仅是农村落后破败的现实促成的，也是知识界对农村重要性自觉体认的产物。两者的结合，就产生了领域广阔、面貌多样、时间持久、影响深远的乡村建设运动。用梁漱溟的话说，救济乡村只是乡村建设的"第一层意义"，乡村建设的"真意义"在于创造新文化。④ 唯有理解和把握了这一点，才能理解和把握乡村建设运动的精神和意义。⑤ 正是由于这样一些富有爱国热情的知识分子的执着努力和躬身实践，才为农村的变迁启明一丝曙光。

三、民国时期的合作运动

民国乡村变迁中不可遗忘的事件还有合作运动的兴起。我国在清末民初，通过在海外留学生的宣传介绍，合作主义思想渐次传入我国。这期间经过民间试办，特别是 1920 年年初，因北方地区大范围长时段的旱灾，一些抗灾慈善机构联合组成华洋义赈会，在华北开展了合作"救灾"实验，取得了一定成效，为国民政府和社会各界开展合作运动积累了经验。经过近代中国社会各界的试办试验，合作运动最终成为救济农村的重要措施之一，同时也是社会进步和经济发展的推动力之一。⑥

民主革命的先行者孙中山在《建国大纲》中特别强调了合作社的作用，将其视为实现三民主义的一种社会组织，把办合作社作为实行平均地权、节制资本的一种手段，号召农民要在合作方式下大联合，达到实现民生主义的目的。孙中山的合作主义实际上包括了广义合作与狭义合作。广义合作表现在世界大同的伦理观念、国共合作的思

---

① 巫宝三主编：《中国国民所得》（1933 年），12 页，北京，中华书局，1937。
② 李宗黄：《考察江宁邹平青岛定县纪实》，"自序"，1 页。
③ 梁漱溟：《梁漱溟全集》，第 5 卷，533～534、535 页，济南，山东人民出版社，1995。
④ 梁漱溟乡村建设理论研究会编：《乡村：中国文化之本》，1 页，济南，山东大学出版社，1989。
⑤ 参阅徐秀丽：《民国时期的乡村建设运动》，载《安徽史学》，2006（4），69～80 页。
⑥ 魏本权：《从"本土化"到"乡村化"——中国早期合作主义的流变与归宿》，载《聊城大学学报（社会科学版）》，2012（3），122～128 页。

想及对外经济合作的理念;狭义合作思想即合作社制度思想,贯穿于三民主义思想体系,也是实现三民主义的基本经济组织制度。①

薛仙舟(1877—1927)是我国宣传合作主义的首倡者和推动者之一,后来成为国民政府合作制度的设计者和合作运动的组织者。他毕生矢志于合作事业,被世人誉为"合作导师"。薛仙舟于1927年完成《全国合作化方案》是国民政府农村合作运动的主要蓝本。薛仙舟从当时的华北农村合作运动中观察到,中国的"社会革命"需要通过"合作主义"维持社会稳定,进而实现"社会理想"。《全国合作化方案》以"合作训练院""全国合作社"和"全国合作银行""三大组织大纲"为主体内容,强调首要任务是培养"具有许身于民众决心"的合作人才,"投之于民众中间,与民众共同生活、共同尝甘苦,去服务民众、教导民众、组织民众、辅助民众,使民众与之同化"。他坚信,实现中国的合作化是实现"节制资本""平均地权"的最佳途径,是改造中国社会、解决民生问题的必由之路。

1920年正当我国的合作运动初兴,华北广大地区,特别是河北、山东、河南、陕西、山西5省,共有325个县发生严重灾情,灾民超过3 000万人。面对如此深重的奇灾大难,北洋政府束手无措,赈灾济民的重担完全落在了全国各地的"商民"身上。国内一些胸怀"天下兴亡、匹夫有责"的"商民",联合国际社会的友好力量和华侨社团,掀起了声势浩大的民间赈灾救荒义举,时称"华洋义赈",意即中外民间合作开展的救灾行动。全国乃至世界各地涌现出了一大批各式各样的义赈团体。他们奔走呼号,集款赈灾,取得了一定的效果,鼓起了全国人民抗灾自救的信心。1921年救灾工作结束时,各团体剩余赈灾善款近30万元。华洋义赈总会即以这笔剩余善款为基础,开展"协助农民促进农业建设,提倡合作事业"活动。总会明确提出发展农村经济的"三先原则",即"先从信用合作社入手,逐渐提倡其他类型的合作社及联合会;先从河北省开始,再逐渐推及全国;先筹办预备社,然后转正式社"。以此培育农民的合作意识及合作精神,培养合作建设人才,推进合作事业的发展。华洋义赈总会自1923年试办农村合作社,至1931年的8年间,在河北省67个县举办了各类合作社903个,社员25 633人。②

纵观民国合作运动发展的全过程,可以清晰地分为三个阶段:初期是由华洋义赈救灾总会倡导的"合作防灾"实验;第二阶段是社会团体举办的合作试验,例如定县

---

① 蒋玉珉、刘振宏:《孙中山合作主义研究》,载《安徽师范大学学报(人文社会科学版)》,2009(11),684~689页。
② 巫宝三:《华洋义赈总会办理河北省农村信用合作社放款之考察》,载《社会科学杂志》,1934,5(1)。

的中华平民教育促进会，山东邹平的乡村建设研究院等；第三阶段是南京国民政府在县政建设实验中推行农村合作事业，开创中央政府与地方政府联合举办乡村合作运动的实验，之后发展为由政府颁布统一《合作社法》及其"实施细则"，制定合作政策，规范合作体系，强力推行的所谓"规范化"合作运动。①

与乡村建设运动一样，民国时期的乡村合作运动也是一个复杂的社会行动，是各个政治派系表达的政治诉求。因此很难使用"成败进退"这样的主观语词评价影响深远的合作运动。但是有一点应当得到肯定，民国时期兴起的合作运动，作为乡村变迁的一个符号化事件，将被后来世代演绎、试行、改良和推广，最终成为一个植根于乡村社会的组织形式。

第二节　民国乡村的近代化要素

除上述乡村制度变革之外，民国时期的乡村变迁，还有社会建设和农业科技进步。它给乡村注入了新要素，造就了新环境。例如，连通国内外市场的农产品贸易环境、农产商品化的交通物流环境、乡村教育职业培训的知识传播环境以及新型的城乡关系环境等。在传统社会，乡村经济基本上是自给自足、男耕女织的自然经济，除了以田赋名义征收的粮食需要通过漕运远距离流通外，其余的商品性农产品主要是本地市场的消费品。到了民国时代，火车、轮船、汽车的出现，国际化农产品市场的形成，新式乡村学校教育和农民职业教育的发展，为农业生产和农民生活提供了前所未有的、全新的社会环境。

一、交通设施改善

影响近代农业生产和农产流通的社会环境中，交通运输方式的改变是重要因素之一。特别是陆路的铁路公路以及水运的轮船航运的快速发展，从多个方面对农业、农村和农民生活产生了亘古未有的深刻影响，甚至在一些地方产生了农业布局和村庄兴

---

① 刘纪荣：《国家与社会视野下的近代农村合作运动——以20世纪二三十年代华北农村为中心的历史考察》，载《中国农村观察》，2008（2），27~34页。

废的历史变化。

我国从1874年就提出了修筑铁路的奏议,此时距离英国第一条铁路运营只有50年。由此可以说,在交通近代化的起步阶段,我们的先辈与世界先进交通文明相距并不远。到1949年中华人民共和国成立,我国的近代铁路事业经历了75年。铁路运营加速了中国自然经济的解体,同时也在一定程度上促进了中国资本主义的发展。与铁路兴建关系密切的农产品商品化,虽然带有半殖民地性质,却也促进了中国资本主义的缓慢发展。铁路作为近代工业文明植入传统农业社会,它既是中国近代社会转型的产物,又反过来在相当程度上加速了中国近代社会的转型。[①]

与铁路运输形成水陆并驱局面的是轮船业。1829年,英属麦金托士洋行的小轮船"福波士号"(Forbes)第一次在中国领海水域出现。此后华南沿海一带外商小轮船迅速增加,活动范围逐步由香港向福建以及上海扩展。第二次鸦片战争以后,随着侵略者特权的扩大,外商在华的轮运势力急骤扩张,在中国江海航线运营的航运企业有旗昌、德忌利士(后改组为道格拉斯)、公正、省港澳、北清、太古、华海、杨子、怡和等轮船公司。

1855年黄河改道使大运河断航,丧失了作为南粮北运主干道的漕运功能。从此,运往北方地区的粮食通过海上运输实现。由此促进了民族轮船业的发展,华资轮船由1900年481艘,增加至1912年2 332艘。进入民国以后,特别是北伐战争胜利后,中国轮船航运业在与列强航运势力的斗争中取得一定进展,处境有所改善。在1920年改组以后,轮船招商局和民生公司是两个具有代表性的典型。此外,成立于1927年的虞洽卿的三北轮船公司,在10年后的1936年,轮船已达52艘67 850吨位,是仅次于招商局的华资航运集团。[②]

与铁路、轮船相比,汽车运输的近代化要迟缓落后很多。1917年中国出现的第一家专业汽车运输公司是张库汽车运输公司,经营张家口至库伦(今蒙古人民共和国乌兰巴托)间的运输业务。其后,不断有华商和外商的汽车运输公司设立。1927年国民政府建立后,汽车运输业务主要供军用。抗日战争爆发后,成立了西北、西南物资运输处,中国运输公司、复兴公司等庞大的官僚资本运输机构几乎垄断了全国的汽车货物运输业务。据史料记载,抗日战争时期,全国约有汽车3万余辆,货物周转量每年约1亿多吨公里。1946年全国有公私汽车(包括客车、货车、轻便车)共74 899辆,1947年货物周转量为4亿吨公里。当时中国每100公里公路拥有汽车0.58辆,而同

---

① 张明艳:《中国近代铁路的修建与农产品商品化率的提高》,载《中国市场》,2010(36),138~140页。
② 参阅樊百川:《中国轮船航运业的兴起》,成都,四川人民出版社,1985。

年美国为 6.07 辆。因此，近代汽车运输业对于农业商品化影响甚微。①

总之，近代以来，先后引进了铁路、轮船、机器、电力以及西方科技知识等，体现了人类最新文明成果的应用和传播，其影响所及并不限于社会表象发生的变异，在外来势力的强劲冲击下，封建社会朝野上下都感受到剧烈的震动。从这时起，无论在经济上、政治上乃至文化上都出现了前所未有的变局。②近代农业就是在这样的时代背景下嬗变和新生的。这就是乡村社会赖以生长发展的时代环境。

二、教育卫生事业

在影响乡村变迁的诸要素中，农民文化素质的提高是至为重要的因素之一。在封建社会，历来多是"学者不农、农者不学"。通常情况下，读书人不去种地，而种地的农民多不识字。虽然传统农村社会有一种理想的愿景，叫作"耕读传家"，提倡通过力农致富，然后供子孙读书求功名，进仕途，但最终还是想要脱离农村，脱离农民。

清朝末期，一些把教育看作社会改良动力的有识之士积极推动科举制度改革，建立新式学堂，推行新学制。维新人士对改革小学教育尤为重视，并主张实施义务教育。1905 废除科举后，不少乡村创办了学堂。

民国元年以后，随着新文化运动的兴起，西方教育理论、教育制度影响日益加深，促成了普通公民教育的兴起。这期间产生了许多新式教育思想家。他们强调教育的平民性、实用性、科学性，强调教育对象的主动性和自觉性。近代教育特别是乡村教育的发展，促进了近代农业的发展，改善了农民的生活状态，促进了城乡资源特别是劳动力资源的社会流动。

民国时期，最早关注乡村教育的是李大钊和余家菊等人。李大钊在 1919 年发表的《青年与农村》一文中说："我们中国是一个农国，大多数的劳工阶级就是那些农民。……农村中绝不见知识阶级的足迹，也就成了地狱，把那清新雅洁的田园生活，都埋没在黑暗的地狱里面。"因此，他号召知识青年到农村去，"去作开发农村、改善农民生活的事业""把现代的新文明，从根底输到社会里面"。"青年多多的还了农村，那农村的生活就有改进的希望；只要农村生活有了改进的效果，那社会组织就有进步了。"③

---

① 参阅中国公路交通史编审委员会编：《中国公路史》，北京，人民交通出版社，1990。
② 聂宝璋：《轮船的引进与中国近代化》，载《近代史研究》，1988（2），141~161 页。
③ 李大钊：《青年与农村》，载《晨报》，1919 年 2 月 20~2 月 23 日，见《李大钊选集》，146~149 页，北京，人民出版社，1959。

余家菊是我国近代最早提出乡村教育理论的教育家。余家菊自幼生长在乡村,对于乡村生活有切身体验。余家菊1919年发表《乡村教育的危机》,1920年发表《乡村生活的彻底观察》,1921年和1922年发表《乡村教育运动的涵义和方向》和《乡村教育的实际问题》等,深入、系统地研究了中国的乡村教育,形成了见解独到的教育思想和教育理论体系。[1]

在推动乡村青少年学历教育、公民教育和职业教育过程中,20世纪二三十年代的乡村建设活动家们居功至伟。例如,1923年成立的中华平民教育促进会(平教会),如同当时的众多民间社团一样,缘起于社会疲弊、民生困顿之时,立志于革故鼎新、复兴中华之业。参与发起平教会的是一群影响过近代历史进程的著名知识分子,如熊朱其慧(北洋政府国务总理熊希龄夫人)、陶行知、张伯苓、蒋梦麟、张训钦、陈宝泉、朱经农、胡适、傅若愚、袁观澜、周作人、晏阳初等。

除了民间教育家的倡导和实践外,民国的历届政府也在一定程度上举办了乡村教育事业,同样在改变农村落后面貌方面取得了一些业绩,这是应当给予肯定的。国民政府注意建立乡村教育经费收支制度,打击土豪劣绅侵占教育经费的行为。有的地方士绅自发组织教育董事会,筹划教育经费,保管教育财产。各地乡村也有由村长、村佐、学董及村内其他领袖组织的教育董事会,管理本村学款,并造具清册,报交教育当局审核。[2]

经过近代百余年的持续努力,几代教育家的辛勤奉献,我国的乡村教育从无到有,从点到面,奠定了乡村教育的基本格局。这一时期,至少为一部分农村青少年和一部分农民提供了最基础的初等教育或职业教育,同时也为闭塞的传统乡村打开了一扇文明的窗口。通过新式教育,一些农村中的农民提高了接受近代农业科技的能力、适应市场商品经济的能力以及外出进入城镇工厂谋生的能力。民国乡村教育构成了乡村发展的一个新要素、新环境。

三、农业科技推广

农业科技是推动乡村变迁最直接、最切实的路径和手段。清代晚期,我国的启蒙思想家主张学习日本的科学技术近代化经验。我国最早成立的农政机构、农业试验场、

---

[1] 闻洁:《余家菊乡村教育思想述评》,载《华中师范大学学报(人文社会科学版)》,2000(5),34~38页。
[2] 郑起东:《近代华北乡村教育的变迁》,载《中国农史》,2003(1),99~106页。

农林学堂等,都是仿照日本的做法。从19世纪末到20世纪初的二三十年代,我国的农业科学技术基本走完了从启蒙到体制化的过程。

但是,农业科技真正进入乡村、服务农民、在农业生产中产生实际作用,还是在国民政府实行农业推广政策之后。最具成效的是作物良种推广。1925年以前,只有金陵大学育成了"金大26号"小麦良种,推广的棉花是从美国引进的"爱"字棉和"脱"字棉。北伐战争以后,南京国民政府颁布了农业推广法规、设置农业推广专业机构,以政府的力量推行农业推广事业。

另一项改变传统农业的举措是引进化肥和生产国产化肥。据史料记载,我国从1906年开始进口化肥,到1912年全国年进口化肥约80万担,到1923年则超过了100万担,1930年进口化肥达320万担的顶峰。从这一年开始,民族企业家范旭东创办了永利化学工业公司,在南京设厂生产化肥硫酸铵,时称南京永利铔厂,在当时是"远东第一"的化肥厂。该厂设备精良,产品供不应求,生产技术达到国际先进水平。但是,与全国10多亿亩耕地的需求相比,化肥的进口和自产,也只具有科技创新的意义,在生产实际中,在农业增产贡献率上,还是微不足道的。

北洋政府统治十多年,政局混乱,国无宁日,农政机关施政无力,基本上谈不上农业技术改良。南京国民政府成立到抗日战争前期间,农业推广事业获得了一些实质性进展。1929年,国民政府行政院颁布《农业推广规程》及与此规程有关的法令细则,这是我国政府最早颁布的农业推广法规。年底,农矿部成立中央农业推广委员会(简称中央农推会)。《农业推广规程》的颁布和中央农推会的设置标志着我国农业推广事业进入新的阶段。

纵观民国时代,尽管农业科技事业发展缓慢,一波三折,但是这个时期确实奠定了我国农业科研教育推广的基础,对于乡村变迁,起到了引领风气,开启民智的作用。

第三节　民国乡村的灾祸与贫穷

在20世纪二三十年代,关于乡村破产和农民贫困的讨论,使我们对民国乡村的状况有了更多的了解:一是1924—1927年国共合作的国内革命战争即"大革命"失

---

① 郭霞:《四十年来之中国农业推广》,载《农业推广通讯》,1948(8)。

败前后,中国共产党领导的大规模土地革命实践,推动了对中国农村社会经济尤其是对农民贫困问题的探讨;二是南京国民政府提出"复兴农村"口号,掀起了中国农村调查、研究和讨论的高潮;三是出现了关于世界经济危机、日本帝国主义侵华以及严重水旱灾害的书刊报道,对中国农村经济的困境以及遭受的战祸,作出了真实详细的记述。①

一、自然灾害肆虐下的乡村

我国自古就是一个多灾的国家。特别是进入民国时期以来,国家治理和政权控制能力虚弱,更加剧了自然灾害的程度。根据李文海的研究,近代历时109年,只有"1891年(光绪十七年)为中等年景,虽不少省份均有水旱灾情,但未发现大灾"。②其余的108年,全国各地均出现了引起社会失序的灾情,其中尤以水、旱、蝗、震、疫、风、雹等灾种为多。几乎可说是无年不灾,无灾不烈。

在民国时期的自然灾害中,特大水灾危害最为深重。民国初期的1915年6月,南方的珠江流域发生特大洪水,灾害范围包括广东、广西两省以及福建、江西、湖南、云南等省部分地区,波及流域以外的桂南、粤西沿海、韩江上游、湘江、赣江、闽江的一些支流。根据2015年3月25日广东省防汛防旱防风总指挥部和广东省水利厅《关于做好纪念1915年珠江流域特大洪水100周年宣传活动的通知》的介绍,1915年的珠江流域特大洪水,是该流域有史可考范围内影响面积最广、灾情最重的一次洪水。当年,同属珠江流域的东江、西江和北江洪水同时暴涨,洪水量级达200年一遇,珠三角的堤围几乎全线溃决,东江、西江和北江三江洪峰直捣广州。广州市区水淹7天7夜,街道水深达4米。珠三角地区哀鸿遍野,灾情极为惨重。受灾人口378多万,死伤10多万人。百年后,广东水利厅特别发文纪念,可见灾情之惨烈。

另一次特大洪灾是1931年江淮特大水灾。灾区涉及湖北、安徽等8个省区,被灾县份386个,被灾人口5 311万,死亡人口42余万,淹田1.6亿亩。人口集中的沿江城市灾况更显惨重。时人有"洪水横流,弥溢平原,化为巨浸,死亡流离之惨触目惊心"的记述。长江干流自湖北石首至江苏南通段,堤坝溃决冲溢多达354处。南京江面宽10多公里,九江附近甚至达30多公里。安徽芜湖"四处汪洋,不分畛域"。"武

---

① 李金铮:《中国近代农民何以贫困》,载《江海学刊》,2013(2),160-163页。
② 李文海等:《中国近代十大灾荒》,2页,上海,上海人民出版社,1994。

汉三镇没于水中达一个多月之久。大批民房被水浸塌,到处是一片片的瓦砾场。电线中断,店厂歇业,百物腾贵。二千二百多只船艇在市区游弋。大部分难民露宿在高地和铁路两旁,或困居在高楼屋顶。白天像火炉似的闷热,积水里漂浮的人畜尸体、污秽垃圾发出阵阵恶臭。"①

黄河"花园口决堤"更是一次人为造成的灾祸。1938年5月,国民党20万华中正规军难以抵抗武器精良的2万多日本侵略军。徐州陷落后,日军沿陇海铁路西进。蒋介石见形势不利,电令第一战区司令长官程潜,立掘河堤以阻日军西进。1938年6月9日,新编第八师师长蒋在珍奉命用炸药将河南郑县(今郑州市)附近的花园口南岸堤防炸毁,使黄河改道南流,入贾鲁河和颍河,夺淮入海。花园口决堤后,整个黄泛区由西北至东南,长达400余公里,流经豫、皖、苏3个省44个县30多万平方公里的地方,给这一地区的人民生命财产造成了无法估量的损失。据不完全统计,河南民宅被冲毁140万余家,淹没耕地800余万亩。安徽、江苏耕地被淹没1 100余万亩,倾家荡产者达480万人。89余万老百姓猝不及防,葬身鱼腹,上千万人流离失所。决堤造成了此后连年灾害的黄泛区。这次决堤还间接导致了惨绝人寰的1942年河南大饥荒。

与珠江、长江、黄河的大洪灾交错发生的是严重特大旱灾。例如,我们在前文已经多次提到的1920年北方五省大旱灾。旱灾发生前的1919年夏季,华北地区大多数地方一年多没有下过透雨。灾情到1920年夏秋之际急剧恶化,北方五省赤地千里,饿殍载途,大道上尘土蔽日,田野里寸草不生。这次大旱,涉及山东、河北、河南、陕西、山西5个省317个县,灾民达2 000万人,死亡约50万人。

在前一次大旱灾患的元气尚未恢复之时,1928—1930年西北、华北又遇上了大旱灾。"其最甚者为陕、甘、晋、绥等省,终岁不雨,赤地千里。"② 1929年,旱情发展到无以复加的程度,其中甘肃、陕西、山西、绥远、河南、察哈尔最为严重,60余个县绝粮,饥民骤增至500余万。

接着是1942—1943年的中原大旱荒。此时正值中国人民抗日战争最艰难时期,严重旱灾可谓雪上加霜。当年,河南省有30多个县已被日军占领,豫中、豫西尚在国民政府管辖区域内。这次大饥荒从1942年夏到1943年春,中原地区连续夏秋两季大部绝收。大旱之后,又遇蝗灾。饥荒遍及110个县,3 000余万民众被灾。仅河南

---

① 李文海等:《中国近代十大灾荒》,114页,上海,上海人民出版社,1994。
② 《申报》,1929年4月1日。

一省就有300余万人饿死,另有300余万人西出潼关做流民,沿途饿死、病死、冬天扒火车挤踩摔轧而死者无数。①

二、民国时期的战争和匪乱

民国30多年,中国大地上几乎没有停息过战争。战争造成的社会动乱、财产损失、生命死亡、战场损坏等,大多都发生在农村,最终都落到农民身上。在抗日战争中,为国捐躯牺牲的多是农民子弟。无数次的军阀混战以及国共之间的交战,战争双方的伤亡兵士都是农家子弟。因此可以说,连绵不断的战争,是农村衰落、农民破产的罪魁祸首。

此外,危害深重的还有遍及乡村各地的匪患。民国时期的匪患是中国近代社会变迁造成的畸形产物。全国性匪患的活动时间、地域范围、人数规模、为祸程度和社会影响等都是空前绝后的。民国时期触目惊心的匪患,是以往中国封建社会所固有的,例如苛酷的封建剥削、天灾人祸、官绅欺压、宗族仇杀、好逸恶劳等。当然这些原因往往也掺入了近代社会变迁的色彩。例如豫西巨匪王殿阁,先后被刘镇华、孙殿英、张治公、张钻收编,一旦军事失利,立即把队伍拉回宜阳重操旧业。山东巨匪刘桂棠,先后投靠过冯玉祥、何应钦、阎锡山、张学良、韩复榘、宋哲元、日本人、于学忠,兵匪合于一身。②

三、近代乡村农民的贫穷

由于民国时期战争不断,灾荒不绝,将广大乡村和亿万农民推入水深火热的境地。整体而言,这一时期乡村遭受的灾祸破坏远大于变革和建设。农民生活并未随着历史进步而有所改善。而且农民的贫困程度与社会的治乱密切相关,呈现向下恶化的趋势。1912—1930年,农村经济发展比较平缓,贫困问题也相对缓和。1931—1934年,由于世界经济危机的侵入,乡村经济急剧恶化,农村破产声浪四起。1935—1936年前后,农村经济得到一些复苏,但是这个短暂转好的局面很快被日本全面侵华打断。直到1949年,乡村经济和广大农民的贫困程度一直在持续恶化之中。③

---

① 夏明方:《1942—1943年的中原大饥荒》,载《纵横》,1998(5),44~46页。
② 马烈:《民国时期的匪患探源》,载《江海学刊》,1995(4),130~135页。
③ 王蓉:《民国农民贫困问题初探》,49页,武汉大学博士论文,2010。

除了战乱灾害对乡村经济的破坏，国民政府的横征暴敛，也是造成乡村贫穷的根源。国民政府的财政体系中，田赋是主要来源之一。田赋改归地方政府征收后，各地复以社会革新、地方建设为由，额外征收田赋附加税。当时的附加税，种类繁多，沉疴遍地。有的地方附加费的抽取甚至超过正赋八十倍，超过二三十倍的已被视为常数。

著名社会学家费孝通指出："中国农村的基本问题，简单地说，就是农民的收入降低到了不足以维持最低限度生活水平所需的程度。中国农村真正的问题是人民的饥饿问题。"[①] 农业经济学家、美籍教授卜凯也指出："中国农人的生活程度之低，从各方面皆可看出。收入方面既是渺小的可怜，而且其中大部分还是仅仅用于维持物质生活方面的要素。生活必需费用虽占入款的大部分，可是食物既缺乏营养，且又终年不变，衣服极粗，仅足蔽体，住室简陋，聊蔽风雨"。[②] 民国时的社会学者柯象峯在《中国贫穷人口之估计》一文中说，农民在贫穷线以下的人口，约有3/4。若以全国人口4.5亿计算，不下2.6亿人，约为全国的60%。[③]

毋庸否认，民国时代虽然落后挨打，受尽欺凌，但是广大乡村社会确实发生了一些变化、一些变迁。有的变化深刻地影响了历史，影响后来的发展进程，有的成为中华人民共和国承接的科技文化遗产，在新社会的土地上成长壮大。但是，民国时代同时也留下了这个时代的伤痛、时代的疤痕，那就是灾祸和贫穷，是"一穷二白"的烂摊子。

短暂的民国时期，中国是以"落后国家"的身份进入"近代世界"势力版图的。这个曾让中华儿女无尽痛楚的标签，在历史上只出现过一次，也只会是最后一次。今天，我们的国家、我们的民族已经走向复兴和强大。

---

① 费孝通：《江村经济——中国农民的生活》，200页，南京，江苏人民出版社，1986。
② 卜凯：《中国农家经济》，558、561~565页，北京，商务印书馆，1936。
③ 柯象峯：《中国贫穷人口之估计》，载《新社会科学》，1931（4），181页。

参 考 文 献

著作文集类

［美］埃德加·斯诺.斯诺文集（第一册）.北京：新华出版社，1984.
［美］费正清.剑桥中华民国史1912—1949（下）.北京：中国社会科学出版社，1994.
［美］费正清.剑桥中华民国史1912—1949（下）.北京：中国社会科学出版社，1994.
［美］黄宗智.华北的小农经济与社会变迁.北京：中华书局，2000.
［美］珀金斯.中国农业的发展1368—1968.上海：上海译文出版社，1984.
［日］矢内原忠雄著，周宪文译.日本帝国主义下之台湾.武汉：华中师范大学出版社，2003.
艾绍润，高海深主编.陕甘宁边区法律法规汇编.西安：陕西人民出版社，2007.
卜凯.中国农家经济.上海：商务印书馆，1936.
曹幸穗等.民国时期的农业.南京：江苏省政协文史资料出版社，1994.
陈登元.中国田赋史.上海：上海书店，1984.
陈翰笙、薛暮桥、冯和法.解放前的中国农村（第一、二辑）.北京：中国展望出版社，1987.
陈小冲.日本殖民统治台湾五十年史.北京：社会科学文献出版社，2005.
池子华.中国流民史·近代卷.合肥：安徽人民出版社，2001.
从翰香.近代冀鲁豫乡村.北京：中国社会科学出版社，1995.
邓云特.中国救荒史.北京：商务印书馆，1998.
樊百川.中国轮船航运业的兴起.成都：四川人民出版社，1985.
范立君.近代关内移民与中国东北社会变迁（1860—1931）.北京：人民出版社，2007.
费孝通.费孝通文集.（卷4）.北京：群言出版社，1999.
费孝通.江村经济——中国农民的生活.南京：江苏人民出版社，1986.
高力克.历史与价值的张力.贵阳：贵州人民出版社，1992.
葛剑雄.中国移民史（第1卷）.福州：福建人民出版社，1997.
龚书铎主编.中国通史·近代前编（1840—1919）（上册）.上海：上海人民出版社，2013.
谷苞.西北通史(5卷).兰州：兰州大学出版社，2005.
郭贵儒等.华北伪政权史稿——从"临时政府"到"华北政务委员会".北京：社科文献出版社，
　　2007.

郭文韬等.中国近代农业科技史.北京：中国农业科技出版社，1989.

国防大学出版社编.中国土地改革史料选编.北京：国防大学出版社，1988.

何宝山.台湾的经济发展：1860—1970.上海：上海译文出版社，1981.

姜念东等.伪满洲国史.长春：吉林人民出版社，1980.

金德群.民国时期农村土地问题.北京：红旗出版社，1994.

李德滨，石方.黑龙江移民概要.哈尔滨：黑龙江人民出版社，1987.

李景汉.定县社会概况调查.北京：中国人民大学出版社，1986.

李淑娟.日伪统治下的东北农村（1931—1945）.北京：当代中国出版社，2005.

李文海等著.中国近代十大灾荒.上海：上海人民出版社，1994.

李文海主编.民国时期社会调查丛编·乡村社会卷.福州：福建教育出版社，2005.

李文治.中国近代农业史资料（第一辑）.北京：生活·读书·新知三联书店，1957.

李雪雄.今日中国之农村运动.广州：中山文化教育出版社，1933.

李紫翔编.乡村建设实验（第三集）.上海：上海书店，1936.

梁漱溟.梁漱溟全集.济南：山东人民出版社，1989.

林家劲.近代中国侨汇研究.广州：中山大学出版社，1999.

林金枝，庄为玑.近代华侨投资国内企业史资料选辑（广东卷）.福州：福建人民出版社，1989.

林仁川，黄福才.台湾社会经济史研究.厦门：厦门大学出版社，2001.

刘克祥，吴太昌主编，刘兰兮等.中国近代经济史1927—1937（第二册）.北京：人民出版社，2012.

龙登高，李伯重.地权市场与资源配置.福州：福建人民出版社，2012.

宓汝成.帝国主义与中国铁路（1847—1949）.上海：上海人民出版社，1980.

千家驹.中国农村经济论文集.上海：商务印书馆，1936.

乔启明.中国农村社会经济学.上海：商务印书馆，1945.

秦孝仪.革命文献（第115辑）.台北：中央文物供应社，1988.

秦兴洪，廖树芳、武岩著.中国农民的变迁.广州：广东人民出版社，1999.

璩鑫圭、唐良炎编.中国近代教育史资料汇编·学制演变.上海：上海教育出版社，1991.

陕甘宁边区财政经济史编写组、陕西省档案馆.抗日战争时期陕甘宁边区财政经济史料摘编（第六编）.西安：陕西人民出版社，1981.

沈元瀚.简明中国近代农业经济史.成都：西南财经大学出版社，1987.

史敬棠，张凛，周清和等.中国农业合作化运动史料（上册）.北京：生活·读书·新知三联书店，1957.

史全生.中华民国经济史.南京：江苏人民出版社，1989.

史志宏.清代前期的小农经济.北京：中国社会科学出版社，1994.

苏智良.中国毒品史.上海：上海人民出版社，1997.

孙健.中国经济通史.北京：中国人民大学出版社，1999.

天津市政协编译组.华北治安战（上册）.天津：天津人民出版社，1982.

魏光奇.官治与自治——20世纪上半期的中国县制.北京：商务印书馆，2004.

魏宏运.抗日战争时期晋察冀边区财政经济史资料选编·工商合作编.天津：南开大学出版社，1984.

巫宝三主编.中国国民所得（1933年）.上海：中华书局，1937.

吴兆莘.中国税制史.台北：台湾商务印书馆，1982.

夏明方.民国时期自然灾害与乡村社会.北京：中华书局，2000.

徐秀丽.中国近代乡村自治法规选编.北京：中华书局，2004.

许涤新，吴承明.中国资本主义发展史（第一卷）——中国资本主义的萌芽.北京：人民出版社，1985.

薛暮桥，冯和法编.中国农村论文选.北京：人民出版社，1983.

严中平.中国近代经济史统计资料选辑.北京：科学出版社，1955.

晏阳初.晏阳初全集.长沙：湖南教育出版社，1992.

杨光斌.制度变迁与国家治理——中国政治发展的研究.北京：人民出版社，2006.

杨秀明，安永新.黄质夫教育文选.贵阳：贵州教育出版社，2001.

叶振鹏.中国农民负担史.北京：中国财政经济出版社，1994.

于建嵘.岳村政治：转型期中国乡村政治结构的变迁.北京：商务印书馆，2001.

岳琛.中国土地制度史.北京：中国国际广播出版社，1990.

张謇.张謇全集.南京：江苏古籍出版社，1994.

张泰山.民国时期的传染病与社会：以传染病防治与公共卫生建设为中心.北京：社会科学文献出版社，2008.

张仲礼.中国绅士——关于其在19世纪中国社会中的作用研究.上海：上海社会科学出版社，1991.

章有义.中国近代农业史资料（第二、三辑）.北京：生活·读书·新知三联书店，1957.

章元善，许仕廉.乡村建设试验（第一集）.上海：中华书局，1934.

郑大华.民国乡村建设运动.北京：社会科学文献出版社，2000.

郑民，梁初鸣编.华侨华人史研究集.北京：海洋出版社，1989.

郑庆平等.中国近代农业经济史概论.北京：中国人民大学出版社，1987.

中国第二历史档案馆编.中华民国史档案资料汇编（第2辑）.南京：江苏古籍出版社，1991.

中国公路交通史编审委员会编.中国公路史.北京：人民交通出版社，1990.

中国人民大学政治经济学系.中国近代经济史.北京：人民出版社，1978.

中国人民政协文史资料研究委员会编.文史资料选辑（第34辑）.北京：文史资料出版社，1963.

中国史学会编.辛亥革命（第5册）.上海：上海人民出版社，1957.

中央档案馆等.日本帝国主义侵华档案资料选编——东北经济掠夺.北京：中华书局，1991.

中央档案馆等.日本帝国主义侵华档案资料选编——华北经济掠夺.北京：中华书局，2004.

周宪文.台湾经济史.台北：开明书店，1980.

庄国土.华侨华人与中国的关系.广州：广东高等教育出版社，2001.

庄维民，刘大可.日本工商资本与近代山东.北京：社会科学文献出版社，2005.

期刊论文类

安宝."不在地主"与城乡关系——以租佃关系为视角的个案分析.东北师大学报（哲学社会科学版），2011（1）.

曹幸穗.启蒙和体制化：晚清近代农学的兴起.古今农业，2003（2）.

车霁虹.沦陷时期日本帝国主义在东北建立的"集团部落".北方文物，1995（3）.

陈意新.美国学者对中国近代农业经济的研究.中国经济史研究，2001（1）.

春英.伪满时期东北地区粮食生产变迁的研究.中国农史，2009（3）.

慈鸿飞：近代中国镇集发展的数量分析.中国社会科学，1996（2）.

高海燕.20世纪中国土地制度百年变迁的历史考察.浙江大学学报(社会科学版),2007(5).

葛剑雄,安介生.20世纪中国移民史的阶段性特征.探索与争鸣,2010(2).

郭德宏.南京政府时期国民党的土地政策与实践.近代史研究,1991(5).

郭吴新.20世纪初期的世界经济格局.经济评论,1997(3).

韩文昆,王元琪.二三十年代中国农民田赋负担及农家生活贫困化分析.陕西经贸学院学报,2000(8).

郝银侠.新视角:国民政府田赋征实制度之再探讨.民国档案,2011(2).

河北省档案馆.伪华北棉产改进会史料一组.民国档案,1997(3).

侯德础.抗战时期四川田赋征实述评.四川师范大学学报,1988(6).

黄正林.制度创新、技术变革与农业发展——以1927—1937年河南为中心的研究.史学月刊,2010(5).

贾贵浩.论1912—1937年河南租佃制度的特点.河南大学学报(社会科学版),2006(2).

解学诗."九一八"事变后的东北农业与农民——以伪满后期粮食、劳务和日本移民政策的推行为中心.社会科学战线,2001(5).

金德群.民国时期土地经营问题.首都师范大学学报(社会科学版),1994(3).

匡珊吉.四川军阀统治下的田赋附加和预征.四川大学学报(哲学社会科学版),1981(1).

李非.论殖民地时期台湾经济的基本特征.台湾研究,2003(3).

李凤琴.20世纪二三十年代中国北方十省农民离村问题研究——以华北地区山东、山西、河南、河北为重点.中国历史地理论丛,2004(2).

李金铮.中国近代农民何以贫困.江海学刊,2013(2).

李铁强.抗战时期国民政府田赋征实政策再认识.中国社会科学院研究生院学报,2004(3).

李喜所.武昌起义后的农村变动.历史研究,1982(2).

刘椿.三十年代南京国民政府的田赋整理.中国农史,2000(2).

刘纪荣.国家与社会视野下的近代农村合作运动——以20世纪二三十年代华北农村为中心的历史考察.中国农村观察,2008(2).

刘敬忠,米卫娜.日本对华北沦陷区的移民及其影响.河北大学成人教育学院学报,2006(1).

刘克祥.20世纪二三十年代中国农业雇佣劳动数量研究.中国经济史研究,1988(3).

马烈.民国时期的匪患探源.江海学刊,1995(4).

聂宝肆.轮船的引进与中国近代化.近代史研究,1988(2).

盛邦和.20世纪30年代前后中国社会性质大论战.上海财经大学学报(哲学社会科学版),2012(4).

史建云.近代华北平原自耕农初探.中国经济史研究,1994(1).

宋磊,董捷.浅谈中国农村土地制度变迁.南方农村,2005(1).

苏醒,于耀洲.论伪满地方行政机构的演变.理论观察,2007(1).

孙美莉,傅元朔.评抗日战争时期国民党政府的田赋征实.农业经济问题,1986(3).

孙艳魁.抗日战争时期难民垦荒问题述略.民国档案,1995(2).

陶继波.清代至民国前期河套地区的移民进程与分析.内蒙古社会科学,2003(5).

滕利贵.伪满经济统制概论.社会科学阵线,1991(1).

汪效驷.1929—1933年世界经济危机对中国农村的影响.安徽师范大学学报,2004(5).

王安平.卢作孚的乡村建设理论与实践述论.社会科学研究,1997(5).

王家骥.1895—1945年日本帝国主义统治时期台湾的殖民地经济.上海经济研究,1983(8).

王洁,王小丁.近十年晏阳初平民教育思想研究概况及评价.文史博览,2014(2).

王荣华.国民政府时期西北经济开发中的一种模式之论析.青海民族研究,2008(4).

王卫红.20世纪二三十年代华北乡村危机的表现及其影响.历史研究,2011(3).

王先明.试论城乡背离化进程中的乡村危机——关于20世纪30年代中国乡村危机问题的辨析.近代史研究,2013(3).

王永强.民国时期西北移民垦荒事业历史分析.阴山学刊,2010(1).

王跃生.晚清社会的游民问题.学术研究,1991(6).

乌廷玉.民国初年东北大土地所有制的发展和租佃关系.北方文物,1990(4).

吴承明.中国近代农业生产力的考察.中国经济史研究,1989(2).

吴擎华.试论20世纪二三十年代的乡村危机.经济研究导刊,2009(11).

夏振坤.解放前中国农村发展的历史轨迹.社会科学家,1991(12).

向玉成.三十年代农业大危机原因探析兼论近代中国农业生产力水平的下降.中国农史,1999(4).

萧云岭.论会党与辛亥革命的失败.江西师范大学学报,2002(3).

忻平.民国人口特征论.江汉论坛,1991(3).

徐畅.1929—1933年世界经济大危机对中国农村经济影响散论.江海学刊,2003(8).

徐畅.民国时期农业税率辨析.古今农业,2013(3).

徐秀丽.民国时期的乡村建设运动.安徽史学,2006(4).

姚洪卓.略论华北伪政权.历史档案,1996(2).

尹红群.20世纪前期的农村危机(1900—1937).华南农业大学学报,2014(2).

于春英.伪满时期东北地区粮食生产变迁的研究.中国农史,2009(3).

于永.30年代中期中国国民政府整理田赋的举措述评.内蒙古师大学报(哲学社会科学版),1999(12).

曾业英.日伪统治下的华北农村经济.近代史研究,1998(3).

张福记,陆远权.近代中国乡村危机简论.史学月刊,1999(1).

张会芳.抗战时期华北日系农场的殖民经营——以天津地区为中心.抗日战争研究,2004(4).

张君卓.1927—1937年华北田赋征收体制与农民负担.中国经济史研究,2006(3).

张明艳.中国近代铁路的修建与农产品商品化率的提高.中国市场,2010(32).

张霞.民国农业问题研究的"技术派"——卜凯视野下的中国农村与农业.贵州社会科学,2010(9).

章有义.近代中国人口和耕地的再估计.中国经济史研究,1989(2).

郑起东.近代华北乡村教育的变迁.中国农史,2003(1).

郑庆平.略论中国近代农业赋税制度的发展特征.中国农史,1986(2).

周建树.民国粮食史研究述评.山西农业大学学报(社会科学版),2013(9).

周中建.近代苏南农业内部产业结构调整与农村劳动力转移(1912—1937).中国农史,1998(2).

朱汉国,王印焕.民国时期华北乡村的捐税负担及其社会影响.河北大学学报(哲学社会科学版),2002(4).

朱荫贵.1927—1937年的中国轮船航运业.中国经济史研究,2000(1).

庄安正,杨如环.淮南垦殖中的历史贡献.盐城师范学院学报,2000(1).

左用章.三十年代中国农村社会性质之论战.南京师大学报(社会科学版),1990(1).

博士学位论文类

胡茂胜.晚清至抗战前士绅与江苏农业近代化研究.南京农业大学博士学位论文,2011.

黄敏.近代江南城居地主问题研究.南京师范大学博士学位论文,2005.

昝金生.民国时期江南农村金融研究.苏州大学博士学位论文,2011.

张士杰.近代农村合作经济理论与实践研究.南京农业大学博士学位论文,2008.